A TRAVERS
LE
ROYAUME DE TAMERLAN

(ASIE CENTRALE)

VOYAGE DANS LA SIBÉRIE OCCIDENTALE, LE TURKESTAN
LA BOUKHARIE, AUX BORDS DE L'AMOU-DARIA, A KHIVA
ET DANS L'OUST-OURT

PAR

GUILLAUME CAPUS

DOCTEUR ÈS SCIENCES

CHARGÉ DE MISSIONS SCIENTIFIQUES PAR LE MINISTÈRE DE L'INSTRUCTION PUBLIQUE

ILLUSTRÉ DE 66 GRAVURES PAR PAUL MERWART
D'APRÈS LES DOCUMENTS DE L'AUTEUR
AVEC DEUX CARTES, DONT UNE COLORIÉE.

PARIS

A. HENNUYER, IMPRIMEUR-ÉDITEUR

47, RUE LAFFITTE, 47

—

1892

Droits de reproduction et de traduction réservés.

BIBLIOTHÈQUE DE L'EXPLORATEUR

A TRAVERS
LE ROYAUME DE TAMERLAN

PUBLICATIONS DU MÊME AUTEUR

SUR L'ASIE CENTRALE

RAPPORT SUR UNE MISSION DANS L'ASIE CENTRALE, en collaboration avec M. Bonvalot (*Archives des Missions scientifiques*, t. X).

CLIMAT ET VÉGÉTATION DU TURKESTAN (*Annales des sciences naturelles, Botanique*, t. XV, p. 199).

SUR LES PLANTES CULTIVÉES QU'ON TROUVE A L'ÉTAT SAUVAGE OU SUBSPONTANÉ DANS LE THIAN-CHAN OCCIDENTAL (*Annales des sciences naturelles, Botanique*, t. XVIII).

NOTES AGRONOMIQUES RECUEILLIES PENDANT UN VOYAGE EN ASIE CENTRALE (*Annales agronomiques*, n°s 30 et 31, vol. VIII, 1883).

DE L'INFLUENCE DU CLIMAT SUR LE DÉVELOPPEMENT DU BLÉ (*Annales agronomiques*, n° 15, vol. IX).

DE L'INFLUENCE DU CLIMAT SUR LA RAPIDITÉ DE LA CROISSANCE DES VÉGÉTAUX (*Comptes rendus de l'Académie des sciences*, 1884).

LA VALLÉE DES JAGNAOUS (*Revue d'ethnographie*, 1885, avec carte).

LA MUSIQUE CHEZ LES KIRGHIZ ET LES SARTES DE L'ASIE CENTRALE (*Revue d'ethnographie*, 1886, p. 96).

UNE RÉCEPTION DANS LE BOKHARA (*Revue d'ethnographie*, 1884, p. 472).

LE BASSIN DE L'AMOU-DARIA (*Revue scientifique*, n° 3, 1883).

LES NARCOTIQUES DE L'ASIE CENTRALE (*Revue scientifique*, n° 24, 1883).

MÉDECINS ET MÉDECINE EN ASIE CENTRALE (*Revue scientifique*, n° 6, 1884).

OBJETS ETHNOGRAPHIQUES DE L'ASIE CENTRALE (*Nature*, 1882, p. 475).

ARBRES GÉANTS DU TURKESTAN (*Nature*, 1883, p. 518).

SABLES MOUVANTS ET COLONNES DE BRÈCHE (*Nature*, 1884, p. 569).

LE KATCHKAR. *Ovis Poli* (*Magasin pittoresque*, n° 19, 1883).

LE LÉVRIER KIRGHIZ ET LE TAZI DE LA MONTAGNE (*Magasin pittoresque*, n° 21, 1885).

LE « SCAPHIRYNCHUS FEDCHENKOÏ » (*Magasin pittoresque*, n° 6, 1884).

LES EFFETS DE L'ALTITUDE SUR LES HAUTS PLATEAUX DU PAMIR (*Revue scientifique*, n° 25, 1888).

LE KAFIRISTANE ET LES KAFIRS (*Revue scientifique*, n°s 1, 8 et 14, 1889).

SUR L'ÉTIOLOGIE ET LA RÉPARTITION GÉOGRAPHIQUE DE L'ENDÉMIE GOITRO-CRÉTINEUSE EN ASIE CENTRALE (*Bulletins de la Société d'anthropologie*, 7 février 1889).

SUR LES CAUSES ET LES EFFETS DE LA POLYGAMIE ET LE MOUVEMENT DE LA POPULATION INDIGÈNE DANS LE TURKESTAN RUSSE (*Bulletins de la Société d'anthropologie*, 4 avril 1889).

VOCABULAIRES DE LANGUES PRÉPAMIRIENNES (*Bulletins de la Société d'anthropologie*, 18 avril 1889).

LE TOIT DU MONDE (PAMIR), 1 vol. 1890.

LES KIRGHIZ DU PAMIR (*Avancement des sciences*, Limoges, 1890).

OBSERVATIONS MÉTÉOROLOGIQUES SUR LES PAMIRS (*Comptes rendus de l'Académie des sciences*, 4 mai 1891).

SUR LE LOESS DU TURKESTAN (*Comptes rendus de l'Académie des sciences*, 19 avril 1892).

LES SOURCES DE L'OXUS (*Revue de géographie*, 1891).

DU GROUPEMENT ETHNIQUE DES PEUPLADES DANS LA RÉGION PRÉPAMIRIENNE (*Revue de géographie*, 1892).

A TRAVERS
LE
ROYAUME DE TAMERLAN
(ASIE CENTRALE)

VOYAGE DANS LA SIBÉRIE OCCIDENTALE, LE TURKESTAN
LA BOUKHARIE, AUX BORDS DE L'AMOU-DARIA, A KHIVA
ET DANS L'OUST-OURT

PAR

GUILLAUME CAPUS

DOCTEUR ÈS SCIENCES

CHARGÉ DE MISSIONS SCIENTIFIQUES PAR LE MINISTÈRE DE L'INSTRUCTION PUBLIQUE

ILLUSTRÉ DE 66 GRAVURES PAR PAUL MERWART
D'APRÈS LES DOCUMENTS DE L'AUTEUR
AVEC DEUX CARTES, DONT UNE COLORIÉE.

PARIS
A. HENNUYER, IMPRIMEUR-ÉDITEUR
47, RUE LAFFITTE, 47

1892

Droits de reproduction et de traduction réservés.

AVANT-PROPOS

Ce livre est le récit de mon premier voyage dans l'Asie centrale. J'étais jeune, très enthousiaste, très fervent du pittoresque et très épris de tout ce qui n'est point banal. Je venais de « finir » mes études et je brûlais du désir de faire, dans le grand laboratoire de la nature, œuvre de chercheur, d'explorateur scientifique; estimant, au reste, que, parmi les différentes façons de servir son pays, celle-là n'est pas la plus mauvaise.

Je demande pardon au lecteur de commencer par un égotisme, qui serait haïssable s'il n'était pas un appel à l'indulgence pour les défauts que renferme cette relation de voyage.

L'auteur s'est intéressé à tout ce qu'il a vu. Il voudrait, même au prix d'un reproche, faire partager au lecteur ses sensations et ses souvenirs avec l'intensité de milieu qui les a fait naître. On n'agit et on ne pense point de la même façon dans n'importe quel milieu et les différents chapitres de l'anthropologie comparée forment un cube dont les trois dimensions sont : l'altitude, la longitude et la latitude. Que le lecteur ne se rebute donc pas à la rencontre de quelques redites et à l'usage, peut-être immodéré, de mots indigènes.

Qu'il veuille bien tenir compte aussi d'une tentative très consciente de présenter des documents scientifiques, parfois techniques, sous la forme estimée la moins rébarbative et la plus encadrée, à ceux, par exemple, qui préfèrent le joli nom de « Marguerite » à celui de *Bellis perennis* et qui estiment à tort que la science, tout court, est une pilule qui veut être dorée. Enfin, à défaut du plaisir que le lecteur éprouverait à lire ce volume, j'aurai eu celui de l'avoir écrit, et d'avoir fait revivre dans le souvenir deux belles années de ma jeunesse.

Ce voyage a été fait avec Bonvalot en 1880-82; nous débutions tous les deux en Asie. Le ministère de l'instruction publique avait bien voulu nous confier une mission scientifique et, sur la recommandation de mon cher et regretté maître Joseph Decaisne, professeur au Muséum d'histoire naturelle, M. Raphaël Bischoffsheim consentit à mettre à ma disposition une somme de 3000 francs pour couvrir une partie des frais de voyage.

Avec de l'enthousiasme, de la persévérance et des besoins modestes, on peut faire beaucoup. Le repos forcé devient souvent une gêne, un malaise énervant, et le travail, le mouvement, un plaisir dont on ne se lasse jamais. On peut faire surtout beaucoup de chemin, recueillir quantité de documents et de données sur des contrées très diverses. On amasse des matériaux, on ne construit peut-être pas assez et si, en cheminant si rapidement pour parfaire un itinéraire étendu, on *voit* beaucoup, le temps, les circonstances, le programme, empêchent de *regarder* souvent comme il le faudrait. C'est pour cela qu'à mon humble avis, expériences faites, l'exploration que je qualifierai d'extensive peut, dès maintenant, changer de mode en s'appliquant utilement à une étude intensive d'une superficie de contrée mal ou point connue; à moins, toutefois, que des ressources extraordinaires et suffisantes permettent à un nombreux personnel de mission l'application du principe fertile de la division du travail. L'exploration scientifique d'un pays est une conquête pacifique qui profite quelquefois au conquérant, mais qui doit profiter avant tout au monde scientifique; pour cela, il faut qu'elle soit bonne et durable.

L'esprit casanier disparaît de plus en plus de nos mœurs. Le voyage réel est volontiers suppléé par celui de l'imagination : les relations de voyage sont lues. Puisse celle-ci être du nombre et donner au lecteur une intuition exacte de contrées et de populations qui présentent tant de points de similitude avec celles de nos colonies nord-africaines !

L'éditeur, M. Alexandre Hennuyer, selon son habitude, l'a habillée, cette pauvre nomade, d'un beau vêtement et M. Paul Merwart lui a prêté le talent de son artistique crayon. Je les remercie.

Guillaume CAPUS.

Paris, le 26 avril 1892.

TABLE DES MATIÈRES

Avant-propos v

CHAPITRE I.

DU VOLGA AU SYR-DARIA.

Sur le Volga et la Kama. — La foire de Nijni-Novgorod. — Le vapeur *Samoliod* et ses passagers. — Les rives du Volga. — Navigation sur la Kama. — Scènes et paysages. — Perm et le chemin de fer de l'Oural 1

Iekaterinbourg. — École des mines. — Stéarinerie. — Le couvent de la Trinité. — Les incendies. — Départ en tarantass.................. 11

De Iekaterinbourg à Omsk. — La route de Catherine II. — Scènes de la grande route de Sibérie. — Convois de condamnés. — Le village sibérien. — La *stanzia*. — Tioumen et son rôle. — Le *yemchtchik* et sa *troïka*. — Le mouton stéatopyge. — Les mendiants en Sibérie. — Une race en voie de formation. — Passage de l'Irtych. — Omsk. — Expéditions sur l'Obi. — Les premiers Kirghiz 16

D'Omsk à Semipalatinsk. — Famine. — Les rives de l'Irtych. — Paysages et habitants. — Le pin cembron. — Semipalatinsk, la ville aux sept palais 27

De Semipalatinsk à l'Ala-taou. — Paysage désolé. — Le premier *koumyss*. — Convoi de condamnés du Turkestan. — La femme kirghize. — En vue du Djengiz-taou. — Serguiopol. — Entrée dans le Semiretchié. — La contrée du lac Balkach. — Arrêts forcés. — En vue de l'Ala-taou dzoungarien 33

Au pied de l'Ala-taou. — Passage de l'Ak-sou. — A quoi servent les ponts. — L'oasis d'Arasansk. — La première pastèque. — Comment on prend le renard. — Kopal et le climat du Semiretchié. — Altyn-ymel 41

Passage de l'Ili. — Un juif polyglotte. — Canalisation indigène...... 47

Viernoié et ses habitants. — L'Ala-taou et le lac Issyk-koul......... 50

De Viernoié à Aoulié-Ata. — Au pied de l'Ala-taou. — La poste en détresse. — Produits kirghiz. — Pichbeg. — Les monts Alexandre.

TABLE DES MATIÈRES.

— Le village de Merké. — Comment voyagent les Russes. — Une caravane de Doungânes.. 57

Aoulié-Ata. — La plaine du Talas et la ville d'Aoulié-ata. — Scènes du bazar kara-kirghiz.. 65

D'Aoulié-Ata à Tachkent. — Mankent, un village sarte. — Tchimkent. — Approche de la capitale. — Scènes et paysages. — Arrivée à Tachkent et projets de voyage.................................... 67

CHAPITRE II.

DE TACHKENT A LA FRONTIÈRE AFGHANE.

Tachkent. — La ville de Tachkent. — Scènes du bazar. — Une heureuse coïncidence.. 72

Le Kourama et le steppe de la Faim. — La campagne autour de Tachkent. — Le poste de Tchinaz. — Le steppe de la Faim. — Paysages. — Les stanzias fortifiées. — Anciens canaux. — Djizak. — La porte de Tamerlan. — Passage du Zérafchane. — La ville de Timour..... 75

Samarkand. — Croquis à la plume. — La ville......................... 84

La frontière bokhare. — De Samarkand à Djam. — Le loess du Turkestan. — La *iourte* kirghize. — Les Cosaques du tzar. — Zaman Beg et les jeunes princes. — Une escorte turcomane................... 87

Djam. — Djam la Mauvaise. — Les puits salés. — Rencontre des Bokhares. — Rakhmed-Oullah. — Gastronomie bokhare. — Paysage du steppe. — Arrivée à Karchi...................................... 91

Karchi. — La maison bokhare. — Scènes de la rue. — Un *douvana*. — Le bazar. — Les juifs. — Visite au *sindone*, prison indigène...... 97

Dans le désert de Karchi. — Une consultation médicale. — Dans le désert de Karchi. — Paysages désolés. — Flore, géologie, faune passagère. — Koud-koudouk. — Ispan-touda. — Les ruines de Djourek-tépé. — Mirages. — Les premières habitations turcomanes. — Jakab-ata. — Arrivée au bord de l'Amou-Daria................. 104

CHAPITRE III.

AUX BORDS DE L'AMOU-DARIA.

Kilif. — La forteresse de Kilif. — Les *barcas* ou *kémas* de l'Amou. — Chevaux amphibies. — Eaux et rives de l'Amou. — Les Afghans. — Le *mirza*, aide de camp.. 112

Sur la rive droite de l'Oxus. — Départ de Kilif. — Polymorphisme des plantes. — Le kichlak turcoman de Koulan-Acha. — *Tougaïs* et alluvions. — Faune de l'Amou. — Kara-kamar. — Cultures turcomanes. — Les Kara-Mogols. — Tchouchka-gouzar. — Caravanes de moutons. — Paysage de l'Amou. — Envolée de pensées. — Turcomans à la nage et à la dérive. — Une histoire de tigres. — Succès d'un entomologue.. 116

Le pays de Chirabad. — La campagne autour de Chirabad. — Femmes d'indigènes. — Kilomètres bokhares. — Réception à Chirabad. — Origine de la ville. — Le tocksaba et les duels de politesse. — La maison indigène. — Panorama de Chirabad. — Le sanctuaire de Mir-Khaïber. — Orages. — Sauterelles. — Une chasse au faucon. — Les danseurs publics ou *batchas*. — Le bazar. — Renseignements difficiles. — Scènes de maquignonnage. — Khodja-Nazar et ses bottes.. 122

En route pour la vallée du Sourkhâne. — Départ de Chirabad. — Le mirza *iarim tach*. — Nos compagnons. — Géologie. — Une chute heureuse. — Le kichlak d'Ak-Kourgane et ses habitants. — Une fabrique d'huile.. 137

Les ruines de la vallée du Sourkhâne. — Chahr-i-goulgoula. — Briques et scorpions. — Paysage cul-de-lampe. — Le kichlak de Salavat. — L'ichâne Moutavalli et les *vakoufs*. — Platanes géants. — L'amulette révélatrice. — Un bain dans le Sourkhâne................. 142

La nécropole de Chahr-i-samâne. — Le mausolée de l'émir Housseïn-Sahadât. — La vie et la mort. — Le Kork-kiss. — Récolte de crânes. — Paysage macabre. — Légendes et déductions frustes.......... 154

Retour à l'Amou. — Divaná en pèlerinage. — Turcomans de Patta-kissar... 168

Aux ruines de Termez. — Le sanctuaire d'Abdoul-Hakim-Termezi. — Le varan. — Un dessin de Doré. — Perdus dans l'obscurité. — Retour à Chirabad.. 171

CHAPITRE IV.

DE CHIRABAD A SAMARKAND A TRAVERS LE CHAHR-I-ÇABZ.

Dans les montagnes de Chirabad. — Pâques fleuries. — Superstitions météorologiques et astronomiques. — Un pont de sauterelles. — Le village de Laïlakane. — Saïrôb, village tadjique. — Platanes habités. — La fontaine miraculeuse et les poissons sacrés. — Scènes villageoises.. 180

Au carrefour de Baïssoune. — Géologie. — Le caravane-saraï d'Abdoullah-Khân. — Une cavalcade d'Ouzbegs nomades. — Marchand de moutons. — Le *Tchatchag* ou « Porte de fer ». — Flore. — Le saraï de Tchachma-hafizàn. — Récolte floristique. — Pèlerins en goguette. — Un frère charitable. — Une fuite « à l'anglaise ». — Un *kalendar* aveugle.. 191

Tengui-kharam. — Un moulin degermâne. — Une octogénaire architecte. — Scènes et paysages. — Géologie........................ 201

Ghouzar. — En vue de l'oasis de Ghouzar. — Un croquis de genre. — Le *meïmane khana*. — Champs et jardins. — L'*ark* et le *touradjane*. — *Tchaïnik* et femmes. — Femmes pleureuses. — Les fumeurs de nacha. — Le steppe de Ghouzar. — La *hazar-ispand*............. 206

A Karchi. — Retour à Karchi. — Musique et danse indigènes. — Un

hammam bokhare. — L'ours et le Bohémien. — Un jardin public.
— Un agronome de quatre-vingt-douze ans.................... 212
Vers Chahr-i-çâbz. — La lèpre et les *makhaous*. — Cultures. — Course
à la chèvre ou *baïga* et Abdou-Zahir. — Un exode de sédentaires... 217
Tchiraktchi. — Le *koum-tchakar* ou sucre d'*alhagi*. — Réception et
guérison. — Une visite au touradjane. — Rivières débordées...... 222
Arrivée à Chahr. — L'*Ak-saraï* et la ville natale de Timour. — Un beg
intelligent. — Le palais actuel de l'émir. — Musique militaire..... 228
De Chahr à Kitab. — Moulins indigènes. — Cultures. — Forteresse de
Kitab. — Le Kachga-Daria. — Le village de Kaïnor. — Panorama
du Takhta-karatcha. — Explosion d'une couleuvre. — Les reboise-
ments d'Ammane-koutane. — En vue de la plaine du Zérafchâne. —
Rentrée à Samarkand... 233

CHAPITRE V.

DANS LES MONTAGNES DU KOHISTAN.

Djizak. — Séjour à Djizak. — Le *garmsal*. — Sauterelles............ 242
Départ pour la montagne. — Pendjakent. — Iori. — Dacht-i-kazi. —
Ouroumitane. — Rencontre de Rakhmed. — Chemins du Kohistan.
— Varsaminor. — Flore et faune.............................. 245
Le Fan-Daria. — Le village de Pitti. — Gisements de houille. — Le
Tchapdara 255
La vallée des Jagnaous. — Géophysique de la contrée. — Façon de
voyager. — La montagne en feu de Kan-tag. — Le village jagnaou. 258
Anzôb. — De Tok-fan à Anzôb. — Ponts élastiques. — Khichartâb.. 266
Limite linguistique. — Varsaoute. — Cultures. — Deïkalane. — Climat.
Novobote. — Les galtchas..................................... 269
Aux sources du Jagnaou. — Le *sougourr* ou *Arctomys caudatus*. —
Ethnographie des Jagnaous................................... 275
Au lac Iskander-koul. — Origine probable du lac et son rôle. — Le
Saratag 279
A la passe de Mourra... 283
La passe de Douikdane. — Névés et glaciers. — Artchamaïdane...... 284
Vallée de Vorou. — Représentations graphiques des musulmans. — La
passe de Vorou. — Un baudet en détresse. — Le kichlak de Chink.. 288
Maguiane et Farab. — L'oasis d'Ourgout. — Retour à Samarkand.... 294
Voyage au haut Tchotkal. — Traversée du Ferghanah 296

CHAPITRE VI.

DE TACHKENT A LA PROVINCE DE L'AMOU-DARIA.

En route pour l'Europe. — Pronostics. — Le kichlak de Pskent. —
Khodjent-Alexandria Eschata................................. 301
Oura-tépé et le paysage du Sanzar-taou......................... 305

Le Miankal. — Entrée dans le Miankal. — Ziaoueddine, Kermineh et le katta-tioura.. 310
Bokhara. — Bazars et population. — Produits et monuments. — Une réception à l'ark par le kouch-begui............................... 312
Karakol. — Départ de Bokhara. — Karakol et le vieux Zérafchâne. — Les barkhanes et un paysage en grisaille. — Halte à Chouristane. — Notre ménagerie... 319
Les bords de l'Amou à Tchardjoui. — Paysage de l'Amou-Daria. — Traversée de l'Oxus.. 327
Tchardjoui. — La ville de Tchardjoui. — Une réception chez le touradjane... 332
Sur l'Oxus. — A la recherche d'Ousti. — Un château d'un conte de fée. — Le kichlak d'Ildjik et les barcas de Khiva. — Chameliers épayes du désert. — Énervés de Jumièges. — A la dérive sur l'Amou... 337
Kabakli. — Kabakli et les Turcomans. — Le passage des Tekkés. — Une alerte. — Les postes ou *karaouls* permanents. — Outch-outchak, les trois bosses. — Le Touia-mouioune....................... 345
Entrée dans le Khiva. — Paysage nouveau. — La campagne de Petro-Alexandrovsk. — A la recherche d'un gîte........................ 355

CHAPITRE VII.

DE PETRO-ALEXANDROVSK A LA MER CASPIENNE.

Petro-Alexandrovsk. — La ville de Petro-Alexandrovks et la province de l'Amou. — Députation turcomane. — La tigresse *Machka*. — Une visite à Chourakhane... 359
Départ pour Khiva. — Perdus dans la campagne de Khanki. — La corvée. — Cultures et canaux..................................... 367
La campagne de Khiva. — La ville de Khiva. — Mad-Mourrad, divanbegui. — Une rencontre inattendue............................... 368
Khiva. — Le palais du khân. — Réception chez le *hazr*. — Administration et impôts. — Visite de Turcomans. — Habitants et croquis de Khiva. — Le premier papier-monnaie du Turkestan. — Monuments. — Étangs et canaux. — Prisonniers. — Le vin de Khiva. — Visite d'un hadji osmanli. — Le khân et le microscope............ 372
Au bord du désert. — Adieux de la troupe. — Une race méprisable. — Préparatifs pour la traversée de l'Oust-Ourt. — Turcomans sédentaires... 387
Arrivée à Zmoukchir. — Le sar-i-sirdar. — Guides difficiles. — Retards. — Hospitalité du nomade et défauts du sédentaire. — Cultures turcomanes... 392
Au bord de l'Oust-Ourt. — Le premier campement dans la neige. — Caravanier récalcitrant. — Ata-Rakhmed et ses chameaux. — *Takirs*. — Puits de Tchagli. — Campement de Daouda-kala. — La marche dans le désert. — Les ruines de Chakh-sinem. — Le Sang-i-baba. 398

Au puits de Tcherechli. — Rencontre de l'expédition Gloukhovskoï.— La question du détournement de l'Oxus et l'Ouzboï. — Réception cordiale. — Scènes et paysages du désert........................ 407

Au milieu de l'Oust-Ourt. — Campement de Kli. — Au puits de Dakhli. — Mirages et hallucinations. — Poêle mobile et chiens malheureux. Comment on se nourrit. — Le *timour-kazyk* ou étoile polaire. — Sens local des Turcomans. — Les puits du désert. — Flore, faune, géologie. — Où est la mer? — Arrivée à Krasnovodsk. — Attente forcée. — Traversée de la Caspienne, du Caucase et de la Russie d'Europe. — Une fleur sur la tombe de Joseph Decaisne............ 412

ERRATA

Page 4, ligne 32, *au lieu de :* miné et rongé, *lisez :* minée et rongée.
Page 7, ligne 15, *au lieu de :* affectent, *lisez :* affectionnent.
Page 42, ligne 18, *au lieu de :* écuellée de chamelle, *lisez :* écuellée de lait de chamelle.
Page 80, ligne 19, *au lieu de :* Yanqui, *lisez :* Yangui.
Page 225, ligne 27, *au lieu de :* sert, *lisez :* serre.
Page 311, ligne 20, *au lieu de :* Ammenkoff, *lisez :* Annenkoff.
Page 380, ligne 3, *au lieu de :* Khorassan, *lisez :* Khorasm.
Page 380, ligne 10, *au lieu de :* Yamoudes, *lisez :* Yomoudes.

INDEX ET SIGNIFICATION DES MOTS EXOTIQUES

QUI REVIENNENT LE PLUS SOUVENT DANS LE TEXTE

Ab, ob, eau.
Agatch, arbre.
Ak, blanc.
Aïvane, auvent.
Ala, bigarré.
Alamane, expédition de brigandage.
Altyn, doré.
Aoul, réunion de tentes de nomades.
Araba, arba, voiture indigène.
Arbacèche, voiturier.
Ark, forteresse, résidence du chef.
Art, passe dans la haute montagne.
Artcha, genévrier.
Aryk, canal d'irrigation.
Ata, saint.
Bach, bachi, tête, chef.
Baïga, course, course à la chèvre.
Barkhane, dune de sable.
Batcha, jeune garçon, danseur.
Batman, mesure de capacité.
Beg, gouverneur.
Bel, col ou passe de montagne facile.
Boulak, fontaine.
Bourla, instrument de musique, guitare.
Chahr, chahar, ville.
Cheriff, noble.
Chour, salé, salin.
Dacht, plaine, plateau.
Dagh, tagh, montagne.
Daria, fleuve, rivière.
Dasterkhane, service d'honneur, nappe de table.
Davane, passe difficile dans la montagne.
Deh, village.
Djïdda, Eleagnus hortensis et son fruit.
Djiguite, estafette à cheval, serviteur.
Djougarra, sorgho.
Douga, arc en bois de l'attelage à la russe.
Douvana, divanà, fou, derviche, mendiant.
Farangui, étranger, Européen.
Hadji, pèlerin de la Mecque, pèlerin.
Ichane, pieux ascète, saint vivant.
Ioulameïka, tente en feutre portative.
Iourte, tente en feutre assez vaste.
Issyk, chaud.
Kachma (kihiss), feutre.
Kala, fortin, forteresse.
Kalian, pipe à eau.
Kara, noir.
Karagatch, orme.
Katta, grand.
Kéma, barque.
Kent, kant, village.
Képa, kapa, abri en roseau.
Ketmen, houe pour bêcher.
Khalat, vêtement ample du costume indigène.
Khân, titre de noblesse, chef d'un pays.
Khana, maison.
Khavouss, réservoir d'eau, étang.
Khodja, titre religieux, descendant du Prophète.
Kibitka, tente en feutre.

XVI INDEX ET SIGNIFICATION DES MOTS EXOTIQUES.

Kichlak, village des sédentaires.
Kitchi, petit.
Kizil, rouge.
Kok, jaune.
Koudouk, puits.
Kouh, kouch, koh, montagne, chaîne.
Koul, lac.
Koum, sable, poussière.
Koupriouk, pont.
Kourbachi, maître de police.
Kourgâne, forteresse élevée, monticule.
Koutane, pâturage, enclos de troupeau.
Manzil, menzil, étape, campement.
Matta, tissu grossier en laine.
Mazar, tombeau d'un saint.
Meched, mosquée.
Médresséh, école musulmane supérieure.
Méghit, tombeau, tertre funéraire.
Mirza, écrivain, titre honorifique.
Monor, minor, minaret.
Moullah, prêtre musulman, maître d'école.
Nacha, hachisch.
Nagaïka, fouet cosaque.
Oï, tente en feutre du nomade.
Ourda, résidence fortifiée.
Ouzoun, long.
Palao, palaou, plat de riz et de viande de mouton.
Poud, mesure pondérable russe de la valeur de 16 kilogrammes.
Poull, monnaie divisionnaire infime.
Poull, pont.
Rabat, ravat, relai, hangar, abri dans le désert.
Roud, rout, rut, ruisseau.
Saï, ruisseau, rivière.
Sakli, hutte en pisé turcomane.
Sang, pierre, mesure itinéraire.
Saraï, hall pour les caravanes, caravane-saraï.
Sari, bleu.
Sarbaze, soldat, mercenaire.
Sardava, coupe, cuvette de terrain.
Saxaoul, plante du steppe, Anabasis ammodendron.
Sou, eau.
Stanzia, station ou relai de poste russe.
Stari, vieux, ancien (en russe).
Starosta, chef de poste ou de relai russe.
Tabib, médecin.
Taboun, troupeau de chevaux.
Tach, pierre, mesure itinéraire (5-8 kilomètres).
Takir, dépression plane et argileuse dans le désert.
Tamacha, amusement, badauderie.
Tanop, mesure de superficie.
Taou, tagh, montagne.
Tarantass, voiture russe non suspendue.
Tchalma, morceau d'étoffe, turban, ceinture.
Tchambar, pantalon.
Tchilim, pipe à eau.
Tchinar, platane oriental.
Tépé, monticule, calotte, tumulus.
Tilla, monnaie d'or.
Tocksaba, dignité militaire bokhare.
Toug, hampe ornée d'une touffe de crin, emblème de sainteté.
Tougaï, broussaille.
Toura, seigneur, maître.
Touloup, fourrure en peau de mouton.
Touss, sel.
Troïka, attelage russe à trois chevaux de front.
Verste, mesure itinéraire russe équivalant à 1066 mètres.
Volosnoï, chef de circonscription.
Yani, yangui, nouveau.
Yan-tag, plante du steppe, Alhagi camelorum.
Yemchtchik, postillon de poste russe.

A TRAVERS
LE ROYAUME DE TAMERLAN

CHAPITRE I

DU VOLGA AU SYR-DARIA.

Sur le Volga et la Kama.

La foire de Nijni-Novgorod. — Le vapeur *Samoliod* et ses passagers. — Les rives du Volga. — Navigation sur la Kama. — Scènes et paysages. — Perm et le chemin de fer de l'Oural.

Le 7 septembre 1880, il pleuvait à Nijni-Novgorod. La ville basse, celle qui longe la rive droite du Volga, avait changé ses rues larges, bordées de bazars, en fondrières et ruisseaux de boue. La foire, cette fameuse foire qui est comme le cœur du commerce sibérien et central asiatique, était close officiellement depuis la veille. A midi juste, le général Ignatieff, gouverneur de la ville, avait fait amener le drapeau qui flottait, rarement sec, depuis le commencement de la foire, au faîte de son palais. Les prix définitifs du marché sont faits ; les marchands escomptent leur gain, expédient leurs caravanes sur la grande route de Kiakhta ou sur celle de Boukhara ; les magasins se ferment et les traktirs se vident. Tout ce monde hétéroclite et bigarré de Sibiriens, Napolitains, Persans, Bokhares, Européens du midi et du nord, Mongols et Aryens, après avoir oublié leurs rancunes ou leurs sympathies de race, confondu, métissé leurs mœurs et rivalisé d'activité, de finesse et d'astuce dans une même adoration du veau d'or, reprennent la route de leurs marchandises. Ceux de l'Asie centrale : les Turkestaniens de Tachkent et de Samarcande, les Bokhares, les Khiviens et même des Kachgariens, prendront la route d'Orenbourg et de Kazala. Durant quatre ou cinq mois, les ballots de thé, le sucre, les étoffes, les barres de fer et les lingots de cuivre, les objets en fonte et en faïence, les samovars et la bimbeloterie russes, seront cahotés rythmiquement sur le dos des chameaux, à des prix vraiment étonnants de bon marché [1]. Nous les verrons déballer dans les caravansaraïs du Turkestan, et nous les retrouverons dans tous les bazars jusqu'au delà de l'Oxus et du Thiân-chân.

Mais nous ne prendrons pas la grande route des caravanes de Tachkent. La poste d'Orenbourg au Turkestan est, dit-on, dans un état pitoyable : les stations s'effondrent et n'offrent souvent au voyageur ni combustible, ni vivres; les chevaux, décimés par le manque de fourrage dans une année de disette, sont incapables de fournir le service de la poste qui se fait par la Sibérie; le passage d'un courrier immobilise les rares voyageurs pour des journées entières, à moins qu'ils ne préfèrent payer des prix exorbitants aux Kirghiz pour atteler des chameaux à leur tarantass et faire 4 kilomètres à l'heure. Bref, le *trakt* [2] est désorganisé à la suite de la faillite Kouznetzoff, et malgré la sollicitude du général Kauffmann, ne pourra être réorganisé de sitôt. Le plus court chemin pour gagner le Turkestan sera, pour nous, celui de la poste, c'est-à-dire le détour par la Sibérie occidentale. Au lieu de 1900 verstes en tarantass, nous en ferons 3600, et dans deux mois nous pourrons être à Tachkent, avec l'aimable protection de plusieurs gouverneurs. C'est pour cette raison que, patau-

---

1. De Tachkent à Orenbourg, on paye de 15 à 20 roubles par charge de chameau (38 à 50 francs). Les caravanes mettent de cinquante à soixante jours. Le chiffre total de l'importation dans le Turkestan russe a atteint, en 1880, 24 millions et demi de roubles; celui de l'exportation, un peu plus de 12 millions et demi. Sur le chiffre de l'exportation, la province de Ferghanah (Kokan) vient en tête avec 6 millions et demi, tandis que, pour l'importation, la province de Syr-Daria (Tachkent) accuse plus de 11 millions de roubles. Cela indique ce courant commercial et ne doit pas faire conclure à une plus grande productivité de la province de Kokan.

2. Service postal.

geant dans la boue, nous nous dirigeâmes, le 7 septembre, vers le *Samoliod,* un des petits steamers de la Compagnie du même nom qui font, sur le Volga et la Kama, le service de Nijni à Perm [1].

Vers midi, le *Samoliod* donne des signes d'impatience à faire croire qu'il n'est pas russe. En effet, le capitaine et le second sont Suédois, et j'ai vu plus tard que la marine marchande russe employait beaucoup de marins finlandais, suédois et danois. Le pont est encombré d'un tas de ballots et de la cohue inquiète des voyageurs des troisièmes. Les cabines sont combles. Mais peu à peu cette foule se tassera, s'enchevêtrera, et quand le bateau enfin se dégage lourdement, en les éclaboussant, de la foule des petits voiliers caboteurs qui le pressaient aux flancs,

---

1. La foire de Nijni existe depuis le quinzième siècle ; elle se tenait alors auprès de Kazan, ensuite près du cloître de Saint-Macaire, à 80 verstes de Nijni, régulièrement le 25 juillet, anniversaire de la mort du saint de ce nom. Depuis 1816, elle se tient à Nijni même, dans la ville basse, non loin du confluent de l'Oka et du Volga. Elle était beaucoup fréquentée par les Persans, et l'on raconte que, malgré leur finesse, ces marchands émérites cédèrent souvent leurs marchandises par superstition, quand, en marchandant, l'acheteur éternuait trois fois. Depuis, quand leur client éternue par trop souvent, ils disent : « Zehmed na kech, » et ne s'en occupent plus. D'après les données officielles, la fréquence de la foire diminue. Le maximum fut atteint en 1862 avec 251 242 visiteurs, qui ne furent plus que 180 519 en 1880. En 1880, la valeur des marchandises fut évaluée approximativement à 246 millions de roubles. En 1884, elle fut de 169 millions, dont 45 millions et demi de coton et cotonnades, 20 millions de laines et lainages, 31 millions de bois, fruits secs et graines oléagineuses, 50 millions de soie et soieries, 18 millions de métaux (fer, acier, cuivre, etc.). L'Europe occidentale est représentée seulement par 9 millions. La Chine participe à elle seule pour 19 millions de thé, la Boukharie et le Khiva pour environ 4 millions de coton, la Perse pour 4 millions de fourrures et de fruits secs. Le commerce asiatique a trois fois plus de roulement que celui d'Europe. (*Guido Taissler*, directeur de l'Acacadémie commerciale de Khroudim.)

En 1883, la Chine a apporté à la foire et vendu pour plus de 14 millions et demi de roubles de thé (de Kiakhta, de Canton, thé pressé, thé en brique, thé vert), quantité inférieure de 2 millions et demi de roubles à celle de l'année précédente. L'Asie centrale en a offert pour près de 4 millions et demi de roubles, près de la moitié moins qu'en 1882 (*Tourkest. Spravotchn. Kniga za 1885 god*).Voir, pour le mouvement commercial des métaux dans le Turkestan, les données de M. Zlokazoff et celles de M. J. Mouchkétoff, *Richesses minérales du Turkestan russe*, Paris, 1878.

la plupart des voyageurs se sont déjà installés définitivement, pour bouger le moins possible durant le restant du voyage. Voici, dans la cabine des secondes, les *Kouptzi*[1] de la foire. Ils s'en retournent chez eux, dans l'Oural, vers l'Irtich, le Baïkal, les frontières de la Chine, le Kamtchatka. Ils ont rempli leur sacoche de roubles, joué aux cartes, bu du vodka. Ils s'installent sur leur banquette, entassent des matelas et des oreillers fendus de rouge, s'enveloppent d'une immense pelisse à large col, tirent leur bonnet de fourrure par-dessus la tête et dorment pendant cinq jours et six nuits — le temps du voyage — profitant de leurs moments de veille pour boire d'énormes quantités de thé et se bourrer de cette soupe épaisse, excellente d'ailleurs, que les Russes appellent *chtchi* et *borchtch*.

Sur le pont : des moujiks barbus, aux cheveux longs et plats ; des Tatares à la barbe de bouc, enveloppés d'une grande peau de mouton et coiffés de même ; une pauvre famille allemande, parlant le berlinois, grand'mère, mère et quatre enfants, grelottant le long d'un couloir humide où le vent fait harpe d'Éole dans les cordages ; enfin des groupes de soldats qu'à leur mine réjouie, à leurs rires et leurs chants accompagnés des accords de la balaleïka et de l'accordéon, on devine libérés du service et se rendre dans leurs foyers. Aux premières, de riches marchands, des ingénieurs, un missionnaire et sa femme.

Nous descendons le Volga rapidement. A droite s'élèvent des collines abruptes et multicolores de marnes irisées alternant avec des couches de calcaire magnésien. Des ravinements parallèles, réguliers et profonds, caractéristiques des terrains argileux, coupent les couches horizontales ou légèrement ondulantes de raies pareilles aux sillons d'une gigantesque charrue. A gauche s'étend une plaine basse, sans horizon, formée, aussi loin que le courant du fleuve est dirigé sur les collines, d'une alluvion noirâtre et sablonneuse, miné et rongé sur de grandes étendues dès qu'au tournant d'un méandre le courant se dirige vers la plaine. En vertu de la loi physique dite de

---

1. Marchands.

Fig. 1. — Le pont du *Samoliod*.

Baer[1], le Volga subit l'influence de la rotation de la terre et s'appuie à la montagne à l'ouest, après avoir abandonné la plaine à l'est. Fleuve superbe atteignant, à la hauteur de Kazan, près de 3 kilomètres de large, il décrit de nombreuses et capricieuses ondulations, ronge, entame, dévore d'un côté ce qu'il dépose de l'autre. Une carte bathographique n'est juste que pour quelques années, parce que le chenal change incessamment, et même le cours du fleuve dévie en entier. Ainsi Saratov voit son excellent port d'autrefois s'enliser de jour en jour; la ville se trouve à une distance de plus en plus grande du fleuve, et la construction d'un nouveau port doit conjurer la menace de la ruine de son commerce. Au mois de septembre, la végétation des bords du Volga est sans variété ni effets pittoresques. Le bouleau est l'essence prédominante, et les conifères affectent les terrains argileux.

Les villages sont clairsemés et portent le cachet de ceux du gouvernement de Smolensk. Le plus souvent situés à une certaine hauteur sur la rive droite, ils se composent de chalets en bois, de blockhaus groupés sans ordre autour d'une petite église resplendissante de blancheur, et dont le dôme plaqué de cuivre renvoie au loin, comme un phare de jour, l'éclat brutal du soleil.

A l'approche du bateau, toute la population se précipite vers le débarcadère; de lourds tarantass, des *pavoskas*[2] ventrues arrivent cahin-caha, et même quelque fine *lineïka*[3] s'approche pour ramener un riche propriétaire dans ses terres. Pendant qu'une douzaine de femmes, à la chevelure filasse, aux yeux gris bleu dans une figure ronde et fortement osseuse, chargent du bois pour la machine, le facteur, type d'ancien soldat, barbu, grave, rempli de dignité, échange la correspondance, et des femmes et des enfants viennent offrir du poisson fumé, du *caviar*, des pastèques, du pain, du raisin[4].

1. La carte hypsométrique de la Russie, que le général Tillo vient de publier, montre très bien ce phénomène.
2. Voiture grossière non suspendue.
3. Petit char à bancs à siège longitudinal.
4. Le caviar, ainsi nommé partout en Europe, sauf en Russie où il s'ap-

Par intervalles, le temps, brumeux et couvert jusque-là, se rassérène, et quelques rayons furtifs d'un soleil sans chaleur éclairent un paysage monotone. Une nuit, nous sommes réveillés en sursaut par un bruit de chaînes, des cris et un mouvement insolite sur le pont. Je monte. Il fait nuit noire. La tempête hurle dans les cordages et chasse autour de la pointe du mât un point lumineux, lanterne vacillante comme une étoile en détresse. Le pont est en désordre : des paquets humains, Tatares impassibles, roulés dans leurs peaux de mouton, sont couchés en travers du chemin ; au bout du pont, un enfant crie désespérément après sa mère qui le cherche à l'autre bout; un paysan, ivre depuis deux jours, continue à maltraiter son accordéon, pendant que la voix mesurée et aiguë du sondeur clame le résultat de ses coups de sonde : *Ouossim! diévitj! ouossim's palavina! ssièm! chestj! — Stop!* Et l'ancre descend avec un grand bruit, en faisant trembler la carcasse du petit steamer. La tempête a éteint les signaux du rivage, et nous devons attendre le jour.

Le lendemain, nous sommes à Kazan ; mais la ville est trop éloignée et le temps trop court pour nous permettre de visiter la cité tatare.

Le soir, à la tombée de la nuit, le Volga paraît s'élargir; les rives semblent s'écarter et entourer un lac sans issue. Le capitaine fait virer à gauche, et nous entrons dans les eaux plus tranquilles de la Kama.

Nous laissons les collines du Volga à droite ; le pays devient

---

pelle *ikrá*, est pêché surtout dans le fleuve Oural, dans le Volga et quelques affluents et dans l'Amou-Daria. Celui de l'Oural est le meilleur, et l'ouverture de la pêche devient une fête pour les Cosaques qui, d'après un antique usage, envoient chaque année, par courrier spécial, une coupe pleine de caviar frais à l'empereur. Ce frai d'esturgeon donne lieu à un commerce étendu ; mais il perd beaucoup de ses qualités exquises par la salaison et la fumaison. Les meilleures pastèques réputées sont celles d'Astrakan, puis de Kazan. Les Russes en sont aussi friands que des *ayourtzi* ou cornichons frais, qu'on consomme partout en quantité étonnante. Le raisin le plus répandu est un raisin blanc ou rouge, à peau dure, à chair ferme et sucrée, assez peu parfumé, de la variété dite *raisin à pis*.

plat et se couvre de forêts de conifères. Mais bientôt, près de Yelabouga, les collines reparaissent, hérissées de pins et de sapins, et les allures du fleuve redeviennent celles du Volga. De grandes îles, aux contours changeants, semblent se mettre en travers du fleuve et en barrer le passage. Tantôt, dans deux mois, la navigation sera complètement interrompue, et sur la route de glace et de neige du fleuve congelé courront, presque aussi vite que la locomotive dans les autres parties de la Russie, les petits chevaux poilus cosaques, avec les traîneaux de poste faisant jusqu'à 28 kilomètres à l'heure. Le mauvais temps nous ayant fait perdre deux jours, ce n'est que le septième jour qu'on

Fig. 2. — Paysage de la Kama.

signale Perm, « au pied de l'Oural », disent les livres de géographie. Pourtant, je ne vois aucune trace de montagne. Du haut de la colline où s'élèvent l'église et les maisons sans intérêt de Perm, la vue s'étend au nord sur une plaine immense, toute couverte de forêts. Ce soir-là, le soleil couchant ensanglantait les troncs crus, comme écorchés des pins, et se noyait à l'horizon dans un dernier méandre de la Kama. Un chemin de fer relie Perm à Iekaterinbourg, au delà de l'Oural, et la navigation à vapeur sur la Kama s'arrête à Perm. Il n'y a qu'un train de voyageurs par jour, et il fait le trajet de 468 verstes en vingt-quatre heures, avec arrêt d'un quart d'heure au moins à toutes les stations, ainsi que c'est la coutume sur la plupart des chemins de fer russes.

On nous dit que le versant occidental de l'Oural est assez pittoresque; malheureusement, en partant à 8 heures du soir, nous perdons la vue du paysage. Le jour suivant éclaire une succession régulière de collines arrondies et peu élevées, couvertes d'épaisses forêts de conifères et de bouleaux. Fin et droit, le bouleau doit s'élancer au-dessus de ses sombres voisins, les pins et les épicéas, épanouir son feuillage au-dessus de leurs rameaux enchevêtrés et encombrants ; car la lumière tamisée, qu'ils laissent passer comme à regret, ne suffirait pas à sa croissance. La forêt est abattue jusqu'à 30 mètres de distance des deux côtés de la voie ferrée. Comme les locomotives sont chauffées au bois, il arrive que, malgré la cage à étincelles qui en surmonte la cheminée, le feu se communique à la forêt et ne s'éteint que quand il est forcé de revenir sur ses pas. Nous franchissons, dans la matinée, la limite des eaux du Volga et de l'Obi; les ruisseaux coulent vers l'est et le terrain penche sensiblement dans la même direction. Nous sommes en Asie, géographiquement du moins, car le gouvernement de Perm comprend une partie du pays situé à l'est de l'Oural.

Trois stations, simples blockhaus entourés de monceaux de rondelles et de bois cubé, marquent le passage de la vieille Europe à la plus vieille Asie : Europaïskaia, Ouralskaia et Asiatskaia. D'ici à l'Altaï et aux monts Célestes, le voyageur ne rencontrera qu'une plaine fertile et à peine accidentée d'abord, stérile et unie ensuite. Dans cette plaine, le sédentaire de race slave, Aryen, c'est-à-dire cultivateur du sol par excellence, côtoie d'abord le nomade de race ouralo-altaïque, aux mœurs, aptitudes et à l'origine différentes, le corrige ensuite les armes à la main, et finalement, après s'être assuré l'hégémonie par la force de ses institutions, la supériorité de ses armes et de ses idées politiques, l'élève au rang de sujet du tzar blanc. Le Kirghiz, l'Ouzbeg, le Turcoman, depuis, ne sont plus les maîtres de l'Asie centrale : Djenguiz Khân et Timour sont morts, bien morts.

Cosaques de l'Oural, paysans, exilés de la Sibérie, Kirghiz et Kalmouks, voilà, si l'on peut dire ainsi, la « coupe » ethnographique de l'Oural à l'Altaï et au Thian-chan. Au delà, une « formation » plus vieille : les peuples de la Chine. Le Cosaque conquit la Sibérie, la colonisa ensuite ; le Cosaque battit le Kirghiz, l'Ouzbeg, le Sarte et le Turcoman. Aujourd'hui ses piquets gardent l'immense frontière qui, du détroit de Behring à la mer Noire, sur un développement de plus de 7 000 kilomètres à vol d'oiseau, entoure la Russie d'Asie de poteaux tricolores, mal assujettis et inclinés vers le sud dans les limons de l'Amour et dans les sables de l'Oxus.

Pendant que la pensée vagabonde suit les effets de cette grande force d'expansion de la race slave en Asie, le train d'Iekaterinbourg court entre des ondulations de terrain de moins en moins fortes ; les horizons deviennent plus étendus, le paysage plus charmant. La forêt cède une partie de la pente et de la vallée aux pâturages gras et verdoyants ; un petit lac réfléchit les huttes de quelque village sibirien très propre. Les champs s'entourent d'estacades en bois ; une route, large et belle, traverse le village, et, sur la route, comme figures du tableau, je vois un moujik conduisant un lourd tarantass. A ses côtés, muni d'un large parapluie, est assis, sur une botte de paille, un grand et vigoureux pope, à la chevelure longue et ondoyante ; un gamin, vêtu d'une chemise rouge de Cosaque, partage, avec un porc très gras, le reste de la voiture.

A la tombée de la nuit, le train entre en gare d'Iekaterinbourg. Disons adieu à la locomotive ; dans deux ans d'ici nous la reverrons sur les bords de la Caspienne.

Yékatérinebourg.

Iekaterinbourg. — École des mines. — Stéarinerie. — Le couvent de la Trinité. — Les incendies. — Départ en tarantass.

Iekaterinbourg est situé au pied de la pente orientale de l'Oural, au milieu des ondulations affaiblies de la chaîne principale. Son importance commerciale a augmenté depuis la contruction du chemin de fer ouralien. C'est de là que partent ces immenses caravanes de voitures, quelquefois au nombre de trois cents, qui vont, chargées des produits d'Europe, alimenter la

Sibérie, la Chine par Kiakhta et Maïmatchine, le Turkestan par l'Irtych et Semipalatinsk, les anciens khanats par Troïtzk et Petropavlosk. La ville est jolie, agréable; les rues sont larges, propres, garnies de maisons souvent à plusieurs étages et en briques. Une petite rivière traverse la ville et s'arrête au centre dans un petit lac bordé d'un côté de petites villas enfouies dans la verdure et rappelant quelque peu le lac d'Enghien et ses environs. Cependant, la plupart des maisons sont en bois, matériel le moins cher dans un pays de forêts immenses, et les incendies sont fréquents et souvent terribles. C'est le fléau de toutes les villes russes, à commencer par Moscou de terrible mémoire, et le sinistre ne peut être conjuré, dès son apparition, qu'à la suite d'une surveillance incessante sur tous les points de la ville. A cet effet, la cité est parsemée de tours-vigies ressemblant à des minarets ceints d'un balcon élevé et circulaire, où se promène, à tout instant du jour et de la nuit, un *karaoultchik*, une sentinelle. Au premier filet de fumée, elle donne l'alarme par le tocsin et des signaux visibles au loin. Ces signaux diffèrent suivant les quartiers où l'incendie est signalé. Il ne se passe guère de jour que le tocsin ne résonne.

L'Oural, on le sait, est fort riche en minerais de toute sorte et possède quelques gisements de pierres précieuses. Aussi le gouvernement a-t-il établi à Iekaterinbourg une école impériale de lapidairerie. A l'époque où je la visitai, il n'y avait que huit élèves, que j'ai trouvés occupés à dessiner avec succès quelques-unes des rondes bosses les plus difficiles de Julien. Un atelier, bien outillé pour la confection des œuvres d'art, est adjoint à l'école. C'est là que travaillent, moyennant un salaire de 15 roubles par mois, pendant douze heures de la journée, les élèves qui ont fait leur apprentissage à l'école de dessin et de moulage. Ils mettaient la dernière main à un magnifique vase à fleurs, en marbre, d'après l'antique. La pierre la plus employée à ces objets d'art est le jaspe, dans toutes ses variétés; ensuite un calcaire bréchoïde multicolore, quelquefois la sélénite aux reflets chatoyants. J'ai vu, dans la cour de l'école, un immense bloc de rhodonite brute dont le transport aura nécessité des engins remarquables. Les blocs de jaspe et autres sont divisés au moyen d'une scie longue, mise en mouvement par une roue hydraulique. Le travail avance lentement, et certains blocs volumineux n'arrivent à être sciés qu'au bout de huit à dix ans. La collection minéralogique de l'école est remarquable; elle comprend toutes les roches et tous les minéraux de l'Oural. On y conserve un petit outil qui a servi à Alexandre Ier à polir un jaspe lors de sa visite à l'établissement.

D'autres collections de minéralogie sont faciles à acheter, à des prix élevés, dans une demi-douzaine de magasins de lapidaires, ainsi qu'une grande variété de bibelots d'art en malachite, jaspe, topaze, etc. On y trouve aussi une pierre fine fort jolie, d'une belle eau et teinte verte, l'alexandrite (cymophane, chrysobéryl), estimée à l'égal du diamant dont elle a presque le feu.

Nous allâmes visiter ensuite une grande savonnerie et fabrique de bougies, où je vis combien la division intelligente du travail jusque dans les moindres détails assure la rapidité de confection, la qualité et le bon marché de l'ouvrage. Cette fabrique, à la tête de laquelle se trouvait un Anglais, M. Strother, envoie ses produits jusqu'aux frontières de la Sibérie, en Chine et dans l'Asie centrale. Elle peut travailler dans de bonnes conditions, la main-d'œuvre étant à vil prix, la matière première abondante et de bonne qualité, dans un pays où l'élève de nombreux troupeaux de moutons stéatopyges est la plus grande richesse du propriétaire.

Un autre jour, notre aimable cicerone, M. Klépinine, nous fit voir le couvent de la Trinité, situé à l'ouest de la ville. Les couvents, en Russie, sont généralement fort riches, et certains établissements de ce genre, aux environs de Moscou et de Kieff, possèdent des trésors sans prix en objets d'or et d'argent, aussi bien qu'en immeubles que la communauté a reçus en cadeau, souvent en ex-voto. Les couvents forment d'ordinaire une ville dans la ville, en ce sens que les bâtiments, églises, dépendances, jardins, couvrant un espace étendu, sont entourés de hautes murailles interceptant toute communication profane avec l'extérieur. Ces couvents se suffisent presque toujours à eux-mêmes. Ce sont ordinairement des couvents de femmes, non des couvents stériles, simplement gardiens de biens de mainmorte ou des béguinages, car la communauté travaille, vend les produits de son travail, et si la femme y abdique son droit de génitrice, elle ne l'échange pas contre celui de la vie contemplative, plus facile. Au couvent de la Trinité à Iekaterinbourg, tous les travaux sont faits exclusivement par les femmes de la communauté : travaux d'intérieur, de ménage, plans et construction des maisons, culture des champs et jardinage, boulangerie, peinture, tissage, confection des cierges, élève du bétail et mille autres choses. La supérieure, dame vénérable, coiffée d'un grand béguin en velours noir bordé de fourrure et en forme de pain de sucre, nous donne un cicerone femelle qui nous fait visiter en détail tous les ateliers. Voici l'église et les chapelles : ce sont des murs surchargés de tableaux et de peintures, les uns noirs de vétusté, les autres de facture plus récente, aux tons criards, lavés, rincés, empreints de cette naïveté liturgique des images orthodoxes ; puis des broderies fines, des brocarts pesants, des vases et des candélabres au galbe archaïque, et, dans tout ce sanctuaire de l'amour mystique, quelque chose d'intime et de minutieux féminin, comme un tableau brodé.

Près de l'église, le cimetière verdoyant dans le soleil, et, à côté, deux nonnes poudreuses, occupées à charger, de lourds sacs de farine, un chariot. Les ateliers sont étendus. Le couvent est en même temps fabrique de cierges, que les abeilles confectionnent elles-mêmes. Elles en font un commerce lointain, jusque dans les contrées de l'Amour et du Kamtchatka. J'ai vu, dans une chambrée, une pauvre petite anémiée envider des mèches sur une grande bobine qu'elle mettait en mouvement avec le bras droit. Il faut croire qu'elle travaillait ainsi depuis fort longtemps, car le pouce et l'index de la main gauche étaient démesurément aplatis, tandis que les muscles du bras droit, qu'elle avait à nu, avaient acquis un volume presque double de ceux du bras gauche. Un fait du même genre me frappa dans une salle contiguë. Une dizaine d'ouvrières y roulaient des cierges, afin d'en égaliser la surface, sur la face interne de leur avant-bras gauche au moyen de la paume de la main droite. Les muscles ainsi comprimés incessamment avaient fini par s'aplatir, et l'avant-bras affectait sensiblement une forme lamellaire.

Dans le jardin, exposées au soleil, de grandes claies sont recouvertes de cire, restes de cierges brûlés dans les églises et

Fig. 3. — Le tarantass.

qu'on fait blanchir à nouveau pour le même usage. Cet exemple d'économie m'en rappelle un du contraire qu'on pratique dans je ne sais plus quelle chapelle aux environs de Bonn, en Allemagne. Là, les cierges qui brûlent devant les saintes images sont placés sous une cheminée, dont le tirage efficace aide à leur combustion rapide. Les causes étant opposées, il n'est pas étonnant que les effets le soient.

Hospitalière — il suffit de dire Russe — la supérieure ne voulut point nous laisser partir sans nous avoir offert un lunch. Elle habite un appartement simple, toutefois plus riche que celui des abeilles ouvrières. Dans le salon de réception, l'icone et la veilleuse coudoient un grand portrait du tzar, entouré de ceux de quelques sommités orthodoxes. Nous prîmes congé de la digne supérieure au moment où les signaux d'alarme se répétaient sur les tours-vigies et qu'un tourbillon de fumée noire s'élançait d'un coin de la ville, déjà rassurée par l'absence de vent.

Le 16 septembre, dans l'après-midi, notre tarantass, dûment chargé, ficelé, graissé, roule sur la route poudreuse de Tioumen. C'est un point important que l'achat d'un bon tarantass ; il le faut neuf, solide, élastique et assez grand pour que deux personnes puissent, au besoin, se coucher et dormir en long, car nous avons 3 800 kilomètres à parcourir sur des chemins qui en usurpent souvent le nom. Nous voyagerons la nuit et le jour, nous traverserons à gué des rivières et des torrents, et puis les chevaux de Sibérie nous enlèveront souvent à la vitesse de 20 verstes à l'heure. Que les roues surtout soient bonnes et les essieux, car nous serons quelquefois obligés de les consolider au moyen de cordes, dont nous envelopperons et serrerons les rayons et que nous arroserons de quelques seaux d'eau chaque fois que la sécheresse en aura desserré les tours. Les tarantass fabriqués à Samara ont la meilleure renommée et valent de 150 à 200 roubles.

De Iekaterinbourg à Omsk.

La route de Catherine II. — Scènes de la grande route de Sibérie. — Convois de condamnés. — Le village sibérien. — La *stanzia*. — Tioumen et son rôle. — Le *yemtchik* et sa *troïka*. — Le mouton stéatopyge. — Les mendiants en Sibérie. — Une race en voie de formation. — Passage de l'Irtych. — Omsk. — Expéditions sur l'Obi. — Les premiers Kirghiz.

De Iekaterinbourg à Tioumen, la route de Catherine II traverse une contrée fertile, où le *tchernosem*[1] fait pousser de très bonnes récoltes en céréales et d'excellents pâturages. Par endroits, on récolte l'avoine, on fait les semailles d'hiver ; ailleurs, des femmes trapues et solides éventent le blé sur une aire improvisée, tandis que les hommes, couchés à plat

---

1. Terre noire.

ventre, les regardent faire. Le pays est accidenté, entrecoupé de collinements peu élevés. De charmantes échappées entre les petits bois de bouleaux et de trembles soutiennent l'intérêt du paysage, quoique les effets ne soient guère variés. Il est même digne de remarque combien une seule essence, le bouleau, par une variété de tons et d'assemblage, peut donner de l'attrait à un paysage où les essences, si décoratives, des nôtres font défaut. Les villages sont propres et respirent l'aisance. C'est

Fig. 4. — Intérieur d'une stanzia.

d'ordinaire une rangée double de maisons-blockhaus, terminée par l'église, d'une blancheur immaculée de chaux, flanquée d'un campanile boursouflé. Quantité d'animaux domestiques : vaches et moutons, oies, poules, canards, porcs à longs poils, vaguent dans les rues ou aux alentours. Les chevaux du tarantass, agacés par les assauts des chiens « spitz », qui leur sautillent aux naseaux et s'acharnent contre les roues du véhicule, flairant aussi l'approche de l'écurie de la stanzia, nous enlèvent au triple galop; le cheval de la douga quitte le trot, entraîné par la fougue de ses deux voisins galopant, et maint volatile et porc, peu ingambes, ahuris, trouvent la mort sous les roues du tarantass en nous secouant mollement.

Puis, c'est la *stanzia*, où les chevaux s'arrêtent essoufflés, couverts d'écume, rendus. Le *starosta*[1], vieux Cosaque barbu, se tient, la casquette en main, sur le seuil, à côté du poteau indicateur qui flanque les trois ou quatre degrés menant à la chambre des voyageurs. L'immense poêle ronfle, le samovar chante en lançant un petit jet de vapeur, et dehors les sons des clochettes des dougas, l'une qu'on dételle, l'autre qu'on apporte, se croisent entre deux lazzis de *yemchtchiks*[2]. Dans un coin de la chambre, l'icone et une petite statuette en faïence barbouillée de couleurs vives, une glace derrière laquelle se cache le livre des plaintes et réclamations scellé au mur, deux divans gardant l'empreinte des dormeurs, une table recouverte d'un tapis propre; puis, au mur, de mauvaises chromolithographies, le portrait du tzar et de sa famille, un épisode de la guerre russo-turque, et, parfois, le portrait de... Gambetta.

Le starosta a inscrit notre *padarojnaia* qui est à deux cachets[3] — pa *Kazionni nadobnostij*, pour affaires de la couronne, ce qui nous donne droit à une réduction de prix et à la délivrance de chevaux avant toutes les « padarojni » à un seul

---

1. Maître de poste.
2. Postillons.
3. Les *padarojnaias*, ou lettres de poste, sont de trois sortes : celle du courrier, celle du voyageur au service de l'État et celle du voyageur ordinaire. Elles se priment les unes les autres en ce sens que le courrier reçoit des chevaux nonobstant tout, et que le voyageur ordinaire doit céder le pas à la padarodjnaia à deux cachets ou de la couronne. Les prix diffèrent également, le voyageur ordinaire dont la padarojnaia ne porte qu'un cachet payant généralement le double, par cheval et par verste, de ce que payent les autres. Voici la teneur d'un de ces passeports de poste : « Par ordre de Sa Majesté l'empereur Alexandre, fils d'Alexandre, autocrate de toutes les Russies, etc., etc., de la ville de... à... au sujet français Guillaume Capus, donner trois chevaux de poste avec un postillon, sur payement des droits, sans retard. Donné à... le.... etc. »(Signé du gouverneur de la province.) Sans padarojnaia, aucun voyageur ne peut s'adresser à la poste aux chevaux, comme sans passeport il ne peut demeurer dans un hôtel ou entrer en Russie. Pour visiter le Turkestan ou le territoire transcaspien, il lui faut en outre une permission spéciale, un *atkriti-liste* ou « lettre ouverte ».

cachet et après celle des courriers. Buvons quelques tasses de thé et de cet excellent lait sibirien, et aïda! nous ferons 200 verstes aujourd'hui.

La route est couverte de longues traînées de *lomovoïs*, lourds chariots à un cheval, chargés de ballots de marchandises et qui se rangent au tintement rythmé des clochettes de la *douga*[1].

Dans trois mois, ils seront à Irkoutsk; dans cinq, à Kiakhta.

Ils ne transportent pas toujours des ballots de marchandises, mais quelquefois des colis humains. En voici une longue file escortée par des soldats, l'arme à l'épaule. Condamnés à la déportation pour crime politique ou de droit commun, les uns enchaînés, les autres libres de leurs mouvements, on les réunit par bandes pour les envoyer, sous bonne escorte, aux mines de Barnaoul, aux prisons de la Sibérie ou à l'exil simple sous la surveillance de la police de l'endroit. Pères de famille, j'en ai vu beaucoup accompagnés de leur femme, de leurs enfants, ceux-ci dans le chariot, ceux-là marchant à côté, lourdement, lentement, désespérément, sous l'œil vigilant d'une sentinelle. Et nous filions au grand galop; on sentait leurs regards... Pauvres gens!

Un peu avant Tchougoulnitzka, nous passons la frontière des gouvernements de Perm et de Tobolsk. Une stèle avec une inscription et les armes de Perm nous annonce que nous sommes désormais dans l'Asie, officiellement.

Tioumen, où nous arrivons dans la nuit du 19, est une petite ville très commerçante, très bien située sur le rivage élevé du Toura. Elle doit sa prospérité à sa position exceptionnelle comme tête de ligne de la voie navigable qui, d'un côté par le Toura, le Tobol et l'Irtych, conduit à Omsk et à Semipalatinsk; de l'autre, par le Tobol, l'Irtych et l'Obi, mène à Tomsk, au cœur de la Sibérie occidentale. En outre, Tioumen est lieu de bifurcation de deux grandes routes de caravanes, allant d'un côté à Omsk et dans le Semiretchié, de l'autre, par Tomsk, à Irkoutsk. Il est certain que la voie ferrée, qui s'arrête aujourd'hui à Iekaterinbourg,

---

[1]. Arc en bois reliant les brancards.

sera continuée jusqu'à Tioumen et amorcera le grand transcontinental sibérien[1]. En attendant l'exécution de cette œuvre colossale, la petite ville abrite, dans l'anse du Toura, quantité de barques pontées, de chalands, de péniches, prêts à risquer un dernier voyage avant que les rivières et les fleuves gelés ne les immobilisent pour six ou sept mois.

Nous rendons visite au chef de la ville, au *galavá*, digne fonctionnaire fort occupé de la réception à faire au nouveau gouverneur de la Sibérie occidentale, le général Mechtchérinoff, attendu d'heure en heure. Aussi les routes ont-elles été réparées pour la circonstance, les vides trop funestes aux ressorts de la voiture comblés, les ponts troués rafistolés, et les fondrières masquées par une couche de terre molle et des branchages. Ce qui fait que les yemchtchiks, stimulés par la présence d'un officier, que le galavá nous a gracieusement donné comme compagnon de voyage, et, je crois, davantage par la perspective d'un bon pourboire, nous mènent un train d'enfer. J'ai souvent admiré le savoir-faire de ces yemchtchiks sibériens, la hardiesse de leur conduite des chevaux, l'adresse avec laquelle ils évitent les obstacles, profitant des accidents de terrain pour ménager ou lancer leur attelage. Souvent un cheval, jeune et ardent, attelé peut-être pour la première fois, se refuse au service du tarantass. Trois hommes le maintiennent. Le yemchtchik est sur son siège, debout, arc-bouté contre le timon. Dès que, par la ruse ou la patience, le cheval rétif est placé ou jeté subitement dans l'alignement, que, par un mouvement rapide, le dernier trait est bouclé dans le crochet, la *troïka* (trois chevaux attelés de front) part comme une flèche; le cheval se cabre, rue, se précipite au galop; la boue, la terre ou la poussière, lancées à la figure par les fers des chevaux, vous cinglent et vous aveuglent, et les clochettes se taisent comme terrifiées. La troïka a quitté la route marquée par les ornières de ses devancières, et tandis que dans une course infernale le tarantass

---

[1]. La voie ferrée est prolongée aujourd'hui jusqu'à Tioumen. Le général Annenkow commencera incessamment les travaux du grand central asiatique qui doit relier la Sibérie orientale à la Russie d'Europe.

saute et vole, le yemchtchik, peu à peu, rentre un bout de guide; le limonier sous la douga, la tête haute, prend le trot, et les deux côtiers, obéissant aux rênes, ont la tête tournée en dehors. Mais voici, avec la marche plus régulière de l'attelage et un grand détour, la route bordée de poteaux verstiques.

— *Palavina... ?* (La moitié ?)

— *Palavina, barine*, répond le yemchtchik, au moment où les chevaux, après un galop de 10 à 12 verstes, soufflent pendant deux minutes à la moitié du chemin. Puis on repart, avec moins de fougue, et la conversation s'engage entre le yemchtchik et ses chevaux, qui ont l'air de comprendre. Il blâme l'un, lui reproche sa paresse, l'appelle *karova*[1] : « *Ti karova!* regarde tes compagnons; tu n'as pas honte, tu ne mérites pas une bonne écurie chaude ! » A l'autre, il fait des compliments : « Courage, *galoubtchik*[2], voilà Tjoukala, une bonne stanzia, et de l'orge pour ma colombe ! » Et les bêtes courageuses le regardent du coin de l'œil, attentives au moindre de ses mouvements, car rarement il les touche de son petit fouet.

La contrée est très giboyeuse. Étangs et marais nombreux retentissent du cancanement d'une multitude de canards, oies sauvages, poules d'eau, grues, hérons, etc. Des mouettes blanches, ou blanches à plastron noir, fendent l'air en piaillant. De nombreuses espèces de buses, busards, émerillons, faucons (*kokouchka*), habitent les hauts arbres ou les roselières des bords de l'étang[3].

A Ialoutorovsk, je remarque les premiers moutons franchement stéatopyges. Plus au nord, ainsi qu'en Russie, la race acquiert une tendance à la stéatopygie, sans l'atteindre, en ce sens que la queue est courte, à base large, sans cependant se charger démesurément de graisse. Au fur et à mesure qu'on descend vers le sud, la queue devient de plus

---

1. Vache.
2. Mon petit pigeon.
3. On trouvera des détails intéressants sur la faune de cette région dans les ouvrages de Ssévertzoff et dans le récit de voyage du docteur Fintch.

en plus courte, disparaît presque entièrement entre deux bosses de graisse huchées sur l'arrière-train et ballottant disgracieusement à la marche de l'animal. Pour porter pareil poids, l'ossature des membres postérieurs doit nécessairement devenir plus forte par sélection; néanmoins, il arrive chez les Kirghiz, me dit-on, que le poids de son ballot de graisse empêche le mouton de marcher, et que son propriétaire est forcé de l'étayer par un truc de bâtons. La remarque judicieuse en a été

Fig. 5. — Mouton stéatopyge.

recueillie par maître Rabelais[1]. La stéatopygie du mouton est un effet de pure sélection provoquée par les exigences d'un milieu où l'abondance temporaire de la nourriture, au printemps, est suivie d'une pénurie parfois complète en hiver, et, de même que le chameau « mange » sa bosse de graisse en hiver, de même que la marmotte entretient sa respiration et sa vie par autophagie durant son long sommeil, ainsi le mouton à queue de graisse dispose, pour un temps de jeûne forcé, d'une réserve de nourriture qui lui permet d'attendre la poussée de l'herbe fraîche et succulente du steppe, au printemps prochain

1. Voici ce que dit Rabelais, liv. 1, chap. XVI : « Si de ce vous efmerveillez, efmerveillez vous d'advantage de la queue des béliers de la Scythie, qui pesait plus de trente livres ; et des moutons de Surie, esquels fault (si Tenaud dict vray) affuster une charrette au cul, pour la porter tant qu'elle est longue et pesante. »

— si toutefois l'homme carnassier lui en laisse le temps. Ajoutons que le mouton stéatopyge type a le nez très busqué, les membres forts et la laine très fournie. C'est la richesse du nomade de l'Asie centrale et souvent sa monnaie.

A Ialoutorovsk, nous passons à bac les eaux, basses à cette époque, navigables à vapeur cependant, du Tobol.

Pendant qu'à la stanzia on répare la roue de notre voiture, enflammée par le frottement dans une course effrénée, quelques mendiants, pauvres vieux déguenillés et grelottants, viennent tendre la main. Cependant les spectateurs de leur démarche les empoignent brutalement et les accablent de reproches, d'injures et même de coups. J'ai revu la même scène écœurante le lendemain. Il paraît qu'avec l'organisation communale, telle qu'elle existe, la division équitable des terres et le travail en commun[1], le mendiant n'a pas le droit de l'être, à moins que l'ignominie et la paresse ne soient un droit.

La terre est riche, le climat favorable à ses produits et généralement à l'homme. Le type des habitants m'a paru plus fort et plus beau qu'en Russie d'Europe. Les hommes sont robustes, trapus, bien bâtis ; les cheveux châtains sont prédominants. Les femmes sont plus blondes ; elles vont pieds nus et s'habillent de couleurs moins criardes que les paysannes de la Grande-Russie. Les enfants sont d'ordinaire très blonds, presque blancs et à moitié nus. Pourtant la température n'atteint que 12 à 15 degrés au-dessus de zéro dans la journée et tombe déjà à 8 degrés au-dessous pendant la nuit, ce qui ne m'empêche pas d'attraper une sérieuse insolation, le 22 septembre, en pleine Sibérie. On m'a dit qu'en hiver la température, excessivement rigoureuse, d'un climat continental sous une haute latitude, tombe souvent jusqu'à 40 degrés au-dessous de zéro. Il me semble que la race sibérienne — car on peut déjà parler de race — sera très forte. D'un côté, la sélection naturelle, opérant de bonne heure sur des enfants tant exposés dès leur plus jeune âge aux intempéries du climat ; de l'autre, l'établissement dans le pays de colons,

---

1. Voir la constitution familiale et communale du *Mir* slave.

hommes d'action et de tempérament, Cosaques et exilés, ces derniers souvent très instruits et déchus de leur ancien rang dans la société par un acte leur valant l'exil, contribueront à faire du Sibérien un type de race nerveuse et solide.

Le 23, nous passons l'Irtych en bac, en face de la stanzia de Krasnoïarskaja. La traversée a duré huit minutes, et j'évalue la largeur du fleuve à 700 mètres environ.

Dans l'après-midi du même jour, nous descendons à Omsk, à la *Moskovskij Gastinnitza*, hôtel assez propre, tenu par une Polonaise parlant l'allemand. Quoique les draps de lit ne fassent pas partie de l'ameublement d'une chambre à coucher, ni les couvertures, on y constate cependant avec satisfaction l'absence des innombrables cancrelats, blattes et punaises, qui hantent toutes les stations de la poste, courent nuit et jour sur les meubles, les murs, côtoient la pointe du crayon quand vous écrivez sur la table, se promènent sur la figure et les mains du dormeur, et, ne pouvant arriver à gagner sa couchette établie à dessein sur un morceau de feutre à long poil, poussent l'astuce jusqu'à se laisser tomber du plafond pour se faufiler dans un coin chaud de la couverture. Je ne sais pourquoi on a donné à ces cancrelats ou tarracanes le nom de *proussaki*.

Omsk avait à cette époque une population d'environ 31 000 habitants. La ville est située dans l'anse que fait l'Irtych avec son affluent, l'Om, dont les deux rives communiquent par un pont de bois. Elle est siège du gouverneur général, possède une école militaire pour cadets et un gymnase [1]. Le général Kaznakoff, prédécesseur du gouverneur actuel, avait conçu la vaste idée de faire de l'Obi et de l'Irtych une artère du commerce sibérien.

L'Irtych étant navigable jusqu'à Semipalatinsk et même au delà, le commerce d'Omsk en aurait largement profité, et la

---

[1]. Omsk a aujourd'hui une population de 32 000 habitants. L'importance commerciale de la ville est en décroissance, et le choix de Tomsk, sa concurrente, comme siège de l'Université, lui a été sensible. Tôt ou tard, la voie ferrée la rencontrera en venant soit de Tioumen, soit de Semipalatinsk.

ville aurait récupéré une partie de la vitalité que des remaniements administratifs, l'établissement projeté de l'Université à Tomsk, sa rivale, menaçaient de lui enlever. La mission très fructueuse de M. Khanderchefsky à l'embouchure de l'Obi allait être suivie d'une expédition ayant pour but d'étudier l'hydrographie complète de l'Obi et de son estuaire en vue de l'éta-

Fig. 6. — Type kirghiz.

blissement des relations commerciales par voie fluviale et maritime, lorsque le général dut céder son poste pour refaire sa santé fortement ébranlée par un climat perfide.

Un premier résultat pourtant avait été obtenu. L'estuaire de l'Obi fut reconnu libre de glaces pendant les mois d'août et de septembre, et non en juin et juillet, comme on l'avait cru jusqu'alors. En outre, dès 1878, le général, accompagné de M. Balkachine, opéra, à Lindensitta, les premières transactions commerciales en céréales, pour la somme de 200 000 roubles. Il serait regrettable qu'un projet aussi vaste, aussi grandiose, secondé par l'expérience de circumnavigation de la *Véga*, demeurât à l'état de simple projet. J'en connais plusieurs autres de la même envergure, conçus dans un esprit pratique par ces étonnants généraux russes qui, après avoir conquis l'Asie centrale, essayent d'en détourner les fleuves, d'en changer le climat, en couvrant le pays de forêts, construisent des milliers de kilomètres de chemins de fer dans les déserts brûlants de la Tourkménie et dans les neiges de la Sibérie, ouvrent de nouvelles voies au commerce et enrichissent leur patrie en enrichissant ses conquêtes.

Nous vîmes, à Omsk, les premiers Kirghiz et les premiers chameaux de caravane. C'est que nous sommes entrés dans le steppe et que le Kirghiz et le chameau, comme l'armoise et la tulipe, la gerboise et le souslik, les lacs salés, les mirages et le chant cristallin des cigales composent immédiatement, dans le souvenir de celui qui a vécu et vu dans le steppe, une image vivante, d'un caractère grandiose et indélébile.

On a tant et si bien décrit les Kirghiz de la grande et de la petite horde, fait si bien leur portrait ethnologique, que je renonce à les décrire moins bien ici. Nous avons, du reste, tant de chemin à parcourir avant de nous heurter aux limites restreintes de ce volume, qu'avant notre arrivée à Tachkent, nous ne raconterons au lecteur que les incidents et les observations les plus dignes de fixer son attention et les plus aptes à solliciter son intérêt.

Le musée d'Omsk possède une belle collection d'objets ethnographiques et archéologiques due à l'initiative du général Kaznakoff. J'y ai vu de beaux tissus samoyèdes en fil de ramie; des costumes de femmes couverts de belles broderies multicolores dans le style pompéien; une collection de bois des forêts de pin, sapin, bouleau, mélèze, découvertes par M. Khanderchefsky sur le Nadym et le Polui, c'est-à-dire bien au delà de la limite des forêts septentrionales admise jusqu'alors (73° lat. N. et 70° long. E.); des instruments en pierre taillée et polie découverts à Samarovskoïe, au point de jonction de l'Irtych et de l'Obi, et que j'ai dessinés pour le musée de Saint-Germain ; enfin, une collection de plantes et d'animaux du steppe, due principalement aux voyages de M. Balkachine.

D'Omsk à Semipalatinsk.

Famine.— Les rives de l'Irtych.— Paysages et habitants.— Le pin cembron. Semipalatinsk, la ville aux sept palais.

Le 28 septembre, nous quittons Omsk pour suivre, toujours dans le steppe, la ligne de l'Irtych. Au loin, à droite, la rivière, cachée par des falaises d'alluvion peu élevées, se devine à la traînée ondulante des touffes de saules et de tamarix de plus en plus abondants. De nombreux moulins à vent, de structure primitive, battent l'air sous la brise changeante du nord-est. Les *kibitkas* (tentes) kirghizes, pareilles à des taupinières, se profilent sur la rive gauche avec de grandes meules de foin, entourées d'estacades. Des cavaliers kirghiz gardent des tabounes de chevaux. Ils sont armés d'une longue gaule munie d'un lacet qu'ils sont fort habiles à passer au cou du cheval dont ils veulent se saisir. Ces chevaux du steppe, ainsi que tous les animaux domestiques à poil vivant sous ce climat excessif, muent, se couvrant en hiver d'un poil plus dru, plus fort et plus long qu'ils perdent en été. Les chameaux, chevaux, chiens et vaches de Sibérie ont le poil en hiver bien plus long que ceux du Turkestan, et la mue annuelle est remarquablement accentuée chez le lévrier kirghiz, le *tazi*. Chevaux et bêtes à cornes mangent des quantités énormes d'herbe sèche du steppe, remplaçant la qualité par la quantité, ce qui leur donne une rondeur démesurée du ventre, fort laide chez le cheval. L'hiver dernier a été funeste aux herbivores ; chevaux et moutons ont succombé par milliers au froid et au manque de nourriture. Le sol, recouvert d'une couche de glace trop résistante au sabot des affamés, leur refusait la maigre pitance que le défaut de provisions de fourrage chez le Kirghiz les forçait à chercher d'ordinaire sous la neige. On m'a dit que les Kirghiz portaient alors sur des brancards les derniers survivants de leurs troupeaux dans un endroit du steppe où, préalablement, ils avaient brisé la glace à coups de hache, pour trouver un peu d'herbe.

Les rives seules de l'Irtych sont cultivées, et les cultures primitives des Kirghiz sédentaires, fertilisées par le limon des inondations de la rivière. Le steppe serait moins improductif si les rivières charriaient une eau plus douce ou si le sol était moins imprégné de sels; ce qui revient au même, l'un étant cause de l'autre. Toutes les rivières, tous les ruisseaux intentionnels à l'Irtych, alimentent de moins en moins des lacs sans déversoirs, lacs salins ou amers, quelquefois les deux à la fois, c'est-à-dire salins sur un bord et amers sur le bord opposé. Cependant, l'évaporation étant plus forte que l'alimentation, quantité d'anciens lacs ne forment plus que d'immenses concavités du sol, recouvertes d'une couche de sels déposés et efflorescents. Aussi les gisements de sel sont-ils fréquents, notamment aux environs de Pavlodar où l'on exploite un sel noir et grossier auquel le transport facile par l'Irtych assure un débouché suffisant.

Ce n'est, d'Omsk à Semipalatinsk, qu'une succession de mirages intenses; on se croirait au milieu d'un archipel. Le moindre objet saillant à la surface du sol acquiert des dimensions extraordinaires et les illusions d'optique font commettre des erreurs d'appréciation fantastiques sur la distance ou la hauteur d'un mamelon à l'horizon. Qu'une de ces vasques, bordée d'un liséré blanc et glissant, conserve en son milieu une flaque d'eau saumâtre ou mérite encore le nom de lac; elle se peuple d'une infinité de gibier d'eau. C'est alors, au passage, un bruit assourdissant et discordant de millions de voix; puis, à l'approche, un silence d'effroi général de toute cette gent bavarde. Au coup de fusil succède une débandade précipitée; le battement des ailes fait croire au vent de la tempête, et les envolées sont tellement serrées et fournies qu'elles jettent de l'ombre sur le sol ainsi qu'un nuage.

C'est le paradis du chasseur!

Le gibier à plume, paisibles habitants des lacs du steppe

ou des bords de l'Irtich, est poursuivi par une infinité d'oiseaux de proie. Émerillons, buses, aigles, etc., ont une prédilection marquée pour les poteaux télégraphiques, et il n'y en a guère qui ne porte un de ces oiseaux, rarement effrayés par le passage du tarantass.

J'y vois aussi à la brune, perchés sur le fil télégraphique, les premiers harfangs des neiges.

La route que suivent nos yemchtchiks tantôt côtoie de près

Fig. 7. — Tabounes de chevaux kirghiz.

l'Irtych, tantôt s'enfonce dans le steppe, aride et désert. De temps à autre, l'uniformité du steppe est interrompue par quelques *méguils* ou tombeaux kirghiz, que le mirage ferait passer volontiers pour de merveilleux cénotaphes suspendus en l'air, tandis que ce ne sont que petites stèles ou carrés de briques séchées au soleil. Et comme partout en pays musulman, les tombeaux sont creusés au bord du chemin, afin que le fidèle passant gratifie le mort fidèle d'une *fatiha*[1].

1. Petite prière.

Depuis cinq jours, à partir d'Omsk, nous courons ventre à terre sur l'immense table ronde — telle nous paraît le steppe — sans jamais, nous semble-t-il, en atteindre le bord. Cependant, près de Yamichlovsk, le steppe est devenu sablonneux ; le tarantass, enfoncé au-dessus de l'essieu des roues dans un sable granitique fin, avance péniblement au pas de quatre chevaux vigoureux, et les voyageurs se couvrent d'une couche épaisse de sable. Mais voici une stanzia charmante, véritable oasis dans le désert. Les yeux fatigués de la vue du disque jaune sur lequel nous roulons sans accident depuis quelques jours, las de voir un ciel toujours bleu, se réjouissent à l'aspect de la couleur entière, du vert, et se fixent avidement sur les peupliers, trembles, saules et bouleaux, en arbre et en buisson, que l'Irtych entretient le long de ses méandres. Nous approchons du bord du steppe ; la végétation est déjà plus fournie, les efflorescences salines moins abondantes. A défaut d'eau, les musulmans font leurs ablutions avec du sable ; nous en avions la figure tellement couverte, qu'avant de procéder au lavage à l'eau, on dut se racler la figure au couteau.

Nous longeons toujours l'Irtych. Depuis Semiarsk, le paysage est devenu plus riant. Des collines basses, d'un terrain primaire, accidentent le steppe ; ce sont des couches de grès stratifié, entrecoupé de veines de quartz laiteux. Par endroits, on voit des affleurements de massifs de quartz, puis de la grauvacke à concrétions calcaires blanches. Des fours à plâtre, installés dans le voisinage, donnent un produit très pur. Un peu avant la station de Dolonskaja, de belles futaies de pins cembrons font reluire au soleil couchant l'écorce rouge, luisante, de leurs troncs élancés. Partout, en Sibérie, la graine du cembron ou *kèdre* est connue sous le nom de *noix de la conversation*. Tout en causant, filles et garçons grignotent les fruits du kèdre, comme ils le font partout de la graine de l'hélianthus, et cette occupation, dit-on, remplit les intervalles et les silences d'une conversation peu animée.

Voici la station de Biélokamensk, qui doit son nom de *Pierre blanche* aux affleurements de quartz. Après Stari-Semipalatinsk, méchant hameau acculé, au milieu d'un beau site, dans une anfracture de colline, nous montons, avec de fort mauvais chevaux qui ont peine à tirer le tarantass vide, pendant quatre verstes, une colline de sable; mais le sable, provenant de la désagrégation des roches sous-jacentes, est fixé par une végétation abondante où dominent le pin et le peuplier, ombrageant une foule de plantes du steppe, composées et ombellifères. Quelques ruisseaux, cachés sous des églantiers, clématis et de beaux lasiagrostis, courent gaiement de la montagne, alimentant deux ou trois moulins qui remplacent les moulins à vent du steppe.

L'Irtych, bordé à droite de collines de sable couvertes de forêts, à gauche de petites falaises d'alluvion garnies de saules, de bouleaux et de tamarix, déroule au loin son ruban d'or pâle sans reflets. Dans le lointain, transparente et fine comme une pellicule bleuâtre, apparaît une chaîne de montagnes : ce ne sont que les contreforts très bas du Temirtchi. Du haut de la colline, le tableau change. A 10 verstes au sud, dans un fouillis clair de verdure, apparaissent les clochers arrondis des églises et les sommets épointés des minarets de Semipalatinsk; rien de la magnificence que le nom pompeux de la ville « aux sept palais » aurait pu promettre. Ce n'est plus le steppe à l'horizon indéfinissable. Les collines se dessinent, et de petits chaînons aux crêtes dentelées courent dans la plaine. Nous avons atteint les premiers contreforts des monts Altaï et Tarbagataï.

Le 4 octobre, après avoir mis sept jours pour faire les trente-deux stations postales et les 727 verstes qui séparent Omsk de Semipalatinsk, notre tarantass roule sans bruit, sans clochettes, sur le sable profond des rues de la ville tatare.

Deux journées passées à Semipalatinsk nous ont permis de faire l'aimable connaissance du général Protzenko, l'explorateur du Thian-chan, aujourd'hui gouverneur de la ville, et du colonel Ilinskij, puis de préparer le voyage jusque dans le Semiretchié. Les nouvelles sur l'état du « trakt » nous arrivent de plus en plus mauvaises : les quelques chevaux qui restent dans les stations postales ne suffisent pas, dit-on, pour assurer le service régulier même de la poste.

Semipalatinsk nous a paru une ville sans animation, déserte; à peine de-ci, de-là, une lineïka, un cavalier kirghiz ou tatare. Le bruit des pas et des voitures est amorti par une épaisse couche de sable. Les lomovoïs, dont les longues files cheminaient cahin-caha sur les routes de Sibérie, ont fait place aux files non moins longues de chameaux poilus, apportant ou emportant les marchandises du Turkestan. Le bazar est approvisionné déjà de fruits secs, abricots, raisins, pistaches de Tachkent et de Samarkand et de pommes de Kouldja. On y vend du sel gemme grossier, provenant de gisements dans le steppe. Le mouton se vend au prix extraordinaire d'un kopeck la livre, par suite du grand nombre de ces animaux que la famine récente force le Kirghiz à abattre. Aussi les peaux de mouton, ce vêtement par excellence du nomade de l'Asie centrale, encombrent les échoppes des marchands tatares et tentent le passant par la qualité et le bas prix.

Le commerce de Semipalatinsk, sans être considérable, acquiert cependant une certaine importance par la situation de la ville sur la grande route de Sibérie à Kouldja, à Tachkent et à Tchougoutchak, premier marché chinois à proximité de la frontière et desservi par des caravanes de chameaux. L'Irtych, facilement navigable jusqu'à Semipalatinsk, l'est probablement en amont, dans la direction du Saïsan-nor, et au moment de notre passage, le général Protzenko était à la veille de diriger une expédition sur le haut Irtych et le Saïsan, afin d'en étudier à fond l'hydrographie et de mettre la frontière chinoise en rapport fluvial direct, par Omsk et Tioumen, avec la ligne de l'Oural. Jusqu'alors, les bateaux à vapeur, traînant à la remorque des péniches chargées de marchandises, s'arrêtaient à Semipalatinsk, mettant cinq jours pour remonter d'Omsk, et trois jours pour descendre.

De Semipalatinsk à l'Ala-taou.

Paysage désolé. — Le premier *koumyss*. — Convoi de condamnés du Turkestan. — La femme kirghize. — En vue du Djengiz-taou. — Serguiopol. — Entrée dans le Semiretchié. — La contrée du lac Balkach. — Arrêts forcés. — En vue de l'Ala-taou dzoungarien.

Le 6 octobre, par un ciel terne comme s'il allait pleuvoir de cette poussière grise des rues de la ville, nous quittons Semi-

Fig. 8. — Le bac sur l'Irtych.

palatinsk. Notre tarantass, guéri de plusieurs fractures déjà, a toutes les roues garnies de bandages de corde, et nous comptons sur le passage à gué de quelques rivières pour leur redonner de la solidité, en nous consolant du dicton « que les voitures vieilles vont le plus longtemps ».

Au sortir de la ville, nous passons à gué une petite rivière qui prend sa source dans le steppe, ensuite l'Irtych à bac. Une foule de Khirghiz, de Tatares, de chevaux et de chameaux attendent, couchés, debout, courant, gesticulant et criant, le retour du bac et leur tour de passage. L'arrivée du tarantass précédé d'un homme de police produit un tumulte indescriptible. Les chameaux couchés en travers du chemin, ruminant la tête haute avec des mouvements de pendule de la mâchoire inférieure, se lèvent lourdement sous le fouet du yemchtchik, et, pris de panique, se sauvent en renversant leurs charges et en s'entraînant les uns les autres.

Sur la rive gauche de l'Irtych se trouve la *ville* kirghize, c'est-à-dire de misérables tanières en pisé, entourées des méghils, mieux soignés, du cimetière indigène, que longe un dépotoir semé d'os de cheval à demi rongés par des bandes de chiens. Et le dépotoir semble se prolonger dans le steppe, aride et nu, où nous venons d'entrer en quittant les bords de la rivière, car la route est bordée de carcasses de chevaux et de chameaux. Cette contrée nous paraît bien pauvre, après les riches campagnes de la Sibérie ; mais aussi le tchernosem, la terre noire si féconde a-t-elle fait place au sable du steppe de l'Irtich et à ses alluvions. A présent que nous approchons de plus en plus des contreforts des monts Célestes, les basses vallées parcourues par quelque ruisseau furtif ou par un tributaire plus important d'un de ces nombreux lacs-bassins, sont seules ourlées de verdure. Sur le plateau ondulé, sans eau, la psammite du sous-sol offre, en se désagrégeant, à peine quelque terre meuble à la croissance des graminées du steppe et des nombreuses espèces d'armoise qui embaument l'air au coucher du soleil.

A l'horizon, les monts Semi-taou, Arkalyk, Arkat et Kyzyl-dar s'élèvent en barrières dentelées, infranchissables, semble-t-il de loin, tandis que, de près, ce ne sont que collines de sable avec une ossature de terrain primaire, schiste quartzitique ou micacé. Quelques aouls kirghiz montrent le dos en *tépé*[1] de leurs kibitkas dans les replis du terrain ou dans le voisinage des stanzias. Vous trouverez alors dans la kibitka hospitalière et

1. Le *tépé*, que les Russes appellent *tibétcika*, est la calotte que tous les musulmans de l'Asie centrale se mettent sur le crâne rasé et qu'ils entourent, ou non, d'un turban. La forme du tépé est celle de la tente du

en vue d'une récompense, bien entendu, du lait de chamelle, ou du *koumyss*[1], ou de la *bouza*[2]; ce sont breuvages excellents chez les Kirghiz de l'intérieur qui ne viennent pas en contact avec les voyageurs des stanzias, ne délaient pas le koumyss d'eau salée et ne tendent pas la main ; mais une écuellée de koumyss, même affaibli par le baptême ou le mélange de lait de vache, est chose délicieuse, quand, avide de toutes sortes de sensations nouvelles et pittoresques, et la gorge asséchée par les tourbillons de poussière de la route, vous la buvez pour la première fois à la station d'Ouzoun-boulak. C'est à la stanzia d'Ouzoun-boulak[3] que je ressentis cette sensation indéfinissable du voyageur qui se trouve, pour la première fois, en présence du paysage vraiment caractéristique du pays étranger et presque étrange qui est le but de son voyage et l'objet de ses rêves. L'Asie centrale m'était apparue jusqu'alors, dans l'imagination, comme un pays où, dans des plaines immenses, jaunes, coulent des rivières d'or et de verdure, où des montagnes sans arbres se drapent d'ombres bleues et violettes, transparentes sous un ciel émeraude. Et nous voici à la porte du Turkestan — nous n'en sommes plus qu'à deux stanzias — au milieu des Kirghiz sales et noirs, habitant des kibitkas crasseuses, pêle-mêle enfants, moutons, veaux, poulains, dans un paysage terriblement simple et nu, éclairé par un ciel terne et gris qui déchaîne la bourrasque et bientôt se confond avec la poussière soulevée à gros tourbillons par la tempête !

Près de la stanzia, une trentaine de prisonniers, entourés de sentinelles la baïonnette au fusil, s'occupent à préparer la soupe du soir. Ils ont tous la chaîne aux pieds. On nous dit

---

nomade et de la « coiffure » des monuments, du gland des minarets, du couvercle des théières, etc.

1. Le *koumyss* est, comme on sait, du lait de jument fermenté. Les Kirghiz en abandonnent la fermentation simplement à la malpropreté de l'outre destinée à contenir le breuvage.

2. La *bouza* est une boisson rafraîchissante, un peu acidulée, obtenue d'une décoction de grain de millet fermenté.

3. Nom qui signifie *fontaine longue*.

qu'ils viennent du Turkestan et vont mourir en Sibérie. Ils sont, pour la plupart, Sartes et Kirghiz. On ne leur met pas, comme aux condamnés qui marchent sur les routes de Sibérie, le soir ou la nuit, clandestinement, du pain et des vivres sur le rebord d'une fenêtre, sur un banc, pour alléger leurs souffrances et, par charité, les empêcher d'être punis pour vol. Ceux-là, faisant 2 000 kilomètres à pied pour aller travailler dans les mines de Barnaoul, sont de vulgaires assassins ou voleurs de grand chemin, auxquels la seule perte de la liberté dans une prison de Tachkent ou de Viernoié, me dit-on, semblerait suffisamment compensée par l'inertie et la satisfaction journellement assurée de leurs faibles besoins matériels.

Chez les Kirghiz comme chez tous les peuples nomades, c'est la femme qui travaille le plus durement, qui ménage le moins ses muscles et ses efforts. L'époux est maître du steppe. Elle est maîtresse de la kibitka qu'elle peuple d'enfants, orne de tapis fabriqués de ses mains, et approvisionne de vivres qu'elle demande aux troupeaux gardés par son seigneur. Elle a le droit de le réjouir de la naissance d'enfants mâles et d'attendre de ses fils amour et respect. Pourtant son sort est encore moins pénible que celui des femmes sartes ; sa liberté d'allure et d'action, plus grande que celle des femmes des villes, réduites à l'esclavage du mariage. Le Kirghiz est enfant de la nature, un produit du steppe, comme le lézard dont il a souvent la paresse, la tortue dont il emprunte les mouvements circonspects, si ce n'est de la gazelle dont il sait prendre la rapidité et l'agilité. Le cheval est son ami ; la course d'aoul en aoul, aux aguets de nouvelles, son plaisir et la garde des troupeaux, son occupation ; la musique d'un barde et les récits colorés d'un voyageur indigène, sa passion. Probe, fidèle, sympathique, il nous a paru le meilleur produit indigène du sol asiatique et un des plus dignes représentants de la race turque.

Le 8 octobre, par un temps violent de pluie et de bourrasque, nous franchissons la limite des eaux du lac Balkach et de l'Irtych, qui est également celle du gouvernement d'Omsk et de la province turkestanienne des Sept-Rivières ou Semiretchié.

Le Djenguiz ou Tchinguiz-taou est une barrière de montagnes désertes maintenant et dénudées. Farouche, dirait-on, comme le caractère du despote sanguinaire dont elle porte le nom, elle s'étend à l'entrée administrative du Turkestan, car, de fait, le Turkestan commence à Omsk, avec les steppes salins, les lacs et les Kirghiz. L'importance stratégique de cette passe d'Altyn-kalat, à travers le chaînon du Djenguiz-taou, fut grande autrefois avant que la chaîne de postes militaires, de Sergiopol à Viernoié par Kopal, ne fût définitivement établie; mais elle garde cependant jusqu'à nos jours une certaine valeur, à cause du voisinage de la frontière chinoise qui est à 250 verstes, sur la route de Tchougoutchak, et de celui de Sergiopol qui en est à 26 verstes.

Sergiopol nous apparut au pied du Djenguiz-taou, dans une vallée triste et désolée, sous un ciel blafard et poussiéreux. Seule, l'église russe mit dans le paysage une tache brutalement blanche, plus gaie. Plus loin, à gauche, les minarets du Sergiopol musulman émergent derrière une colline et se projettent au fond contre la masse jaune et terne des monts Tarbagataï. Dans des maisons rabougries de bois et des huttes en terre glaise blanchie à la chaux, trois cents habitants souffrent pendant toute l'année des intempéries d'un climat extrême. L'hiver, qui commence au mois d'octobre avec de la neige, leur amène jusqu'à quinze jours de bourrasque consécutifs où nul n'ose sortir et faire un pas dans la rue. Souvent déjà des courriers ont péri dans les tourmentes et des enfants sont morts de froid dans les maisons. En été, la vallée devient fournaise. Et cependant il y a des officiers supérieurs qui passent plus de la moitié de leur vie dans ces postes avancés de l'immense empire du tzar, qui se souviennent avec bonheur du temps passé à lutter contre le chaud et le froid, à parcourir la montagne sauvage et la plaine aride. Bronzés, secs, ridés, vrais loups de terre et intrépides chasseurs, ils nous ont plus d'une fois étonnés par la saine philosophie de leur vie d'action et émerveillés par le récit simple de leurs aventures. Nés dans le pays dont ils connaissent les dangers et les ressources, habitués aux endurances du corps, ils sont soldats excellents et officiers instruits.

Le lendemain de notre arrivée à Sergiopol, nous poursuivons notre route vers Kopal, dont 366 verstes, réparties sur treize stations, nous séparent. La pluie a cessé ; le ciel est balayé et le thermomètre marque 4 degrés et demi au-dessous de zéro à 8 heures du matin. Nous passons à gué une petite rivière ; puis la route traverse une série de collines rocailleuses de granit, phonolithe et serpentine. Plus loin, les monticules, composés de trachyte, de syénite à gros éléments, présentent des ondulations régulières très caractéristiques, pareilles, en grand, à celles que l'eau de la mer imprime en miniature au sable du rivage. Nous croisons des lits de rivière à sec, des bas-fonds remplis d'une végétation touffue. La rivière Aïagouz, qui va bientôt se jeter dans l'extrémité est du Balkach, est garnie de hauts djangals. Et de nouveau, après Aïagouski-stanzia, le tarantass, tiré par une troïka étique, roule sur le steppe embaumé au soir par un tapis glauque d'armoise.

Mais bientôt, après la station de Kizil-kijiski, le steppe, plus salin, devient plus aride et se couvre de grasses plantes halophiles. A droite, la route côtoie de temps à autre les rives buissonneuses de l'Aïagouz, peuplées de poules d'eau ; à gauche le steppe s'étend, jaune et miroitant, jusqu'au pied d'un chaînon à la crête dentelée. Des antilopes *saïgas* filent comme une flèche entre les touffes de tamarix (*grebentchik*). On voit par instants leur tête fine apparaître au-dessus des buissons, car, tout en fuyant, la saïga s'élance en l'air afin, d'un coup d'œil rapide, d'explorer le lointain avant de continuer sa course. Cette contrée est très giboyeuse. Les aouls kirghiz apparaissent plus nombreux, et la station de Djouss-agatch en est entourée.

Toute la nuit les chiens kirghiz[1], flairant le loup sans doute, ont fait un vacarme infernal où la voix plus claire du tazi per-

---

1. Voir sur le chien ou *tazi* kirghiz : G. Capus, *le Lévrier kirghiz et le Tazi de la montagne* (*Magasin pittoresque*, nº 21, 1885, avec figures). — Le tazi se rapproche du *slougui* d'Afrique comme forme, mais en diffère par les caractères de la robe. D'après les mensurations de M. Baron, professeur à Alfort, le tazi a le fémur relativement le plus long de tous les chiens connus, et la plus grande ampleur de cage thoracique.

çait les aboiements rauques et prolongés du chien de berger. Couché dans le tarantass, devant la stanzia, j'ai longtemps écouté ce concert de voix discordantes, auxquelles se mêlait celle, plaintive, du vent qui frôle la surface du sol. Le cri inquiet d'une hulotte et les pleurs de quelques lointains chacals se firent entendre ; puis, l'imagination aidant, je crus distinguer le rugissement lointain d'un fauve, en chasse dans les djangals du Balkach. Peut-être était-ce une illusion d'optique qui me fit voir aussi, le lendemain, à l'horizon sud-ouest, une nappe bleuâtre que je pris pour le lac, car nous en sommes au moins à 18 verstes, et le lac est bordé de très hautes roselières, repaires d'innombrables sangliers, du tigre royal et de la panthère.

De Djous-agatch à Arganatinsk, le tarantass à vide traverse péniblement, au pas, un désert de sable. Il suffit de jeter un regard sur la carte pour admettre de suite l'hypothèse d'une réunion antérieure du Balkach avec les lacs Sasy-koul et Ala-koul. Une bande large de sables mouvants, par endroits fixés par une maigre végétation halophile, les sépare aujourd'hui. Mais toute cette végétation : *tamarix, halimodendrons, cynosurus, artemisias*, est brûlée par un soleil ardent et une sécheresse prolongée durant des mois. Le sable, très meuble sinon fin, est formé d'éléments siliceux jaspiques multicolores. D'abondantes traces de lièvres, de perdrix et la présence de nombreux oiseaux de proie promettent bonne chasse. Malheureusement il faut gagner Tachkent aussi vite que possible, et qui sait si le moindre retard en route ne nous coûtera pas des journées d'attente dans une stanzia sans chevaux? Car les bords de la route sont jonchés d'ossements blanchis. A bout de force, le pauvre cheval affamé s'abat dans le harnais pour ne plus se relever. Le yemchtchik continue son chemin et, appuyant son témoignage au staroste de celui des voyageurs, accuse l'accident en quelques mots comme une chose prévue et journalière.

A Arganatinsk, la poste, ne trouvant plus de chevaux suffisants pour le service, est arrivée à dos de chameau, c'est-à-dire avec une vitesse de 4 kilomètres à l'heure. Aussi les lettres de

Tachkent à Moscou par la Sibérie mettent-elles deux mois et demi, le temps de faire le tour du monde. Les Kirghiz, mauvais marcheurs et n'ayant plus de chevaux, préfèrent enfourcher un bœuf ou une vache que d'aller à pied. Nous les voyons, aouls de la plaine, charger leurs kibitkas sur le dos des chameaux et des bêtes à cornes, car les pacages d'été sont épuisés, et ils vont, comme ils l'ont fait toujours, regagner leur campement d'hiver, leur *zimovka*, à l'abri de l'ouragan et de la neige, dans quelque encoignure de vallée de l'Ala-taou.

Cette station d'Arganatinsk est très pittoresquement située dans l'ensellement d'une colline de schiste compact d'où le regard plonge au loin sur l'immense dépression du Balkach. L'horizon indécis dans le tremblotement fiévreux de l'air échauffé, confond sa teinte jaune insensiblement avec le vert pâle du ciel, qui bleuit vers le zénith et n'est taché que par le vol majestueux de quelques vautours décrivant des orbes au-dessus d'une charogne.

Les chemins deviennent de plus en plus mauvais, les chevaux de plus en plus faibles, les ossements le long de la route de plus en plus abondants. Tout à coup, dans l'entre-bâillement de deux collines, apparaît au loin, comme une vision superbe, l'Ala-taou dzoungarien. A l'horizon se dresse fantastiquement, dans un panorama merveilleux de couleur et de ligne, une immense chaîne étincelante de la neige de ses cimes, drapée de cobalt et baignant dans une mer de teintes violettes. Jusqu'au pied de cette chaîne presque diaphane, s'étend une grande plaine steppeuse, jaune, où les petites taches noires des aouls, — on dirait des piqûres — se groupent entre des carrés de terres cultivées. Là-haut, sur la ligne dentelée des pics neigeux court la frontière des deux plus vastes empires du monde. Deux civilisations différentes viennent se heurter et s'éteindre contre cette barrière, naguère des flots, aujourd'hui des hommes et des idées. Le bassin du Gobi est tari comme celui du Balkach et la dépression aralo-caspienne. Des hommes de race turque et de race mogole, lichens de la végétation humaine future sur un sol inculte au début, se sont fixés au fond des grands lacs desséchés. Koublaï Khân, Djenguiz Khân et Timour ont ensemencé de l'élément indigène actuel les deux bassins par la brêche de Kouldja ; mais, jusqu'à ce jour, l'Ala-taou a servi de paroi de cage au dragon chinois et à l'ours de Russie.

Puis nous descendons et, à la tombée de la nuit, nous passons, sur un bac primitif, la Lepsa, une des sept rivières aux flots jaunes qui ont valu son nom à la province du Semiretchié.

Au pied de l'Ala-taou.

Passage de l'Ak-sou. — A quoi servent les ponts. — L'oasis d'Arasansk. — La première pastèque. — Comment on prend le renard. — Kopal et le climat du Semiretchié. — Altyn-Ymel.

Nous sommes de nouveau dans la dépression steppeuse et sablonneuse. La route, mauvaise au possible, coupe à sec ou à gué bon nombre de rivières, la plupart intentionnelles à la Lepsa, au Baskane, puis à l'Ak-sou. La station de Baskanski nous a paru une charmante petite oasis, quoique, seule, l'ombre défectueuse de quelques grands saules en fasse tous les attraits. Nous passons l'Ak-sou à gué, mais notre misérable troïka n'a pas la force de traîner le tarantass sur la rive opposée, et ce n'est qu'avec un renfort de cinq chevaux que nous pouvons atteindre, à cent pas de là, sur la rive gauche, la station d'Aksouisk. Les ponts ne m'ont paru servir aux yemchtchiks kirghiz qu'à marquer l'endroit où il faut passer à côté. Au reste, il nous est arrivé plusieurs fois de voir un yemchtchik plus consciencieux engager sa troïka sur des ponts ; mais, presque toujours, les chevaux et les roues de la voiture passèrent entre les poutrelles et faillirent n'en plus sortir.

A partir d'Aksouisk, qui est une gentille station adossée au pied du contrefort de l'Ala-taou, la terre devient plus fertile et le paysage plus riant, les aouls plus nombreux et plus animés. Aouls, méghils plus grands et mieux soignés, bandes de chameaux et traces nombreuses de culture accusent une population kirghize plus dense. La montagne envoie d'abondantes sources d'eau claire et fraîche qu'un réseau d'aryks distribue intelligemment sur une terre de loess moins rebelle à la charrue et à la culture des céréales. Dès lors, la route s'engage en méandres nombreux, par montées et descentes escarpées, dans la montagne sauvage et nue, où l'outarde et la perdrix, courant parmi les touffes sèches d'armoise et de peganum, se font chasser par les oiseaux de proie. Des ruisseaux rapides, encombrés et bordés d'énormes blocs de syénite roulés, courent allégrement sur le schiste quartzitique ou ardoisier rouge et violet, en couches presque perpendiculaires. Avec l'eau plus abondante, les arbres reparaissent et encadrent les stations et les aouls.

Arasansk, dernière station avant Kopal, n'est aujourd'hui qu'un frais relai de poste caché dans les saules et les peupliers; mais peut-être qu'un jour les sources d'eau minérale de son voisinage en feront un lieu de plaisance, où le raffinement du luxe européen, à côté d'une station de chemin de fer, appellera les touristes et les baigneurs. Alors le brave et honnête Kirghiz qui nous offre aujourd'hui une excellente écuellée de chamelle ou de brebis, se fera payer une tasse de lait de cette bonne eau qui coule à nos pieds, et au lieu de dire *Iok!*[1] tout court, il dira : « Je regrette vivement, Votre Seigneurie, » — en tendant la main. Avec nos besoins du confortable, nos modes et nos différences sociales établies sur le niveau des sacs d'argent entassés, nous chassons le naturel chez les autres et le pittoresque dans le voyage. On parle de Paris qui s'en va, de l'Algérie qui s'en va! Les Peaux-Rouges de l'Amérique du Nord aussi s'en iront et les Patagons du Sud; les Tasmaniens sont déjà partis et la Suisse a vu Tartarin. Quel sujet de discussion animée pour un empêcheur d'évoluer en rond! Quant à moi, j'ai toujours préféré l'imprévu au programme, l'âpre sensation d'une saine fatigue au mollasse nonchaloir d'un ennui naissant de la trop rapide satisfaction des besoins, le feu du campement et le kachma de la tente, avec ma selle comme oreiller, au salon et aux divans de l'hôtel de premier rang. J'ai souvent eu plaisir à entendre le vent faire rage autour de ma

---

1. Non!

tête et dans la crinière de mon cheval, à sentir la pluie me fouetter le visage, ou la neige, en gais flocons, cacher le sentier à deux pas devant moi. *Ananké* et « antithèse » : deux mots pleins de charme ou de désespoir, suivant le terrain, comme disent les médecins.

Aussi, la première pastèque du Turkestan, grosse, savoureuse

Fig. 9. — Aventure d'Ouzoun.

et glacée, nous parut-elle, à Arasansk, un régal au moins aussi réjouissant qu'à notre domestique kirghiz Tatikaï, qui, de l'exclamation joyeuse de : *Tarbouze, barine!*[1] l'avait signalée à notre attention sur la tête d'un fruitier ambulant. Il en consomma une de 20 livres pour sa part, creusant et léchant la chair sanguine et succulente jusqu'à ce que sa grosse face réjouie disparût entièrement dans le creux du fruit. Il me rappela alors

1. « Pastèque ! maître ! »

l'aventure arrivant chaque fois que l'occasion s'en présente à notre tazi kirghiz Ouzoun. Amateur de graisse de mouton, notre chien Ouzoun va, dans toutes les stanzias, fureter dans les recoins à la recherche des chandelles de suif. Il tombe souvent sur une lanterne trouée circulairement en haut, suffisamment pour qu'il puisse y entrer la tête avec effort, rogner la chandelle et la consommer de haut en bas. Mais, quand il s'agit de retirer la tête, la chose devient plus difficile, quelquefois impossible sans l'aide d'une âme charitable. Alors Ouzoun, en aveugle, se promène coiffé entièrement d'une lanterne, heurtant à chaque pas le mur ou les objets qu'il rencontre, jusqu'à ce que cet objet soit la femme du staroste ou un yemchtchik, toujours assez charitables pour le débarrasser de sa coiffe, mais lui faisant payer par des horions le volume trop considérable de sa tête et la perte d'une chandelle. Et les cris d'Ouzoun nous avertissent d'une nouvelle fin lamentable de son aventure. C'est, du reste, par un stratagème de ce genre que les Kirghiz prennent le renard vivant. Ils évident une grosse citrouille par une ouverture assez grande pour permettre au renard d'y entrer la tête afin de se régaler de l'appât placé au fond, assez petite pour l'empêcher de la sortir par suite du rebroussement des poils du cou. Les dimensions du fruit empêchent le renard d'y prendre point d'appui avec les pattes, et l'ours de la fable, enchâssé dans un tronc d'arbre, est vengé.

D'Arasansk à Kopal, la route court sur des plateaux dénudés, granitiques, où le sous-sol, s'effritant, donne du sable de même nature. Au bord des rivières et aux endroits où elles heurtent les parois des monticules, on voit dans les excavations des dépôts d'alluvion en couches alternantes de sable, de gravier et de cailloux roulés plus volumineux. Sur la paroi des vallées, ces dépôts, très élevés, marquent une ligne de niveau horizontal antérieur constante et très caractéristique. Nous retrouverons les mêmes indices du niveau d'une mer de la dernière époque géologique, dans presque toutes les vallées actuelles des contreforts du Thian-chan.

Le 13 octobre, nous voyons dans le lointain apparaître, au

pied de la chaîne de l'Ala-taou, le clocher melon de l'église russe, le minaret tatare et la forteresse russe de Kopal, à côté de rues larges, plantées de saules et de peupliers. Kopal, à quarante ans d'existence, avec environ 5 000 habitants, est plus ville que Sergiopol, quoique la vie ne soit guère animée dans les rues, car on ne se promène pas dans ces villes du Turkestan russe. Les officiers y chassent beaucoup, et le gros gibier; l'ours, l'argali, le lynx, la panthère, le maral, etc., tentent leur ardeur cynégétique dans les belles forêts de conifères de l'Ala-taou. Quelques Cosaques se font une spécialité de la chasse au tigre du côté de Kouldja ou du Balkach. Il en est de même à Tachkent, où l'on m'a cité le cas d'un intrépide Cosaque ne chassant jamais le fauve qu'à l'arme blanche et à la lance. Un soir, il ne revint pas. Le même sort atteignit dernièrement un des chasseurs du côté de Kouldja.

On se plaint du mauvais rendement des cultures de l'année dernière, et le tchetvert d'avoine coûte seize fois plus qu'à Semipalatinsk. Cependant la température est mitigée par le voisinage des montagnes, et il n'y a jamais de chauds excessifs. L'hiver dure pendant cinq mois, avec des vents moins violents qu'à Sergiopol. Ceux du sud-ouest et d'ouest me semblent prédominer, car je vois les branches des arbres tournées presque toutes vers l'est.

La température, jusque-là, s'était maintenue au-dessus de zéro durant la journée; elle tombe aujourd'hui à 3 degrés au-dessous à 4 heures du soir. Le ciel se couvre de gros cumulus noirs sur l'ouest et la pluie ne tarde pas à se changer en grêle, puis en neige. Nous montons, depuis Kopal, les pentes nues d'un contrefort de l'Ala-taou, appelé monts Karinine, jusqu'à la hauteur assez considérable de 1370 mètres. Nous sommes entièrement dans les nuages qui se déchirent en lambeaux, en fuyant rapidement, contre les arêtes des rochers; les herbes sont entourées d'un manchon de glace qui les alourdit, et la neige s'accumule derrière les rugosités du sol. Le soir, nous trouvons bon gîte, c'est-à-dire un coin propre dans la chambre de la station de Kara-boulak. Et c'est plaisir à voir ici un village propret de colons, habitant des maisons russes entourées de jardinets, comme en Sibérie, et groupées autour d'une église, le tout encadré de saules et de peupliers.

Le lendemain, à Tzaritzinsk, le thermomètre ne marque qu'un degré à l'ombre, mais le ciel est rayonnant, le soleil chaud et le paysage riant. Il n'en faut pas davantage pour donner au voyageur le plus joyeux sentiment de vivre, et graver dans sa mémoire en teintes roses l'image de ces endroits et le souvenir de ces journées. Toute la base de la montagne qui enserre la vallée est bordée d'un bois touffu de saules, que longe une rivière torrentueuse, alimentée par l'eau des neiges. Dans le Katourkaï que nous traversons ensuite, je relève des affleurements de grès jaspique vert et bleu, de schiste, de trachyte et de granit. Au débouché dans la plaine, que nous allons suivre désormais, presque sans interruption jusqu'à Tachkent en longeant la base du Thian-chan, la chaîne du Kounkeï-taou, puis celle de Tchoulak séparant la dépression de l'Ili, se profilent en barrière coiffée de neige cendrée. Au soir — *cadit dies, ascendit nox* — la nuit monte à l'est comme un rideau sombre, en voûte, et l'ouest s'empourpre de feux jaunes et rouges dans un embrasement du steppe. Sur l'horizon en feu se profilent en noir, grandis, des cavaliers kirghiz aux formes bizarres, et la stature anguleuse des chameaux broutant l'alhagi. Un superbe Doré!

Cependant, à minuit, la bourrasque, violente et froide, se précipite du sud-ouest des hauteurs de l'Ala-taou transilien dans la plaine, chaude du soleil de la journée. Nous sommes à Altyn-Ymel, en face de la passe de Borokhoudzir qui mène à Kouldja. La station est encombrée, des feux de campements militaires s'agitent aux environs, car les derniers événements de l'ancienne province chinoise ont appelé un mouvement de troupes prêtes aux éventualités de la politique de Pékin ou de Saint-Pétersbourg. Cent vingt-quatre verstes nous séparent du poste frontière de Borokhoudzir et 268 de Kouldja. Nous sommes à l'intersection de la plus grande et de la plus ancienne route de l'Asie, route qui part de Trébizonde et s'en va à Pékin, route qu'ont suivie des conquérants traînant à leur suite des peuples qu'ils n'ont pu ou voulu exterminer, que des missionnaires hardis et des marchands entreprenants ont parcourue dès le treizième siècle, et que, bien auparavant, des migrations de peuples avaient reconnue pour le chemin le plus facile des plaines de la Dzoungarie et du Gobi aux aralo-caspiennes.

Devant la porte de la maison de poste d'Altyn-Ymel, je vois une de ces statues nues, grandeur naturelle, qu'on trouve en petit nombre dans le steppe et que les Russes appellent *kamennibaba*. On les considère comme de très vieilles idoles kalmoukes. La bourrasque est devenue tellement forte que j'ai peine à me tenir debout pour dessiner le baba; cependant le ciel est entièrement balayé et le thermomètre marque 14°,5 à l'ombre, dans l'après-midi. A partir d'Altyn-Ymel, nous suivons des monticules ravinés par des ruisseaux à sec, dont le lit encombré de cailloux roulés en masse indique la véhémence à l'époque de la fonte des neiges. A partir des monts Arkarli, composés de schiste noirâtre et de grès jaspique rouge, les ruisseaux desséchés sont intentionnels à l'Ili, et à la station de Kouiankousk nous rentrons dans le steppe, par endroits le désert salin. La route est devenue beaucoup plus animée. Nous croisons des caravanes de chameaux chargés de ballots; j'aperçois les premiers Sartes enturbanés, cavaliers montés sur des chevaux du Turkestan, plus fins et plus grands que ceux de Sibérie et des Cosaques, mais aussi moins endurants; enfin, cahin-caha et en geignant de l'essieu en bois non graissé, la première *arba*[1] se range lourdement au carillon précipité des clochettes de notre tarantass au galop.

Passage de l'Ili.

Un juif polyglotte. — Canalisation indigène.

Le 17 octobre, nous passons l'Ili, le fleuve le plus considérable du Semiretchié. Il est entouré, à cet endroit, de rivages bas et découverts ou garnis de roselières. Vers le sud-est s'étend

---

1. Voiture indigène du Turkestan.

une plaine limoneuse et marécageuse où pullulent les oies et les canards sauvages. Quelques coteaux mamelonnés de schiste et de porphyre rouge à gros éléments de feldspath s'élèvent au bord du thalweg, à une petite distance du fleuve, et dans le lointain, à gauche, rétrécie par la perspective, s'ouvre la large brèche qui donne issue vers la plaine du Balkach aux eaux boueuses de l'Ili. Le bac qui, lentement, sous la poussée mesurée des passeurs kirghiz, nous flotte sur la rive gauche, est encom-

Fig. 10. — Paysage de l'Ili.

bré de cavaliers et de ballots de marchandises. Le hasard nous place à côté d'un vieux juif de Viernoié, habillé d'un khalat multicolore et le chef orné des *païssés* traditionnels[1]. Le bonhomme est réjoui de pouvoir nous dire qu'il a voyagé beaucoup, qu'il a été à *Roum* (Constantinople), en Arabie, à Port-Saïd et Alexandrie ; qu'il y a vu des *Farantzouss* et des Allemands et qu'il a appris quelques mots de leur langue. Du français, il sait trois mots : *bonjour, monsieur, merci* ; de l'allemand, deux : *Schnaps* et *Hafer*. Il ne connaît pas celui de *Wurst*, probablement parce qu'il est israélite.

Le fortin d'Iliiskoïé est situé gentiment dans une oasis ver-

1. Boucles de cheveux encadrant la figure.

doyante où le saule domine ; puis, de nouveau, sur une étendue de 17 verstes, nous traversons le steppe sablonneux en nous rapprochant, cette fois, du pied de l'Ala-taou drapé de teintes magnifiques. Après Koutentaï, les cultures deviennent de plus en plus abondantes, grâce au système d'irrigation entretenu avec beaucoup d'art. Je vois même, en plein champ, un grand réservoir d'eau en briques cuites au soleil, d'où partent, en sillonnant les champs, un grand nombre d'aryks. Les Turkestaniens sont passés maîtres dans l'art des irrigations et savent habilement tirer parti des moindres déclivités du sol pour faire courir l'eau sur les champs. Ils tracent les canaux (*aryks*) sans aucun instrument de nivellement, souvent au juger. Les Kirghiz et les Ouzbegs emploient parfois un moyen fort simple pour évaluer la cote : le niveleur se couche sur le dos, regarde en arrière le niveau du sol et du bout de canal à continuer, et mène celui-ci au point où la déclivité lui paraît suffisante pour régler à son gré la course de l'eau.

Le 18 octobre, par une nuit fraîche — la lune s'est entourée d'un beau halo à grand diamètre — nous atteignons Viernoié, la capitale du *Semiretchenskij oblastj*. Au bout de la belle avenue plantée de hauts peupliers qui donne accès à la ville, nous attend un cavalier. Il nous conduit, de la part du gouverneur, Son Excellence le général Kalpakovsky, au logement vaste et commode que l'aimable attention du général nous fait trouver doublement confortable [1].

---

[1]. Le 11 juillet 1866, le gouvernement général du Turkestan fut constitué des deux provinces du Semiretchié et du Syr-Daria. En 1868, il s'agrandit de la province de Zérafchane, capitale Samarkand ; en 1873, de la province de l'Amou-Daria, capitale Petro-Alexandrovskoïe ; enfin, en 1875, de celle du Ferghanah, capitale Kokand, puis Marguilane. Jusqu'en 1885, le Semiretchié, le Syr-Daria et le Ferghanah formaient des *oblastj* ; le Zérafchane un *okroug* et l'Amou-Daria un *atdièl*. Depuis, le Semiretchié, avec Akmolinsk, Semipalatinsk et Omsk, est devenu le gouvernement des steppes, à la tête duquel se trouve le général Kalpakovsky. Le Zérafchane est devenu un oblastj. L'ensemble des provinces du Turkestan forme le *Tourkestansky kraï*.

Viernoié.

Viernoié et ses habitants. — L'Ala-taou et le lac Issyk-koul.

Viernoié, ou Almati de son nom indigène très ancien, est situé à environ 2 500 pieds au-dessus du niveau de la mer, et comme adossé à la chaîne de l'Ala-taou, qui fait à la ville un superbe fond de théâtre. Une gorge toute remplie de végétation et surtout de pommiers sauvages (*alma* en turc), lui a valu son nom indigène. Viernoié a des beautés de paysage alpestre comme nulle autre ville dans le Turkestan n'en possède. C'est pour nous un aspect réjouissant que de voir, après une si longue absence de verdure touffue et franche, ces larges rues ombragées de hauts peupliers, d'ormes, de platanes, de robinias et de saules ; ces gorges d'où la verdure semble se déverser comme une rivière, enfin cette magnifique ceinture sombre et régulière, dont une immense forêt de conifères, de frênes et de bouleaux entoure le flanc de l'Ala-taou. On distingue à l'œil nu ces superbes *Picea Schrenkiana*, une des splendeurs de la flore de Thian-Chan [1]. Droits comme un cierge, hauts de 30 à 40 mètres, ils hérissent de leurs cimes aiguës la pente jusqu'à la zone alpine. Plus haut, le bouleau et le genévrier nain affrontent jusqu'à 10 000 pieds les froids intenses des hauteurs. Cependant ces belles forêts sont décimées de jour en jour par la hache du bûcheron kirghiz, inconsciente des suites funestes que peut entraîner le déboisement progressif de la montagne pour le climat, l'agriculture et le régime des eaux. Quoique le voisinage des cimes neigeuses mitige sensiblement les chaleurs estivales — le thermomètre monte en été jusqu'au delà de 37 degrés à l'ombre — et accentue une forte différence thermométrique du jour à la nuit, le climat est cependant continental, et les précipités aqueux sont déterminés en première ligne par l'abondance

---

[1]. La flore du Thian-Chan a déjà donné de belles récoltes à un assez grand nombre d'explorateurs, parmi lesquels MM. Ssemenoff, Osten-Sacken, Sseverlzoff, Kouchakiévitch, Regel, Fetissoff, etc., et plus récemment M. Krassnoff.

des forêts. En n'arrêtant point le déboisement, on arrivera

Fig. 11. — *Picea Schrenkiana.*

à rendre le climat plus excessif, à diminuer les précipités et à préparer le régime intermittent des rivières et les inondations. L'exemple de la province du Zérafchane, que nous verrons bientôt, est là pour appeler l'attention sérieuse de l'économiste.

Nous avons jusqu'ici un temps printanier le jour et des nuits très fraîches, avec changement subit au coucher du soleil. Peu de jours avant notre arrivée, il est tombé de la neige. Aussi les fièvres, me dit-on, sont fréquentes et tenaces. Les cultures de blé et d'avoine sont très étendues. Le poud de blé coûte actuellement 40 kopecks. En outre, on cultive l'orge, le millet, et les Russes ont introduit la culture du sarrasin, de la pomme de terre et de quelques plantes maraîchères. Il n'y a pas de rizières. Le climat ne permet la culture de la vigne que sur une faible échelle et réduit les pommes, abricots et pêches à une qualité médiocre.

Malgré les avantages que procure à la culture un sol convenable et une abondance d'eau pour les besoins de l'irrigation, l'exploitation du sol, dans la province du Semiretchié, ne se fait que sur une échelle relativement petite. La première cause accuse le caractère du paysan colon russe ; la seconde, le manque de débouchés.

Conservateur étroit, amassant petit à petit le bénéfice en numéraire de quelques arpents de terre qui lui rapportent environ 20 à 25 roubles net par an, le moujik vit misérablement et enfouit son magot comme un capital inerte, afin qu'à chaque instant il puisse jouir de la certitude évidente de la possession. Pourquoi produire, du reste, au delà de la consommation directe indigène, les voies de communication aux grands marchés étant longues et difficiles? Le Kirghiz, l'indigène, fait de l'élève du bétail la source de sa richesse, et le surplus de ses troupeaux, marchandise se transportant elle-même, alimente jusqu'aux marchés de Kouldja, de Tachkent et même de Petropavlovsk.

Le commerce de Viernoié est florissant et le bazar étendu et animé. Il vient même en été, par les passes du Thian-Chan et le Naryn, des caravanes nombreuses de Kachgar et du Djittichar[1].

[1]. Le commerce de la Russie avec la Kachgarie par le Thian-Chan et le Naryn était assez florissant jusqu'en 1875, c'est-à-dire pendant le gouvernement de Yakou Beg. Mais avec l'arrivée des Chinois, de nombreuses

Le général Kalpakovsky nous reçut avec une cordiale affabilité. Ataman des Cosaques, l'intrépide officier de la conquête du Semiretchié, après avoir conquis ses lauriers dans le pays qu'il administre aujourd'hui, s'est fait admirer des indigènes dont il connaît à fond la langue et les coutumes, par sa bravoure, et aimer par ses qualités d'administrateur. Il nous reçut dans son nouveau palais, œuvre, ainsi que le nouveau palais de l'archevêque et le gymnase, d'un de nos compatriotes, M. Gourdet. Nous garderons le souvenir de la bonne et franche amitié que nous conçûmes alors et que nous renouvelâmes dans la suite avec le sympathique M. Gourdet. Le premier, il fit le voyage par le steppe de Bekpak-dala à Akmolinsk en traversant le Kara-taou. Il y découvrit des gisements de houille, exploités depuis. Les gisements de charbon de terre sont fréquents dans le Turkestan ; mais l'extraction n'en est pas partout commode ni le transport facile [1]. A Kouldja, par exemple, les gisements se trouvent à fleur de terre, mais le transport à dos de caravane ou par axe d'arba en rend la consommation restreinte dans le Semiretchié, à cause du prix élevé. Je n'ai vu que les poêles du gouverneur chauffés à la houille de Kouldja.

Je dois signaler, parmi les richesses minérales de la province, une pierre d'ornement, apparentée au kaolin, que les indigènes appellent *kolibtach* et les minéralogistes *agalmatolithe*. La roche,

plaintes se sont produites, les Chinois entravant le commerce russe et allant même jusqu'à défendre à leurs sujets d'acheter des produits russes. L'Angleterre, la grande rivale de la Russie sur les marchés de l'Asie centrale, essaye fortement de la supplanter en Kachgarie, au profit des marchands de l'Inde. On trouvera des données à ce sujet dans les statistiques de M. Pantoussoff (*Tourkest. léjégodnik*), dans l'ouvrage de la mission Forsyth, dans celui du général Kouropatkine sur la Kachgarie et, plus récemment, dans l'ouvrage de M. Grombchefsky.

1. En 1877, M. Mouchkétoff, *loc. cit.*, énumère treize rayons de gisements de houille dans le Turkestan, la plupart donnant un produit de qualité médiocre. Depuis, ce nombre s'est accru, mais la plupart des gisements qui appartiennent, les uns à l'époque carbonifère, les autres à l'époque du jurassique inférieur, sont peu compacts et difficiles à exploiter. Seuls jusqu'alors, les gisements de la vallée de l'Ili semblent présenter une importance remarquable, et en admettant, dit M. Mouchkétoff, que le besoin ne dépasse pas 150 000 tonnes par an, ces gisements suffiront à une consommation de 3 000 ans.

tendre, multicolore et veinée, a l'aspect extérieur du marbre, mais se laisse facilement travailler en jolis bibelots de bazar, même au couteau. M. Mouchkétoff en signale deux gisements dans le Turkestan : l'un au nord-est de Tachkent, l'autre à Karatchekansk, sur la route postale entre Kopal et Viernoïé. Les bibelots en koliblach sont une des spécialités du bazar de Vernoïé, où vous pourrez, en outre, faire achat de jolis kachmas

Fig. 12. — Le bazar de Viernoïé.

kirghiz en mosaïque, de belles peaux de Kachgar, de broderies indigènes et de bibelots en jade de Chine.

Mais ce qui rend le bazar plus intéressant, c'est un mélange très varié de types central-asiatiques : Kirghiz, Tatares, Sartes, Juifs, Doungânes, Bouroutes, Chinois et Kalmouks. Le Tatare tient les meilleures échoppes et m'a paru être le meilleur marchand, déployant le plus d'activité. Sa qualité de Russe musulman le place entre le conquérant et le conquis, lui donnant le prestige et la valeur sociale du premier, la confiance et la solidarité religieuse du second. Actif, sobre, ingénieux, fin, parfois retors, il arrive à l'aisance, sinon toujours à la richesse. Il rend souvent de grands services comme officier et fonctionnaire; les drogmans officiels sont presque tous Tatares, quelquefois Kirghiz, car le Kirghiz aussi commence à s'instruire dans les écoles établies par le gouvernement. Les établissements d'enseignement, à Viernoié et à Tachkent, sont, d'année en année, de plus en plus fréquentés par les fils de riches Kirghiz; moins de Sartes. Au gymnase de Viernoié, les jeunes Kirghiz nous frappèrent par leur tenue autant que par leurs réponses et leur air intelligent. Ils sont volontiers « premiers sujets », et, nous dit-on, ont une aptitude spéciale pour les mathématiques et le dessin. Cette dernière particularité surtout semble frappante au premier abord; mais quand on pense que le sentiment de la ligne, du contour et de la forme doit nécessairement s'affiner et se transmettre héréditairement chez des gens qui courent le steppe et le désert, n'ayant pour se guider d'autre indication que la forme d'une colline, la ligne d'un horizon, le contour d'un buisson, elle paraîtra moins extraordinaire. Elle semblera plus justifiée que l'absence de tout sentiment du dessin chez un individu d'Europe, élevé dans un milieu où, depuis l'enfance, ses yeux rencontrent des images de choses et d'objets animés. Pourtant, je me rappelle l'exemple d'une bonne russe, à Tachkent, paysanne il est vrai, mais sachant distinguer une gravure d'une photographie. On lui présenta un jour une tête de femme en chromolithographie pour savoir son avis; elle retourne l'image dans tous les sens, puis, arrêtant son regard sur l'image à l'envers, déclare que c'est un cheval.

A 80 verstes à vol d'oiseau au sud de Viernoié, se trouve, enclavé entre les deux longues chaînes du Terskei et du Koungeï-ala-taou, à 1 500 mètres d'altitude, le *lac chaud*, l'Issyk-koul. Le plus beau lac du monde, nous dit-on, le plus magnifique panorama de la terre! Et puis, par la passe de Bouam et Karakol, vous pouvez y aller en poste, longer ses rives enchanteresses en tarantass et revenir de même par l'extrémité opposée. Avec de bons yeux, vous verrez au fond du lac les ruines d'une antique ville engloutie; vous trouverez du fer natif[1], des

---

1. D'où le nom de *Timou-tournor* donné au lac.

gisements de sel gemme et des échantillons minéralogiques intéressants, avec une flore et une faune où, même après Ssevertzoff Ssemenoff et le baron Osten-Sacken, vous ferez une riche récolte. Vous verrez le Tchou, à l'extrémité chaude occidentale du lac, imiter dans ses allures le Loualaba du Tanganyika et des Cosaques colons planter des arbres fruitiers aux environs de Karakol. Ce lac, aux eaux d'azur tranquilles, ne gèle jamais et s'évapore lentement et progressivement, après avoir laissé, à 60 mètres au-dessus de son niveau actuel, des traces de son niveau antérieur.

Nous nous promettons bien de revenir de Tachkent — en huit jours, avec de bons chevaux, le voyage serait possible — voir cette merveille de la nature; mais il est un principe auquel le voyageur ne devrait accorder aucune exception : ne jamais remettre à plus tard ce qu'il peut faire sur le moment, de peur de ne pas pouvoir le faire du tout.

Avant de quitter Viernoié, nous allâmes rendre visite au colonel Kastienko, l'explorateur du Thian-Chan et du Pamir, et à M. Kouchakiévitch, le savant collègue de Ssevertzoff. Kouchakiévitch, mort depuis ainsi que Sseverstzoff, nous reçut au milieu d'une bande de lynx, apprivoisés suffisamment pour se conduire dans sa chambre comme des chats en liberté, insuffisamment pour ne pas mordre cruellement à la main leur maître, décidé dès lors à les offrir en cadeau au jardin du général Kauffmann. Il m'offrit gracieusement une petite collection de roches et de fossiles du Thian-Chan, et nous fit voir ce qui lui restait de ses intéressantes collections d'histoire naturelle du Pamir et de l'Ala-taou, après que les musées de Saint-Pétersbourg en eurent eu les principaux envois. Au milieu de ses lynx, entouré de bocaux et de cartons où s'alignaient des êtres et des choses aux formes bizarres, coudoyé par des animaux empaillés, dans une chambre basse où le samovar, crachant et fumant, se dorait au jour oblique d'une fenêtre carrée, le célèbre savant, barbu comme Faust avant l'invocation, me fit l'effet d'un de ces alchimistes à la recherche de la panacée.

De Viernoié à Aoulié-ata.

Au pied de l'Ala-taou. — La poste en détresse. — Produits kirghiz. — Pichbeg. — Les monts Alexandre. — Le village de Merké. — Comment voyagent les Russes. — Une caravane de Doungânes.

Le 22 octobre, nous continuons notre route vers l'ouest, sur Tachkent, la capitale. Nous longeons de près le pied de l'Ala-taou. Des colonies de Petits-Russiens, villages proprets se groupant autour d'une église, font bon voisinage avec de nombreux aouls kirghiz et cultivent sur une grande étendue le loess fertile du steppe. Nomades pasteurs et cultivateurs sédentaires de races si différentes vivent en paix l'un à côté de l'autre, parce que le sol est assez riche pour les nourrir tous. Les loups semblent être fréquents, car nous en voyons presque chaque jour croiser la route au petit trot ou rôder dans la plaine. Ils ont le pelage plus jaune aux flancs que les nôtres et le dos foncé. Les oiseaux de proie reparaissent en nombre sur les poteaux du télégraphe, et semblent prouver l'abondance du gibier à plume. Et, de fait, depuis le passage de l'Ili, nous voyons journellement, tirant vers le sud-est, sans doute vers la brèche de Kouldja, d'immenses compagnies de perdrix rouges des montagnes. Leurs bandes sont si nombreuses et si compactes, qu'on dirait un nuage passant sur le ciel. D'autres, n'ayant sans doute jamais entendu un coup de fusil ou vu un tarantass, s'abattent comme les ramiers, sans crainte, à trente pas devant nous sur la route.

Les derniers contreforts de la chaîne de l'Ala-taou, avant de s'éteindre dans la plaine de loess, affectent la forme de mamelons régulièrement espacés et parallèles, et les ondulations très régulières du sol raviné indiquent l'action régulière de l'eau d'une mer antérieure [1].

[1]. Après avoir vu le loess dans la plaine et dans la montagne, assisté en quelque sorte à sa formation continue et progressive dans les hautes vallées, étudié la stratigraphie du loess, du conglomérat et des alluvions, nous ne pouvons, comme le fait M. Krassnoff, dans un récent travail,

A l'ancienne forteresse de Kastek, la route de l'Issyk-koul et de Karakol bifurque et s'enfonce à gauche dans la montagne. Nous pourrions, par Tokmak, continuer sur celle-ci, la nôtre ; cependant, comme la saison est déjà avancée et la neige possible, la poste sur Aoulié-ata préfère couper le long contrefort de l'Ala-taou qui sépare le bassin du Tchou de celui de l'Ili, un peu plus au nord, à la station de Kourdaïsk. Montée et descente dans la montagne, composée de schiste noir compact et de syénite, sont pénibles, et il n'est pas étonnant que les deux stations qui desservent ce tronçon de la route aient les plus mauvais chevaux du trakt, quand elles devraient avoir les meilleurs. Le starosta de Sagatinsk, ne se souciant pas de faire crever tout à fait ses malheureuses bêtes, nous refuse absolument des chevaux jusqu'au lendemain. La stanzia est située gaiement dans un ravin où s'évapore, dans des roselières épaisses, une rivière paresseuse. Dans le voisinage, de riches aouls d'hiver se blottissent derrière les collines. A côté des kibitkas, des tas de *kiziak*, fumier de cheval, de vache et de chameau pétri en tourteaux, sèchent à l'air pour servir de combustible en hiver. Un Kirghiz, coiffé d'un feutre ayant la forme de ces chapeaux que nos enfants se plient dans un journal, chasse au faucon le canard sauvage dans la roselière. Au loin, dans un écartement des collines, apparaît la plaine du Tchou, et, au fond, la longue chaîne des monts Alexandre, avec le pic Semionov couronné de neige. Près d'une kibitka où rôdent, avec des chiens efflanqués et sournois, des mioches kirghiz à moitié nus, quatre femmes, assises sur les talons, roulent, dans une claie fine de roseaux, du poil de chameau mouillé pour en faire un tapis de feutre (*kachma*). Elles le rouleront jusqu'à ce que les poils se soient enchevêtrés en feutre et que les dessins multicolores se soient, de même, enchevêtrés fortement dans le feutre jusqu'à ne plus faire qu'une seule masse. Le kachma est la matière la plus indispensable et la plus utile au Kirghiz. Il en fait son berceau,

admettre que la théorie de M. Richthoffen, sur l'origine éolienne du loess, puisse être adoptée pour celui du Turkestan. Il ne faudrait pas généraliser. L'exposé de mes observations fera l'objet d'un travail spécial.

son lit et son cercueil ; il en couvre ses bêtes, sa maison portative et son plancher. C'est son « linge ». Il le brûle pour mettre sur une plaie. Il fera cadeau à un pauvre d'un morceau de feutre.

Après avoir passé, à Constantinovsk, le Tchou, aux eaux claires à cette époque, aux rivages disparaissant sous d'épaisses roselières où se plaisent, chassant l'un l'autre, le tigre et le sanglier, nous atteignons, dans l'après-midi du lendemain, l'ancien fortin kokandais de Pichpek.

Il y a quelques années, cet endroit comptait trois ou quatre maisons russes ; aujourd'hui, c'est la résidence d'un *ouesdninatchalnik*[1] avec sa chancellerie. La petite ville naissante a bon air avec ses rues larges, ombragées d'ormes, d'érables et de peupliers, qui croissent avec une vigueur et une rapidité étonnantes. L'ami Gourdet m'avait donné une lettre d'introduction pour M. Fetissoff, un jardinier doublé d'un savant botaniste, qui emploie ses maigres loisirs à explorer le Thian-Chan.

Le premier, il est allé de Pichpek dans le Ferghanah en traversant le massif montagneux, récoltant un fort bel herbier. Il fut non moins heureux que moi de me montrer ses belles cultures et de parler de ses chères plantes. J'y ai trouvé les premières tomates du Turkestan. La pomme de terre vient en abondance, mais elle est aqueuse et de mauvaise qualité. Le raisin, bon pour la table, est mauvais pour la fabrication du vin, à cause surtout du volume et du nombre des pépins. L'orge, le blé, le maïs, sorgho, avoine, millet, sont cultivés par les Russes ; le Kirghiz, me dit M. Fetissof, étant trop paresseux pour s'adonner à la culture étendue. Rien que dans la chaîne Alexandre, on peut recueillir de deux mille à trois mille plantes, parmi lesquelles le pommier, le noyer, le prunier sauvages.

Après Pichpek, nous cheminons dans une plaine de loess, entrecoupée de nombreuses rivières, la plupart à sec, et de plus nombreux aryks destinés à l'agriculture étendue des centres d'agglomération sédentaire ; parmi ceux-ci, les plus importants

---

1. Chef de district.

sont les anciens fortins kokandais d'Ak-sou, de Tchaldovar et de Merké. A Tchaldovar, une forte colonie de Petits-Russiens s'est établie et transforme lentement l'aspect nu et désolé du steppe en oasis riante. Maisonnettes bâties de briques sartes — c'est-à-dire briques de loess cuites au soleil, plus rarement au four — croissent aussi vite que les arbres dans un sol qui ne demande que de l'eau pour produire une récolte abondante. Les aouls se multiplient et, avec eux, de préférence le long

Fig. 13. — Méghil kirghiz.

de la route, les méghils kirghiz. Ces monuments funéraires sont simples tumulus en terre, pyramides de loess. tombeaux maçonnés ou coupolés, ou bien sépulcres à façade. crénelés, ornés de dessins : sépultures de quelque sultan ou *bi*, de quelque moullah kirghiz que leur vertu guerrière. ou simplement leur vertu, désigne, au delà du tombeau, au respect de leurs descendants.

Par endroits, la plaine s'accidente d'ondulations de loess sablonneux, régulières comme le sont les derniers contreforts massifs de la chaîne qui semble au loin, vers l'est, plonger sous l'horizon. Le 24, vers 10 heures du soir, par un ciel constellé d'innombrables feux dont l'éclat ne peut se comparer à celui des étoiles de notre firmament, la plaine s'illumin toute à coup au passage d'une traînée de feu émeraude. Un magnifique bolide, traversant de l'est à l'ouest, vint s'abattre, nous sembla-t-il, sur les monts Alexandre, rebondit plusieurs fois — peut-être son passage derrière les pics nous donna cette illusion d'optique — puis disparut dans une gorge sans éclater et sans bruit.

A Merké, le manque de chevaux et un accident arrivé au tarantass nous forcèrent à rester une demi-journée et à passer la nuit. Le télégraphe y reçoit des dépêches, et autour de la stanzia et du bureau télégraphique commence à se former le noyau d'une petite cité future. L'ancien fort kokandais, en briques de loess s'effritant à l'air, est surmonté d'une grande croix de Saint-André. Il fut chaudement disputé aux conquérants, trente fois moins nombreux que les défenseurs, mais cent fois supérieurs par la discipline et l'art de la guerre.

Le soleil au déclin caressait de teintes chaudes les murailles jaunes de la forteresse ébréchée, accusant de longues ombres aux moindres aspérités, étageant les maisons de boue carrées du kichlak de Merké, et nous rappela la vérité que le talent du pinceau de Guillaumet et de Véréchaguine a imprimée à leurs œuvres des pays du soleil.

A Merké nous vîmes le premier bazar sarte, avec ses échoppes alignées sous des auvents soutenus par des soliveaux, avec ses métiers en plein vent : forgerons, barbiers, boulangers, savetiers, etc., casiers humains de l'industrie humaine entremêlés de *tchaïniks*[1], où, pour 2 kopecks, un Sarte en tchalma sert à ses clients kirghiz, assis en rond sur une natte de roseau, un *koumgane*[2] de thé vert brûlant. On nous fait, bien entendu, payer le quintuple pour la même marchandise. Tatikaï, notre brave Kirghiz, achètera, par exemple, le *lepiochki*[3], 1 kopeck, lorsque le marchand ambulant, portant ses pains sur la tête, nous le fera payer 5 kopecks. Ceci soit dit pour caractériser le marchand

---

1. Cafés de l'endroit, comme qui dirait « thés ».
2. Théière.
3. Petit pain en galette, souvent cuit dans la graisse de mouton.

sarte vis-à-vis du *farangui*, de l'étranger, qui n'achètera jamais au même prix que le *mousselmân*, le coreligionnaire. Et cela partout où il y aura des Sartes, c'est-à-dire dans tous les bazars du Turkestan. Le simple et honnête Kirghiz du steppe se fait voler, lui aussi, dans les bazars des grandes villes telles que Tachkent, où la rapacité du marchand croît avec l'air inexpérimenté et confiant du client. En revanche, le marchand citadin, égaré dans l'aoul de ses dupes, est payé plus d'une fois en monnaie *frappée* de la différence de ses prix.

Nous perdons une autre journée à Kara-sou, frontière du Semiretchié et de la province du Syr-Darya. Les chevaux qui restent au maigre râtelier de l'écurie sont incapables de fournir la course, et les autres ne sont pas rentrés. Comme ceux-ci, d'après le règlement, ne peuvent être attelés que trois heures après leur rentrée à la stanzia, nous n'en aurons point avant le lendemain matin. Les Kirghiz demandent 2 roubles par chameau et par station, pour faire 3 verstes et demie à l'heure. Les vivres sont tellement chers ici, qu'on fait payer 1 rouble une *krinka*[1] de lait et 4 roubles un tchetvert d'orge. En attendant le retour de la troïka emportant le voyageur qui partit à notre arrivée, nous chassons, aux environs de la station, l'outarde, très défiante et difficile à approcher. Les Kirghiz se couchent à plat ventre et l'approchent en rampant derrière les buissons, pour lui tirer une balle forcée d'un fusil primitif à fourche.

Le voyageur qui venait de partir était Japonais. Le livre du starosta m'apprit que c'était M. M... dont j'avais fait la connaissance deux ans auparavant à la légation de Paris. Je ne pensai certes pas alors le revoir au fond du Turkestan. Il s'en allait, par la Sibérie, rejoindre le Japon par terre et, pendant trois ou quatre mois, se faire « dorloter » dans le tarantass et le traîneau. Ces voyages de plusieurs milliers de kilomètres en voiture n'effraient plus quand on a perdu le sentiment des distances. Je me rappelle avoir vu, à Tachkent, fraîche et dispose, une dame russe, femme d'officier, qui, seule, était venue d'une traite rejoindre son mari de Blagoviétchensk à Tachkent, faisant ainsi

1. Cruche.

quelque 5 à 6000 kilomètres en tarantass. A la station de Tchimkent, nous trouvâmes une autre dame, accompagnée d'un bébé de quatre ou cinq ans, qui venait de faire en tarantass 1 900 kilomètres depuis Orenbourg. Quant aux hommes, le colonel K... nous dit avoir franchi, comme courrier du général Kauffmann, en vingt jours aller et retour, la double distance de Tachkent à Saint-Pétersbourg. Les Russes voyagent ordinairement nuit et jour et ne mettent qu'un mois pour aller de Tachkent à Iekaterinbourg. Nous en mettrons deux et nous connaîtrons le paysage.

Nous partons enfin à 3 heures du soir, avec des chevaux qui tiennent à peine debout. Encore, même après n'avoir fait que 3 verstes à l'heure, notre yemchtchik se perd-il à la nuit noire dans le steppe. Un homme et une lanterne envoyés de la station proche, où la clochette de notre douga avait donné l'éveil et le soupçon de la fausse direction, vinrent nous aider à retrouver la route. Il nous fallut tous pousser aux roues et aux chevaux pour amener le véhicule à la stanzia. A minuit, nous repartons de Tarti pour Koum-aryk, avec de tout aussi mauvais chevaux. Ils arrivent cependant à faire leur 23 verstes en six heures.

Dans la plaine, ravinée de nombreux lits de rivières à sec, parsemée de cailloux roulés, de gros blocs de syénite gisent épars comme des blocs erratiques ou des débris d'anciennes moraines. L'existence d'une période glaciaire dans le Thian-Chan, admise surtout par Sseverlzoff, niée par beaucoup d'autres, nous semblera plus probable dans quelque temps, quand, après nos voyages à travers les montagnes du haut Zérafchane et du Tchotkal, nous aurons plus de faits et de preuves géologiques à mettre à la disposition de notre hypothèse.

Nous sommes à Akyr-tepé, à deux stations d'Aoulié-ata. A l'horizon du nord-ouest apparaît une longue chaîne régulière, assez basse : le Kara-taou, presque parallèle au cours du Syr-Darya jusqu'à Djoulek. On y exploitait autrefois du charbon de terre[1] et les indigènes affirment que c'est sur le Kara-taou qu'échoua l'arche de Noé.

---

1. Charbon Boroldaï.

Nous croisons deux caravanes : l'une se compose d'une bande de Sartes du Turkestan enchaînés deux à deux, condamnés pour crimes de droit commun, marchant à petites étapes, sous l'escorte de la ligne, aux travaux forcés de Sibérie. L'autre, d'exilés aussi, est une caravane de Doungânes de la vallée de l'Ili, venant de Tachkent. Ils traînent avec eux, sur des chariots attelés de mulets, leur famille et leur avoir. Ils ont fui devant les Chinois de Kachgar et de Kouldja, lorsque, à la mort de Yakoub Batcha, leur tentative de s'opposer à l'envahisseur, ennemi acharné, eut échoué. La Russie accueillit comme des réfugiés politiques, dignes de pitié, ceux qui avaient pu échapper à la vengeance sanguinaire des Chinois et à la mort dans les neiges du Terek-daban. Les hommes ont le type mogol très prononcé, la physionomie sympathique et l'aspect empreint de vigueur. Leurs femmes sont petites et laides. Nous retrouverons les Doungânes, bons et honnêtes travailleurs, dans beaucoup de villes du Ferghanah, notamment à Margelan et à Och.

A une dizaine de verstes avant Aoulié-ata, la route descend dans la plaine fertile du Talas. Des touffes nombreuses et denses de grands saules et de peupliers ornent la vallée parsemée d'aouls kirghiz, et, de loin, font l'effet de fraîches oasis de palmiers. La rivière Talas prend sa source à la Kara-boura qui la sépare du bassin du Tchotkal, à l'Ourtchak-taou, au Soussamir et sur les pentes sud des monts Alexandre. Après avoir fertilisé dans son cours les domaines des Kara-Kirghiz, ses riverains, puis le district d'Aoulié-ata, elle s'en va, paresseuse et inutile, aux sables du Moïoun-Koum, atteindre péniblement, pendant les grandes eaux, le contour tourmenté du lac Kara-koul. Rapide et claire autour d'Aoulié-ata, elle y forme une demi-douzaine de bras. Son lit est très caillouteux des apports de la montagne et les passages à gué sont assez difficiles. L'un de ces gués faillit nous coûter notre voiture : la pauvre guimbarde échoua sur un îlot et fut sauvée par les *djiguites*[1] que

---

1. Estafettes à cheval.

l'ouesdni-natchalnik avait eu l'aimable attention d'envoyer à notre rencontre pour nous guider vers son hospitalière demeure.

La nuit succède vite au crépuscule dans ces contrées. Les silhouettes des arbres et des cavaliers se profilaient en noir contre le dernier pourpre du couchant; au bord du Talass, de nombreux feux de campement de la troupe en campagne piquaient l'obscurité basse et comme croupissante sur le sol; les chants monotones et harmonieux sortaient des tentes avec les accords de la balalaïka et de l'accordéon. Nos djiguites enveloppaient notre tarantass d'ombres galopantes, pendant que les chiens, au-dessus de nos têtes, sautaient furieusement et se relayaient sur le bord des toits plats des maisons indigènes.

Aoulié-ata.

La plaine du Talas et la ville d'Aoulié-ata. — Scènes du bazar kara-kirghiz.

Aoulié-ata (Saint-Père) est surtout le rendez-vous commercial des Kara-Kirghiz des montagnes du sud. La ville tient son nom du tombeau d'un saint, Kara Khân, mort il y a 800 ans et heureusement enterré dans cet endroit. Je dis heureusement parce que, même sans sa présence, l'établissement d'une population sédentaire et d'un point fortifié était tout indiqué par la situation géographique sur un sol d'alluvion fertile et facile à irriguer. La ville est située sur la ligne de la dépression que laisse l'origine méridionale du Kara-taou et les contreforts occidentaux du Kara-boura.

Le lendemain fut jour de marché et nous trouvâmes le bazar très animé, très *oriental*. La malpropreté et le désordre y font le pittoresque et préparent un contraste efficace avec les belles et larges rues, ombragées d'allées de peupliers, les maisons proprettes et les beaux jardins fruitiers du petit quartier russe.

Les Kara-Kirghiz descendus de la montagne pour vendre un cheval, des moutons, des peaux de bêtes, habillés eux-mêmes de peaux de mouton le poil en dedans, se pressent aux étalages et marchandent avec animation. Ils achètent des cotonnades russes, du *tchalma*[1] indigène, peut-être un bout de *kanaouss*, de la *matta*, des *kaouches*, du fil, des épingles, de la coutellerie sarte, une *ouzda* de cheval, etc. Ils renouvellent leur provision de *noss*, car s'ils fument peu ou point le *tchilim*, ils prennent volontiers une pincée de tabac vert en poudre, humectée d'huile de sésame, la posent sous la langue pour la recracher au bout d'un quart d'heure. D'autres emportent de chez le médecin droguiste, le tabib qui tient étalage, un *toumôr*[2] qu'ils mettront à leur cou, à celui de leurs enfants ou de leur cheval pour les préserver de la maladie. Voici des sacs *d'ourouks*[3], de *pstà*[4], de *maïs*[5], de *djidda*[6], de *mèkkeh djougarra*[7], une gourmandise dont le Kirghiz est très friand ; puis des tas d'orge (*djaou*), de blé (*boughdaï*), de millet (*taryk*), de sétaire (*arzan*), de riz (*birintch*), de melons à la chair blanche et succulente, de pastèques, etc. Au milieu des groupes, entre les chevaux, le marchand de *nàn* colporte les lepiochki tout chaudement sortis du four en argile. Un Kirghiz, le dos chargé d'une outre fluctuante, verse aux amateurs une écuelle de koumyss. Lait de jument fermenté, le koumyss — le Kirghiz prononce *Kmss* — est la boisson favorite du Kirghiz. Il peut en consommer des quantités considérables, et il lui est permis de ressentir l'effet capiteux de cette boisson fermentée que n'atteint pas la défense de Mohammed appliquée au vin et étendue aux spiritueux : « O croyants ! le

---

1. *Tchalma*, bande d'étoffe, cotonnade ou laine, servant de turban ou, cousues ensemble, à la confection des habits. *Kanaouss*, bande d'étoffe de soie aux couleurs voyantes. *Matta*, toile ou cotonnade blanche grossière. *Kaouch*, galoches ou pantoufles qu'on met par-dessus les bas de cuir et qu'on abandonne à la porte des mosquées. *Ouzda*, bride de cheval. *Tchilim*, en turc, *khaliane* en persan, pipe à eau faite d'une courge et de tiges de roseau comme tuyaux.

2. *Toumôr* en turc, *bôzband* en persan, amulette que vend le moullah et qui consiste en formules sacrées ou en versets du *Korân*, autant que possible écrits avec de l'encre rouge sur un morceau de papier que le croyant enferme dans un petit sachet pour le pendre au cou, à l'endroit malade, ou simplement sur le dos de son habit. Hommes et bêtes en profitent. Voir G. Capus, *Médecins et médecine en Asie centrale* (Revue scientifique, n° 9, 1884).

3. Abricots secs. — 4. Pistaches. — 5. Raisins secs avec ou sans pépins. — 6. Fruits de l'*Eleagnus hortensis*. — 7. Épis de maïs torréfiés.

vin, les jeux de hasard, les statues et le sort des flèches sont une abomination inventée par Satan; abstenez-vous-en et vous serez heureux. (*Korân*, ẏ 92.) — O croyants ! ne priez pas lorsque vous êtes ivres; attendez que vous puissiez comprendre les paroles que vous prononcez ! (*Korân*, XXVII, ẏ 17-25.)

Mohammed était grand philosophe et philanthrope, mais le Kirghiz est mauvais musulman. Ignorant de la moitié des finesses d'interprétation des glossateurs orthodoxes du *Korân*, il est mol exécuteur de l'autre moitié des préceptes. Il est encore quelque peu chamaniste, mais sa nature honnête supplée avantageusement à son manque d'instruction religieuse et le place à cent coudées au-dessus du théologien raffiné de la médressèh, dans l'échelle de la moralité. Nous ne pouvons pas juger cette race, aguerrie dans la lutte contre la nature, à la pierre de touche qui nous sert à juger les races perfectionnées dans la lutte de la pensée et de l'esprit.

Chez nous, le vol d'une chose ou d'une abstraction est une infamie ; chez le Kirghiz, le vol d'une courroie de harnachement, d'une selle, etc., est une infamie, et le vol d'un cheval était une action d'éclat, avant l'arrivée des Russes. Et cette action, où le coupable de nos lois d'Occident faisait preuve de qualités supérieures à celles de sa victime, pensant qu'il est plus facile de garder un cheval que d'en voler un, se retrouve entourée de la même considération chez beaucoup d'autres peuplades de l'ancien et du nouveau continent : chez les Puelches, les Koloches, les Cafres et les Kourdes, où le vol même en général et à main armée est non seulement licite, mais tout à fait en honneur.

D'Aoulié-ata à Tachkent.

Mankent, un village sarte. — Tchimkent. — Approche de la capitale.
Scènes et paysages. — Arrivée à Tachkent et projets de voyage.

Nous sommes au 29 octobre. Cependant la température commence à baisser. Elle tombe au-dessous de zéro pendant la nuit et ne monte plus à 20 degrés au-dessus pendant la journée. Au passage des collines qui nous séparent du bassin du Syr-Daria, après la station de Kouiouk, la neige à gros flocons a bientôt couvert les montagnes formées de schiste compact. Puis des lits de rivières desséchées, larges et remplis de cailloux de syénite, de quartz et de schiste, se dirigent vers l'ouest pour se réunir, nombreux, au lit de l'Aryss, un des affluents les plus déréglés et les plus torrentueux du Syr. Souvent l'Aryss, dans ses débordements aigus, suspend, durant des semaines, les communications sur la route postale de Tachkent à Orenbourg. Nulle végétation, sinon l'herbe, sur les pentes des montagnes n'en modère le débit déréglé.

Bientôt Mankent, premier kichlak franchement sarte, apparaît sur la route avec tout l'aspect réjouissant d'une petite oasis. Les Sartes sont aux champs pour les semailles d'hiver. L'un laboure sa terre avec une charrue primitive attelée de bœufs ; l'autre y promène deux cylindres de pierre pour tasser le grain ; un autre lance à pleines volées la semaille dans la terre chaude et grasse d'un loess un peu noir. Les vergers, entourés de murs jaunes en terre, regorgent de beaux arbres fruitiers où l'abricotier domine. Pour la première fois je vois des abricotiers de 6 mètres de hauteur. Le *djidda* (*Eleagnus sp.*) déverse son feuillage glauque piqué de fruits rouges par-dessus les murs, et les volumineux *karagatches* (*Ulmus campestris*) renforcent, dans les rues, l'ombre des hauts peupliers (*Populus alba pyramidalis*). Partout les murs des habitations, du côté du soleil, sont plaqués de galettes de *kiziak*[1], car le bois de combustible est rare et le Sarte n'abattra un peuplier ou un karagatche que pour en faire des soliveaux de construction.

Toutes les maisons sont en terre, briques séchées au soleil ; le toit est fait de hachis de paille et de boue, de sorte que souvent le blé, abandonné dans l'épi, germant, couvre la maison d'un tapis de verdure.

Nous passons Tchimkent sans nous arrêter plus de temps qu'il n'en faut, entre deux changements de troïka, pour visiter le bazar qui est animé, jeter un coup d'œil sur l'ancien fortin

---

1. Galette de fiente.

qui est remarquable par sa construction et son étendue, et passer par la rue du quartier russe, où quelques *magazines* et *targovlia*[1] alternent avec des *traktirs*[2] et des *doukhanes*[3]. C'est à Tchimkent que la route postale du Semiretchié et de la Sibérie se réunit à celle d'Orenbourg, ce qui donne à Tchimkent une certaine importance due au mouvement des caravanes. Le soir, après avoir attendu pendant quelques heures des chevaux à Beklar-beg, nous allons coucher à Charap-Khana, *la Maison du vin*, afin d'atteindre Tachkent de bonne heure le lendemain.

Fig. 13. — Stanzia à Beklar-beg.

Beklar-beg est une ancienne médresséh flanquée de tours et d'écuries pour les chevaux. Un starosta russe y vend du vin et de l'eau-de-vie de Tachkent, dans les cellules où naguère les élèves pieux nasillaient les versets du *Korân* en dodelinant de la tête.

Rien n'annonce la proximité de la capitale du Turkestan, si ce n'est, sur la route, le mouvement plus animé des caravanes et de soldats en marche. L'horizon est caché par des monticules nus de sable et de loess raviné. Tout à coup, à Kich-koupriouk,

1. Boutiques.
2. Traiteurs.
3. « Bouchons ».

dernière stanzia avant Tachkent, la route fléchit à droite et s'engage dans une de ces traînées de verdure qui couvrent la plaine du Tchirtchik au loin, en suivant les innombrables cours d'eau dérivés de la rivière. De longues files de chameaux arpentent le bord de la route au son rythmé des lourdes clochettes du chameau de file, tournent la tête lentement pour regarder de leurs gros yeux ronds le tarantass au galop enveloppé de poussière jaune. D'autres, arrêtés un instant, jettent des cris plaintifs, quand leur devancier, marchant toujours, tire sur la corde et le bâtonnet de bois qu'ils ont passé à travers les cartilages sanguinolents du nez. Cette corde est assez forte pour résister à un faible tiraillement et se casserait, sans déchirer le nez du chameau, à une plus forte traction. Cependant le yemchtchik attache les battants de nos clochettes de la douga — le gouverneur seul ayant le droit d'entrer dans la ville sonnettes tintantes — met l'entrave à la roue dans une descente raide d'une falaise de loess; et nous assure, à 7 verstes de la station, que nous sommes déjà à Tachkent. La route court entre des murs de terre débordés d'arbres fruitiers, de karagatches, de peupliers, de djidda et de saules, couverts de poussière. Des arbas chargées de ballots ou de Sartes, parfois fermées de tapis soulevés timidement à notre passage pour laisser apparaître, un instant, la figure pâle d'une femme curieuse; des Sartes enturbannés sur de petits ânes trottinant; des femmes, hermétiquement voilées d'un parandja en crin de cheval noir, à califourchon sur une maigre jument, avec un gamin devant elles, encombrent le chemin et se rangent au passage du tarantass les éclaboussant de poussière. C'est le pays de la poussière, du soleil et des melons. On dirait que la terre fertile de ces cités du loess voudrait pénétrer de son exubérance la race épuisée de ses habitants.

Voici, dans un joli parc, l'*isbouchka* russe, chalet villageois jusqu'où les Russes de Tachkent viennent donner le pas de conduite au partant et lui souhaiter un dernier bon voyage. Puis la route devient allée ombragée, passe à côté de la prison blanche, plus loin sous l'arcade monumentale d'un plein cintre d'aqueduc. Elle débouche enfin sur la grande place inondée de soleil, sans arbres, entourée de maisons basses russes, sans apparence, et de trois bâtisses en briques, à plusieurs étages, les gymnases. A 3 heures de l'après-midi, le 1er novembre, nous descendons, tout poudreux, tout joyeux, à la *gastinitza Revillon*, chez un Français, où nous sommes reçus cordialement. Nous avons fait 3 600 verstes depuis Iekaterinbourg, en tarantass, moins fatigués que nous ne le serions d'une nuit d'insomnie en chemin de fer.

Quatre mois nous séparent du printemps. Utilisons-les à Tachkent pour étudier la ville et l'élément indigène, la langue et les pays que nous devons voir dans la suite. Quand, au mois de mars, les premières chaleurs printanières auront fait éclore les tulipes, les crocus et les muscaris, réveillé les sousliks et les tortues dans le steppe, fondu les neiges au pied des montagnes en débarrassant les sentiers d'accès aux gorges, dispersé sur les champs les bandes innombrables de corbeaux et de corneilles qui viennent tous les soirs, avec un bruit assourdissant, percher sur les hauts peupliers de la ville, nous quitterons, comme le nomade, notre *zimovka* civilisée de Tachkent pour courir le steppe et la montagne, et tracer, sur des cartes à faire, des lignes brisées d'itinéraire à la recherche des « trésors » de la science. *Amen!*

CHAPITRE II

DE TACHKENT A LA FRONTIÈRE AFGHANE.

Tachkent.

La ville de Tachkent. — Scènes du bazar. — Une heureuse coïncidence.

La ville de Tachkent, aujourd'hui capitale du Turkestan russe, n'a pas toujours eu, sur ses sœurs de l'Asie centrale, l'hégémonie que lui assurent de nos jours le siège du gouvernement général et la centralisation des services publics. Aussi l'intérêt que présente aux yeux du voyageur la ville indigène est-il moindre que celui du Samarkand indigène, de Bokhara, de Karchi, de Khokand, où la vie de l'élément indigène s'offre à l'étude avec moins de compromis vis-à-vis de l'élément européen nouveau. Les monuments et l'architecture légués aux générations suivantes par des maîtres superbes n'ont point la majesté ni l'éclat de ceux de la ville de Timour ; mais l'activité toute commerciale, industrielle et agricole de ses habitants, fait du bazar de Tachkent un marché de premier ordre. Au cliquetis des chaudronniers battant le cuivre des *koumgânes*[1], comme au temps de Timour, se mêle le bruit des machines à coudre confectionnant un *bechmed*[2] tatare ou un *tchambar*[3] de soldat russe. L'ethnographe peut y étudier tous les métiers indigènes, connaître le Sarte commerçant et industriel, le Kourama agriculteur, le Kirghiz nomade et éleveur de bétail ou caravanier, le juif bok-

---

1. Théière en cuivre battu, ciselé ou non.
2. Redingote.
3. Pantalon en cuir, rouge ordinairement.

hare vendeur de soie, l'Ouzbeg travailleur de la terre, l'Hindou usurier et droguiste, le Tatare grand fréteur de caravanes, en outre quelques Kachgaris, Turcomans, Khiviens de passage. Il y verra peut-être un Afghan, attaché à la fortune des fils d'Abdourahmân Khân qui résident actuellement à Tachkent, pendant que leur père consolide son trône à Caboul. Puis des derviches, sans patrie et presque sans race, allant de l'un à l'autre quêter leur pitance en nature ou en *poulls*[1], ne dédaignant point

Fig. 14. — Tombeau de moullah, au cimetière de Tachkent.

la pièce de monnaie blanche de l'Européen, quand, réunis en bande, ils hurlent à tue-tête leurs versets devant le tchaï-khaneh, où ils le voient se reposant d'une course à travers le bazar. Mais le voyageur scientifique ne doit pas se contenter d'observer à distance ; il faut qu'il étudie la population indigène le plus possible, le plus intimement possible ; il lui faut vivre, se vêtir, manger, parler et même penser parfois comme elle.

Le regretté général Kauffmann, gouverneur du Turkestan, nous reçut avec cette charmante et simple affabilité qui rehausse le prix d'un service rendu et rend l'ingratitude doublement odieuse.

1. Unité infime de billon.

Nous ne pouvons pas non plus penser à notre séjour hivernal à Tachkent sans nous rappeler les noms de MM. Muller, Ochanine, Vichnegorsky, Malévinsky, dont l'accueil sympathique, les conseils éclairés et l'amitié constante nous furent si précieux.

Au commencement du mois de février, la campagne, autour

Fig. 15. — Juif de Tachkent.

de Tachkent, commence à se couvrir d'un léger tapis de verdure. Bien que la température tombe encore la nuit au-dessous de zéro, les *draba*, anémones, crocus, *gagea, veronica*, ont épanoui leur corolle au soleil chaud de la journée, et les montagnes de Bichiklik ne sont plus que rayées de neige (1). Des berge-

1. Voir, au sujet du climat de Tachkent, G. Capus, *Climat et végétation*

ronnettes se balancent au bord des aryks, où les saules ont entr'ouvert leurs bourgeons gorgés de sève. La vie se réveille dans le steppe et le *saoubogui* dans le foie du voyageur, un ver impatient qui lui ronge le viscère, disent les Sartes, et le pousse plus loin, toujours plus loin, comme le Juif errant est chassé par le saoubogui du mal.

Il se trouve que l'ambassade afghane, que l'émir Abdourrahmân a envoyée de Caboul au général Kauffmann pour ramener les jeunes princes afghans auprès de leur père, va partir ces jours-ci, accompagnée d'une escorte russe jusqu'à Mazar-i-chériff. Le général veut bien nous permettre de nous joindre à cette expédition jusqu'à la frontière afghane, et de voir une partie du Bokhara non visitée par des Européens jusqu'alors. Nous avons quelques jours devant nous avant le départ pour Samarkand, où la caravane princière, marchant à petites étapes, dans des arabas, nous rejoindra. De là, nous irons à cheval sur Karchi et Kilif.

Le Kourama et le steppe de la Faim.

La campagne autour de Tachkent. — Le poste de Tchinaz. — Le steppe de la Faim. — Paysages. — Les stanzias fortifiées. — Anciens canaux. — Djizak. — La porte de Tamerlan. — Passage du Zérafchane. — La ville de Timour.

Le 7 mars 1881, dans la matinée riante et gaie d'un jour de printemps ensoleillé, nous quittons Tachkent. Deux cent quatre-vingt-cinq verstes de route postale et de tarantass nous séparent de Samarkand. Les jardins de la ville s'étendent presque sans interruption jusqu'à Nagaï-kourgâne, village aisé qui doit son nom à une colonie de Tatares, auxquels on donne le nom de *Nagaïs*. La terre, grasse et luisante dans les fraîches entailles du *lemekh* (1) indigène, succède bientôt aux jardins verdissants

---

du *Turkestan*, in Annales des sciences naturelles, Botanique, XV, p. 199, et *Notes agronomiques recueillies pendant un voyage en Asie centrale* (Annales agronomiques, nos 30 et 31, vol. VIII, 1883).

1. Soc de la charrue indigène.

et fleuris d'amandiers. Des Kouramas labourent dans les champs avec des chevaux et des bœufs. Les Kouramas sont une race sédentaire d'agriculteurs métissée de Sarte et de Kirghiz, dont le type cependant se rapproche plus du dernier que du Sarte. Ils tiennent la campagne autour de Tachkent et cultivent la plaine de loess fertile du Tchirtchik et de l'Angrène. La charrue de l'Asie centrale est, sauf de légères modifications de dimensions, partout la même : un simple morceau de bois coudé, traversé au milieu d'un timon et muni à son extrémité inférieure d'un morceau de fer triangulaire comme une énorme pointe de flèche, le lemekh, que son propriétaire, le fer étant rare et se payant cher, soustrait à la convoitise du voleur en le détachant quand le labour est fini. Il le porte sur lui pendant que l'attelage traîne la charrue (*amatch*) renversée. Souvent le laboureur emporte lui-même la charrue sur le dos.

Voici Sing-ata, riche village, où les Sartes de Tachkent, une fois l'an, viennent fêter l'apparition des premiers melons, ripaillant au milieu des danses de *batchas*[1] et du charivari assourdissant de la musique indigène[2]. Puis, Niaz-bach et Stari-tachkent ou Vieux Tachkent, où l'absence de ruines et de vestiges d'une grande ville démentit le nom de la localité. J'y relève une ornementation particulière des maisons. Le gâcheur de boue, après avoir élevé le mur, a trempé sa main dans un lait de chaux pour l'appliquer ensuite à plat contre le mur un grand nombre de fois. Ces *mains d'Ali* se voient partout, dans les maisons, dans les mosquées, dans les médresséhs, quelquefois imprimées en creux dans la brique ou la pierre, et cette coutume est répandue dans tout le monde musulman, jusqu'à Alger.

Dans les champs, où de nombreux chevaux paissent les premières touffes des céréales pour les faire thaller, on aperçoit

---

1. Jeunes danseurs.

2. Dans un article : *la Musique chez les Sartes et les Kirghiz de l'Asie centrale* (Revue d'ethnographie, 1884, Ernest Leroux), j'ai fait ressortir les différences qui caractérisent les mélodies des diverses peuplades de l'Asie centrale et noté un certain nombre de spécimens. La mélodie kirghize, suave et agréable à l'oreille de l'Européen, ordinairement en mineur, est absolument différente de la mélodie tapageuse et cacophonique du Sarte.

beaucoup de petites tourelles, de 3 à 4 mètres de haut, en terre. Quand la récolte de blé, d'orge, de sorgho, de millet, sera mûre, des gamins ou des gamines passeront la journée sur ces tourelles avec, à côté d'eux, un tas de cailloux ou de mottes de terre qu'ils jetteront aux nuées de moineaux ou de passereaux pillards pour, épouvantails vivants, les chasser à grand renfort de gestes et de cris. A cette époque-ci, des nuées de corbeaux

Fig. 16. — Type sarte. Marchand habitant des villes du Turkestan.

et de corneilles arpentent gravement les champs ensemencés et se nourrissent du quart de la récolte.

Autour de Stari-tchinaz, des rizières étendues nous avertissent du voisinage du Tchirtchik. La rivière coule en méandres nombreux entre des falaises de loess à pic et couvre la plaine de ses débordements printaniers. Nous traversons, à la nuit tombante, le bazar de Stari-tchinaz, au pied de l'ancienne forteresse bokhare en ruines, flanquée de tourelles de défense auxquelles la pluie fait plus de tort que le canon. Une boue noire, stagnante et fétide, s'alimentant des déjections des bêtes de somme, croupit,

Fig. 17. — Femme sarte de Khokand.

en hiver, à l'ombre froide de ces bazars du Turkestan. On sent, pour ainsi dire, l'odeur de la fièvre, et le nerf olfactif, par une de ces idiosyncrasies inexplicables, garde parfois pendant des semaines une impression de puanteur dominant toutes les autres. Aussi les fièvres intermittentes sont-elles fortes et fréquentes à Tchinaz. Le poste est situé au bord du Syr, non loin de l'embouchure du Tchirtchik, à proximité de marais couverts de hautes roselières. Le tigre y chasse le sanglier, et les oiseaux de proie en nombre vivent sur des bandes innombrables de gibier d'eau.

Nous trouvâmes, ce soir-là, une cordiale hospitalité chez le *voïenni natchalnik*[1], M. Koulik, chasseur émérite et qui, quelque temps auparavant, avait accompagné Bonvalot à la chasse au tigre. Dans les guinguettes du petit quartier russe, les soldats sont en liesse; ils fêtent la *maslenitza*, le carnaval, et le *stalovoje vino*[2] de Pervouchine à Tachkent allume le sang, les chants et quelquefois la querelle.

Le lendemain, après avoir passé en bac le Syr-Daria aux eaux jaunâtres et sans reflet, nous entrons dans la *Galodnaja-step* ou steppe de la Faim, qui s'étend de Tchinaz à Djizak, sur une largeur de 120 verstes. Quelques gagea et une espèce d'anémone affrontent déjà les gelées nocturnes, à quelques centimètres au-dessus du sol. Les mirages d'été sont remplacés par des illusions d'optique curieuses. L'horizon semble envahi par une belle forêt d'arbres branchus; ce ne sont que des tiges desséchées de grandes férulacées dont les ombelles figurent des branches et les tiges, ternes et cannelées, des troncs d'arbres. Au milieu de ces forêts en miniature courent quelques lézards noirs, des alouettes huppées, une compagnie de perdrix ou un corbeau prenant les dimensions d'un vautour.

De temps à autre, on voit courir sur le sol uni, avec une rapidité vertigineuse, des formes rondes, fantastiques, légères, bondissantes : ce sont les *sorcières du vent*, plantes sèches, globuleuses, que le vent arrache de leur tige pour les chasser devant lui jusqu'à ce qu'elles s'arrêtent derrière une colline, s'amas-

1. Commandant militaire.
2. Vin de table.

sant en tas quelquefois énormes que le Kirghiz utilise comme combustible.

Malek, la première station, est un poste fortifié, flanqué de deux tourelles crénelées ayant perdu leur importance stratégique depuis que la frontière a englobé la province du Zérafchane. Trente-quatre verstes plus loin, Mourza-rabat, avec deux puits coupolés, offre, en été, aux caravanes assoiffées, une eau salée, amère et puante, que l'homme ne saurait boire sans danger avant de l'avoir fait bouillir. A 34 verstes plus loin, les deux puits d'Agatchi, l'un en ruines, l'autre coupolé, fournissent une bonne eau en abondance.

Il fait de plus en plus froid : le vent a tourné au nord-ouest. C'est encore le régime de l'hiver, où les vents du nord-est au nord-ouest, après avoir balayé les steppes kirghiz, se ruent sans rencontrer d'obstacles sérieux sur les steppes du Turkestan.

Pourtant la Galodnaja-step (ne pas confondre avec le *Bek-pak-dala*, au nord-est des monts Kara-taou) n'a pas toujours été aussi aride et déserte que de nos jours, où les Kirghiz nomades seuls profitent des pâturages naturels. Autrefois, de grands aryks (la route en rencontre un à quelques verstes d'Outch-tépé) la sillonnaient pour porter l'eau et la richesse à une population sédentaire, aujourd'hui disparue. Ces canaux étaient alimentés par le Zérafchane et le Yanqui-davan, grand aryk aujourd'hui à sec, prenait son origine entre Pendjakent et Samarkand, pour s'infléchir au nord et couvrir une partie du steppe de la Faim d'un réseau d'irrigation habilement distribué. Car les Turkestaniens étaient et sont encore passés maîtres dans l'art de l'irrigation, à l'égal au moins des Chinois. Chez eux le *mir-âb*, le distributeur des eaux, était un des plus hauts fonctionnaires, avant que les Russes ne lui eussent substitué des ingénieurs formés à l'école européenne.

A Djizak, la route s'engage dans la montagne basse de schiste quartzitique, multicolore, contorsionné, laissant au fond du thalweg un dépôt de loess utilisé par l'agriculture. Une rivière aux eaux rapides, à demi gelées, y fait de nombreux méandres entre de petites falaises à pic. Bientôt la vallée se rétrécit, les contre-

Fig. 18. — Piquet de Mourza-rabat, près de Khodjent.

forts des deux chaînons latéraux se rapprochent en arête vive de schiste quartzitique presque verticale, pour former une sorte de chambranle gigantesque, sans cintre ni vantaux, d'une porte à laquelle la légende a donné le nom de *porte de Tamerlan*. Une inscription en coufique, déchiffrée par M. Radloff si je ne me trompe, est gravée sur le rocher occidental, à quelques mètres du sol. En face s'ouvre une caverne sans intérêt d'une fente de rocher. Le chemin emprunte souvent le lit de la rivière gelée qu'on coupe, en outre, une demi-douzaine de fois avant Yani-kourgâne ; même notre yemchtchik kirghiz ne peut s'empêcher de dire que le chemin est affreux : *Ioul iamane*, comme s'il disait : *Il pleut* ou *Il fait chaud*.

A Yani-kourgâne, petit village groupé autour d'un bazar, vivant du passage des caravanes — kichlak, où Karazine place un de ses plus touchants épisodes de la guerre russo-bokhare — nous rattrapons la caravane des princes afghans. En tête marchent quelques cavaliers afghans précédés d'un Cosaque, ensuite l'arba des princes suivie d'une douzaine d'arbas hermétiquement closes ; elles contiennent les femmes de l'émir et leurs suivantes. Enfin, une série de voitures remplies d'objets et de meubles européens, soit cadeaux, soit achats, que les magasins de Tachkent expédient à Caboul.

A Saraïlik, où ils vont faire étape ce soir, on leur a dressé un certain nombre de kibitkas, à côté de la stanzia.

Sur un beau pont moderne en briques, nous traversons, à Kameni-most, un bras du Zérafchane, roulant entre de hautes falaises de loess. Peu après, la plaine du Zérafchane se découvre au loin ; mais le temps, très brumeux par un vent du sud-ouest, empêche toute vue d'horizon. Nous sommes entrés dans le district du Zérafchane dont la capitale est Samarkand. La route est devenue très bonne, chaussée bordée de fossés réguliers pour l'écoulement des eaux. Les petits tumulus qui l'accompagnaient dans le steppe pour indiquer la direction quand la neige est profonde, sont remplacés par deux belles lignées de saules et de peupliers. Le changement est si brusque et si agréable, que le voyageur remercie mentalement celui qui a créé cet état de choses comme s'il l'avait créé exclusivement pour lui.

Un peu au delà de Djambaï, dernière station avant Samarkand, les rizières, les cultures et les jardins s'arrêtent pour céder la place au lit étendu du Zérafchane, le *rouleur d'or*. Dans le lointain, sur la rive gauche, apparaissent les deux arches inégales d'un pont curieux, en tant qu'il paraît ne jamais avoir été terminé, et que son tablier tombe à pic dans le fleuve. La tradition en attribue la construction à une femme éclairée.

Après avoir traversé plusieurs bras de moindre importance, puis une plaine toute couverte de cailloux roulés par les grandes eaux, nous passons à gué les deux bras principaux sans qu'il soit besoin de décharger les bagages. Aux grandes eaux, ce n'est pas chose aussi facile que maintenant : on décharge alors tout le contenu du tarantass, hommes et bagages sur une haute arba, des passeurs à cheval accompagnent le véhicule à travers le fleuve et, en se plaçant en amont, coupent la véhémence du courant tout en empêchant, au moyen de cordes, l'arba d'être renversée ou emportée. Aujourd'hui, les eaux du fleuve sont claires et rapides; dans deux mois, à la fonte des neiges, elles seront jaunes et impétueuses. Que ne peut-on régler le débit de ce fleuve par un modérateur quelconque, car il roule non seulement de vraies paillettes d'or, mais ses eaux vivifiantes font la richesse de tout le pays agricole jusqu'au delà de Bokhara !

Cependant nous cheminions dans un paysage désolé. Un vent furieux de l'ouest, en rafales, balaye la plaine en soulevant des tourbillons de poussière fine et mordante. L'air en est rempli, la lumière cachée; les yeux en souffrent et les dents en grincent. Tout est gris, terne et sombre. Tchoupan-ata, colline couronnée d'une stèle à la mémoire de la prise de Samarkand, nous reste invisible, quoique nous en longions le pied. Lorsque, après avoir traversé un profond ravin taillé dans des parois de loess, le tarantass atteint les hauteurs d'Aphrosiâb, les coupoles, estompées dans la brume du soir et de la poussière, des tombeaux d'une immense nécropole nous indiquent que nous avons atteint la plus belle ville de l'Asie centrale : la ville de Timour.

Samarkand.

Croquis à la plume. — La ville.

Nous ne restâmes alors que quelques jours à Samarkand, attendant l'arrivée des Afghans et préparant notre voyage à la frontière afghane. Nous fûmes, pendant nos séjours consécutifs dans la capitale du Zérafchane, les hôtes du général Korolkoff, aujourd'hui gouverneur de la province de Ferghanah. L'amitié constante que nous porta cet homme éminent sur la simple recommandation de mon cher et regretté maître Decaisne, est un de ces services dont nous ne chercherons pas à diminuer la valeur par des paroles qui pourraient ne paraître que polies. Le général Ivanoff, gouverneur de la province du Zérafchane, nous fit un accueil très sympathique et nous lui en devons un souvenir reconnaissant.

Samarkand est, sans conteste, la ville la plus intéressante, la plus pittoresque, la mieux située et la plus agréable de toute l'Asie centrale. Elle doit ces avantages aux monuments nombreux et grandioses de l'époque de Timour, au voisinage des montagnes et à une altitude plus forte (2154 pieds), à sa population indigène plus joyeuse, il me semble, qu'ailleurs, et plus variée de races, à son bazar animé, et enfin, dans le quartier russe, à des rues larges, véritables boulevards, où le général Abramoff a fait planter à profusion les arbres croissant avec une vigueur et une rapidité extraordinaires (1). La splendeur des monuments surpasse ce que j'ai vu dans l'Inde, excepté peut-être le Tadj d'Agra, que je ne connais pas. L'art persan est venu fleurir dans toute sa beauté à la cour de l'émir boiteux. Cet art est religieux ; il a produit des mosquées, des médressèhs et des tombeaux. A la même époque (quatorzième siècle), l'art gothique avait déjà élevé ses plus beaux temples à Dieu. L'architecture persane des monuments de Timour a beaucoup de points

---

1. Voir, au sujet de la croissance des végétaux, G. Capus, *Influence du climat sur la rapidité de croissance des végétaux en Asie centrale*, in Comptes rendus de l'Académie des sciences, 1883.

de ressemblance avec l'architecture gothique ; il semble qu'elles ont puisé à la même source.

Tilla-kari, Ouloug-beg, Chir-dar, ces trois merveilles du Riguistâne de Samarkand ; Gour-émir, le tombeau de Timour ; Chakh-zindéh, la nécropole de sa famille ; Bibi-khanym [1], monument incomparable, où, sous des piliers et des dômes lézardés par les tremblements de terre, dort la favorite du grand conquérant : toutes ces merveilles de l'art architectural et décoratif ne sont plus aujourd'hui qu'à seize journées du parvis de Notre-Dame, et la locomotive du général Annenkoff — encore un conquérant, mais pacifique — fait tressaillir les minarets penchés des médrosséhs.

Je ne puis peindre Samarkand comme il le mérite ; voici un croquis d'après nature que je trouve dans mes notes.

Les arbres n'ont pas encore de feuilles et la ville semble chauve. Allez, vers 4 ou 5 heures du soir, quand le soleil s'abaisse dans les branches des peupliers, à l'ouest, sur le glacis de la forteresse. Les soldats russes y sont entraînés à la course et à la gymnastique de guerre. Soudain, derrière une courbe haute du terrain, apparaît le Samarkand indigène dans une splendeur nouvelle. Toute la ville est à vos pieds, enveloppée d'une brume violâtre, transparente, d'une finesse sans égale et d'un glacis que jamais peintre ne saura rendre. Les maisons grises s'étagent mollement ; leurs angles droits et l'ombre de leurs pans, les lignes droites de leurs toits plats donnent à l'ensemble l'aspect d'un monument gigantesque renversé sur la colline et dont les maisons seraient des moellons détachés. Entre les pierres disloquées croissent des peupliers en balais et des ormes à squelette globuleux. Au premier plan, éclairées plus fortement par le soleil, les coupoles du Gour-émir et de Roukhabad se profilent sur un ciel bleu verdâtre. Au fond, les rideaux des peupliers argentés, parcourus par des raies de

---

1. On trouvera des descriptions parfaites et détaillées de ces monuments, entre autres dans Vambéry, Maëff, Schuyler, Lansdell, etc., et, plus récemment, dans une fort intéressante étude de M. Jules Leclercq, *Du Caucase aux monts Altaï*, 1890.

cobalt, se confondent et se perdent dans une brume blanchâtre qui semble croupir dans la plaine et cache le pied des montagnes. Elle monte en se raréfiant vers leur sommet; mais le soleil fait luire encore les pans neigeux des montagnes du Kohistan et d'Ourgout, zébrés finement par les arêtes noires des faîtes bifurqués. Un nuage légèrement jauni s'est accroché à un pic et s'étire au loin. Tableau incomparable!

Fig. 19. — Médresséh de l'époque de Timour.

A gauche, scintillent au soleil pâle les briques émaillées des mosquées du Riguistâne, avec des ombres douces aux pans étroits des frontispices et des rondeurs des minarets. Les monuments de Timour sont là comme des bijoux dans un tas de boue lumineuse. Plus à gauche encore, Bibi-khanym ne fait qu'une masse violâtre où les détails se noient dans la teinte générale. Vers le nord-est, dans une défaillance de la colline qui s'abaisse vers le *djellab*[1], apparaît, toute rouge, la chaîne de Nourata, recouverte d'une calotte de neige, calotte de soie blanche froissée

---

1. Quartier spécial.

en plis réguliers et effrangés en bas. Une caravane de chameaux, touffus aux cuisses et au front, monte du bas-fond. Une arba criarde passe, chargée de deux Sartes et d'un soldat russe, qui s'entretiennent de kopecks dans un russe mixte. Des Sartes et des Ouzbegs à cheval s'arrêtent, le sourire moqueur aux lèvres, devant les soldats à l'exercice, et d'autres, avec des femmes voilées en croupe, trottinent paresseusement vers la ville sarte. Le soleil est couché, les teintes s'effacent, et, avec la fraîcheur, la fièvre monte de la vallée...

La Frontière bokhare.

De Samarkand à Djam. — Le loess du Turkestan.— La *iourte* kirghize.— Les Cosaques du tzar. — Zaman Beg et les jeunes princes. — Une escorte turcomane.

Le 13 mars, tout est prêt. Les chevaux, petites bêtes solides et endurantes, sont achetés, et la caravane se met en branle vers le steppe de Djam. Cinquante Cosaques de l'Oural feront escorte aux princes jusqu'à Mazar-i-chériff, sous le commandement du colonel Koleznikoff et du capitaine de Dreyer. Nous aurons encore, comme compagnons de voyage, l'officier de Cosaques, le docteur attaché à l'expédition et l'interprète Zaman Beg, un joyeux et jovial Caucasien qui, après avoir vécu quelque temps à la cour de Yakoub Beg, émir de Kachgar, rentra au service russe après la mort de ce dernier. Le major Arendarinko, un des meilleurs connaisseurs du Turkestan et chef du district de Samarkand, a bien voulu détacher à notre service deux djiguites de la ville, Abdou-Zahir et Roustem, l'un Tadjik, l'autre Ouzbeg; le premier sachant le russe suffisamment pour allonger des phrases; Roustem parlant une langue mixte de russe et de turc à laquelle nous finîmes par nous habituer, quoiqu'il fût beaucoup moins bavard qu'Abdou-Zahir. Je l'avais dressé plus particulièrement au service des collections et des excursions, tandis que Bonvalot se façonnait Abdou-Zahir pour les renseignements oraux et les relations « internationales ».

Après avoir traversé les jardins qui ceignent la ville d'une ceinture étendue, longé, à l'extrémité ouest, une belle médresséh ornée de briques émaillées restaurée, nous entrons dans le steppe qui s'étend des montagnes du Chahr-i-çâbz à gauche, à l'oasis du Zérafchane à droite. Large et fertile, cette oasis suit le cours du fleuve et nous apparaît au loin dans un mirage simulant l'inondation de ses eaux. A 10 verstes environ, un pont, remarquable par quatre colonnes de tête à moitié en ruines, couvertes de briques émaillées de l'époque de Timour, dit-on, nous conduit sur une rivière rapide cascadant entre de profondes falaises de loess. Cependant ce loess, plus rapproché de la montagne, a des éléments moins décomposés, de sable granitique mobile avec des paillettes brillantes de cristaux feldspathiques. Il provient évidemment de la désagrégation des roches syénitiques et granitiques des monts Chahr-i-çâbz, et les éléments feldspathiques n'ont pas encore eu le temps de devenir argileux, comme cela a pu se faire pour le loess des grandes plaines. J'ai déjà dit que la théorie de Richthoffen, qui voit dans les dépôts immenses de loess de la Chine des transports aériens, nous semble ne pas s'appliquer au Turkestan où ces dépôts, au contraire, paraissent tirer leur origine de transports aqueux.

Nous faisons d'une traite une vingtaine de verstes, et, à 3 heures de l'après-midi, le campement est établi à Sadagân, au bord d'une rivière roulant une belle eau claire de montagne sur un terrain de sable granitique, entre des blocs énormes de syénite, de pegmatite et de quartz.

Pour la première fois, nous couchons sous une *iourte* (tente en feutre) indigène. Le vent violent du sud-ouest s'acharne en vain contre les parois de feutre, en plaquant la tenture en kachma, servant de porte, contre les chambranles.

Un treillis de bois, comme ces joujoux sur lesquels on fait mouvoir des soldats en bois, posé en rond; des bâtons recourbés s'arc-boutant d'un côté sur le treillis, de l'autre engagés dans un cercle de bois faisant clef de voûte, le tout recouvert de grands morceaux de kachma retenus par des cordes: voilà la *iourte*, l'*oï*, la *kibitka*, la *ioulameïka*, du nomade de l'Asie centrale. J'aime la iourte depuis que j'y ai passé près de trois ans, et je comprends la préférence du nomade, qui se construit souvent, pour y vivre, une tente au milieu de la cour de sa maison. Jusqu'au khan de Khiva, qui aime mieux habiter deux belles iourtes plantées dans la cour, que les quatre murs de son palais. Au milieu de la kibitka, on fait un feu ou l'on allume un brasero ; on découvre le sommet de la tente pour donner issue à la fumée, et on voit les étoiles à travers le toit de sa maison, car le vent de Djam a balayé les nuages du ciel et la lune fait pâlir les nombreux feux de campement.

Les vivres sont distribués. Zaman Beg nous a dépêché un grand diable d'Afghan armé d'un long trident auquel, fumants et dorés, sont embrochés de petits morceaux de mouton entrelardés, en chapelet. C'est le fameux *kabâb* des Persans, le *chachlik* des Turcs, auquel Brillat-Savarin n'aurait pas refusé les honneurs d'une chaude recommandation.

Soudain le clairon sonne. Les Cosaques, rangés en ligne, attendent, casquette en main, la fin d'une prière prononcée d'une voix de basse retentissante, puis entonnent en chœur un de ces cantiques russes auxquels une harmonie étrange donne un cachet si spécial. Aux confins de l'Afghanistan, ils prient Dieu pour la vie et le bonheur du tzar *Alexandre-Nicolaëvitch* ; puis le clairon résonne, on entend le commandement de l'officier, ils se couvrent et regagnent leurs feux de campement. Des *arbacèches*[1], attirés par le spectacle et le chant, sont venus rôder, les mains dans les manches de leur *khalat*[2], autour des Ouraltzis ; à une centaine de mètres de là, le campement des femmes afghanes, en rond comme un kraal, est entouré de feux que font clignoter au passage des sentinelles en marche. Mais peu à peu le silence se fait, et bientôt on n'entend au dehors que le renâclement d'un cheval ou le bruit de ses mâchoires broyant la luzerne.

L'étape du lendemain, jusqu'à Ibrahim-ata, fut de 3 tachs et demi. Le *tach* — *sang* ou *farsang* en persan — est une me-

1. Conducteurs d'arba.
2. Ample robe de chambre.

sure itinéraire bokharienne et turque, variable suivant les pays, en moyenne de 7 verstes.

Les pentes des montagnes de schiste et de quartzite m'offrent quelques jolis muscari, eranthis, iris et d'autres monocotylées, qui sont les premières à se réveiller d'un engourdissement de neuf mois. Le ciel, chargé depuis le matin de gros cumulus menaçant de l'ouest, ouvre ses écluses au milieu de coups de tonnerre formidables. Les chevaux hennissent d'épouvante; les éclairs allument des lueurs blafardes, et notre kibitka est inondée de toutes parts. Cependant les grenouilles d'une mare voisine coassent sans discontinuer en signe d'un plaisir de courte durée, car bientôt le ciel est redevenu limpide comme tous les soirs.

Les jeunes princes afghans viennent nous rendre visite dans notre tente. L'aîné a environ dix ans. Sa physionomie est déjà empreinte de cette gravité qui caractérise l'enfant musulman dès son jeune âge. Ses grands yeux noirs semblent regarder dans le vide, peut-être déjà dans le lointain de son avenir sombre; car la vie d'un héritier du trône afghan n'est jamais sûre. Sa physionomie exprime déjà cet esprit autoritaire et farouche dont un prince royal afghan doit s'armer plus que jamais pour faire face aux compétiteurs acharnés, aux parents sanguinaires avides de vendetta, aux partis versatiles d'un peuple sans cohésion civile et habitué aux guerres intestines. Le cadet, d'une beauté de type remarquable, a une physionomie douce et charmante. Il rit volontiers. Il porte, comme son frère, un costume de drap d'or, un turban et un petit sabre afghan richement incrusté. Zaman Beg lui a conté qu'il ne faut jamais prononcer en entier le mot *cham-chir*[1], car le sabre alors sortirait tout seul de son fourreau pour aller couper la tête à un innocent. Et l'enfant s'amuse à dire *cham...* en tirant son sabre à moitié et rit de bon cœur quand Zaman Beg joue l'effroi. Khodja Sahib, l'ambassadeur afghan qui est allé les chercher à Tachkent et les ramène, ne les quitte pas d'une semelle, pas plus qu'un vieux moullah à la

---

1. Sabre, en persan.

tête vénérable et douce, leur précepteur. Il est d'usage, en Asie centrale, de marquer, à un hôte surtout, la satisfaction qu'on a éprouvée d'un bon repas par de bruyantes éructations. Khodja Sahib a évidemment bien dîné. Il ne cesse de se gratter avec acharnement.

A Djam, notre caravane grossit d'une horde de Turcomans, venus des bords de l'Amou à la rencontre de leurs princes. Ce sont des Arzaris, environ une centaine d'hommes et de garçons, au type turco-mongol très accusé, la barbe noire et rare. Ils sont coiffés d'immenses bonnets en peau de mouton, armés de fusils de différents systèmes, sauf d'un nouveau, de pistolets et de couteaux passés à la ceinture. Cette bande, digne de Djinguiz Khân, est menée par un chef à l'aspect farouche, du nom de Koudouk-Atcha. Tributaire, avec son clan, de l'émir de Bokhara avant l'arrivée d'Abdourahmân, il a repassé l'Amou depuis pour reconnaître la suzeraineté de l'émir de son choix. Il est venu tout à l'heure déclarer au colonel russe qu'ils n'ont plus d'argent pour payer leurs dépenses dans le Bokhara, et, sur quelques bonnes paroles, repart à la tête de ses Turcomans. En marche, ils se groupent autour d'un fanion rouge et noir, dont la hampe est couronnée d'un croissant et d'un *toug*, une touffe de crin de cheval. Ils transportent leurs lits, c'est-à-dire un morceau de kachma, sur la croupe de leurs chevaux. Un gamin chevauche à côté du porte-fanion et tapote en « lapin » sur deux *nagarras*[1], en équilibre sur le devant de sa selle. Les timbales, ornées de drap rouge, mouillées par la pluie, rendent un son de glas funèbre.

Djam.

Djam la Mauvaise. — Les puits salés. — Rencontre des Bokhares. — Rakhmed-Oullah. — Gastronomie bokhare. — Paysage du steppe. — Arrivée à Karchi.

C'est à Djam, sur la frontière même de la Boukharie, que nous apprenons, aujourd'hui 15 mars, la nouvelle de la mort du tzar

---

[1]. Petites timbales.

Alexandre et l'avènement du tzarevitch. Le soir, les Cosaques adressent leur prière à Dieu pour la vie d'*Alexandre-Alexandrovitch*.

Djam est un méchant kichlak situé au pied de collines basses, au sommet desquelles court la frontière bokhare. Cette frontière est plutôt administrative que politique, car la Boukharie est entièrement sous la dépendance de la Russie, et si, d'après le traité de 1868, qui mit fin à la guerre, le Bokhara a gardé une autonomie nominale sous un émir *persona grata* à Saint-Pétersbourg, la Russie a l'avantage d'une indemnité de guerre et de la surveillance politique, sans avoir les charges de l'administration du pays.

Djam était redouté de tout temps à cause de l'insalubrité de son climat et de l'abondance des bêtes venimeuses qui habitent le sol. En été, un vent ouest-sud-ouest violent, auquel on attribue les fièvres fréquentes, se joint à des légions de phalanges et de scorpions pour mériter à cet endroit le nom de *Djam*, ou de *Djaman*, qui veut dire *mauvais*, en turc. Aussi l'émir de Bokhara en avait-il profité pour faire de Djam une colonie pénitentiaire, une sorte de *klapovnik*[1] naturel. Les troupes russes faisant partie du *Djamski pakhod*, lors de la guerre russo-turque en 1878, eurent cruellement à souffrir de l'insalubrité de cet endroit. Un grand cimetière indigène, avec des tombes bordées de mottes de gazon découpées et recouvertes de cailloux, longe la route ; dans les vallées, on aperçoit les kibitkas de nombreux aouls.

Nous suivons la route des caravanes de Samarkand à Karchi. Cependant, pour couper un détour, on démolit les murs de clôture des champs, et nos chevaux foulent la terre grasse et molle de beaux champs cultivés et de prés succulents, mais sans fleurs.

A 3 tachs environ, nous atteignons les nombreux puits de Chour-koudouk ou *puits salés*. Ces puits sont très profonds et servent aussi bien aux besoins de l'irrigation qu'à ceux de l'ali-

---

1. Fosse à punaises, prison à Bokhara.

mentation des troupeaux que les Ouzbegs nomades entretiennent dans les steppes voisins. Ils ont une structure particulière, telle qu'on la voit rarement en Asie centrale ; mais comme on la retrouve dans l'Inde et dans le nord de l'Afrique. La margelle du puits est surmontée de deux colonnettes en terre qui soutiennent une poulie autour de laquelle roule une corde. A l'un des bouts de la corde descend l'outre ou le vase pour puiser l'eau, à l'autre on attelle un chameau, un bœuf ou un cheval, qui, s'éloignant du puits, tire l'eau à hauteur de la margelle. Un réservoir est ménagé en arrière pour faire boire les troupeaux, et une rigole longue et étroite, faisant le tour du puits, pour les bêtes de somme.

Non loin de là, quelques kibitkas abritent, nous dit-on, des Arabes. Ce ne sont pourtant point des Arabes d'Arabie, mais d'une tribu ouzbègue de ce nom. D'autres fractions de cette tribu sont établies près de Katti-kourgâne, à Bokhara, dans le kichlak d'Arab-khana près de Karchi et dans quelques autres endroits de l'émirat.

Bientôt, sur une hauteur, apparaissent au loin dans la plaine les maisons carrées d'un kichlak : un tas noir de kibitkas, d'où se dégagent lentement des filets de fumée. Beklemich est notre premier campement sur terre bokhare. Aussi l'émir et le beg de Tchiraktchi ont-ils envoyé à la rencontre du cortège une cavalcade brillante de cavaliers, hauts dignitaires tels que *mirakhours*, *toksabas*, tous graves et souriants, mielleux et insidieux, aussi hautains et méprisants pour les leurs que rampants et plats pour leurs hôtes de qualité, qui sont les Russes avant tout, les princes afghans ensuite. Tous ces Bokhares, au service de l'émir et des begs, sont habillés d'un riche khalat de soie aux couleurs criardes, aux dessins bizarres, serré à la taille par une ceinture large de velours de Bokhara, brodée de soie ou plaquée de grandes pièces d'or ou d'argent battu. La tête est entourée d'un gros turban de fine mousseline éclatante de blancheur; leur pantalon de cotonnade, ample, est passé dans des bottes molles jaunes à pointe recourbée, à talon tellement pointu que la marche est lourde et difficile. N'est-ce pas un signe de richesse que de ne pas avoir besoin de marcher, et l'Annamite de qualité ne se laisse-t-il pas croître les ongles démesurément pour marquer que le travail manuel lui est étranger. Un sabre recourbé, richement incrusté d'or ou de pierreries, bat le flanc de leur cheval *karabaïr*. Les chevaux sont recouverts d'une housse en velours brocardé d'or. Ils sont harnachés de cuir

Fig 20. — Le service du dasterkhane.

doublé de velours et garni de plaques en mosaïques de turquoises.

Voici Rakhmed-Oullah, l'envoyé de l'émir. C'est un gros bonhomme de petite taille, tout confit de prévenances, onctueux, affairé; il est partout à la fois, rit de toute sa figure quand il passe à côté de nous, et gourmande, deux pas plus loin, avec un flot de paroles, un serviteur qui marche au lieu de courir. Le voilà installé sur la crête d'un mur, surveillant le service du *dasterkhane*, la procession du dasterkhane comme nous l'appelâmes. On appelle dasterkhane la nappe sur laquelle on sert le dîner, et, par métonymie, ce qui se trouve sur la nappe. Or, il est d'usage dans le Bokhara, où l'hospitalité est très grande, de servir à l'hôte, dès son arrivée, une collation composée ordinairement de fruits, de fruits secs, de melon, etc. Les dasterkhanes de l'émir et des begs se composent d'une infinité de friandises du pays, servies chacune sur un grand plateau d'étain et ayant chacune son porteur. Nous vîmes ainsi se ranger autour de nous, dans la tente, des monceaux d'abricots secs, de quatre à cinq espèces de raisin sec, de figues, de pralines aux pistaches et aux noyaux d'abricot, de *haïva*, une pâte étirée faite de sucre, de miel et de graisse de mouton ; de nougat bokhare, de caramels russes, de pistaches ; puis des paquets de thé, des têtes de sucre raffiné, de la cassonade russe, du sucre concassé, des œufs durs, des confitures de carottes et des tas de pains en galettes de dimensions et de qualités diverses, etc. : toutes choses auxquelles la politesse exige de toucher, mais qu'il convient d'abandonner au profit des domestiques qui les revendent souvent à leurs anciens propriétaires. Il arrive de cette façon que le même dasterkhane est servi avec le même succès à différentes étapes ; car l'émir a l'habitude de répéter cette marque d'hospitalité chaque jour, et même deux ou trois fois par jour, s'il plaît à son hôte de s'arrêter aussi souvent. L'émir, paraît-il, a bien fait les choses ; les Afghans ont reçu dix moutons et quelques batmans de riz pour leur *palao*. Et, puisque nous parlons de nourriture, rappelons que le palao est le plat national de l'Asie centrale ; qu'aucun repas, à moins que ce ne soit celui d'un pauvre, ne saurait se passer du plat de résistance favori. Cuit dans de la graisse de mouton et de l'eau, assaisonné d'épices et piqué de raisins secs, le riz se gonfle ; chaque grain reste séparé et roule entre les doigts des convives, car on ne connaît point l'usage de la fourchette. Ils sont assis tous autour d'un plat, y plongent à tour de rôle les doigts de la main droite (la main pure) ; le repas fini, ils se passent les mains sur la barbe, ou en font le simulacre, en disant : *Allah akbar!* et se rincent la bouche et les dents. Le palao est répandu dans toute l'Asie ; on le trouve déjà dans les pays du Danube sous le nom de *pillôff*.

Nous marchons sur un steppe argileux, légèrement ondulé, cultivé en beaucoup d'endroits. Le blé atteint déjà une hauteur de 10 centimètres. Trois espèces de lézards courent au soleil chaud, avec de lourds coléoptères et des bandes de fourmis. Les tortues, en nombre, ont secoué leur sommeil hivernal et se traînent sur le sol légèrement fendillé. Des essaims de mouches remplissent déjà la tente, et lorsque, aujourd'hui, je fus occupé à faire une aquarelle au thé, n'ayant pas d'eau à portée, je vis mon papier bientôt couvert de mouches affamées que je n'es-

Fig. 21. — Le camp de Tachlik.

sayai plus de chasser en vain, quand leurs promenades eurent produit dans mon paysage le granulé qui lui donnait de l'air.

A l'horizon apparaît, comme une mince pellicule diaphane, le profil des monts Koungour, au pied desquels se trouve Karchi, la seconde ville du Bokhara.

Bientôt après Tachlik, *aoul-kichlak*[1] d'une quarantaine d'habitants, la route, facile, longe le Koungour-taou, peu élevé, et le regard plane au-dessus de la plaine du Kachka-Daria. A nos pieds, l'oasis de Karchi étale comme des coulées de verdure s'étirant vers l'est, le long d'une rivière dont les méandres découpés jettent des miroitements intenses. L'atmosphère est tremblotante. Tout au loin vers le sud, le désert des bords

1. L'*aoul* est la réunion de plusieurs tentes de nomades, le *kichlak* est le village des sédentaires.

de l'Amou-Daria dessine une ligne horizontale si mince qu'elle semble un léger pli du ciel.

La route descend en pente douce vers la ville. A l'entrée des kichlaks, faubourgs de Karchi, on a démoli des murs de jardin, élargi des ponts, égalisé le terrain pour le passage des arbas. Cependant, notre arbacèche verse, avec son cheval et sa voiture, dans un aryk, et se serait noyé à toute autre occasion qu'à celle-ci, où la population entière est sur pied. Les femmes se hasardent à montrer leurs figures par-dessus les murs, derrière les portes, afin de ne rien perdre du *tamacha* [1].

Karchi.

La maison bokhare. — Scènes de la rue. — Un *douvana*. — Le bazar.
Les juifs. — Visite au *sindone*, prison indigène.

Nous arrivons enfin, après avoir passé le Kachka-Daria, aux eaux jaunes et boueuses, sur un vieux pont de briques d'un certain style, à la *Maison des hôtes* ou Meïman-khana. Avec des monceaux de nourriture, nous retrouvons un logis frais et l'inévitable et pétulant Rakhmed-Oullah. *Kharacho spali? Kharacho gouliali?* (Avez-vous bien dormi? Vous êtes-vous bien promenés?) : ce sont les seules questions, heureusement, qu'il sait nous adresser en russe.

La maison bokhare est toujours divisée en deux groupes d'habitations communiquant entre elles par un passage; l'une, appelée *biroun*, sert aux hommes; l'autre, l'*anderoun*, aux femmes. Aucune fenêtre n'est percée sur la rue, mais toutes les ouvertures donnent sur une cour intérieure entourée des écuries, qui sont de simples niches dans le mur, souvent sans toiture, dans un pays où la pluie est rare.

Notre maison, cependant, avait deux étages et des fenêtres s'ouvrant sur la rue en face fort à propos pour nous laisser voir, pendant toute la journée, une foule bigarrée occupant le terrain avec l'obstination des badauds de tous les pays. A des intervalles

1. Toute sorte d'amusements.

réguliers, quand la foule est devenue compacte, un djiguite se précipite sur les innocents, et, à grands coups de nagaïka, distribués de préférence sur les parties nues de leurs corps, disperse la foule. D'aucuns, dans la poussée, sont précipités dans l'aryk et provoquent l'hilarité générale. Une bande de derviches, jeunes pour la plupart, menés par un vieux *douvana*[1] à la figure d'apôtre, avec de longs cheveux lui tombant sur le dos,

Fig. 22. — Scène de la rue.

viennent se poster en face et entonnent un chœur à l'unisson, si tant est qu'on peut appeler de ce nom des hurlements aigus, où la face du chanteur se cyanose, où le cou et les artères se gonflent sous l'effort de la voix. Et tel est non seulement le chant du derviche, mais encore celui du Sarte et de l'Ouzbeg en général; leur musique a des modes inconnus à nos gammes, et il m'a toujours semblé que celui qui chantait le plus faux et le plus fort recueillait le plus de marques d'admiration. Tout autres

[1] Derviche correspondant au fakir de l'Inde.

sont la musique et le chant, suaves et mélodieux à nos oreilles, du Kirghiz.

« Nos amis » les Turcomans sont installés sur un terrain vague, en face de nous. Ils soignent leurs chevaux, fourbissent leurs armes. Dans un coin du campement, je vois un Afghan montrer à quelques-uns le mécanisme d'un revolver anglais. Ils admirent sans comprendre, mais ne donneraient certes pas leur sabre recourbé, avec lequel ils coupent d'un coup un mouton en deux, pour le joujou de l'Afghan.

La première nuit à Karchi, nous fûmes intrigués par la perception, à intervalles réguliers, d'un cri étrange et rauque d'animal, cri suivi d'un coup formidable sur une peau tendue. Ce cri provenait du *karaoul* (veilleur de nuit), qui, en se promenant de par les rues, pousse de temps en temps un cri aigu suivi d'un coup sur un grand tambour de basque, sans doute pour avertir les voleurs de sa présence. Ce système d'intimidation me paraît aussi mauvais que celui qui consiste à arrêter, comme cela se fait dans les villes du Bokhara, tous les individus que la patrouille de police indigène rencontre après une certaine heure dans les rues.

Pendant que les jeunes princes afghans se reposaient des fatigues du voyage à Karchi, je fis une excursion géologique aux monts Koungour, où j'avais vu au passage des couches fossilifères. J'eus la satisfaction d'en pouvoir relever une coupe et d'enrichir mon herbier de plusieurs espèces nouvelles. Les monts Koungour appartiennent au système crétacé et font partie du même système orographique auquel participent les montagnes de Chirabad. Des fours à plâtre sont installés à proximité des gisements de gypse. L'architecture bokharienne emploie beaucoup de plâtre pour le travail du stuc d'ornementation et le platras des murs des mosquées et des maisons riches.

Karchi est la seconde ville du Bokhara par le chiffre de sa population et par l'importance de son industrie et de son commerce. Elle est située sur la grande route des caravanes qui vont de Kilif à Samarkand et à Bokhara. Ses tissus de soie sont renommés ainsi que le tabac, qui rivalise de qualité avec celui de Katti-kourgâne et prime celui du Chahr-i-çabz. L'oasis, arrosée abondamment par les eaux du Kachka-Daria, produit du blé en abondance, ainsi que toutes les autres céréales et plantes industrielles et fourragères de l'Asie centrale. Mais la culture plus rémunératrice, et aussi plus pénible et difficile, du tabac, stimule davantage la paresse et l'avarice du propriétaire foncier.

Il nous reste un jour avant le départ, pour visiter la ville. Comme toutes les villes du Bokhara, celle-ci n'est qu'un dédale de ruelles poussiéreuses, la plupart étroites, traversées par des aryks qui mènent l'eau dans les cours des maisons et les *khaous*[1] des jardins, charriant d'une maison à l'autre les immondices et les germes des maladies. Le bazar est grand, relativement bien tenu, en partie couvert, animé. Le travail artistique des koumgânes est remarquable et supérieur à celui de Tachkent et de Samarkand. Il est vraiment curieux de voir ces théières, ces aiguières, souvent d'un galbe admirable, se couvrir d'arabesques, de dessins fins, entrelacés, sous la pointe fine d'un stylet mû simplement par le choc d'un marteau à main. Et l'ouvrier, l'artiste veux-je dire, ne se sert jamais de modèle; il possède le dessin au bout de son stylet; de père en fils les dessins se transmettent dans la mémoire avec le métier et l'échoppe. Cependant, les ciseleurs de cuivre actuels sont loin de travailler avec le goût et la finesse qui distinguent les œuvres de leurs anciens.

A l'extrémité du bazar, nous trouvons, au milieu d'un taudis inextricable de masures, l'enceinte délabrée, en terre, de la forteresse, entourée d'une mare d'eau verte et puante. Plus loin, trois médressêhs en briques cuites, sans autre ornement que l'ogive de leur portail, occupent les trois côtés d'une assez grande place publique.

Les djiguites qui nous accompagnent nous mènent par une autre partie du bazar, et sur notre demande, au *sindone*, à la prison bokhare. Tout en cheminant, ils trouent la foule pour nous faire un passage. Ils distribuent des horions à droite, à

---

[1]. Réservoirs d'eau.

gauche, frappent sans distinction hommes et bêtes trop lents à se ranger. Aujourd'hui, l'Européen peut sans danger parcourir le bazar de n'importe quelle ville de Boukharie ; les derviches le regardent bien du coin de l'œil, mais n'osent plus l'insulter comme naguère on insulta Schuyler, ou comme on est exposé à l'être encore dans certaines villes de Perse. Les juifs indigènes sont les plus polis, les plus plats. Est-ce parce que l'arrivée de la civilisation européenne dans les villes du Turkestan russe, et, par contre-coup, son influence dans le Bokhara, les a affranchis du mépris que les indigènes témoignaient à leur race traitée de paria ; ou est-ce parce que le métier d'usurier, de marchand clandestin d'eau-de-vie, leur fait cacher sous les dehors de l'humilité un caractère répréhensible? Non contents de nous sourire au passage, d'adresser, en russe, un *sdrastié* (notre « bonjour ») insinuant, ils descendent de cheval ou de leur âne du plus loin qu'ils nous aperçoivent [1].

Devant la porte d'entrée du sindone sont accroupis quatre

---

[1]. Il y aurait une étude fort intéressante à faire sur les juifs de l'Asie centrale. On paraît n'avoir que des données très incertaines sur leur origine et l'époque de leur établissement. Le docteur Lansdell rapporte l'opinion d'un rabbi de Samarkand, d'après laquelle ils descendraient des tribus de Ruben, de Gad et de Manassé, et ne se seraient établis que depuis un siècle, ce qui ne paraît pas probable. Ils habitent en nombre plus ou moins considérable toutes les grandes villes, centres de commerce, de l'Asie centrale, et s'occupent presque seuls du commerce et de la fabrication de l'eau-de-vie. Ils sont surtout marchands de soie. Comme partout, ils étaient honnis et méprisés ; mais dans les derniers temps, grâce à l'influence européenne, ils se sont relevés dans l'échelle sociale, et les juifs indigènes des villes du Turkestan russe ne sont plus astreints, comme sous les émirs, à s'habiller d'une certaine façon, à ne porter qu'une corde en guise de ceinture, et à ne jamais monter à cheval. Ils ne se sont pas métissés avec les indigènes, gardent religieusement leurs coutumes et suivent les préceptes de la loi de Moïse. Ils ont leurs synagogues et, dans les villes du Boukhara, leurs écoles ; tandis que dans le Turkestan russe leurs enfants suivent l'enseignement indigène commun. Lansdell a vu, dans une école de Samarkand, parmi soixante-dix-sept élèves, tant russes que sartes, trente élèves juifs qui se distinguaient, par leur travail et leurs aptitudes, de tous leurs condisciples. Je ne sais si l'action de l'Alliance israélite universelle s'étend jusque sur la Boukharie et le Khiva, mais elle trouverait là, comme au Maroc, un champ d'application, peut-être plus fertile qu'ailleurs, de ses principes humanitaires.

prisonniers alignés, avec une chaîne commune au cou et aux pieds. A côté d'eux, étendu sur une natte à l'ombre, dort un homme qui se réveille au bruit de nos pas et de la voix suppliante des enchaînés clamant : *Silaou, toura! silaou! silaou!*[1] ».

Cet homme, aux yeux félins injectés de sang, est le geôlier. Il nous jette un regard scrutateur et, nous voyant accompagnés des djiguites du beg, nous laisse entrer. Dans une première pièce, attenant à une petite cour, se promène un individu aux cheveux longs et incultes, à l'aspect sauvage. Il traîne de lourdes chaînes cadenassées aux chevilles et nous demande l'aumône. Après que le geôlier nous eut ouvert une porte solidement verrouillée, nous entrons dans un enclos sans toit d'où se dégage une odeur infecte. Une demi-douzaine de prisonniers enchaînés se lèvent comme mus par un ressort. Ils ont les traits jaunes, les cheveux et la barbe longs, les habits d'une saleté repoussante. Ils invoquent tous la charité. Dans un coin, un individu assis à la Sarte, continue, sans faire attention à ce qui se passe autour de lui, à lire d'une voix monotone dans un livre avec un balancement rythmé du corps. Alors seulement j'aperçois un trou carré dans la terre, le silo, d'où l'odeur infecte semble se dégager. Nous approchons avec le geôlier et nous sommes saisis à l'aspect d'un des plus affreux spectacles qu'on puisse voir. Au fond d'un puits de 2 mètres de diamètre, aux parois obliques, s'étaient dressées une douzaine de figures humaines. Hâves et blêmes, elles levaient la face vers nous, des faces grimaçantes d'un rictus de fou, d'autres suppliantes, d'autres enfin indifférentes et hébétées, mais tous criant : *Silaou! silaou!* étendant le pan loqueteux de leur chemise pour recueillir l'aumône en faisant entendre un bruit de fer affreusement énervant. Le geôlier se réserve lui-même de distribuer l'argent à sa guise, sans doute pour pouvoir en retirer davantage après notre départ. A ce moment, j'eus la sensation que j'éprouvai un jour en face d'un tableau célèbre de Kaulbach : *Un asile de fous*, le sentiment de stupeur en face de la « bête humaine ». Mais toujours les clameurs de : *Silaou, toura!* et le bruit des chaînes retentissent

1. Charité, Seigneur! charité! charité!

du fond du sindone... Ces créatures, condamnées à une mort lente, sont des assassins et des voleurs de grande route que l'émir a *graciés* et qui ne seront pas précipités du haut de la tour des exécutions à Bokhara. D'autres, paraît-il, attendent

Fig. 23. — Un sindone bokhare.

dans le sindone le jour de leur exécution en place publique de Karchi, par le couteau du bourreau, un jour de marché, quand le concours du peuple donne au tamacha plus de retentissement supposé salutaire. En attendant, ils sont nourris de ce que la charité du passant leur permet de se procurer. A cet effet, on en sort une demi-douzaine les jours de marché, ceux que nous vîmes dans la rue et devant la porte. On les retire de la fosse à l'aide d'une corde roulant sur une poulie fixée au-dessus de l'ouverture, comme pour leur enlever encore une partie de ce carré de ciel bleu qu'ils peuvent voir au-dessus de leur tête. A l'une des extrémités de cette corde pend une lampe à huile, à l'autre une cruche avec de l'eau. La vision du sindone de Karchi nous poursuivit longtemps comme un cauchemar. C'est, sans doute, dans une fosse de ce genre que le féroce Nasr-Oullah fit jeter Conolly et Stoddard, avant d'abandonner l'un à son triste sort et de faire à l'autre la grâce d'une exécution rapide. Et, par-dessus les murs en terre de la cour du sindone, les arbres fruitiers, pêchers et abricotiers, se penchent luxurieusement chargés de fleurs.

Dans le désert de Karchi.

Une consultation médicale. — Dans le désert de Karchi. — Paysages désolés. — Flore, géologie, faune passagère. — Koud-koudouk. — Ispan-touda. — Les ruines de Djourek-tépé. — Mirages. — Les premières habitations turcomanes. — Jakab-ata. — Arrivée au bord de l'Amou-Daria.

Le 20 mars, la caravane quitte Karchi pour se diriger vers le sud, sur l'Amou-Daria. Quelques heures avant le départ, le docteur russe, assailli, durant notre séjour, par de nombreux clients indigènes, reçut la visite de deux malades que je présenterai au lecteur, parce que l'un lui permettra de juger du savoir-faire des médecins indigènes, et l'autre de connaître un trait ethnologique intéressant. Le premier fut un charmant gamin d'une dizaine d'années, qu'une fracture du crâne avait mené auparavant chez le *tabib*[1]. Celui-ci, à l'aide d'un couteau chauffé au rouge, lui avait élargi l'ouverture de la calotte crânienne, puis pansé avec du feutre, de sorte qu'au moment où ses parents l'amenèrent au *farangui tabib*, on pouvait, sur une superficie d'une pièce de cinq francs, voir les méninges et suivre les battements des artères. L'autre était un juif adolescent atteint de teigne. Les juifs ayant coutume, comme ceux

1. Médecin-droguiste indigène.

de Pologne, de porter les *païssés*, qui sont deux boucles de cheveux aux tempes, la maladie avait pris la forme de la plique polonaise. Lorsque le docteur lui ordonna de se faire couper, avant tout, cheveux et païssés, le patient ne voulut plus entendre parler de traitement curatif, et, se retranchant derrière un « la loi le défend », effrayé, partit subitement sans attendre sa drogue.

Escortés par les autorités bokhares (qui remplacent pour le moment le successeur du beg de Karchi, mort depuis peu, et que l'émir, actuellement en résidence dans le Chahr-i-çâbz, doit remplacer à son passage à Karchi), nous chevauchons au milieu d'une poussière aveuglante que soulève un vent violent du sud. C'est jour de fête : premier jour de l'année 1299 de l'hégire, le *yangui-il* ou jour de l'an, et, tout comme chez nous, on se fait des visites, on va manger le palao chez les amis et on les reçoit le lendemain. Nous passons de nombreux aryks et traversons deux kichlaks importants avant d'atteindre le steppe. Partout la terre est excellemment cultivée et les aryks regorgent d'eau. A 15 verstes environ de Karchi, le steppe se couvre d'efflorescences salines ; là finit l'oasis qui a la forme d'une cornue dont la campagne de Karchi serait le ventre, et les rives en amont du Kachka-Daria, le col.

Après avoir fait, au dire des indigènes, 2 tachs et demi, mais, en réalité, environ 22 verstes, nous campons au kichlak de Youssouff-sardava.

Le lendemain, toujours par un ciel gris de la poussière soulevée par le vent d'ouest, nous allons d'abord vers le sud-est, dans la direction des montagnes à peine perceptibles de Ghouzar ; puis sur le sud, pour garder dans la suite à peu près constamment cette direction générale.

Le steppe me donne fort peu de plantes, à peine quelques gagea, luzula, crucifères et renonculacées naines. A 25 verstes, le pays s'accidente des monticules de Kara-kir, composés de conglomérat. Puis nous traversons le petit désert de sable de Kir-kintchak. Ce sable est extrêmement fin et le vent lui imprime à la surface des plis comme il le ferait à l'onde. La disposition des couches fait conclure à la prédominance des vents d'ouest. Dans les bas-fonds se sont amassés d'énormes tas de *chalat*, plantes sèches, globuleuses, arrachées et chassées par le vent. Nous gravissons ensuite la pente nue d'un sol jonché de cailloux roulés provenant de la désagrégation du conglomérat sous-jacent. Des mares d'une eau jaune et fétide, entourées d'un mur en terre délabré, marquent les *khaouss*[1] où voyageurs et nomades, avec leurs troupeaux, vont se désaltérer. Cette eau est souvent salée, moins pourtant que celle d'une petite rivière que nous traversons à environ 35 verstes, et dont les rives sont recouvertes d'efflorescences de sel blanc. Cette rivière, appelée *Chour-sou* (eau salée), va du nord-est au sud-ouest; son cours n'excède pas une vingtaine de verstes. Elle coule entre des falaises de conglomérat trouées par les nids d'un grand nombre de corneilles et de busards.

Non loin de là, un vieux puits effondré laisse voir au fond une nappe d'eau verdâtre. Après une étape de 48 verstes environ, nous campons dans une dépression appelée *Koud-koudouk*, dans le voisinage d'une flaque d'eau jaune et suffisamment salée. Une bergeronnette se promène en se balançant au milieu d'alouettes, et une bande de canards ou de baclanes navigue sur une flaque d'eau dans le lointain. Quelques dépressions du steppe, en forme de bassin, ont conservé les restes d'un petit lac salé antérieur, entouré d'efflorescences, comme tous ceux de la grande dépression aralo-caspienne. Le changement géologique qui marque cette période de mise à sec s'est fait sentir jusqu'au pied de l'Hindou-kouch. La géologie de cette contrée est uniforme dans la composition du terrain, mais très variée dans les aspects sous lesquels ces terrains se présentent et ont été affectés par la révolution. Les montagnes isolées et les monticules qui entourent Koud-koudouk sont de même origine que les monts Koungour de Karchi.

Vers le soir, une bande de cigognes, venues de l'Inde sans doute et tirant sur le nord, raye le ciel d'un V mobile. Comme

---

1. Réservoirs naturels, flaques d'eau stagnante.

partout, ces échassiers sont respectés par les indigènes qui aiment à leur voir construire leurs nids volumineux au sommet d'un minaret ou sur la corniche d'une médresséh. Des mouettes aussi voltigent dans l'air; peut-être viennent-elles de l'Amou, peut-être aussi d'un de ces lacs salins du désert.

A quelques verstes de Koud-koudouk, le sable fin et jaune rend la marche, 22 mars, un peu difficile. Ces sables ont une flore intéressante qui me fournit quelques belles monocotylées, entre

Fig. 24. — Puits d'Ispan-touda.

autres le *Tulipa Behmiana*, le *Gagea stipata*, l'*Ixiolyrion tataricum*, puis le *Statice leptostachya*, un rœhmeria, des malcomia, une nouvelle espèce d'hymenophysa et d'isatis, etc. Le pays est très monticuleux, et les monticules sont composés de marnes multicolores ocreuses et de couches de calcaire siliceux compact qui s'effrite en gros morceaux à l'air. Nous croisons quelques ruisseaux insignifiants, d'une eau limpide et salée que les chevaux refusent. A 16 verstes environ de notre campement, des puits entourés de masures coupolées et des tombes recouvertes de cailloux fournissent un méchant abri au voyageur et une mauvaise eau aux bêtes de somme. Le paysage est d'une tristesse indicible. Les puits sont creusés assez profondément dans le sol. J'y trouve, entre autres plantes, des pavots, des chénopodées et même des eruca tombées, sans doute, du sac d'une cavarane de passage.

La marche se prolonge, les chevaux sont essoufflés, quand, au tournant d'un monticule, le campement d'Ispan-touda apparaît à l'horizon. Ce monticule n'a qu'une vingtaine de mètres de hauteur; il est intéressant au point de vue géologique et j'y pique un temps de galop avec Roustem. Toutes les couches, inclinées vers le nord-est, sont recouvertes d'efflorescences salines humides. Elles se composent de calcaire très siliceux, rouge, noir et jaune, contenant beaucoup de fer à en juger par le poids spécifique considérable. Sous l'influence des intempéries, le grès est rongé profondément et prend un aspect concrétionné. De belles lames de gypse transparent y sont intercalées avec quelques filons de calcaire zoné. Tout autour, la plaine saline est formée d'argile et de loess sablonneux par endroits, un peu ravinée par de faibles ruisseaux temporaires. La surface desséchée se feuillette par retrait et ne porte que quelques buissons desséchés de la saison passée. Nos chevaux sont fatigués d'une étape de 58 verstes sous un soleil déjà brûlant. Près du campement, une petite rivière très salée coule, vers le sud-ouest, en méandres dans de petites falaises. Cependant, l'eau dont nous nous servons vient d'une flaque voisine ayant jusqu'alors résisté à l'évaporation complète. Dès que la caravane est arrivée, les bêtes de somme se précipitent les premières, ensuite les domestiques vont prendre l'eau du samovar. Une verrée d'eau de 10 centimètres de hauteur abandonne, au bout de quelques instants, un dépôt jaune de 3 à 4 centimètres. Nous avons bien un filtre, mais il faudrait, après chaque usage, de l'eau propre pour nettoyer le filtre, or, la soif est impatiente et peu *regardante*. Notre thé a une couleur joyeuse de café au lait.

Le steppe commence à s'animer de la vie lilliputienne des insectes coureurs. Des coléoptères coprophages présentent le spectacle comique d'un individu marchant sur les mains et poussant des pieds, avec une hâte fiévreuse de voleur, une grosse boule de crottin de cheval. Parfois deux compétiteurs se sont attelés ainsi de côté et d'autre, paralysant leurs efforts dans des poussées inutiles jusqu'à ce que le plus fort, ou le plus persévérant, remporte, avec la victoire, le butin. Le soir, des papillons de nuit se font prendre à la lanterne dans la kibitka.

Notre route se continue, le 23 mars, sur un plateau qui s'abaisse peu à peu. A 8 verstes environ du campement, le désert argileux s'étale comme une surface que l'eau aurait abandonnée récemment. Cependant des entailles de ravinements font croire que, pendant la saison humide, les pluies doivent s'abattre abondantes et soudaines. La plaine est parsemée de petits tertres coniques surmontés chacun d'un buisson auquel ils doivent leur existence. Les racines de la plante vivace, fixant le sol mobile sous le vent, empêchent le transport et retiennent le sable au vol, de sorte que la plante fait ici un effet analogue à ces pierres des tables de glaciers supportées par une colonne de glace. D'ailleurs, aucune plante verte; seulement des lézards couleur du sol par mimétisme et qu'effrayent les chevaux au passage.

A l'entrée de ce désert se trouvent quelques puits à l'endroit appelé *Kara-tépé*. Au loin se dessine, dans la brume tremblotante d'un air échauffé, une montagne en pain de sucre. C'est Djourek-tépé, avec un caravane-saraï et des puits maçonnés et coupolés de briques. Le caravane-saraï, dit-on, date du temps d'Abdoullah Khân, le généreux bienfaiteur du nomade et du voyageur, dont le nom est le plus répandu en Boukharie. Or, on attribue à cet homme de bien l'établissement de presque tous les vieux saraïs et puits du désert, et il est probable que ceux de Djourek-tépé sont de date plus ancienne, à en juger du moins par leur état de délabrement, la forme et la qualité des briques excellentes qui ont servi à leur construction. Le saraï est vaste et formé d'une pièce centrale à coupole principale entourée de niches surmontées chacune d'une coupole plus petite. Tout cela tombe en ruines. Les cadavres d'animaux morts de soif et de chaleur répandent une odeur pestilentielle aux alentours et semblent protester par le seul moyen qu'ils possèdent, celui de

Fig. 25. — Kilif et les bords de l'Amou. Vue sur le sud.

mourir, contre l'incurie et la négligence des hommes. Nos Turcomans se sont installés pour un moment dans l'ombre d'un pan de mur; quelques-uns sont couchés mollement sur un tapis épais de fumier de mouton.

Nous chevauchons toujours vers le sud. La chaleur est devenue étouffante par le manque d'air et la réverbération aveuglante sur un sol blanc desséché et fendillé. Pourtant le thermomètre ne marque que 32 degrés à l'ombre. Des mirages intenses nous montrent, à 4 kilomètres, la caravane marchant tantôt dans un lac et tantôt dans un marais. Les jambes des chevaux et des chameaux s'allongent, s'effilent; il semble qu'ils marchent à la surface d'une nappe d'eau reflétant leurs corps et leurs cavaliers. La route traverse ensuite une sorte de défilé formé par une brèche dans des marnes multicolores et du grès rouge. Tout le paysage semble peint en rouge par l'abondance des couches ocreuses, et cette couleur se communique même aux mares d'eau salée. Seul, un Tatare de la caravane donne une note blanche et comique à la fois, parce que, juché sur la charge d'un cheval et les jambes ballantes, il a ouvert un parasol blanc, sans doute pour garantir sa figure basanée des rayons du soleil, peut-être pour soulever l'admiration envieuse de ses compagnons de voyage à la vue de cet instrument de luxe. Partout le sol est saturé de sel. Au sortir du défilé, la route tombe dans une plaine étendue, celle de l'Amou-Daria. Mais l'horizon reste caché par la brume jaune et chaude, et pas de campement, si ce n'est là-bas au loin, bien loin, un filet gris de fumée verticale. Enfin, après avoir fait environ 50 verstes, nous atteignons les *saklis*[1] des Turcomans de Yakab-ata, une oasis qui nous sembla magnifique, avec de beaux arbres fruitiers : amandiers, abricotiers, pêchers en fleurs, et des cultures sur un sol salin sillonné déjà des aryks dérivés de l'Amou.

A 10 verstes de là, après avoir traversé un petit désert salin, sablonneux par le voisinage de l'Amou, la caravane atteint Kilif, *ville* et forteresse frontière sur l'Amou, siège d'un beg. A mi-chemin, les Turcomans sont venus offrir le symbole de l'hospitalité : une poignée de sel sur une pelle et du pain, usage qui se retrouve chez beaucoup d'autres peuplades.

Nos iourtes sont installées au bord de l'Amou, à côté de gros mûriers, dans un site délicieux et pittoresque.

1. Huttes en pisé.

CHAPITRE III

AUX BORDS DE L'AMOU-DARIA.

Kilif.

La forteresse de Kilif. — Les *barcas* ou *kémas* de l'Amou. — Chevaux amphibies. — Eaux et rives de l'Amou. — Les Afghans. — Le *mirza*, aide de camp.

Kilif a perdu beaucoup de son importance, comme forteresse, depuis la prise de Samarkand par les armées russes. Ce n'est aujourd'hui qu'un poste de douane, fortifié plutôt pour protéger le beg et sa caisse installés sur la crête d'un rocher émergeant de la plaine et couronné de carrés de maisons agglomérées. Au pied de ce rocher, quelques saklis d'Ouzbegs et de Turcomans s'entourent de maigres jardins et de cultures, sur un sol imprégné de sel. En face du Kilif bokhare, le poste afghan de Kilif-li, composé de deux ou trois saklis de douaniers et de passeurs, n'a d'intéressant que la forme de la montagne, qui semble, de l'autre côté de l'Amou, continuer l'arête rocheuse et solitaire de la rive droite. L'Amou passe là comme dans une entaille d'un chaînon et se resserre jusqu'à n'avoir que 700 à 800 mètres environ de largeur. Le courant de l'eau en est accéléré, et le passage à *kéma* (*barcas* relevés à la proue et à la poupe) ne se fait pas sans difficultés. Ces kémas sont au nombre de quatre, dont deux aux Bokhares et deux aux Afghans. Ils embarquent hommes, bêtes et marchandises. L'ancre d'amarrage est remplacée par un disque de meulière de fort diamètre, mobile autour d'un axe, qui est un pieu auquel s'attache la corde, de sorte que la barque se trouve retenue dans n'importe quel sens du courant.

Le kéma a jusqu'à 12 mètres de longueur sur 3 mètres de largeur avec un fond plat ; fort mal calfaté, il fournit une besogne constante à être épuisé ; mais la prévoyance n'est pas une qualité bokhare. Il serait très facile, par exemple, d'embarquer les chevaux et les ânes du rivage au moyen d'une planche. Nulle part, sur l'Amou, on ne le fait. On préfère perdre beaucoup de temps à amener les bêtes au bord de la barque ; puis, à force

Fig. 26. — Kilif-li, rive afghane.

de coups derrière et de tiraillements devant, à l'engager à sauter un obstacle de 1 mètre de hauteur, au risque de se casser les jambes. C'est souvent un spectacle comique de voir manipuler ces pauvres bourriques, race têtue, par un propriétaire impatient, qui se résout finalement à charger son compagnon de route sur les épaules et à le déposer dans la barque. Quand le chargement est complet, on attelle deux ou trois chevaux à l'avant et on les pousse à la nage. Ces pauvres bêtes font pitié. Haridelles efflanquées, minables, elles ont peine à se tenir sur les jambes. L'épouvante de l'eau les fait trembler ; on les y pousse ; l'une d'elles saute dans le bac et on a toutes les peines à la précipiter à l'eau. Enfin, entraînées par le bac, elles nagent, la tête haute, les naseaux à fleur d'eau, renâclant l'eau qui déborde et respirant avec un bruit de soufflet. La plupart ont l'iris de l'œil blanc ou veiné de blanc, peut-être à cause des reflets vifs du soleil à la surface de l'eau. Comme l'Amou a un chenal fort changeant dans le sable du lit, le bac fait des détours considérables, et les chevaux, par endroits, peuvent marcher dans le fleuve. Souvent il va à la dérive, entraîné, avec les chevaux, par le courant.

L'eau de l'Amou est trouble, grisâtre, mais une des meilleures qu'on puisse boire. Elle tient en suspension une grande quantité de sable granitique très fin, avec beaucoup de paillettes de mica. Les crues étendues du fleuve sont accusées par les dépôts de rivage et les flaques d'eau abandonnée. Le fond de ces mares desséchées est formé par du sable fin, où la jambe enfonce jusqu'au genou, et présente à la surface, en miniature, ce que le relief orographique d'un pays raviné par de grands courants d'eau aux dernières révolutions géologiques présente en grand. La partie supérieure de ces sables déposés par l'Amou est emportée par le vent dans le désert; le sous-sol se transforme en grès stratifié, de consistance croissant avec la profondeur. Des roselières, à l'abri du courant, remplissent les criques et sont exploitées par les habitants, comme combustible ou matière première des nattes. J'y ai trouvé des rhizomes de 10 centimètres de diamètre. Quelques buissons de tamarix rabougris se plaisent dans le sol salin du rivage, au milieu de tiges sèches de typha.

On nous dit qu'à quelques taches en aval de Kilif se trouve une belle et grande forêt vierge avec de beaux arbres; une autre, non moins belle, se trouverait sur notre route, à 7 taches en amont. Les Bokhares, évidemment, exagèrent. Ils n'ont jamais vu de forêt dans notre sens du mot, et ce qu'ils appellent ainsi n'est qu'une bordure d'arbres le long d'une rivière. Cela, sans doute, a fait dire à Vambéry qu'une forêt étendue se trouvait entre Samarkand et Bokhara. Je n'ai pas vu une seule *forêt* en Asie centrale, en dehors des pentes magnifiquement boisées du Thian-chan, dans le Semiretchié.

A Kilif, d'après le désir que nous en exprima le général Kauffmann, nous nous séparons de nos gais compagnons de voyage. Ils accompagneront les princes afghans jusqu'à Mazar-i-cheriff et reviendront par Chirabad, où nous comptons nous trouver en même temps qu'eux. Les princes sont dès lors chez eux. On a apporté à Kilif-li un riche baldaquin indien, que dorénavant ils échangeront contre les mauvaises arbas bokhares. Les chefs turcomans, Kara-Tourkmènes Arzeri, Alliéli riverains et de Balkh, sont accourus pour leur faire honneur. Hier, le plus jeune des deux princes eut la fantaisie de tirer un coup de revolver par-dessus l'Amou. Aujourd'hui, il fut tout joyeux de revoir son ami Zaman Beg ; car, dit-il, en tirant sur la rive opposée où se trouvait son ami, il avait eu peur tout le temps de l'avoir blessé, ou peut-être tué. Il remit en même temps son revolver au vieux moullah, en lui disant de ne plus le lui donner pour tirer par amusement, même s'il l'en priait bien fort.

Ces Afghans sont une race bien autrement solide et vaillante d'aspect et de tenue que les Bokhares. On sent, chez eux, l'homme, l'homme ayant conscience de sa dignité, vaillant, hardi, guerrier, contrastant fortement avec l'air cauteleux, faux et efféminé des Bokhares, des Sartes. D'une rive à l'autre de l'Amou, ce changement est subit et frappant.

Enfin toute la caravane est de l'autre côté du fleuve ; nous restons seuls avec un mirza bokhare, qui doit nous faciliter l'organisation de notre voyage sur les bords de l'Amou. Ce pauvre mirza est au désespoir. Depuis un mois, l'émir, son maître, l'envoie en mission à droite et à gauche et lui a fait faire, dit-il, plus de 50 taches. A la veille de retourner par le désert à Karchi, pour y retrouver et accompagner l'émir à Bokhara, il se plaint amèrement de fatigue, de manque de forces, de piteuse mine auprès de ses femmes. Il me demande instamment un *réconfortatif*. Il n'y a pas de voyageur européen dans le Bokhara qui ne passe quelque peu pour médecin, et il n'y en a pas qui échappe à des demandes comme celles-ci :
« Ma femme ne me donne pas d'enfants, faites-moi cadeau d'une

drogue pour que j'en aie; » ou bien : « Je n'ai que des filles, donnez-moi une poudre pour que j'aie des garçons! » Je pris l'habitude de les adresser à Allah, mais ils n'avaient pas l'air convaincu. Trois drogues de la pharmacopée européenne leur sont bien connues : le sulfate de quinine, la pierre infernale et les cantharides [1].

La température s'est déjà notablement élevée. A 10 heures du matin, le thermomètre, à l'ombre, marque déjà 25°,5, et monte, dans la journée, jusqu'au delà de 35 degrés. Le vent violent de l'ouest-sud-ouest continue. Le matin, sous la tente, on se réveille avec une couche de sable gris sur la figure et les couvertures. Il n'est pas tombé de pluie depuis Djam. Nous sommes à peu près sous la latitude de Smyrne, de Messine et de Lisbonne.

Sur la rive droite de l'Oxus.

Départ de Kilif. — Polymorphisme des plantes. — Le kichlak turcoman de Koulan-Acha. — *Tougaïs* et alluvions. — Faune de l'Amou. — Karakamar. — Cultures turcomanes. — Les Kara-Mogols. — Tchouchka-Gouzar. — Caravanes de moutons. — Paysage de l'Amou. — Envolée de pensées. — Turcomans à la nage et à la dérive. — Une histoire de tigres. — Succès d'un entomologue.

Dans l'après-midi, après que l'écho puissant du rocher de Kilif-li eût répercuté le tonnerre d'un coup de revolver d'adieu, nous partons sur l'est-nord-est. Un petit chaînon de contreforts nous sépare de l'Amou. Partout le sol argileux, asséché et feuilleté, est stérile. Je récolte pourtant une belle aroïdée, l'*Helicophyllum Lehmanni*, et, au bord d'un filet d'eau venu de la haute montagne, quelques plantes naines montrant combien, dans des conditions physiologiques différentes, le port d'une plante peut changer. Telle espèce, haute de 10 centimètres, avec des feuilles petites, couvertes d'un duvet de poils, échancrées par la pénurie de nourriture, dirait-on, dans un sol presque stérile, acquiert 1 mètre de haut au bord fertile et ombragé d'un frais ruisseau

---

1. Voir *Médecins et médecine en Asie centrale*, loc. cit.

de montagne ; ses feuilles épaisses, pleines et luisantes de santé, sont douces et molles. Tel, le pauvre Turcoman, cultivant le sol salin et ingrat des bords de l'Amou, et le Sarte marchand, gros et joufflu, mangeant tous les jours du palao gras à l'ombre du bazar.

A 10 verstes environ de Kilif, nous coupons, par une brèche de ravinement, un chaînon composé de marnes multicolores à la base et de calcaires gréseux au sommet. La descente nous mène aux bords de l'Amou et au petit kichlak turcoman de Koulan-Acha, composé de saklis en pisé et de quelques abris en nattes de jonc simplement juxtaposées et entrelacées au sommet. Ces pauvres gens cultivent un peu de blé et d'orge. L'eau de l'Amou coule entre des rives trop élevées pour leur permettre d'en dériver des aryks donnant suffisamment d'eau pour des cultures plus exigeantes. Il en est de même à Kilif et tout le long de l'Amou jusqu'à Patta-kissar [1]. Les chevaux sont nourris avec de menus débris de paille et un peu de graisse de mouton, ce qui est une des particularités curieuses de l'alimentation du cheval turcoman.

La route longe l'Amou, bordé de *tougaïs*. On appelle ainsi le fouillis de joncs, tamarix, massettes et plantes épineuses, qui croissent aux coudes du fleuve sur l'alluvion sablonneuse. Ailleurs, on lui donne le nom de *djangal*, surtout quand les plantes épineuses prédominent : le *djungle* ou *jungle* indien. L'Amou ne respecte pas ses rives ni les alluvions qu'il a déposées antérieurement. Comme le courant est très irrégulier, il entame, mine et entraîne la berge, mangeant d'un côté ce qu'il dépose de l'autre, variant son chenal à chaque moment et faisant surgir ou entraînant des îles de sable de durée passagère. Les tougaïs couvrent d'ordinaire une bande d'alluvion en contre-bas d'une terrasse qui est l'ancienne berge du fleuve, de sorte que la coupe transversale se présente avec trois degrés tantôt symétriques des deux côtés du thalweg, tantôt sur la rive gauche seulement.

1. Il y a cependant quelques aryks dérivés de fort loin de l'Amou ; mais ils ne charrient de l'eau qu'à l'époque des grandes crues du fleuve.

Les nombreux îlots de sable qui s'étirent au milieu de l'Amou sont couverts d'une multitude d'échassiers : cigognes (*tousstaouch*), demoiselles, ibis, pélicans, etc., le plus souvent immobiles sur une jambe, repus de poisson, lâchant de temps à autre un cri guttural. L'Amou, en effet, est très poissonneux; mais les indigènes dédaignent cette nourriture facile. Ils m'ont cité, comme poissons de l'Amou, les noms de : *chirmahi, saghorâ, lacâ, tchoucha*.

Il est nuit quand des aboiements de chiens furieux nous annoncent le voisinage du kichlak de Sadagich; puis, à 27 verstes de Kilif, celui de Kara-kamar, notre étape. Avec la nuit, le vent du sud-ouest remplace l'accalmie du jour, se renforce après minuit et décroît vers la matinée. Les étoiles ont un éclat extraordinaire et les plus brillantes sont même entourées d'un petit halo. De l'autre côté du fleuve, dans l'intérieur des *terres d'Abdourahmân*, on voit rougir au loin de grands feux. On dit que, pour faire une meilleure route sur Mazar-i-Cheriff, les Turcomans brûlent les tougaïs. Un *boïouglou* (chouette) pousse, à intervalles égaux, un cri étouffé, et les cigales et autres insectes tapageurs remplissent la nuit d'un bruit métallique que l'oreille finit par ne plus entendre.

Le 31 mars, nous sommes, à Kara-kamar, installés dans une iourte de l'*amlakdar*, c'est-à-dire du receveur des contributions. J'imagine que sa caisse ne doit pas peser lourd, car ces pauvres Kara-Mogols contribuables ne sont guère riches. Quand « Dieu envoie une bonne année », ils récoltent deux batmans de blé par tanap, et la moitié à peine si elle est mauvaise. Un peu de sorgho (*djougarra*), d'orge (*arpa*), de pois et de *soya* (*mach*), et quelques mauvais melons (*kaoun*) suffisent à peine à les nourrir, car l'hiver dernier a amené des froids extraordinaires[1] et fait périr leurs troupeaux de moutons. Ils en sont réduits à vivre partiellement de la chasse. Aussi nous apporte-t-on des faisans et des lièvres. Ils prennent leur gibier au lacet plus sou-

---

1. Les Kara-Mogols nous disent qu'à cette époque l'Amou était pris de glace de telle sorte qu'on pouvait y passer pendant deux mois (?) à pied et à cheval.

vent qu'ils ne le tuent au fusil, car la poudre est rare. En échange du gibier, ils demandent quelques charges de poudre. Ils tirent à l'affût, et très juste, avec leur fusil à mèche, à fourche et à balle forcée, se mettant à plat ventre pour viser et appuyant la crosse contre l'épaule; mais la balle ne porte ordinairement pas au delà de cinquante pas. Ces Tourkmènes, de la tribu kara-mogole, habitent la rive droite de l'Amou, de Kerki jusqu'à Tchouchka-ghouzar; ils se disent une soixantaine de familles, tous sédentaires et agriculteurs. Ils ont des canots[1] sur l'Amou, ce qui leur permet de faire quelque peu le commerce du sel avec les Kara-Tourkmènes de la rive afghane. Ceux-ci, paraît-il, les tourmentent fort par la menace incessante de *barantas*[2] pour leur voler des barques et du bétail, surtout pendant l'hiver, sans qu'ils puissent leur opposer de résistance. Les femmes kara-mogoles se coiffent volontiers la tête de châles rouges, portent des ornements au front et ne se couvrent pas le visage.

Le lendemain 30 mars, notre route continue sur la terrasse principale de l'Amou, vers l'est-nord-est, à environ 12 verstes de la chaîne de montagnes de Chirabad à gauche, et à 2 verstes de l'Amou. Le sol argileux est imprégné de sel, porte quelques touffes de tamarix, d'halimodendron, et, par endroits, une balanophorée, le *Cynomorium coccineum*. De-ci, de-là, des champs mis en culture, entourés de murs en pisé et de quelques mûriers sauvages, sans trace d'habitation ni d'homme. Ce mûrier sauvage, appelé *Toutt kazak* par les indigènes, est plus rabougri que son frère cultivé des oasis, préfère le sol salin et porte des feuilles plus petites et plus échancrées, ainsi que des fruits moins gros et moins savoureux.

L'ancien rivage de l'Amou se trouve marqué ici par un *tchank* ou berge élevée, qui montre non seulement le niveau antérieur beaucoup plus élevé du fleuve, mais en accuse également un changement dans la direction du courant. A 20 verstes

---

1. Ssevertzow indique sur sa carte un passage à bac (*peripraf*) à Karakamar.
2. Expéditions de brigandage.

environ de notre campement du matin, nous atteignons le passage à bac de Tchouchka-ghouzar (*tchouchka*, sanglier, *ghouzar*, passage). Quatre kémas, partagés entre les Bokhares et les Afghans, desservent les deux rives. Ils sont actionnés par des rameurs et non par des chevaux, comme à Kilif, car le fleuve est ici plus profond et le courant moins rapide : il n'est actuellement que de 4 verstes à l'heure. Cependant, à l'époque des grandes crues, c'est-à-dire dans deux ou trois mois, quand les chaleurs auront fait fondre les neiges du Pamir, des pentes de l'Hindou-Kouch et du Thian-chan, le passage de Tchouchka est abandonné pour celui de Kilif. En ce moment, le bac passe avec un troupeau de moutons. L'amlakdar prélève un droit de péage de 1 rouble par cent têtes de moutons. Des troupeaux immenses sont poussés à petites journées du fond de l'Afghanistan, même de Caboul, vers l'Amou, puis sur Chirabad et le Chahr-i-çabz, pour être vendus, avec de gros bénéfices, dans tout le Bokhara jusqu'à Samarkand. Les marchands préfèrent cette route à toute autre, parce qu'ils sont sûrs de trouver, à cette époque de l'année, des prairies naturelles dans les basses montagnes de Chirabad et de Baïssoune. Le kichlak de Tchouchka-ghouzar est habité par une population sédentaire de Tourkmènes des deux tribus Khodja-khaïrâne et Aroukh-botour. Ils cultivent la terre et élèvent bon nombre de vaches bonnes laitières[1]. La plupart habitent des *képas*[2], quelques-uns des saklis ou des *oïs*[3]. Un individu dont la fortune mobilière ou le capital s'élève à 100 roubles (250 francs) est considéré comme très riche. Il en profite pour faire travailler les autres.

Notre campement fut établi aux bords mêmes de l'Amou, et me restera dans la mémoire comme un des meilleurs que nous ayons eus dans tout le voyage. Nous avions là, à portée de la main, la meilleure des choses : l'eau fraîche et douce, quoique grisâtre, de l'Amou. Je m'étonne que, dans un pays où le culte

---

1. Le lait des vaches nourries des herbes odorantes du steppe ou des maigres buissons du désert acquiert un goût particulier, amer, avec une consistance aqueuse caractéristique.

2. Abris en nattes de jonc. — 3. Iourtes.

du feu et du soleil a pris naissance, on ne trouve point un Zoroastre de l'eau, des Guèbres adorateurs des sources et des fleuves. L'air est tiède et transparent, rafraîchi par une faible brise de l'est. Étendus sur un kachma, en face de l'immense plaine de la Bactriane bordée au sud par une chaîne de montagnes bleues si fines qu'elles tranchent à peine sur le ciel, nous voyons le soleil se coucher dans un méandre de l'Amou. Au milieu de l'embrasement du ciel, le disque rouge, aplati aux pôles, disparaît sous l'horizon du côté de la France. L'ombre des chameaux s'est allongée jusqu'à nous, et maintenant ils se profilent en noir contre le ciel. On se sent bien peu de chose en face d'un spectacle grandiose, au bord de ce fleuve puissant qui roule silencieusement ses eaux pesantes avec une hâte brutale, comme s'il lui fallait éteindre l'incendie du ciel. Et pourtant, de même que l'œil se trouve placé au centre de l'horizon visible, de même l'homme est au centre de l'horizon de ses passions, de ses désirs et de ses actions. Si cet homme s'appelle Zoroastre, Iskandr Zoulcarneïn[1], Mohammed, Djenguiz-Khân Kouragâne[2], Tamer-Lenk[3], il fera pivoter autour de lui, graviter vers lui des peuples vivants et des royaumes de morts. Son nom, empruntant son éclat au soleil ou à l'incendie, évoquera la puissance d'un fleuve roulant à travers l'histoire, comme l'Amou roule à travers l'immensité de la plaine abandonnée de la Bactriane, berceau d'une antique civilisation.

Insensiblement une douce rêverie nous envahit, quand tout à coup la voix d'Abdou-Zabir nous réveille pour nous montrer, au milieu de l'Amou, un Tourkmène à la nage. Le nageur a insufflé d'air un *bourdouk*, une peau de chèvre, et, la tenant sous le bras, il s'en sert de vessie natatoire pour traverser vigoureusement le fleuve. Un radeau, fait de bottes de joncs (*kamouich*), passe au large, emporté par le courant. Les deux Tourkmènes

---

1. Iskandr Zoulcarneïn ou Alexandre *le Cornu,* les cornes étant l'emblème de la force.
2. Kouragâne de *kourak* (pelle), parce que, dit la légende, Djenguiz-Khân distribuait à ses soldats de l'argent sur une pelle.
3. Tamer-Lenk ou Timour *le Boiteux.*

qui le montent envoient un *salâm* ; ils vont, de Chourâb, vendre à Kerki les bottes de joncs qui composent leur radeau.

Nos compagnons de campement bokhares ne sont pas rassurés. Depuis trois jours, paraît-il, un tigre rôde dans les environs. On a relevé ses pas et ils craignent que la présence des chevaux n'éveille son appétit. Aussi, les chevaux « qui sentent et voient le *ioulbars* », sont-ils un objet de constante attention et d'inquiétude dès que l'un d'eux, s'arrêtant de broyer de jeunes pousses de jonc, lève la tête et semble regarder fixement dans une direction. Roustem craint moins les bêtes, petites ou grandes, depuis que je l'ai dressé à la capture des petites. Nous procurâmes tous les deux, aujourd'hui, un moment de bruyante hilarité à un groupe de Tourkmènes, lorsqu'ils nous virent prendre et introduire des insectes dans des boîtes et des flacons ; mais quand ils surent que nous faisions œuvre de *tabib*[1], ils m'aidèrent avec une parfaite bonhomie à la besogne et furent aussi contents que moi de trouver. Nous trouvâmes, entre autres, de très curieux *phasma*, ressemblant à s'y méprendre aux brins de paille au milieu desquels ils se meuvent ; des mantes, que leur livrée verte confond avec les feuilles des plantes, et quelques espèces de sauterelles, dont une si grande, qu'au vol les busards leur donnent la chasse, croyant avoir affaire à des oiseaux.

La nuit se passe sans alerte ; mais les pleurs aigus des chacals ont soulevé la voix furieuse et ininterrompue des chiens du kichlak.

Le pays de Chirabad.

La campagne autour de Chirabad. — Femmes d'indigènes. — Kilomètres bokhares. — Réception à Chirabad. — Origine de la ville. — Le tocksaba et les duels de politesse. — La maison indigène. — Panorama de Chirabad. — Le sanctuaire de Mir-Khaïber. — Orages. — Sauterelles. — Une chasse au faucon. — Les danseurs publics ou *batchas*. — Le bazar. — Renseignements difficiles. — Scènes de maquignonnage. — Khodja-Nazar et ses bottes.

Nous allons au nord-nord-est sur Chirabad. Le kichlak éparpillé de Tchouchka est flanqué d'une bâtisse en terre pareille à un

1. Médecin.

caravane-saraï, où les habitants se logent en hiver quand le froid les force à quitter leurs paillottes. La plaine monte insensiblement, et, au fur et à mesure qu'on s'éloigne de l'Amou, les efflorescences blanches du sol deviennent moins épaisses. Elles disparaissent finalement ; ce qui indique le sens du lavage des eaux à l'époque géologique où la plaine s'est desséchée, quand elles imprégnaient de leurs apports salins la masse des alluvions de la plaine d'autant plus fortement et plus longtemps que les alluvions étaient plus près du thalweg. Nous verrons des faits absolument pareils dans la vallée du Ferghanah, où le Syr-Daria a obéi aux mêmes influences que l'Amou.

A 10 verstes environ de l'Amou commencent les cultures, principalement de céréales et de melons, qu'entretiennent, en été, les dernières ramifications du Chirabad-Daria dans des aryks adroitement combinés. Toute la plaine, dès lors, est parsemée de *moulla*, qui sont de petits tertres en terre où les indigènes installent leurs femmes et leurs enfants pour chasser les oiseaux pillards. Puis, à 4 verstes plus loin, le sol devient caillouteux par les apports des torrents de la montagne, intentionnels à l'Amou. Et, grâce à l'absence de végétation sur les pentes, ces torrents roulent impétueusement, souvent pendant quelques heures seulement, des eaux d'orage perdues pour la culture. Nous sommes précisément à l'époque des orages, et des cumulus noirs, sillonnés par des éclairs lointains, se sont avancés de l'ouest et du nord par les montagnes de Chirabad et du Hissar. Presque tous les jours nous entendrons le tonnerre rouler dans la montagne, sans que l'orage passe au-dessus de la plaine. Il se forme et se décharge au-dessus de la montagne, nous envoyant, à Chirabad, les ondées rapides des nuages de sa circonférence.

Voici, au bord de la route, des débris de maisons abandonnées, des pans de murs écroulés. On nous dit que cet endroit (peut-être le Bouz-Rabat de la carte de Ssevertzow) n'est habité qu'à l'époque des crues exceptionnelles de l'Amou, quand les riverains, chassés par l'inondation, sont forcés de gagner un terrain plus élevé.

Trois *divanas* (derviches) s'en vont allègrement par la route caillouteuse du côté de l'Afghanistan. Ils nous adressent le salâm avec beaucoup de condescendance, ce qui n'est pas leur habitude. Nous apprîmes, à Chirabad, que, ce jour-là, cinq espions, déguisés en divanas, étaient partis pour Mazar-i-Cheriff. L'arrivée des Russes avait fait grand bruit dans le Landernau politique bokhare, et le beg de Chirabad—peut-être aussi agissait-il d'après les ordres reçus d'en haut — ne put s'empêcher de mettre à profit une fois de plus une des qualités maîtresses du Bokhare : la dissimulation au service de l'espionnage politique. Tous les jours, des djiguites arrivaient de l'Amou à Chirabad, apportant au beg les nouvelles des moindres faits et gestes de l'escorte russe et des procédés afghans à leur égard.

Après une chevauchée de 20 verstes environ, l'amlakdar, notre guide, nous fait faire halte au kichlak ouzbeg de Talachkane, où le beg de Chirabad nous a fait préparer des rafraîchissements sous une kibitka, installée au milieu d'une cour déserte. Cependant, à chaque instant apparaissent, au-dessus des murs, à la hauteur d'une paire d'yeux grands et noirs, cerclés de *sourma* (antimoine), des têtes de femmes, coiffées de foulards de soie multicolores sur des cheveux noirs en tresses. Sans doute l'Ouzbeg riche qui nous reçoit s'est acheté, à côté de la femme de sa tribu, des femmes tadjiques, plus belles que les Ouzbèques; car la femme tadjique a le visage plus ovale, le nez busqué, moins court et moins épaté, les pommettes peu saillantes, les lèvres plus fines, l'œil mieux fendu et plus profond, la carnation plus claire et les cheveux plus lisses et plus noirs. Elle est aussi plus svelte, mieux prise de taille et moins portée à l'embonpoint que l'Ouzbèque. Elle aime davantage les ornements et la parure, les étoffes voyantes, et semble plutôt faite pour les soins d'intérieur que pour le dur labeur des femmes de nomades.

Au fur et à mesure que nous approchons de Chirabad, les cultures deviennent plus étendues et plus riches, grâce à une irrigation plus abondante. Au loin, la forteresse de la ville se dessine au sommet d'un rocher. A gauche, des chaînons bas et parallèles de grès rouge, de marnes versicolores, s'étagent à une distance de 5 à 6 verstes. L'amlakdar me dit bien qu'ils se trouvent à 8 taches, c'est-à-dire à 40 verstes; mais il a évidemment peur que je ne veuille y aller et l'entraîner. Les indigènes, du reste, comptent volontiers par multiples de 4, et quantité d'endroits autour de Chirabad, de Karchi, de Bokhara, de Hissar, se trouvent, d'après eux, à la distance de 4, 8, 16 taches. Leurs mesures itinéraires ne sont rien moins que fixes. Cela vient, dit-on, de ce que l'émir en voyage a l'habitude de se reposer à chaque tach, et, comme il se fatigue au fur et à mesure qu'il avance, il fait des étapes de moins en moins fortes et des taches de plus en plus petits. On ajoute qu'à chaque étape l'émir a l'habitude de se marier avec une fille choisie parmi les plus belles de l'endroit...

Bientôt après, notre cavalcade, grossie de plusieurs Bokhares que le gouverneur a dépêchés à notre rencontre avec des paroles mielleuses de bienvenue, s'engage dans les ruelles tortueuses et sales de Chirabad, passe sur une place publique à côté de la potence et se trouve reçue, au milieu de Chirabad-Daria, par le tocksaba. Le beg était près de l'émir, d'autres disent en prison à Bokhara pour malversations; son fils, qui a qualité et titre de tocksaba, nous reçoit à sa place et nous conduit à une maison située sur la rive gauche de la rivière, en face de la forteresse.

Chirabad, ou « ville du lion », est réputée d'origine fort ancienne et rien ne s'oppose à admettre son ancienneté sur la foi des légendes et des traditions. Il est plus que probable qu'aux temps reculés où la Bactriane était le jardin de l'Asie centrale, une des portes importantes de ce jardin fut gardée, et qu'alors, plus encore qu'aujourd'hui, on sut profiter de la position favorable d'un établissement à l'entrée d'une route dans la montagne, sur un bon point stratégique et un bon terrain pour la culture. D'après Maïeff, Chirabad portait alors le nom de Chahar-i-Khaïbert et fut habité par des Aryas zoroastriens. A l'époque de la conquête musulmane, la ville aurait été le théâtre des exploits d'Ali, le « lion de Dieu ». Il lui aurait ensuite laissé son nom. Quoi qu'il en soit, et malgré sa situation favorable à beaucoup de points de vue, Chirabad n'a pas su prendre ou garder la prééminence de Karchi ou du Chahr-i-çâbz. La cause en est sans doute dans la déviation de la grande route commerciale, puis dans le régime de plus en plus mauvais des eaux du Daria, que l'incurie progressive n'a point régularisées, mais laissées tarir, avec les ressources agricoles de l'oasis, comme nous le voyons si souvent en Asie centrale. L'importance stratégique de cet endroit nous paraît grande, mais ce n'est pas un émir de Bokhara qui saurait en tirer parti. Abdourrhamân-Khân, à la veille des événements qui allaient le mettre sur le trône de Caboul, s'y était mis en observation; puis, de là, prenait son élan pour se lancer à travers l'Oxus dans le Turkestan afghan. Cent verstes à peine séparent Chirabad de Mazar-i-Chériff, centre administratif et militaire de la province afghane.

Mais nous voici installés dans un *meimane khana*[1], assez vaste et confortable — selon les idées des indigènes — au bord du Daria. Le gazouillement incessant de la rivière sur un lit de cailloux nous tiendra lieu de jet d'eau et charmera, avec la musique harmonieuse des clochettes de caravane, tintant fines et graves en cadence, notre imagination vagabonde par les longues soirées tièdes et embaumées d'un exubérant printemps.

Le tocksaba semblait se plaire beaucoup dans notre société. Il avait commencé par nous installer lui-même avec les paroles les plus mielleuses, les plus bokhariennes : « Grâce à Dieu, vous n'avez pas souffert du voyage ! Vous voici chez vous maintenant, car vous devez considérer tout ceci et tout ce que nous avons comme vous appartenant. On vous montrera tout le pays et on vous mènera où vous voudrez. Faites un signe et vous serez obéi, etc., etc. »

Au premier abord, ces compliments, cette hospitalité, semble-t-il, digne de l'Ancien Testament — en paroles du moins

---

[1]. Maison des hôtes.

— ont quelque chose de pénible, comme tout ce qui dépasse la mesure. Mais on arrive vite à ne voir dans ces paroles qu'un rayon de soleil reflété dans de l'eau et non de l'or.

Abdou-Zahir était dressé à la riposte. Il renvoyait les compliments avec beaucoup d'entrain et d'à-propos. Sur un « remercie le tocksaba » de notre part, Abdou-Zahir traduisait avec force broderies sur ce simple canevas de politesse, laissant le tocksaba émerveillé de la concision de la langue russe. On aurait dit qu'un mot magique eût fait déclancher le mécanisme d'une machine à parler poliment.

Chaque fois que le tocksaba vint nous rendre visite — et il vint souvent pour rester longtemps — il amena un jeune batcha, dont l'unique et silencieuse occupation était de présenter, après l'avoir allumé par quelques goulées préliminaires, le tchilim à son maître, un maître fumeur. A chaque instant, ses demandes, « tchilim bia » ou « tchilim guettr », mettaient l'allumeur en mouvement. Et comme les premières bouffées sont alimentées surtout par l'oxyde de carbone d'un charbon mal allumé, le « ghaliantchi-batcha » du tocksaba de Chirabad était aussi jaune qu'un pavot sec. Après le maître, le tchilim passe à Abdou-Zahir, puis aux deux personnages de la suite ; mais il ne nous est jamais offert. Politesse entre musulmans, dont les *mouchdors*, impurs de Roumis, se passent volontiers. Cependant, on accepte avec empressement nos cigarettes, et le tocksaba a bientôt fini de nous vider nos boîtes, où il plonge à franches poignées. « Zamane-beg-Toura, dit-il, a passé quelques semaines ici dans cette même maison et, ses « papiros » finies, il a fumé le tchilim. »

L'aimable vice-gouverneur nous perd rarement des yeux. Il a de la défiance par ces temps de revirements politiques. Aussi, à tout instant de la journée, voyons-nous en face de notre habitacle, tout en haut de la forteresse qui domine la vallée et sert de palais au gouverneur, des yeux braqués sur nous et suivre tous nos mouvements. Cette forteresse est d'aspect fort pittoresque. Bâtie sur un promontoire de conglomérat, miné, rongé incessamment par les eaux de la rivière, qui le baignent et s'y brisent au pied, l'*ark-kourgane* est un fouillis de bâtisses disparates qui s'accrochent comme des nids d'hirondelles au sommet du tertre, avec des balcons hardiment étagés sur le vide. On s'étonne que tout cela ne dégringole pas pendant qu'on regarde.

Mais le conglomérat est mieux cimenté que les murs en pisé de notre maison. De toutes parts lézardée, les fentes hébergent volontiers le scorpion et la guêpe, et nous apprenons plus tard que, trois semaines après notre départ, toute la construction s'est écroulée.

La maison du Turkestanien sédentaire, sauf dans la montagne où le loess fait défaut, n'est jamais construite avec de la pierre. Pour la construction des mosquées et des médresséhs seules, on emploie la brique cuite ; le riche emploiera la brique séchée au soleil et le pauvre se contentera de la terre argileuse délayée dans de l'eau, en ajoutant un peu de paille hachée et menue pour donner plus de cohésion. Des poutrelles, le plus souvent de peuplier, soutiendront, chez le riche, l'auvent d'une galerie (*aivane*), et, chez le pauvre, étayeront le plafond à l'intérieur de la chambre, à moins que cette pièce soit assez réduite pour rendre l'étayage inutile. Le plafond est fait de poutrelles horizontales, au-dessus desquelles sont posées des nattes qu'on recouvre d'une couche épaisse de pisé.

En attendant que les préparatifs du voyage que nous devons entreprendre dans la vallée du Sourkhane et aux bords de l'Amou soient terminés, nous faisons tous les jours des excursions aux environs de la ville.

L'oasis de Chirabad n'est pas très étendue, sans doute à cause de la pénurie d'eau d'irrigation : elle ne comprend pas plus d'une vingtaine de kichlaks, mais elle est très fertile. Elle a une forme allongée du nord-est au sud-ouest en suivant le cours du Chirabad-Daria et finit nettement partout où s'arrête le dernier filet d'eau du réseau irrigateur. Il en est ainsi dans les plaines steppeuses et même du désert de l'Asie centrale : si l'eau des grands fleuves qui s'évapore maintenant sans profit dans les bassins intérieurs pouvait être utilisée pour désaltérer des terrains qui ne demandent que cela pour produire les plus belles cultures, le Turkestan serait une des contrées les plus riches du monde.

Du haut de la forteresse — que le tocksaba ne nous invita pas une seule fois à venir visiter — ainsi que des montagnes d'alentour, on a une fort belle vue panoramique sur l'oasis de Chirabad et toute la Bactriane au loin. A nos pieds, vers le sud, s'étend la riche plaine, fertile des alluvions grasses, toute parsemée de volumineuses touffes de verdure qui marquent le centre des kichlaks : Khodja-Khia, Kachtigermâne, Malla-Ghouzar, Ak-Kourgane, Naoubag, Souchta, Toulougtcha, Tchoumechta, Djilimbag, Azane, Irrdara et d'autres qui confondent leurs traînées de verdure et s'épandent, comme le ferait une immense tache verte sur le papier buvard jaune du désert. Puis, s'enfonçant dans l'oasis, des échancrures jaunes de terrains non cultivés qui lui forment une ceinture et se confondent à l'horizon dans la brume tremblotante sous la chaleur de réverbération du sol surchauffé. On devine à peine la traînée terne de l'Oxus et tout au sud lointain, par les journées claires, on peut voir, comme une mince pellicule bleuâtre, les monts Hindou-Kouch qui terminent la plaine de Balkh. A notre droite, les dernières ramifications des montagnes de la chaîne du Hissar vont s'éteindre, près de Kilif, sur les rives de l'Amou, dans le désert. Les grès et les argiles multicolores, de leurs strates régulières, chamarrent le paysage de teintes chaudes et bigarrées qui passent insensiblement au bleu violâtré du lointain. A gauche, une plaine mamelonnée s'élève peu à peu vers la vallée du Sourkhane et laisse apercevoir, au delà, les montagnes basses de Kabadiane, premiers degrés de ce toujours mystérieux Pamir dont nos regards, en vain, voudraient apercevoir des terrasses plus lointaines et plus élevées. Aucun pinceau, aucun crayon ne rendrait l'impression que nous laisse ce panorama grandiose. Nous avons revu plus tard, après avoir reçu bien d'autres impressions, ces plaines et ces montagnes de la Bactriane, et de nouveau et toujours ces paysages nous ont fascinés par leur grandeur, la beauté de leur coloris et ce je ne sais quoi de sacro-saint qu'on éprouve à la vue de la mer, d'un grand glacier ou d'un champ de bataille.

La colline au nord-est de Chirabad est occupée par un cimetière dont les tombes se groupent autour d'un méghil plus élevé. A ce méghil se rattache une légende des premiers temps de la conquête musulmane : lorsque Ali vint mettre le siège devant la ville — Chahr-i-khaïber à cette époque — le gouverneur mit sa tête à prix ; mais ne pouvant réussir à le capturer, il donna l'ordre à un de ses braves d'aller dans le camp même tuer Ali et de rapporter sa tête. L'émissaire fit comme il en avait reçu l'ordre ; mais, se trompant de victime, il rapporta la tête d'un des lieutenants d'Ali, Mir-Akhtane. L'erreur reconnue, la tête fut enterrée dans la montagne à l'endroit où s'élève aujourd'hui le méghil. Ali, voulant punir ses ennemis de ce méfait, prit la ville d'assaut, la fit raser entièrement et éleva à sa place la « ville du lion », Chirabad.

Plus à l'est, à 2 verstes environ de la ville, se trouve, sur la crête d'un monticule, le tombeau d'un saint, où tous les mercredis, dit-on, affluent de toutes parts les pèlerins et les bons musulmans. Ce méghil, couronné d'un toug, accessible par un escalier, renferme, d'après Maëff, les ossements d'Ata-Oulla-ichane-Mir-Khaïber, premier gouverneur de la ville. La terre qui recouvre son tombeau jouit, dans la foi robuste des vrais croyants — ne voyons pas la paille dans leurs yeux — de vertus spéciales, entre autres de celles de la quinine contre la fièvre ; elle guérirait encore de la maladie du *richta* ou filaire de Médine. Au pied du monticule, un *tchaïnik*, débitant aux pèlerins du thé, du pain, du raisin, du melon, etc., s'est établi sous un grand mûrier dont l'ombre couvre une petite mosquée sans toit, comme celles qu'on trouve dans les villages du Sénégal.

Depuis que nous sommes au pied des montagnes, chaque soir nous apporte des ondées sérieuses, pendant que l'orage se décharge furieusement dans la montagne en suivant les lignes de faîte. De mémoire d'homme, disent les indigènes, on ne connaît pas d'accidents de foudre tombée dans la plaine ; mais il n'en est pas de même du côté de Samarkand, à Ourgout, par exemple.

Aussi la rivière de Chirabad est-elle devenue torrentueuse, moins saline et fortement rougie par les lavages des grès bigarrés qu'elle côtoie un peu plus en amont. Les aryks sont gonflés d'eau et les cultures, désaltérées, sont luisantes. Nous ne sommes qu'au commencement d'avril, et l'orge et le blé, hauts de plus de 1 mètre, fleurissent ; les vergers sont réjouissants à voir, car les arbres fruitiers ont toutes leurs feuilles épanouies et jettent une ombre touffue. Pommiers, mûriers, poiriers, abricotiers, grenadiers, figuiers, etc., se mêlent aux éleagnus, ormes, peupliers, etc., croissant avec une vigueur inconnue dans nos climats. Les amandiers et les pommiers déjà portent aux branches inférieures des fruits gros comme une noisette, pendant que la couronne n'a pas encore cessé de fleurir. Aussi bien la température se maintient-elle autour de 30 degrés centigrades dans la journée à l'ombre sans tomber au-dessous de 15 degrés centigrades dans la nuit. L'altitude est de 1000 pieds (280 mètres) et les montagnes au nord garantissent l'oasis de la bise froide qui retarde encore la végétation dans la plaine découverte. Le *lola-kassak*, le *karague*, le *chaudrouit*, l'*ala-figaou*, le *gandemak*, le *safsi-naraki*, etc., pavots, euphorbes, ombellifères, chardons, etc., toutes plantes ou mauvaises herbes des moissons comme chez nous, appellent les papillons en nombre, avec les pois fleuris, les sinapis, les ixiolyrion et les *chatara* qui croissent drus au bord des aryks. Les cigognes ont depuis longtemps réintégré leur résidence d'été et font, de leur bec qu'on dirait en bois, un bruit retentissant de xylophone auquel succède, à la tombée de la nuit, le langage coassant et monotone de milliers de grenouilles. Quelques ménages d'hirondelles ont élu domicile aux poutres du plafond de notre chambre, et c'est chose réjouissante de les voir nous donner l'exemple d'une activité sans relâche, attendre impatiemment le moment où la porte, qui tient lieu de fenêtre en même temps, va s'ouvrir pour leur permettre de prendre leur vol avec des cris d'allégresse. Elles ont certainement leur langage à elles, car chaque mouvement passionnel est accompagné de modulations dans la voix, de « paroles » différentes.

Or, les belles cultures de l'oasis sont menacées en ce moment de destruction par des armées de sauterelles qui inondent le pays et s'attaquent à toutes les plantes qui ne résistent pas à leurs mandibules. Le riz seul, paraît-il, est à l'abri de leurs ravages, sans doute à cause de la nature plus siliceuse de son chaume et de ses feuilles. On les voit s'élever par nuages sous les pieds des chevaux, et les aryks en charrier des masses formant couche au-dessus de l'eau. C'est même grâce au nombre considérable de ces canaux d'irrigation, assez larges, que cette plaie d'Orient n'occasionne pas plus de désastres, ainsi que cela arrive malheureusement dans notre belle colonie d'Afrique. Au Turkestan, la calamité n'est qu'intermittente et ce n'est que depuis l'année dernière qu'on signale de partout, de Dinaou et de Baïssoune, la présence du terrible orthoptère.

Un jour, le *kourbachi* ou maître de la police, attaché spécialement à notre service pour nous espionner autant que pour nous servir, vient annoncer que le tocksaba a fait « jeûner le faucon », c'est-à-dire qu'il l'a préparé pour une chasse à laquelle il nous fait inviter. La chasse au faucon est le sport favori des seigneurs de l'Asie centrale, comme il l'est encore des hommes de condition chez les Arabes. L'oiseau de race, dressé, attaché à son maître, bon chasseur, ne se paye pas parce qu'il ne se vend pas. Il est soigné à l'instar d'un cheval de prix, soumis à un régime spécial après avoir subi un entraînement destiné à lui faire oublier le souvenir de la liberté pour préférer le gant à crispin du fauconnier. Souvent le noble indigène, le chef kirghiz, promènent sur leur poing, partout où ils vont en visite, leur faucon, auquel ils offrent de temps à autre, un morceau de viande, une cuisse de volaille, auquel ils lissent le plumage et qui devient l'objet de leurs préoccupations de tous les instants. Le faucon du tocksaba était, paraît-il, un chasseur hors ligne, prenant jusqu'à vingt-cinq pièces par jour. De bonne heure, le fauconnier, accompagné de deux djiguites, vient nous prendre, car le terrain de chasse est à 3 lieues d'ici. C'est un gros personnage à figure patibulaire et avenante, habillé d'un khalat d'adrass aux couleurs criardes et coiffé d'un gros turban blanc. Le faucon, encapuchonné et retenu au poing à crispin par une lanière courte de cuir, se balance au rythme de la marche d'un bon cheval. D'un côté de la selle pendent une sorte de tambour en forme de petite timbale et une baguette à gros bout entouré de linge.

Après avoir traversé la ville et chevauché pendant trois heures au milieu des cultures et des aryks, nous arrivons dans une contrée marécageuse où le sol est fortement imprégné de sel et recouvert d'efflorescences blanches. Des fourrés de joncs, de tamarix, de massette, entourent et recouvrent à moitié des lacs d'eau salée, peu étendus. Le gibier est innombrable à en juger par le cancanement incessant des canards, le cri des vanneaux, ibis, baclanes, alebrans, bécassines, etc., qui pataugent sur la plage et se cachent dans les fourrés. Le fauconnier, approchant sans bruit du bord du lac, tape de sa baguette quelques coups secs sur le tambourin ; immédiatement le silence se fait, puis un bruit d'ailes qui frappent l'air, et une nuée de canards apparaît au-dessus des roseaux. A ce moment, le faucon, décapuchonné et libre, attentif au bruit et au vol, étend les ailes. D'un coup de bras le fauconnier le lance avec un cri spécial dans la direction des fuyards, et l'on voit l'oiseau de proie, sans coup d'aile, fondre sur la bête qu'il essaye de saisir de ses griffes au premier élan. Mais la proie est manquée : le canard, légèrement plumé, poursuit, en cancanant davantage, son vol effrayé, tandis que le faucon abandonne la poursuite et se laisse tomber sur le sol ou sur un arbuste, immobile, attendant le fauconnier. Celui-ci ne l'a pas perdu de vue ; il le suit, s'arrête, toujours à cheval, à deux pas de lui, et tirant une cuisse fraîche de volaille de sa poche, la tend comme appât au faucon en l'invitant, par un bruit qu'il fait de la langue, à regagner son poing et son perchoir. Notre faucon est particulièrement maladroit aujourd'hui ; il manque tous ses départs et ne prend pas une seule pièce. Il paraît qu'on ne l'a pas fait jeûner suffisamment.

Un Sarte, chassant dans les mêmes parages, vient nous raconter qu'il a perdu son faucon. On retrouve l'oiseau assis au bord du lac ; mais dès que le fauconnier approche, il prend son vol, monte droit à quelque 100 mètres en l'air et s'envole pour disparaître définitivement. Son propriétaire l'accuse également d'avoir trop mangé.

Après que nos fusils de chasse nous eurent procuré quelques spécimens intéressants de la faune des palmipèdes de l'Amou-Daria, et suppléé à la maladresse du faucon, nous faisons halte dans un kichlak habité par des *Kitoïs*, tribu ouzbègue réputée pour son manque d'hospitalité. Ils apportent néanmoins du pain (*nan*) frais et du lait aigre d'un goût d'outre fort prononcé. On ne peut pas trop leur en vouloir d'un manque d'hospitalité vis-à-vis des gens du beg ou du tocksaba qui les considèrent comme gens taillables et corvéables à merci. Les histoires malpropres qui circulent en ce moment sur le compte du beg, bastonné et emprisonné à Bokhara pour exactions et abus de confiance, montrent suffisamment en quelle estime le tiennent les habitants de la bonne ville de Chirabad. Nous sommes toujours ici, au « bon » vieux temps du moyen âge.

L'orage amoncelé accélère notre retour. Une pluie torrentielle nous surprend en dehors de la ville, qu'on regagne par un temps de galop furieux à travers les rues inondées, où les chiens ameutés dégringolent de tous les toits pour se précipiter sur les cavaliers, tandis que des têtes effarées d'hommes et de femmes apparaissent par-dessus les murs, attirés par le bruit insolite non moins que par le spectacle.

Cependant les écluses du ciel se ferment, l'orage se résoud dans la montagne et le soir ramène une température douce sous un ciel pur. Aussi le bruit des tambourins marquant le rythme de la danse des batchas retentit dans la ville fort tard dans la nuit. Une bande de jeunes danseurs, en effet, s'est établie à Chirabad pour quelques jours avant de se rendre à Mazar-i-Cheriff où l'on fête en ce moment un saint fameux de l'endroit. Le tocksaba nous les a envoyés un soir au grand plaisir d'Abdou-Zahir, grand connaisseur en chorégraphie indigène et amateur de ce genre d'amusement. Comme plus d'une fois, dans la suite, nous aurons l'occasion de voir et d'étudier leur jeu, nous ne nous y arrêterons pas davantage ici, d'autant moins que dans l'opinion d'Abdou-Zahir à laquelle nous

nous rallions volontiers, ces batchas en tournée artistique sous la conduite d'un impresario du cru, ne sont pas des étoiles fixes, ni de premier ordre.

Le bazar de Chirabad n'a aucune spécialité si ce n'est le sel gemme rouge des montagnes au nord-est qu'on vend à raison de 60 kopecks les 8 pouds, soit 1 centime le kilogramme. On élève le ver à soie, mais presque tout le fil est envoyé à Karchi et à Bokhara. Comme dans toutes les villes du Bokhara, les juifs ont en mains le commerce en détail du fil de soie. Ils fabriquent, en outre, plus ou moins clandestinement suivant les cadeaux offerts aux reïs et au kourbachi, une eau-de-vie de raisin sec et de marc de qualité médiocre.

Cependant, nous finissons par organiser notre expédition dans la vallée du Sourkhâne. Cela n'est pas chose facile quand on a contre soi le mauvais vouloir de gens qui ne tiennent pas du tout à vous montrer des parties inconnues de leur pays, à vous mener sur la tombe de leurs saints les plus vénérés, et à se déranger beaucoup pour une chose dont ils ignorent le but et ne comprennent point l'intérêt. Nous savions qu'il devait exister, dans la vallée du Sourkhâne, sur l'une ou l'autre rive, les ruines d'une ville antique autrefois florissante, que personne n'avait jamais visitées, mais dont les indigènes avaient parlé vaguement à des voyageurs antérieurs sous le nom de Chahr-i-goulgoula. Chahr-i-goulgoula ou « ville du bruit, de la confusion », est un nom appliqué, nous disait Zaman-Beg, notre aimable et savant compagnon de route aux bords de l'Amou, à quelques autres endroits de l'Asie centrale, où des ruines, sans passé historique bien défini, se sont accumulées et servent de prétexte à des légendes mal renseignées. Des noms historiques connus s'y retrouvent au milieu d'anachronismes que la tradition populaire accepte de la bouche des vieillards qui tiennent eux-mêmes leurs erreurs de l'insuffisance de quelque mauvais livre. L'histoire de ces villes disparues doit être inscrite sur les ruines mêmes, et pour la lire, il faut feuilleter les ruines, c'est-à-dire faire des fouilles.

Les gens réputés savants, ceux qui savent lire « dans les

livres », auxquels nous nous adressâmes à Chirabad, ne voulurent point connaître d'autres ruines que celles déjà connues et visitées, de Termès, aux bords de l'Amou. On nous communique les renseignements les plus contradictoires ; on nous envoie au nord et au sud, mais point dans la bonne direction. Au fait, nous irons chercher les ruines nous-mêmes.

Abdou-Zahir, qui se targue de la connaissance du cheval, nous achètera, dit-il, de bons chevaux. Dès que la nouvelle en est connue au bazar, nous voyons arriver à notre logis, en nombre, tous les chevaux dont Chirabad voudrait se défaire, au plus haut prix bien entendu. A chaque instant, le kourbachi vient faire son salamalec et nous inviter à inspecter un nouvel arrivage. Abdou-Zahir, que le vendeur appelle *moullâh*, ce qui lui fait un signalé plaisir, essaye le cheval dans toutes ses allures, le qualifie de *rosse* et le rend à son propriétaire avec un geste de mépris. Cependant il veut bien s'enquérir du prix, à titre de curiosité et l'ironie sur les lèvres. Il offre tout de suite le tiers du prix demandé. Le propriétaire se récrie, vante les qualités de la bête et préférerait, dit-il, en faire cadeau que de le laisser au prix offert. Il fait mine de s'en aller, et Abdou de le laisser partir, quand le kourbachi s'interpose, prend la parole qu'il adresse à l'un, puis à l'autre, les tire par le bras, essaye de faire baisser les prétentions des deux côtés. Un autre des assistants s'évertue dans le même sens, côté du vendeur ; finalement les bras se tendent sous la poussée des entremetteurs, les mains se joignent, le marché est conclu. C'est absolument les mêmes scènes que celles qu'on voit dans nos foires. Les parties consacrent le marché par un « Allah akbar » ou un « omine » en passant la main sur la barbe. Le kourbachi, en sa qualité d'entremetteur, reçoit un tenga. Abdou-Zahir a eu les chevaux pour la moitié du prix demandé au début du marché. L'un d'eux est très bon, dit-il ; il a le chanfrein busqué, ce qui protège le cavalier contre les balles. Roustem en est tout à fait convaincu.

Nous engageons, pour la durée de notre voyage à l'Amou, un palefrenier du nom de Khodja-Nazar. C'est un de ces adolescents rôdeurs de bazar, aptes à tous les métiers, n'en faisant aucun, très doux et fidèle, qu'une écuellée pleine de palao et quelques jours de tamacha rendent les plus heureux des hommes. Celui-ci reçut, comme acompte sur son salaire, quelques tengas dont, sans tarder, il fit l'achat d'une paire de bottes. Mais quelles bottes ! Ignorant la pointure de son pied, car il n'avait de sa vie chaussé des bottes, Khodja-Nazar les avait prises très vastes ; il y naviguait, pensant qu'en prenant des bottes, on ne saurait trop en prendre. Roustem lui fit cadeau d'un bout de torchon rouge qu'il roula autour de son crâne poilu en guise de turban. Et le voilà aussi fier que moullâh Abdou-Zahir, l'un parce qu'il est sous les ordres de quelqu'un, et l'autre parce qu'il exerce son autorité sur un plus petit que lui. Et quand, plus tard, nous adjoignons un aide-palefrenier à notre troupe, Nazar monte en grade, élève Abdou-Zahir, et tous deux accroissent proportionnellement le sentiment de leur dignité personnelle, d'accord avec le proverbe qui dit que, dans le pays des aveugles, les borgnes sont rois. Les savants appellent cela un effet de *vis a tergo*.

En route pour la vallée du Sourkhâne.

Départ de Chirabad. — Le mirza *iarim tach*. — Nos compagnons. — Géologie. — Une chute heureuse. — Le kichlak d'Ak-Kourgane et ses habitants. — Une fabrique d'huile.

Enfin notre départ fut fixé au 9 avril. La marche-route que nous voulions suivre avait été communiquée au tocksaba qui nous avait dépêché, pour nous accompagner partout et nous faciliter l'achat des vivres, un mirza obèse et une sorte de cuisinier, son second, dont les mensonges et l'effronterie subséquente déterminèrent, sans tarder, le renvoi. Quant au mirza, il était tout sucre et miel, toujours souriant et prévenant, menteur sans doute par bonté de cœur pour nous épargner les fatigues, car jamais il ne nous indiqua une distance exacte. Aussi l'appelions-nous bientôt le mirza *iarim tach*, parce qu'à chaque fois que nous lui demandions la distance de tel à tel endroit, il répondait : « Bir tach » ou « Iarim tach » — un tach, un demi-tach (3 ou 4 kilomètres) — même si cette distance se trouvait, expérience faite, être de 20 ou de 25 kilomètres !

Nous avons enfin, comme compagne de voyage, une chienne turcomane dont nous fîmes l'acquisition sur les bords de l'Amou, et qui portait le nom peu euphonique d'*Ak-Koch* ou « faucon blanc ». Elle était toute blanche, d'une finesse de forme extraordinaire et de la race tazie pure. Ak-Koch nous a suivis, depuis, dans toutes nos excursions en Asie centrale. Elle fut amenée à Paris, donna le jour à une lignée de race assez nombreuse, et, finalement, me fut volée dans le quartier Montparnasse, sans que jamais je l'aie retrouvée dans les rues de Paris. J'aurais peut-être été plus heureux dans celles de Londres.

Nous partîmes de Chirabad dans la direction du sud-est, nous dirigeant droit sur la vallée du Sourkhâne. La route court dans la plaine, légèrement accidentée par les ravinements réguliers des eaux dans un terrain de marne et d'argile.

Nous traversons les kichlaks d'Isdara, de Djilimbâf, petites oasis dont les cultures, alimentées par les canaux d'irrigation du Chirabad-Daria, font vivre quelques tentes ouzbègues. Des vols innombrables d'une espèce d'étourneau s'abattent sur les champs et s'occupent de la destruction des masses de sauterelles, pourtant moins abondantes qu'aux environs immédiats de la ville. A gauche s'étagent, de plus en plus élevés, les contreforts de la chaîne principale, contreforts de marnes, de grès rouge, de calcaires formant crête, dirigés du nord-est au sud-ouest et appartenant à la même formation géologique que nous avons reconnue sur le chemin de Karchi à Kilif.

Quoique le thermomètre, à 4 heure du soir, indique + 30°,8 centigrades à l'ombre, le passage des cumulus noirs, fuyant sous le vent d'est dans la montagne, saupoudre les sommités d'une tombée de neige fine. Les derniers canaux d'irrigation du Chirabad-Daria s'arrêtent de ce côté, à environ 16 verstes de la ville. A 8 verstes plus loin, nous atteignons, vers deux heures, le sommet d'un chaînon bas, dirigé du nord au sud, qui nous cachait jusqu'alors la plaine du Sourkhâne. Le grès des couches affleurantes, en se désagrégeant sous l'influence des météores, forme des amas de sable mouvant qui accusent davantage le caractère du paysage : un désert. Cependant, nulle part en Asie centrale et, je crois, nulle part au monde, le désert n'est absolu en ce sens qu'aucune plante ne pourrait y trouver sa place. Au contraire, que le désert soit salin, qu'il soit sablonneux comme ici, des plantes halophytes, xérophiles, charnues ou aphylles, choisissent ces stations de prédilection comme des sauvages qui dépériraient si on les arrachait à leur vie primitive et simple. Des épineux (*djangal*), des crucifères, une espèce d'*helicophyllum*, du tamarix, différentes espèces d'armoises (*djoubsan*), etc., couvrent le sol stérile, semblerait-il, et cachent de nombreuses compagnies de perdrix et de pigeons ramiers. Notre collection entomologique s'enrichit de fort curieuses espèces de coléoptères.

Ce chaînon se compose de couches alternantes de marnes et d'argiles ocreuses, de sable jaune, puis, au sommet, de couches de calcaire siliceux inclinées vers l'est. A mi-côte, en descendant vers le Sourkhâne, on trouve un banc affleurant, de quelques mètres d'épaisseur, de calcaire composé uniquement de débris et de valves d'une *ostrea* que je crois être l'*Ostrea Kauffmanni*, ce qui permet de comparer et même d'identifier ces terrains avec ceux du même âge que M. Mouchketoff a étudiés dans le bassin du Syr-Daria. Je ne puis songer, dans cet ouvrage à cadres trop restreints, à faire une étude plus détaillée de la géologie des contrées que nous avons visitées.

Du haut de ce chaînon qui traverse le désert appelé Kyzyl-Koum et Kara-Koum[1] par les indigènes, on jouit d'une vue panoramique superbe sur la vallée du Sourkhâne d'un côté, sur l'oasis de Chirabad et les montagnes de l'autre.

Pendant que nous admirons la beauté de ce pays aux teintes chaudes et d'une richesse infinie, nous voyons, en bas de la colline, un désordre soudain se manifester dans la marche de la caravane. Les cavaliers se précipitent, avec de grands cris, en arrière, et, sur la route, on voit, dans un pêle-mêle inquié-

---

1. Ces noms de « sables rouges » et de « sables noirs » sont très communs en Asie centrale.

tant, des coffres, des jambes et des têtes de chevaux, un chien et les pieds de Khodja-Nazar, battant l'air avec ses bottes énormes, tandis que le corps de l'infortuné palefrenier reste invisible. On dégage l'homme qui apparaît sans égratignure ; on relève les chevaux tombés après avoir détaché la chienne apeurée. Il paraît que Nazar, juché en haut des bagages sur un des chevaux, traînant l'autre et la chienne, s'est vu assailli inopinément par un chien de berger ; les chevaux ont pris le galop, le bât a tourné avec Khodja-Nazar, entraînant les bêtes, et les voilà tous par terre pendant que le berger, tremblant des suites de l'aventure, rappelle et corrige l'auteur de l'accident. Cependant, Nazar se tâte, et se retrouvant sain et sauf, finit par rire, ce qui fait rire tout le monde ; car on est généralement plus heureux après avoir échappé à un danger qu'avant de l'avoir encouru. On recharge les chevaux ; le mirza est dépêché au prochain kichlak pour nous préparer un brin de campement, et l'on se remet en marche vivement, car l'orage pend menaçant au-dessus de la plaine. Déjà les premiers éclairs sillonnent le ciel couleur de plomb.

Bientôt nous croisons les traces d'anciens aryks, très larges, à sec. Ils prouvent qu'autrefois les cultures étaient bien plus considérables et la population plus dense. Nous en aurons d'autres preuves plus loin.

Nous atteignons le kichlak d'Ak-Kourgane avant la tombée de la nuit. Passant sur un pont primitif, au-dessus d'un aryk gonflé d'eau dérivée du Sourkhâne, nous entrons dans une cour plantée de quelques beaux saules. Les habitants, Ouzbegs sédentaires, avec leur aksakal en tête, nous reçoivent sans enthousiasme. L'hospitalité que nous offre l'émir de Bokhara, en effet, nous défend de leur payer leurs services d'hôtes, et le mirza, à qui le tocksaba a donné une somme destinée à cet usage, préfère la garder pour lui. L'aksakal, le moins laid de tous ces mongoloïdes, quoiqu'il ne lui reste pas une dent aux gencives, nous offre sa demeure qu'il vient d'évacuer à la hâte avec toute sa famille pour se loger dans une écurie. Nous entrons dans une masure carrée en pisé, haute de 2 mètres, large et longue d'autant ; une porte, où entrerait sans cogner de la tête un mouton, me retient par ma boîte à herborisation en travers ; c'est en même temps une fenêtre. Un trou au plafond laisse échapper la fumée ; on ne respire que couché sur le ventre. Comme ameublement, un tapis râpé et graisseux sur le sol battu, irrégulier, et une lampe à huile de sésame dans laquelle trempe du fil de coton. Nous partageons cette habitation, celle du maire, avec des criquets, des scorpions, des cigales, des grillons, quelques araignées visibles et beaucoup d'aptères invisibles. Nous aurions préféré la belle étoile, mais déjà le tonnerre gronde plus près, et les premières gouttes d'orage tombent grosses avec un bruit de crachat.

Les habitants de ces kichlaks ne sont pas riches; les sédentaires le sont moins que les nomades de la montagne. Les plus riches habitent des trous en terre comme celui dans lequel nous nous abritons de la pluie; les plus pauvres se construisent, avec des nattes de jonc comme les Turcomans pauvres des bords de l'Amou, des abris coniques appelés *kepa* ou *kappa*, et qui ressemblent aux huttes de beaucoup de tribus nègres de l'Afrique. Ces kepas sont plus élevées et plus pointues que les *oïs* ou tentes en feutre, mais beaucoup moins chaudes.

Nous questionnons l'aksakal sur la contrée que nous voulons visiter et les ruines de Chahr-i-goulgoula. Le mirza n'a pas encore eu le temps de l'engager à nous tromper; aussi l'aksakal répond-il sans hésiter et sans ambages à nos demandes. Il ne tient aucun compte des clignements d'yeux que le mirza lui fait et que le gros malin n'arrive pas à rendre significatifs. L'aksakal prétend qu'il faut dire la vérité, et nous apprenons que nous sommes à 1 tach environ de ruines étendues qui se continuent presque sans interruption jusqu'à Khodja-Abdoul-Termezi sur l'Amou-Daria. Cet endroit serait à environ 3 taches et demi dans la direction de Patta-kissar. Nous sommes sur le bon chemin. Le mirza est furieux et fera sans doute payer cher à l'aksakal sa franchise d'Ouzbeg.

Vers minuit, un orage violent passe au-dessus de nous et

met le désordre parmi les dormeurs. Couchés dehors, sous des morceaux de feutre, nos hommes et les Bokhariens se réveillent l'un après l'autre avec des exclamations diverses, trempés en un clin d'œil avant d'avoir pu trouver un abri sous quelque toit d'écurie. L'eau, ruisselant par les nombreuses fissures du toit et des murs qui nous abritent, forme de petites cascades nous rafraîchissant inopinément et nous chassant de tous les coins de notre masure jusqu'à ce que la résignation, dans un sort inévitable, mette fin à des essais infructueux de coucher au sec.

Cependant, au matin, les nuages se dissipent vers le sud-ouest, et le vent violent, qui fouettait les saules et renversait les kepas mal assujetties, se calme. Avant notre départ, l'aksakal nous fait les honneurs d'une fabrique d'huile qu'il a installée près de sa maison d'habitation. Le système est simple, l'outillage assez bizarre : un long pilon en bois, incliné et tournant obliquement dans un mortier en terre de 2 mètres de diamètre, est mu par un cheval, tournant, les yeux bandés, dans un manège étroit autour du mortier. Les graines de coton, de melon, de sésame, de pastèque, sont pressées, concassées, triturées par le pilon tournant contre les parois du mortier, et l'huile qu'elles contiennent s'amasse au fond d'où elle est retirée. Les résidus servent à la confection de tourteaux alimentaires. Ces tourteaux, surtout de sésame, forment la nourriture favorite généralement donnée aux chameaux en caravane. L'huile ainsi obtenue est de fort mauvaise qualité, ce qui n'empêche pas les indigènes de l'employer pour l'éclairage aussi bien que pour la cuisine. Ajoutons que cet industriel ouzbeg peut gagner jusqu'à 60 tengas par an, soit 50 à 60 francs.

Les ruines de la vallée du Sourkhâne.

Les ruines de la vallée du Sourkhâne. — Chahr-i-goulgoula. — Briques et scorpions. — Paysage cul-de-lampe. — Le kichlak de Salavat. — L'ichâne Moutavalli et les *vakoufs*. — Platanes géants. — L'amulette révélatrice. — Un bain dans le Sourkhâne.

En sortant du kichlak, nous traversons de vastes champs anciennement cultivés, puis des aryks, et nous nous rapprochons des rives du Sourkhâne. A 4 verstes, au bord du chemin, on trouve un petit mausolée voûté, flanqué d'une mosquée en plein vent, simple terrasse où la kebla est indiquée par une sorte de stèle creuse et dont les angles sont garnis de quatre piliers en terre. Quelques huttes, faites de roseau crépi de boue, se trouvent dans le voisinage et attirent l'attention par leur toit incliné, ce qui est rare dans le pays. Cet endroit s'appelle Namazgâ, de Namaz, « prière », car, deux fois l'an, les habitants de la contrée viennent en pèlerinage à cet « autel de la prière ».

Puis le steppe argilo-sablonneux, revêtu de tamarix, yantag (*Alhagi camelorum*), *gandemak, akdjougout, djangal*, etc., s'étend, entrecoupé de rares cultures et de sables jaunes quartzitiques provenant de la désagrégation des grès sous-jacents. A une lieue plus loin — nous allons toujours sur le sud — parallèlement au Sourkhâne, nous trouvons le misérable kichlak de Djar-bag, composé de quelques saklis en terre, de kibitkas en feutre et de kepas.

Djar, nous dit-on, est un nom collectif qui signifie quelque chose comme *glacis* d'une forteresse. Aussi, à quelque distance de là, voit-on la forteresse en ruines de Djar-Kourgane, perchée sur des falaises de loess surplombant le lit du Sourkhâne d'un côté; de l'autre, elle est entourée d'un fossé et de murs d'enceinte en pisé à moitié écroulés. Le fortin est du genre de tous ceux dont l'Asie centrale garde les ruines des siècles derniers, en pisé, mal construit, repaire de fauves plutôt que demeure seigneuriale. Après que le fortin eût perdu sa destination première, sédentaires et nomades sont venus chercher un refuge derrière ses pans de mur ébréchés; mais ces masures ont été abandonnées depuis. Nous trouverons d'autres preuves de ce fait, que l'abandon de cette contrée, si fertile autrefois, abandon commencé il y a des siècles, a continué jusque dans les derniers temps. Le désert reprend ses droits sur les terres que la main laborieuse du cultivateur avait conquises naguère.

Au fur et à mesure que nous avançons vers le sud, nous voyons surgir et grandir à l'horizon, rayant le ciel bleu, une colonne épointée qui se dresse au milieu d'une plaine couverte de ruines. C'est Chahr-i-goulgoula la « ville du bruit ». Bientôt le sol apparaît jonché partout de débris de briques. Nous côtoyons et nous coupons des remblais, des fossés, traces d'anciens aryks puissants qui allaient porter l'eau du Sourkhâne, captée à des vingtaines de kilomètres en amont, aux jardins et aux cultures de l'ancienne cité. Voici des pans de murs, enclos de jardins, restes d'habitations se suivant sur des kilomètres. Toujours nous chevauchons sur un terrain formé de débris de briques de taille et de qualité différentes.

Toutes ces ruines basses et informes, ne laissant plus reconnaître la destination des édifices qu'elles rappellent, sont dominées par le minaret ou *monor* de 15 mètres de hauteur qui s'élève à peu près au centre de la ville disparue. Ce monor est construit en briques cuites au four, très solides, ainsi que le mortier blanc à gravier fin du Sourkhâne qui les retient. Il a environ 3 mètres de diamètre à la base et $1^m,50$ au sommet. Un escalier en spirale donne accès au sommet, difficilement, car les degrés ont disparu, et ce n'est qu'en s'aidant des bras et par une suite de rétablissements, qu'on arrive à grimper jusqu'en haut. La base du monor a été fortement entamée d'un côté, et cela évidemment à dessein par quelque constructeur de maison ou de fortin, qui n'a point reculé devant un acte de vandalisme insensé pour chercher, dans la masse solide du monor, les matériaux de construction dont il avait besoin. C'est lui, sans doute aussi, qui a dépouillé l'escalier de ses degrés et le minaret de son chapiteau, plus faciles à enlever. Tout autour du sommet court une inscription en grands caractères koufiques, formés par des briques en relief, et qui est la profession de foi de l'Islam.

Du sommet du monor, on a une vue étendue sur l'ensemble des ruines et tout au loin sur la contrée. A gauche, les pans de mur s'arrêtent aux falaises du Sourkhâne; à droite, ils cessent à la base du petit chaînon que nous avons traversé hier et qui cache au loin les environs de Chirabad. Au sud, les ruines se perdent dans les sables du steppe. Mais ce monor n'a pas été seul : d'autres, sans nul doute, ont déjà succombé sous le piochon de l'indigène, trop paresseux pour fabriquer des matériaux de construction nouveaux et trop barbare pour témoigner du respect au cadavre de ses anciennes villes mortes, dont l'histoire périt, oubliée sous les décombres, envahie peu à peu par la légende populaire que l'imagination d'un rêveur substitue, en la travestissant, au fait historique.

Nous parcourons ces ruines mornes et desséchées, que le désert a reconquises. Nous reconnaissons des maisons, des mosquées, des jardins ; voici, à l'ouest du monor, les ruines d'un *hamam*, dans ce qui fut la grande rue ; puis des substructions voûtées et des tombeaux reconnaissables aux petits lampadaires (*tchirakhtane*) qu'on a placés dessus. Quelques-uns de ces lampadaires, à deux et à trois becs, sont en fer, d'autres en terre cuite recouverte d'une couche d'émail bleu comme les briques émaillées des belles façades de mosquée.

Après avoir visité les ruines dans leur ensemble, reconnu l'existence d'anciens canaux d'irrigation très importants, dérivés de fort loin du Sourkhâne, pris de nombreux croquis et dressé un plan approximatif de la contrée, nous faisons halte à l'ombre des ruines d'un vieux caravane-saraï que fréquentent, de-ci de-là, quelques pâtres ouzbegs avec leurs troupeaux de moutons et de chèvres.

Lorsque, pour examiner la forme des briques, souvent caractéristique d'une époque, j'en eus soulevé quelques-unes, je trouvai, sous presque toutes, une petite espèce de scorpion noir nouvelle, que les indigènes appellent *kara-tchiôn*, et dont ils semblent redouter la piqûre comme étant mortelle très promptement. Mais leur bête noire, plus redoutable que le kara-tchiôn, est le Turcoman de la rive gauche de l'Amou qui porte également le nom de *Kara-Tourkmène* ou Turcoman noir. Encore maintenant — moins cependant qu'il y a quelques années, avant que le Bokhara fût entré dans le giron de la politique russe — les Turcomans étendent leurs expéditions de pillage, leurs *alamanes* jusque dans la vallée du Sourkhâne, volent et rançonnent les Ouzbegs, leurs frères de lait ethniques et de même secte religieuse qu'eux (sounites), puis se retirent vivement dans leurs repaires où ils vivent au milieu du *toughaï* et du *djangal*, dans les broussailles de l'Amou, comme le sanglier et le tigre.

Ces Ouzbegs sont pauvres. Ils élèvent quelque bétail et nomadisent dans les endroits déserts de la vallée pendant qu'autour des ruines, sur l'emplacement des anciens jardins, ils grattent le sol meuble de leurs instruments aratoires primitifs. Ils obtiennent une faible récolte de blé, d'orge, de maïs, de millet et, de-ci de-là, quelques melons et pastèques, sur des champs de culture sillonnés d'aryks tracés avec beaucoup d'entendement.

Nous reprenons notre route vers le sud lorsque le soleil s'abaisse vers la plaine de l'Amou à l'ouest : un grand disque rouge un peu aplati aux pôles, voilé de l'atmosphère jaune, épaisse, poussiéreuse qui, pendant toute la journée, semble croupir, tremblotante, au-dessus du désert embrasé. Bientôt la nuit, chaude et sonore, succédant par un court crépuscule à une journée où le thermomètre a marqué + 34 degrés centigrades à l'ombre, étend ses ombres transparentes sur la plaine et le firmament allume des millions de points scintillants d'un éclat tellement ardent que les rayons semblent jaillir de l'œil de l'observateur.

Et des milliards de cigales ont commencé leur concert nocturne. Leurs voix stridentes, métalliques, se confondent en un bruit continu et étrange auquel se mêle la note plus grave et moins soutenu des crapauds et des grenouilles du Sourkhâne. Au nord, dans la montagne de Baïssoune, des lueurs passagères illuminent le ciel, et la voix de basse, sourde et lointaine, du tonnerre gronde sa note dans ce concert étrange des voix de la nature.

Nous cheminons maintenant au bord du Sourkhâne sur des falaises de loess élevées, d'où le regard plonge sur le cours tortueux de la rivière embarrassé de nombreuses îles émergeant à l'époque des eaux basses. Ces îlots servent de refuge à un grand nombre d'oiseaux aquatiques : baclanes, canards rouges, alébrandes, vanneaux, ibis, demoiselles, etc., proie facile et abondante des nombreux aigles, faucons, buses et busards qui décrivent, le jour, au-dessus de la contrée, des orbes incessantes et nichent en nombre dans les trous des falaises de loess. Maintenant le pied des chevaux enfonce profondément dans le sable à peine arrêté sous le vent par une maigre végétation d'halimodendres, de tamarix et de saksaouls. C'est à peine si l'obscurité envahissante nous permet de distinguer, sur la rive gauche de la rivière, les ruines d'une petite forteresse, d'un ancien kourganè en pisé, que les indigènes disent être Ak-Tepé.

Après une chevauchée de quatre heures, nous arrivons dans la nuit au kichlak de Salavad ou Salavôd, que le mirza de Chirabad nous avait dit n'être qu'à une faible distance. Nous traversâmes le kichlak endormi où les chiens donnèrent furieusement l'éveil. Le mirza nous conduisit à une sorte de caravanesaraï où il prétendit nous faire coucher, après avoir dérangé quelques dormeurs couchés par terre pour nous faire prendre leur place. Abdou-Zahir entendait qu'on traitât mieux ses maîtres; nous étions du même avis, et le mirza fut assailli d'une bordée de reproches qu'il essuya, du reste, avec stoïcisme et qui eurent pour résultat de nous loger un peu plus confortablement à l'intérieur d'une tente dressée au milieu de la cour du saraï. Le mirza devint tout à coup très doux, quand je l'eus menacé d'envoyer à Chirabad un de nos hommes faire part au tocksaba de la façon dont il traitait ses hôtes. Il s'excusa en disant qu'il avait reçu de son maître, pour nous faire honneur en route, 20 tengas (18 francs), quatre chandelles de suif, sept galettes de pain, une livre de thé, quelques morceaux de sucre, un peu de riz et une demi-douzaine de carottes (!), le tout calculé pour nourrir sept personnes pendant quatre jours. Le vieux scélérat disait peut-être la vérité, ce qui n'aura pas empêché le tocksaba de compter à l'émir, pour l'entretien de ses hôtes faranghis, 20 roubles par jour et une kyrielle de dasterkhanes. Bref, nous avons du lait et des œufs et nous sommes quelque peu à l'abri des habitants invisibles qui peuplent d'ordinaire les caravane-saraïs asiatiques.

Le propriétaire de notre tente ainsi que du saraï est un vieil ichâne, un saint personnage du nom de Moutavalli-Malla-Khodja-Ichâne. Ses biens sont *vakoufs*, c'est-à-dire constituent une donation pieuse, qu'en raison de ses services et de sa sainte vie, l'émir lui a octroyée, libre d'impôts et destinée à profiter également à la communauté dont il est le chef. Cet ichâne est un vieillard de quatre-vingt-six ans, à l'air vénérable. Il jouit d'une grande réputation de véracité et d'honnêteté dans la contrée, au point que les fervents considèrent, et portent comme talisman, des morceaux d'étoffe arrachés de ses habits. Ce talisman, malheureusement, ne les garantit pas toujours du mensonge. Un vieillard de quatre-vingts ans est une exception dans ces contrées où l'hygiène défectueuse, les fièvres, l'intempérance dans la nourriture et la multiplicité des accidents abrègent considérablement la moyenne de la vie humaine. Moutavalli-Khodja a un fils qui succédera à son père comme chef du vakouf, héréditaire dans la famille ; c'est entre ses mains que sont versés, par tous les membres de la communauté, les produits des récoltes pour être distribués ensuite à chacun suivant le nombre de tanaps qu'il a mis en culture. Pas de favoritisme ; chacun reçoit la part qu'il a gagnée par son travail, proportionnelle à la quantité de ce travail. On sème surtout du blé et de l'orge, peu ou point de luzerne, car, sédentaires et paisibles, ils n'ont pas beaucoup de chevaux à nourrir. Les vaches sont employées au labour.

Ils dérivent du Sourkhâne des canaux sur leurs champs d'alluvion dans la plaine de la rivière, car il ne pleut guère que pendant les quatre mois de l'hiver. Aussi la communauté vivrait-elle très heureuse, très indépendante, si les « chiens de Turcomans » ne venaient de temps à autre, comme des loups affamés, se jeter sur les villages pour piller les greniers d'abondance et surtout pour voler les vrais croyants qu'ils vendent comme esclaves de l'autre côté de l'Amou. Et, en ce moment même, une bande de trente Turcomans est signalée à quelques lieues vers le sud. On indique même l'endroit où ils auraient campé la nuit précédente. Il est possible qu'il en soit ainsi, mais il est plus probable que le souvenir des exactions commises naguère par ces pirates du désert est resté vivace dans la mémoire des paisibles agriculteurs et qu'une troupe de cavaliers inoffensifs est prise aisément pour une bande de brigands. Cependant, tous les villages de quelque importance sont entourés d'un mur de défense en pisé et souvent d'un aryk faisant office de fossé de rempart. Les Turcomans, ceux mêmes de la lisière afghane, ont changé de ton et d'habitudes depuis que la Russie est maîtresse de l'Asie centrale. Il est étonnant de voir avec quelle rapidité ce changement s'est opéré ; ce qui prouve combien la faiblesse des gouvernements qui avaient à protéger leurs nationaux des atteintes de ces brigands était grande.

Ce kichlak de Salavad me paraît être fort ancien, et sa fondation remonter à plusieurs siècles, c'est-à-dire à l'époque lointaine où la vallée du Sourkhâne était couverte de villes florissantes en communication ininterrompue avec Balkh (Bactres). En effet, tandis que, dans toute la vallée, on trouve à peine quelques arbres âgés d'une vingtaine d'années, on voit à Salavad ce que les indigènes appellent une *forêt*. Mais cette forêt n'est qu'un frais hallier où des arbres superbes, platanes et mûriers, plusieurs fois centenaires, ont survécu à la ruine générale. Là, au milieu d'une prairie succulente, parcourue par des filets d'eau qui desservent un *khaouss*, se dressent des vétérans du règne végétal comme je n'en avais point encore vu et comme on en trouve peu de par l'Asie et l'Europe. Parmi les platanes (*tchinars*) que j'ai mesurés, il y en a qui ont plus de 9 mètres de circonférence à la base et 6 mètres à hauteur d'épaule. La brise fait parler le feuillage dentelé de leur cime vénérable, comme s'ils parlaient du temps jadis en plaignant la race d'aujourd'hui. L'ouragan les fait hurler comme une mer en furie. D'innombrables corneilles et corbeaux ont élu domicile sur les branches tondues et lépreuses qu'ils souillent de leurs ordures, lorsque, un peu avant le coucher du soleil, ils reviennent des champs, piaillant et se chamaillant jusqu'à ce que le crépuscule les mette d'accord dans le sommeil.

Quelques mûriers également, sans doute de même âge que leurs voisins géants, attirent l'attention. Ils croissent moins vite que les tchinars (*Platanus orientalis*), mais quelques-uns ont atteint jusqu'au delà de 5 mètres de circonférence à hauteur d'épaule. Nous remarquerons que c'est toujours à la sainteté du lieu que ces géants doivent leur conservation, dans presque tous les pays habités et surtout dans les pays musulmans. Il y a quelque chose de profondément touchant dans cette coutume et plus d'un vrai grand homme abriterait mieux son souvenir sous l'ombre d'un arbre géant, *ære perennius*. Je connais des arbres de Napoléon, j'en connais de la Liberté et j'ai vu le saule d'Alfred de Musset.

Le mirza s'obstinait à ignorer la présence de ruines aux environs du Sourkhâne et nous n'aurions sans doute obtenu aucun indice de leur présence si le hasard, ce grand ami ou ennemi du voyageur, ne nous avait servi encore une fois. Notre djiguite Roustem, on le sait, était très dévot à la façon musulmane; il croyait fermement à tous les saints personnages qui pullulent en Bokharie et jouissait d'un vrai bonheur à approcher l'ichâne Moutavalli, notre hôte vénéré. Il en obtint un *toumôr* qu'il suspendit religieusement à son cou, en outre — et ceci était bien plus important pour nous — des renseignements sur des ruines très étendues, non loin d'ici, au milieu desquelles se trouverait le tombeau d'un saint, mort depuis longtemps et que tout bon musulman doit aller saluer au passage. Roustem nous communique la nouvelle à l'insu du mirza, et quand celui-ci apprend notre intention de nous rendre, le lendemain, à ce tombeau, il n'ose plus nier, fait contre mauvais jeu bonne mine et s'offre de nous accompagner.

Au clair de lune nous allons, accompagnés d'Abdou-Zahir, prendre un bain dans les eaux paresseuses du Sourkhâne. C'est un plaisir qu'on ne peut s'offrir que rarement dans un voyage en Asie centrale et qui, du reste, commande de la prudence. La fièvre guette l'imprudent au brusque changement de température dans ce pays où des rivières lentes alimentent des marais à l'époque des grandes eaux et les abandonnent à l'évaporation en se retirant. Aussi les rives du Sourkhâne dégagent-elles une odeur particulière; on dirait respirer de la fièvre et sentir de la pourriture. Les indigènes ne sont pas plus à l'abri de la malaria que l'Européen. Parmi ceux qui viennent me demander de la poudre blanche (sulfate de quinine) contre le *tâb* (fièvre) se trouve le fils de Moutavalli, atteint d'une forte fièvre tierce. Abdou-Zahir s'était muni, pour la baignade, d'une longue ficelle, dans le but, dit-il, de nous la jeter en cas d'accident! Cette préoccupation l'avait sans doute empêché d'emporter la poire à poudre pour la chasse. Et ce fut, au clair de lune, un spectacle bien inusité pour les habitants de Salavad, cachés sur la berge afin de voir la couleur de la peau des Faranghis.

Toute la nuit et une partie des journées, un vent violent du sud-ouest, tombant assez régulièrement le soir, souffle sur la contrée et soulève la poussière du désert. Le ciel en est légèrement voilé et le paysage prend un ton gris jaunâtre caractéristique. Nous avons déjà constaté la régularité de ce courant aérien à Kilif; il succède, au printemps, au vent du nord-ouest qui souffle en hiver avec peu d'interruption sur les plaines du Turkestan, amenant des froids tellement aigus que la vigne, à Tachkent par exemple, ne saurait les supporter sans périr.

La nécropole de Chahr-i-samâne.

La nécropole de Chahr-i-samâne. — Le mausolée de l'émir Housseïn-Sahadât. — La vie et la mort. — Le Kerk-kiss. — Récolte de crânes. — Paysage macabre. — Légendes et déductions frustes.

A peine au sortir de Salavad, nous trouvons déjà les traces d'anciennes constructions, ainsi que les berges d'anciens aryks très importants qui, dérivés de fort loin du Sourkhâne, alimentaient la basse vallée. Nous chevauchons derechef sur un terrain jonché de briques, au milieu de tronçons de mur en pisé et en briques cuites. A l'horizon apparaissent, de plus en plus nombreux, de plus en plus élevés, des pans de murs, des ogives de mosquées à demi écroulés, puis un pâté de ruines plus importantes, mieux conservées, qu'entoure un grand cimetière. Nous sommes à Chahr-i-samâne, la ville morte, où probablement jamais aucun Européen n'a mis le pied. Après avoir chevauché pendant 5 verstes au milieu des briques provenant de constructions de moindre importance, longé des aryks desséchés et des pans de mur plus ou moins élevés, repaires d'innombrables lézards, scorpions, araignées et guêpes, nous atteignons le groupe de ruines central, mausolée du saint émir Housseïn-Sahadât. La masse imposante de ce palais des morts s'allonge exactement du nord au sud sur une longueur de 100 mètres. Il se compose d'une série de mosquées de dimensions et d'architecture différentes, juxtaposées sans plan d'ensemble et plus ou moins bien conservées. Elles ont été con-

Fig. 27. — Méched en ruines. Chahr-i-samâne.

struites évidemment à des époques différentes, avec des matériaux différents, les unes étant en briques cuites au four, les autres simplement en briques séchées à l'air. Les dimensions variables de ces briques témoignent également de la différence d'âge, comme cela peut être constaté et confirmé nettement dans les ruines de Termez, sur l'Amou-Daria.

A l'extrême sud de cette nécropole se trouve le tombeau de l'émir Housseïn. C'est une toute petite chambrette abritant quatre tombeaux, la plupart à coupe ogivale. L'un d'eux, celui de

Fig. 28. — Ensemble des mécheds de l'émir Houssein-Sahadat, côté est.

l'émir, est sans ornements autres qu'un bâton vermoulu auquel est appendu un toug. Ce tombeau, comme tous les autres, est dirigé de l'est à l'ouest, dans le sens de la *kébla*. Devant ce mausolée isolé, se trouve la façade fruste, en ogive, d'une entrée monumentale de mosquée. Le corps même du bâtiment auquel cette façade servait de frontispice s'est sans doute écroulé, de sorte que la façade se dresse seule en pan de 16 à 20 mètres de hauteur au-devant du petit mausolée royal. Cette façade est ornée de magnifiques briques émaillées multicolores qui peuvent rivaliser d'éclat et de finesse avec celles du Chakh-zindéh de Samarkand. La facture en est évidemment la même, et peut-être date-t-elle de la même époque. Les moulures des piliers engagés aux angles, les mosaïques des briques

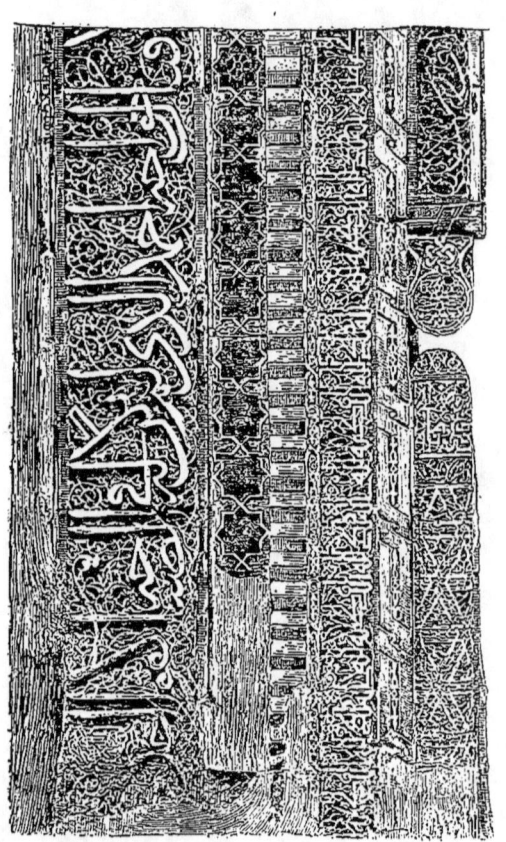

Fig. 29. — Revêtement de briques émaillées en relief du Shakh-zindéh, à Samarkand.

composées, les briques dont le relief émaillé reproduit des sentences du Korân, le dessin des caractères en arabesques dorés sont d'un fini, d'un goût et d'une qualité d'émail admirables. Cette merveille de l'art antique persan tombe en ruines. Les briques du frontispice se détachent une à une et viennent s'écacher au pied du monument. Toutes sont arrachées à la base jusqu'à hauteur d'atteinte du bras. Une à une les œuvres d'art du passé retournent à la poussière; un à un les grands faits de l'histoire de leurs rois s'effacent dans la mémoire des descendants de leurs sujets. Personne ne sait nous dire ce que fut Chahr-i-samâne, ce que fut l'émir Housseïn.

A droite et à gauche de la façade s'alignent, vers le côté nord, plusieurs mosquées d'apparence plus moderne, construites avec des briques cuites, ornées d'un frontispice simple en ogive et de façades sans ornements autres que de fausses baies, telles qu'on les voit partout aujourd'hui en Perse et dans le Turkestan. Ces mosquées flanquent des deux côtés une allée centrale, obstruée par des tombes qu'envahit la végétation du steppe et que signale, de-ci de-là, un bâton portant un toug ou un amas de briques et de débris de briques émaillées. L'extrémité nord est occupée par une mosquée coupolée aux formes effacées par les intempéries de l'air et qui ne tardera pas à s'effondrer en entier. Entre celle-ci et les autres existe un espace libre où, sans doute, d'autres mosquées auraient été construites suivant les besoins de la mort, si quelque catastrophe n'avait anéanti, avec la prospérité de la contrée, l'espoir de ses riches et puissants habitants de reposer dans la nécropole de leurs ancêtres, aux côtés de l'émir Housseïn. Car toutes ces mosquées, qui furent peut-être autrefois des *mécheds* où les moullahs enseignaient la vraie croyance, sont aujourd'hui des nécropoles. Les tombes s'y pressent nombreuses sous les coupoles lézardées par le temps ou sous leurs débris amassés par l'incurie de la génération actuelle. Ces tombes ont généralement la forme d'un parallélipipède crépi en pisé ou bordé de briques cuites, quelquefois orné d'une bordure de briques émaillées ou en relief. Mais presque toutes celles-ci sont disparues, arrachées et livrées à la dévastation. Les baies d'entrée, sans portes, les fenestrelles et le trou des clefs de voûte de la coupole laissent entrer, avec quelques rayons obliques du soleil, le vent, la poussière et les fauves. Des faucons et des pigeons ramiers nichent dans les trous des encoignures en salissant les tombes et les murs des traînées blanches de leurs ordures. Les chacals, les hyènes et les loups se promènent sur les dépouilles des courtisans de l'émir Housseïn, et le vent chante incessamment des complaintes douloureuses et le *Miserere* des grandeurs dans ces retraites de la mort et de l'oubli.

En sortant de ces mausolées où se pressent des centaines de tombes, on marche de nouveau sur un cimetière. Là reposent des générations moins vieilles. Les habitants de la contrée, en effet, aiment à dormir dans la mort aux côtés de l'émir Housseïn, et de fort loin on apporte leurs cadavres pour les enterrer autour du mausolée. Ces tombes sont de simples tumulus recouverts parfois de morceaux de briques ou de cailloux plus ou moins bizarres ; quelquefois une inscription grossière est tracée à la pointe du couteau sur une de ces pierres.

Et au moment où nous visitons ce cimetière, en évitant les trous béants où apparaissent, dans l'effondrement de la voûte du tombeau, des ossements et un bout de linceul, nous voyons, arrêtée au loin, une troupe de cavaliers. L'un d'eux porte en travers, sur le devant de la selle, un cadavre enveloppé de blanc. Ils hésitent à approcher : ils ont vu luire nos fusils au soleil et nos chevaux attachés dans un coin d'ombre. Mais lorsqu'ils nous voient nous diriger de côté, ils avancent. Les cavaliers descendent, et avec des pelles qu'ils ont apportées, creusent rapidement une fosse peu profonde, y couchent le mort, l'ensevelissent en toute hâte et s'éloignent au petit galop comme s'ils venaient de commettre un méfait. J'ai déjà eu occasion de dire que le respect des morts chez les musulmans de l'Asie centrale n'est pas aussi vivace et touchant que chez nous.

Cependant, au milieu de cette cité ensevelie sous les décombres, au milieu de ce cimetière immense où reposent les hommes, les grandeurs et la prospérité du temps jadis, la nature, éternellement jeune et vivante, n'a point perdu sa vitalité. Le soleil printanier réchauffe la terre où fermente la vie dans la mort ; les plantes bulbeuses se réveillent d'un long engourdissement comme les gerboises et les sousliks, les tortues et les serpents ; les broussailles épineuses se colorent du vert glauque de leurs petites feuilles à peine écloses et du rose de leurs fleurs parfumées ; le tamarix, le djoubsane (*artemisia*), le chatara à l'élégante corolle bleu foncé envahissent les tumulus en les égalisant sous un même tapis de verdure. De-ci, de-là, une plante curieuse, sous forme d'une hampe aplatie, rouge violâtre — on dirait un moignon sanguinolent de cadavre — s'élève du sol crevassé et fendillé déjà par la sécheresse de plus en plus profonde. Vraie plante de cimetière, les indigènes l'appellent *serkaseghi*, ce qui veut dire « beaucoup de malades »; les Persans lui donnent le nom de *michkasough,* et les botanistes celui de *Cynomorium coccineum* (balanophorées). Et cette fermentescence de la vie, on croirait l'entendre : c'est dans l'air un bruit bourdonnant et susurrant, un bruissement incessant qui s'élève en sourdine au passage d'un lourd insecte et aggrave par instant le silence croupissant sur la cité des morts. Les cigales chantent le même air que du temps de l'émir Housseïn; les abeilles, les bourdons, les papillons hantent comme autrefois les corolles nectarifères des fleurs sauvages dont les floraisons spontanées ont pris la place des jardins enchanteurs d'antan. Des lézards bigarrés se jouent au soleil, et de gros scarabées se dandinent lourdement sur de minuscules sentiers dans la poussière. Le soleil échauffe l'air et fait trembloter la brume poussiéreuse à l'horizon.

Le thermomètre marque 38 degrés centigrades à l'ombre à une heure de l'après-midi.

Nous continuons notre visite. A cinq cents pas à l'est du mausolée principal se trouvent les ruines d'un four à briques ; puis, vers l'ouest et le sud, nous rencontrons des mosquées isolées en briques cuites, plus ou moins bien conservées, du style de celles qu'on construit encore aujourd'hui dans l'Asie centrale. Quelquefois, la voûte principale ou les voûtes secondaires se sont effondrées ; ailleurs la façade ou les portes sont ébréchées comme intentionnellement pour avoir des briques de construction toutes faites. Et ces mosquées, dont la façade ornait autrefois une rue populeuse, se dressent isolées ; à peine quelques tronçons de murs indiquent-ils la direction des lignées d'habitations. Souvent les bergers et les troupeaux de moutons cherchent un refuge dans les chambres les moins trouées, et le sol est formé d'une épaisse couche de fumier sur lequel pourrissent des cadavres d'animaux.

A 2 verstes à l'ouest du tombeau de l'émir Housseïn, se trouve le *Kerk-kiss* ou « palais des quarante filles ». C'est une grande et massive construction, d'un style particulier et qui ressemble à une forteresse. Le Kerk-kiss a la forme d'un carré de soixante-quinze pas de côté, dont les façades regardent exactement les quatre points cardinaux. Chaque façade est trouée d'une porte en ogive, chaque angle flanqué d'une tour saillante engagée dans le mur du bâtiment, et en protégeant l'accès latéral. L'intérieur était à double étage et divisé en un grand nombre de chambres dont les plus vastes occupaient le creux des tours. Tout cela ne forme plus qu'une ruine informe où les décombres des appartements supérieurs, tous à ciel ouvert, remplissent et obstruent les entrées et les chambres inférieures; à peine si une des casemates du rez-de-chaussée peut servir d'étable temporaire aux troupeaux de moutons. Le palais-forteresse est construit en briques séchées de 39 centimètres de côté et de 13 centimètres d'épaisseur. Il est apparemment d'une époque bien antérieure à celle du reste des constructions de Chahr-i-samâne. Les murailles des façades ont une épaisseur de $2^m,35$. Les chambres étaient voûtées et les inférieures casematées. En persan, on appelle encore le Kerk-kiss, *Tchil-douch-davane*. La légende — car les légendes seules nous donneront quelques indications sur l'âge et la destinée de ces constructions — rapporte que le Kerk-kiss fut construit par Abdoul-Hakim, dont le tombeau se trouve à quelques verstes de là, sur les bords de l'Amou. Abdoul-Hakim avait une fille, jeune et belle, qu'il chérissait beaucoup. Comme Chahr-i-samâne était alors une ville florissante, où l'eau coulait fraîche et en abondance dans les jardins qui couvraient la contrée, il construisit à sa fille ce palais digne d'elle, en y aménageant quarante chambres pour les quarante suivantes de la princesse. Il y donna des fêtes en son honneur et fit célébrer des jeux.

Pendant trois jours, nous visitâmes les ruines de Chahr-i-samâne, dessinant, mesurant les distances et les proportions des principales constructions, de façon à pouvoir dresser un plan des ruines aussi exact que nous le permettait l'absence des instruments spéciaux les plus indispensables. Un jour, avant de rentrer à Salavad, pendant que le mirza et nos gens avec les chevaux avaient pris les devants, je me dirigeai du côté de l'ancien cimetière, où la veille j'avais remarqué, dans le trou béant d'un tombeau effondré, deux crânes et des ossements. Me voyant seul et à l'abri des regards de nos indigènes, je me glissai dans le tombeau par l'ouverture, à peine assez large pour me laisser passer : je me trouvai alors dans un caveau très bas, à demi comblé par l'éboulement, tapissé d'un revêtement de briques et recouvert de poutrelles supportant le tumulus. Lorsque, dans une demi-obscurité, je tâtonnais pour saisir les crânes, je sentis passer et repasser devant l'ouverture d'entrée une ombre rapide ; puis, tout à coup, la lumière du jour disparut. Me croyant surpris par un indigène et m'apprêtant déjà à ne pas me laisser assommer comme un blaireau, je me retournai difficilement ; je vis l'entrée bouchée par la tête et le corps d'un de nos chiens kirghiz qui, sur mes traces, était venu me chercher. Je mis les deux crânes dans un sac et les confiai à Abdou-Zahir, en lui recommandant de les soustraire aux regards de Roustem, car jamais Roustem n'aurait consenti à mettre la main au coffre qu'il aurait su contenir les crânes de ses semblables. Ces pièces sont intéressantes, car elles présentent cet aplatissement particulier de l'occipital du crâne ouzbeg, déformation qu'on attribue à la forme du berceau où la tête de l'enfant immobilisé repose sur le bois et se déforme aisément à la longue. Cette déformation n'est pas intentionnelle, comme celles que pratiquent d'autres peuplades.

Avant de quitter Chahr-i-samâne que, six ans plus tard, nous devions revoir encore, nous montons au sommet du mausolée de l'émir Housseïn, pour jouir une dernière fois, croyions-nous, de l'aspect pénétrant de la ville morte. A ce moment le soleil enfonce son disque rouge dans la brume violâtre qui recouvre le steppe. Les ruines prennent des formes plus massives et semblent plus imposantes, grandies par leur propre masse. Elles s'étendent au sud, aussi loin que porte le regard, jusqu'à ce long ruban doré, l'Amou, qui serpente à travers l'horizon, jusqu'à Termez, cette autre cité antique disparue depuis des siècles. Les contours des pans de mur prennent des formes bizarres de géants, figés par le temps. Tout près de nous, une bande de chacals commencent à pleurer et passent comme des ombres dans les replis du sol. Une brique se détache sous nos pieds, tombe avec un bruit creux dans le mausolée et chasse de son nid un faucon ou une chouette. Puis la lune, terne d'abord, plus brillante au fur et à mesure qu'elle monte dans le firmament, envoie sa lumière tamisée sur la ville, plus morte encore si l'on peut dire ainsi. Le ruban doré de l'Amou devient argenté ; les ombres s'épaississent dans le creux des ruines. L'étoile du berger brille dans le firmament, entourée d'un petit halo. Et quand nous rentrons à la nuit à Salavat, les cigales du steppe et les grenouilles du Sourkhâne ont recommencé leur symphonie monotone de tous les soirs.

Que le lecteur pardonne à un amateur de sensations bizarres et de paysages peu vulgaires, la tentative, souvent répétée, de lui faire partager son plaisir, son souvenir et son émotion. J'écris autant pour moi que pour mes charitables lecteurs, et j'admets qu'au lieu d'une excuse, ma franchise soit une aggravation.

Moutavalli-Khodja fut le seul qui put nous donner quelques renseignements sur l'histoire de cette contrée et le passé de ces ruines. Je lui avais fait passer une rage de dents avec de l'éther et remis un flacon d'ammoniaque contre la morsure des nombreux scorpions et serpents venimeux qui pullulent, disait-il, dans la contrée. Une bouffée d'alcali, humée à plein nez, avait, en l'émerveillant, convaincu l'assistance de l'efficacité de ce remède. Le Moutavalli en devint plus communicatif, et voici ce qu'il nous raconta :

« L'émir Housseïn-Sahadât, mort depuis cent cinquante ans, a régné onze ans. A cette époque, la contrée était couverte de jardins, de riches cultures, de beaux arbres et de tchinars ombrageant les mosquées et les maisons. Chahr-i-samâne, Chahr-i-goulgoula étaient des villes immenses, dont la limite se trouvait à 16 tachs. Bokhara-i-chériff portait alors le nom de Loumouch. Chahr-i-balkh et Termez sont les plus vieilles forteresses, et nulle part ailleurs il n'y en a de pareilles. Un saint les avait construites. »

Le portail, en briques émaillées, du mausolée de l'émir Housseïn, a été édifié par le soultane Sandjer-i-Mâzi ; l'aile orientale par Abdoullah-Khân, et la mosquée de l'extrémité nord par Timour Korragane. Termez aurait été construit par un infidèle du nom de Kouchto-Sib, « un *Russe* », dit l'ichâne.

« Du temps que Baber était émir de Bokhara, il y eut à la cour un courtisan du nom de Samâne ou Chahimâne. L'émir le combla de présents et de faveurs sans jamais pouvoir le contenter. Las d'entendre ses demandes incessantes de cadeaux, il le chassa. Chahimâne parti, le pauvre émir n'eut plus de repos ; il lui semblait jour et nuit entendre une voix lui crier sans cesse : *Chahimane kildi, Baber koch!* (Chahimane est venu, Baber sauve-toi !) Finalement, Baber prit le parti de fuir de Bokhara et s'établit à Chahr-i-balkh, sur la rive gauche de l'Amou. Il entraîna tout le peuple de Bokhara, ainsi que celui de Chahr-i-samâne. Depuis lors, la contrée est déserte, les aryks sont desséchés, les jardins ont disparu. Chahr-i-samâne est devenu un cimetière, où les pèlerins se rendant à Mazar-i-cheriff vont prier sur la tombe de l'émir Housseïn. » Toutes ces choses étaient écrites dans un même livre, que possédait le père de notre ichâne, mais ce livre a été perdu depuis.

On voit combien les renseignements historiques sur cette contrée naguère célèbre sont précaires, et combien le souvenir de l'ancienne splendeur est atténué dans l'esprit des plus vieux et des plus instruits habitants du pays. Nous sommes pourtant sur le sol de l'antique Bactriane (Balkh ou Bactres n'est qu'à 80 verstes de distance), pays de Zoroastre, théâtre des exploits d'Alexandre le Grand, de Timour, de Djenguis-Khân, de Baber, et certainement l'histoire de ces ruines est inscrite quelque part dans l'histoire ou dans les mémoires de ces conquérants du monde central asiatique. Peut-être est-elle inscrite plus véridi-

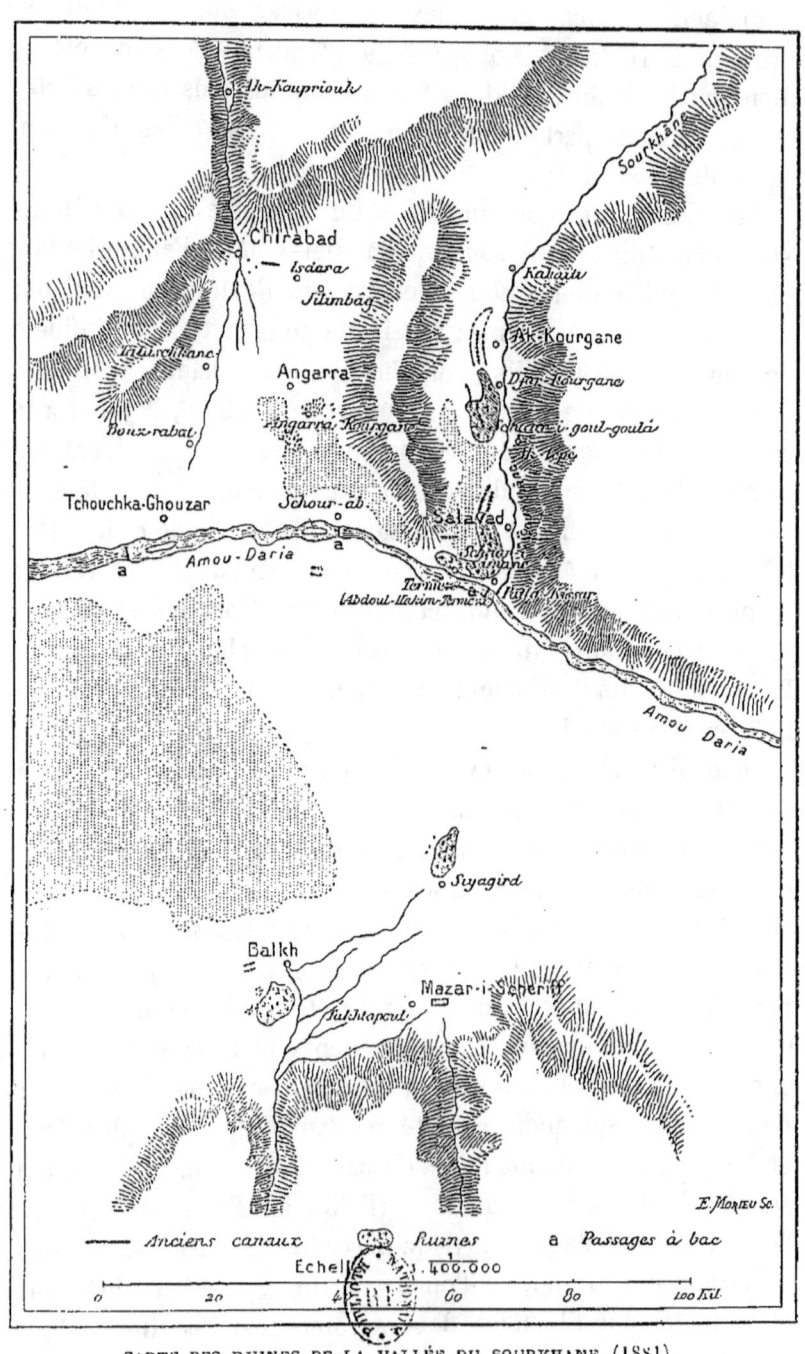

CARTE DES RUINES DE LA VALLÉE DU SOURKHANE (1881).

quement sur les feuillets superposés du sol; mais nous n'eûmes point les moyens de la déchiffrer par des fouilles longues et coûteuses.

Telles qu'elles se présentent aujourd'hui, les ruines de la vallée du Sourkhâne se divisent en trois groupes, reliés entre eux, parce que ces villes ont vécu de la même vie, c'est-à-dire de l'eau dérivée du haut Sourkhâne. Cette eau les alimentait toutes en même temps ou l'une après l'autre, car il est probable qu'il y a plutôt juxtaposition que superposition. Ces trois groupes sont : Chahr-i-goulgoula, Chahr-i-samâne et Termez. De l'autre côté de l'Amou, la traînée de ces ruines se continue par le groupe de Saïagird à l'ancien Balkh ou Bactres. Il est probable aussi que d'autres ruines, moins étendues, bordent la rive gauche du Sourkhâne, vers Kakaïti et Kabadiane. On nous signale, à 6 tachs d'ici, des mausolées à Khodja-gourk-souhar.

Néanmoins, la contrée n'était sans doute point aussi populeuse que pourrait le faire croire la superficie occupée par les villes mortes. Nous voyons partout en Asie centrale — et un exemple typique de ce fait nous est fourni par les ruines de l'ancien Merv sur les rives du Mourgab — les nouveaux arrivés s'établir à côté des habitations frustes de leurs prédécesseurs, en empruntant souvent à celles-ci leurs matériaux de construction. La reconstruction et la renaissance d'une telle ville ont pu se faire jusqu'à trois ou quatre fois à des époques différentes; de sorte que, au premier juger, une ville disparue qui paraît avoir eu, je suppose, 150 000 habitants, n'a eu, en réalité, que 50 000 habitants en trois étapes différentes de son existence, chaque étape étant marquée par la construction, à côté des ruines déjà existantes, d'une ville neuve.

Il est certain qu'une grande route commerciale entre l'Afghanistan, le Turkestan, et peut-être la Kachgarie, a passé par la vallée du Sourkhâne. C'est bien là la même route que, dans l'antiquité, Marin de Tyr et Ptolémée ont connue pour passer de la Bactriane dans le pays des Sères par celui des Comèdes; car nous savons aujourd'hui que le pays des Comèdes était le

Hissar et le Karatéghine actuels[1]. La légende de Chahr-i-goulgoula, telle que nous la racontèrent les *aksakals*[2] du pays, légende qui rappelle celle autre de Sodome et de Gomorrhe, dépeint l'activité commerciale et la richesse des habitants de la contrée.

« Du temps où Bactres était dans sa splendeur, il y avait ici une grande ville très commerçante; elle possédait un bazar immense où l'on trafiquait jour et nuit. Chahr-i-goulgoula parlait avec Bactres au moyen de feux allumés la nuit sur des montagnes élevées de mains d'hommes et échelonnées entre les deux cités. Attirés par l'appât du gain, les marchands accouraient de l'Inde, de l'Iran, de l'empire de Tsin (Chine), et Chahr-i-gougoula faisait un grand commerce. Ses habitants regorgeaient de richesses. Un matin, au lever du soleil, les caravanes qui avaient campé aux portes de la ville, celles qui avaient attendu sur la rive gauche du Sourkhâne le moment de passer avec le bac, les maraîchers qui venaient des villages voisins avec des provisions de bouche, tous furent saisis d'épouvante : ils n'entendaient plus le moindre bruit s'élever de la ville. La veille, ils s'étaient agenouillés au cri des moullahs les invitant à la prière du soir, ils avaient vu étinceler sous le soleil les dômes des médressêhs et des mosquées, ils s'étaient endormis avec le fracas de la ville dans les oreilles, et maintenant tout se taisait. Ils franchirent, terrifiés, le mur d'enceinte ; toutes les constructions étaient à terre, les habitants ensevelis sous les décombres; les cicognes elles-mêmes avaient fui; il semblait qu'un pied immense eût piétiné la ville. Seul, le minaret était resté debout. Au pied, une femme vieille de plus de cent ans était accroupie; elle ne sut que répondre aux questions : « Allah est grand! la ville n'est plus! Allah est grand! « la ville n'est plus ! »

---

1. Consulter les savantes dissertations du colonel Yule, dans la préface à la nouvelle édition du *Voyage de Wood aux sources de l'Oxus*, la monographie de M. Paquier sur le Pamir, et l'article de Ssevertzoff dans le *Bulletin trimestriel de la Société de géographie de Paris*, 1890.

2. *Barbes blanches* ou *chefs de village*.

« Longtemps on a vu la vieille qui se traînait dans la ruine; mais, aujourd'hui, on ne la rencontre plus[1]. »

La légende, comme on le voit, a gardé le souvenir d'une sorte de télégraphe lumineux qui aurait fonctionné sur les monticules dont la contrée est parsemée encore de nos jours. On aperçoit, en effet, aux environs de Chirabad, autour de Karchi et dans la vallée du Sourkhâne, des tépés isolés, monticules de loess d'une vingtaine de mètres élevés par mains d'hommes, se succéder à des intervalles de 1 à 2 kilomètres. On s'expliquerait leur présence plus facilement s'ils gardaient les vestiges d'un ancien fortin; peut-être ont-ils servi à l'usage télégraphique dont parle la légende ?

Si l'on cherche à se rendre compte des causes qui ont pu provoquer l'abandon des riches oasis du Sourkhâne, on s'arrête de préférence à une cause naturelle, déterminée peut-être elle-même par une cause sociale ou politique. Il est certain que, jadis, les montagnes du Turkestan étaient plus boisées qu'elles ne le sont aujourd'hui, et que, par cela même, le débit des rivières était mieux réglé et plus abondant. La plupart des rivières et les fleuves tels que le Zérafchane, le Sourkhâne, le Kafirnahan, l'Amou, etc., accusent ce changement dans la constitution des alluvions de leurs rivages. Le Sourkhâne, nous dit le Moutavalli, coule depuis trois cents ans dans son lit actuel; auparavant, il passait à Chahr-i-samâne. Ceci veut dire qu'à cette époque les canaux dérivés de la rivière vers la cité étaient assez vastes pour charrier une quantité d'eau d'irrigation plus considérable que celle de la rivière même. Or, aujourd'hui, le Sourkhâne, à certaine époque de l'année, ne pourrait plus suffire à l'alimentation d'une étendue cultivée et habitée aussi considérable. Le manque d'eau se faisant sentir, le nombre de bras — peut-être à la suite d'une guerre meurtrière — ne suffisant plus à assurer l'entretien des aryks, il a pu se produire un exode volontaire vers une contrée où la lutte pour l'eau, c'est-à-dire pour la vie, était moins âpre que dans la

---

1. G. Bonvalot, *De Moscou en Bactriane*, Plon et Nourrit, 1884.

vallée du bas Sourkhâne, livrée à un asséchement progressif. Combien de fois n'avons-nous pas constaté que le manque d'eau, l'absence du facteur principal de la richesse, forçait les habitants sédentaires à quitter un sol fertile pour chercher ailleurs, avec le filet d'eau qu'ils pourront mener sur leur champ, une nouvelle patrie ! D'autres causes ont pu contribuer à l'abandon et à la dépopulation de cette contrée riche : la déviation de la route commerciale, la ruine de l'oasis de Balkh, la destruction des villes par un de ces conquérants terribles, tels que Djenguiz-Khân, que les indigènes appellent *le maudit*. Enfin, « peut-être qu'à défaut d'autres hypothèses, l'usure d'une race trop faible suffit à expliquer comment nous avons trouvé une solitude là où s'était agitée une population très dense [1] ».

Retour à l'Amou.

Retour à l'Amou. — Divaná en pèlerinage. — Turcomans de Patta-kissar.

Le 14 avril, nous quittons Salavat pour regagner les bords de l'Amou-Daria. Le chemin, détrempé par les pluies de la nuit, laisse Chahr-i-samâne à droite et longe le Sourkhâne, aux falaises abruptes de loess. De nombreux îlots, couverts d'une végétation abondante, rendent le cours de la rivière très irrégulier. Sur la rive gauche se dessinent quelques ruines basses. Chemin faisant, nous rencontrons un vieux Turcoman de Kerki avec sa famille. La femme, non voilée comme toutes les Turcomanes, est juchée sur un chameau ; un petit enfant est couché en travers d'un âne et une petite fille suit à pied. Cette famille a quitté son foyer à cause du manque d'eau, pour remonter l'Amou à la recherche d'une terre plus facile à irriguer. Plus loin, nous croisons des pèlerins qui reviennent de prier sur la tombe du grand saint de Mazar-i-cheriff. Ils sont en route depuis trois jours et nous annoncent le départ de l'expédition russe. Voici encore un derviche ou *divaná* turcoman qui revient

---

1. G. Bonvalot, *loc. cit.*

du même pèlerinage. Il est habillé de loques qui pendent en guenilles autour de son corps émacié, à peine vêtu. Ses traits, mobiles et abjects, dénotent la bestialité et accusent le fumeur de *nacha*[1] et le mangeur de *tariak*[2]. Il fait l'effet d'un cataleptique. Armé d'un long bâton et muni de la gourde traditionnelle, il passe en nous jetant un mauvais regard.

Après une promenade de 8 verstes, nous atteignons le kichlak turcoman de Patta-kissar sur la rive droite du Sourkhâne — et non la rive gauche, comme l'indiquent les cartes russes. *Patta-kissar* veut dire « endroit où l'on a coupé la broussaille », et cette broussaille est formée principalement par du tamarix qui foisonne sur les terrasses basses de l'Amou.

Le village est habité exclusivement par des Turcomans de la tribu des Cheikhs, au nombre de trois à quatre cents. Ils ne veulent pas avoir affaire en rien aux Arzaris, leurs voisins de la rive afghane opposée et semblent redouter leurs déprédations. Ils s'en vengent, disent-ils, en mettant à mort tout rôdeur turcoman dont ils peuvent se saisir. Le type de cette tribu a les caractères mongoloïdes fortement accusés : les pommettes larges et saillantes, les yeux petits et obliques, la bouche large et la barbe rare. La prononciation du turc est plus nasale que chez l'Ouzbeg et les consonnes s'adoucissent : k devenant g, et t se transformant en d. Les femmes offrent un type assez agréable et des allures plus dégagées. Elles sont habillées d'une longue chemise de couleur, flottante; la tête est coiffée d'un turban élevé qui retombe en voile sur le dos et encadre le visage non voilé. Ce turban est généralement de couleur rouge. Elles aiment la parure et portent souvent des ornements en métal sur le front. Elles sont chaussées de bottes. Les hommes portent une chemise en cotonnade, fermée sur l'épaule et retombant sur un pantalon large de même étoffe. Ils vont d'ordinaire pieds nus et se coiffent d'un tépé ou d'un morceau de cotonnade enroulé en guise de turban. D'autres portent le bonnet turcoman en peau de mouton.

---

1. Hachich. — 2. Opium.

Patta-kissar, nous disent-ils, n'existe que depuis vingt ans, lorsque, à la suite d'une inondation de l'Amou à Kerki, six foyers de la tribu ont remonté le fleuve pour se fixer en cet endroit. D'autres les ont suivis. Pendant quinze ans, ils ont lutté contre le *tougaï*, l'attaquant par la hache et le feu afin de rendre le sol plus fertile, surveillant sans cesse la marche de la végétation afin que le tougaï, en repoussant, ne détruise le fruit de leurs peines. Il y a cinq ans seulement qu'ils obtiennent des récoltes rémunératrices. Depuis dix ans, le village a cessé d'être bien *vakouf*. Tous sont agriculteurs. Ils cultivent le blé, l'orge, le sorgho, le sésame, le melon, un peu de coton et presque pas de luzerne. Chaque foyer possède quelques mûriers qui lui permettent d'obtenir, d'une bonne variété de cocon, de 4 à 5 livres de soie pour la vente. A propos de vente, notons que celles de moindre importance se font devant témoins et un plat de palao, et que les ventes sérieuses se concluent devant le kazi[1], à Chirabad, qui délivre un contrat. Ils élèvent quelque bétail. Chaque foyer possède de trois à cinq chèvres. Les vaches, petites et marquées d'une légère bosse dorsale — ce qui les rapproche de la race de l'Inde — leur donnent du lait et sont employées au labour. Les chèvres portent de longues cornes et ont le corps recouvert d'un poil long et soyeux, le plus souvent noir, parfois jaune ou roux. Le mouton, de la race stéatopyge, fournit une bonne laine et souvent la variété crépue noire, appelée *karakol*. Les chevaux, peu nombreux, sont de la race turcomane, mais n'ont point les qualités ni l'apparence de ceux de Merv. Tous ces animaux domestiques se nourrissent principalement des jeunes pousses de tougaï, *typha*, *lasiagrostis*, jonc et tamarix dont le mouton est particulièrement friand.

Les cultures sont établies sur la dernière terrasse de l'Amou, bande d'alluvion large de quelque cent mètres, que n'atteignent que très rarement les inondations. Les aryks sont dérivés du Sourkhâne et soigneusement entretenus à la profondeur nécessaire pour assurer l'irrigation. Tous ces gens paraissent être

---

1. Juge indigène.

laborieux, travailleurs et heureux. L'hiver précédent, cependant, leur a coûté beaucoup de bétail. Les froids auraient été tels que l'Amou en fut gelé, ce qui arrive très rarement.

Chaque foyer, disent-ils, paye à la couronne un impôt d'un tenga par an et par tanap cultivé. Le paiement a lieu deux fois par an, la première après la récolte du blé, la seconde après celle du sorgho (*djougarra*). Le manouvrier, chez eux, reçoit de 4 à 10 kopecks par jour et la nourriture. Ils travaillent même les vendredis et les jours de fête. Les pauvres habitent des *kapas*, simples abris de nattes de roseau ; les riches, des *saklis* en terre, ayant la forme d'une pyramide quadrangulaire tronquée.

Aux ruines de Termez.

Aux ruines de Termez. — Le sanctuaire d'Abdoul-Hakim-Termezi. — Le varan. — Un dessin de Doré. — Perdus dans l'obscurité. — Retour à Chirabad.

Le jour même de notre arrivée à Patta-kissar, après nous être installés chez l'aksakal de l'endroit, nous allâmes le long de l'Amou à la recherche des ruines de Termez. A peine sortis du village, nous rencontrons les premiers pans de mur écroulés ; le sol encore est jonché de briques, et l'œil peut suivre sans interruption les ruines vers le nord jusqu'à Chahr-i-samâne.

A 1 tach environ à l'ouest de Patta-kissar se dresse, aux bords mêmes du fleuve, la lourde masse de l'antique forteresse en ruines de Termez.

Les décombres, amoncelés au pied des murailles et des tours, pareils à une montagne artificielle, permettent d'en gravir la pente et de gagner sans escalade l'intérieur de la forteresse. Du point culminant, dominant le tout, on voit que la citadelle avait la forme d'un parallélogramme allongé de l'est à l'ouest, le côté sud faisant face à l'Amou en le surplombant, le côté nord regardant la plaine de Chahr-i-samâne. Quatre tours de défense, massives, en briques séchées de grandes dimensions, briques et tours semblables à celles du Kerk-kiss, occupaient les angles. L'épaisseur des murailles, les matériaux employés, les dimensions des briques et la disposition des parties font reconnaître une parenté probable entre le Ker-kiss et cette citadelle.

L'intérieur était divisé en un certain nombre de compartiments, séparés par des murs en briques cuites de dimensions plus réduites, le tout formant un ensemble de constructions telles qu'on les retrouve encore aujourd'hui dans la citadelle ou *ark* de l'émir de Bokhara.

Au pied de la muraille sud, baignés par les eaux rapides de l'Amou, se voient les restes de piliers puissants, construits solidement avec des briques cuites, fortement adhérentes entre elles par un ciment calcaire.

Sont-ce des bases de colonnes qui auraient supporté une terrasse ou les restes de piliers d'un pont que la légende prétend avoir été jeté d'une rive à l'autre? Ou ces piliers ne seraient-ils que des brise-lames destinés à empêcher les eaux rapides de l'Amou à mordre la base de la forteresse? Toujours est-il qu'en dépit du courant se portant sur eux, ils ont résisté jusqu'à ce jour et empêché la destruction complète de ce témoin obscur des temps reculés. Car il est certain que cette citadelle est fort ancienne et que les ruines d'aujourd'hui proviennent de constructions d'époques différentes. Tous les grands conquérants opérant dans la Bactriane ont dû baser leur action défensive ou offensive sur une forteresse aussi puissante que dut l'être alors Termez. De nos jours, elle ne protège même plus une route de caravanes, car le courant commercial emploie de préférence la route de Kilif et celle de Kerki, au détriment du passage à bac de Patta-kissar et d'Aïvodj.

Au pied de la forteresse, à l'extrémité ouest, se trouve le tombeau du saint Abdoul-Hakim-Termezi. La mosquée, détériorée par le temps, où reposent les cendres du saint personnage, est ornée d'une façade avec des niches en ogive. Devant cette façade court un petit mur d'enceinte où sont posées ou emmurées des cornes de béliers, de cerfs : emblèmes de sainteté et de force. Le cénotaphe, en marbre grisâtre, richement couvert d'arabesques et d'inscriptions ciselées en relief, est une merveilleuse œuvre d'art. Il se trouve dans une petite chambre à l'extrémité occidentale de la mosquée. Les moullahs, gardiens du tombeau, jugeant sans doute que le pourboire ne serait pas à la hauteur de notre curiosité, s'obstinaient à ne pas trouver la clef qu'ils disaient perdue : ce qui fut cause que nous ne vîmes le tombeau d'Abdoul-Hakim que six ans plus tard, lors de notre second voyage à l'Amou. L'intérieur de la mosquée est occupé par une grande chambre, coupolée, à peine éclairée par un filet de lumière arrivant d'une fenestrelle laté-

Fig. 30. — L'Amou-Daria, près de Termez.

rale. Les murs gardent encore les restes frustes d'un dessin en stuc et en arabesques. Tout autour de la chambre, sur le sol, sur l'entablement, dans les niches, sont dressées, debout deux par deux, des briques cuites ou séchées ; on y trouve encore des tas de boulettes en argile, grossièrement pétries à la main, puis des cornes de béliers, de cerfs et de chèvres sauvages. Briques et boulettes sont dressées et apportées par les femmes turcomanes en l'honneur du saint Abdoul-Hakim qu'elles implorent contre la stérilité et la naissance d'une fille[1].

Dans un coin, quelques degrés mènent à une sorte de chambre basse, où une très faible lumière laisse reconnaître, aux murs, des arabesques en stuc, d'une finesse et d'une beauté remarquables.

---

1. La naissance d'une fille, sans être un malheur, est loin d'être un honneur et un sujet de réjouissance comme celle d'un garçon.

Nous consacrons deux journées à la visite des ruines de Termez, dessinant, mesurant, allant d'une construction à l'autre sans pouvoir, le plus souvent, en reconnaître l'usage, tellement le temps a effacé leur caractère. Des pans de mur, d'une épaisseur de 9 mètres, en briques séchées, restes d'une grande enceinte, s'alignent comme des chaînons de collines. De-ci de-là, l'arcade en ogive d'une porte d'entrée a résisté à l'abandon. Un monor tronqué, plus récent, se dresse à côté d'un tombeau de saint, orné d'un toug ; des vestiges de fours à briques, et, peut-être aussi, de fours de bombes à feu grégeois se font reconnaître par la calcination noirâtre qui les tapisse et l'amoncellement de fragments de bombes qui couvrent les alentours.

A 1 verste de la forteresse, vers l'est, se dresse une vieille tour usée, massive, en briques séchées à l'air, dont le but nous échappe. On n'y voit aucune porte d'accès, car l'intérieur n'est pas creux. Était-ce une tour-vigie ou un de ces observatoires d'où les savants astronomes de l'époque arabe scrutaient le firmament? Les briques de cette tour ont 13 centimètres d'épaisseur sur 39 centimètres de longueur, comme celles de la forteresse principale sur les bords de l'Amou, comme celles du Kerk-kiss également et de quelques autres constructions sans doute de même époque.

Bref, pour changer les points d'interrogation qui se dressent ici devant le voyageur, en points d'exclamation, il aurait fallu chercher la lumière cachée dans le sol même. Et comme nous ne pouvions organiser des fouilles, faute de moyens, nous nous contentâmes de lever un plan approximatif, de remplir notre album de croquis et de former le vœu que, plus tard, les circonstances nous permettent de fixer notre attention à une contrée sur laquelle, nécessairement, elle ne pouvait que glisser en ce moment.

Le mirza de Chirabad nous accuse 7 tachs, soit 56 verstes de Patta-kissar à sa ville. L'étape sera longue ; nous partons de bonne heure. Nous traversons une dernière fois les ruines de Termez et nous passons le monor auprès duquel une bande de pèlerins, armés de longs bâtons, sont venus de loin, à dos

Fig. 31. — Mausolée d'Abdoul-Hakim-Termezi.

d'âne, faire œuvre de dévotion. Puis le steppe, tapissé d'armoise, passe insensiblement au désert sablonneux, peuplé de lézards et de coléoptères bizarres qui roulent avec une habileté étonnante des boules de crottin de cheval. Très curieuse également une petite espèce de lézard à queue ornée d'une raie noire et blanche, qu'il porte levée en étendard pendant la course. Au loin, vers le sud, les montagnes de Tach-kourgane apparaissent distinctement, couvertes de neige.

Tout à coup, un de nos chiens, petit roquet ambulant que l'aumône d'un os de mouton avait attaché à notre caravane, s'élance furieusement vers une touffe de tamarix. Sa fureur appelle notre attention sur un énorme lézard dont il venait de troubler la sieste. Le saurien, qui avait plus de $1^m,50$ de longueur, fut reconnu pour être une espèce de varan assez rare (*Varanus Lehmanni?*), venant inopinément augmenter nos collections. Le petit chien le tenait au ferme, se précipitant courageusement dessus quand il voulait fuir, et nullement intimidé par la colère du varan qui se gonflait d'air, puis le soufflait avec un sifflement de chat effrayé. On réussit enfin à immobiliser le monstrueux lézard avec une baguette de fusil et à le tenir sous le pied. Ne voulant point abîmer la peau et n'ayant d'autre moyen de le tuer, on lui coupa les carotides. Quand on le crut mort, il eut encore assez de force de mâchoire pour trouer le cuir de mes bottes. Replié et introduit dans une boîte à herborisation, il y vécut encore jusqu'au lendemain. Une dose de nicotine mit fin à ses souffrances — et à celles de Roustem, car Roustem n'aimait point ces bêtes-là. On lui avait donné la boîte à herborisation à porter en bandoulière, et quoiqu'elle fût fermée au loquet, Roustem, écoutant un grattement sinistre qui sortait de la boîte terrible, l'entoura d'une forte ficelle. Néanmoins, sa gaieté partageait le sort du varan; avec sa boîte sur le dos, il n'osait se retourner; l'étape fut certainement une des plus horribles journées de son existence.

A 4 tachs environ de Patta-kissar, nous rencontrons le kourgane d'Angarra, monticule de loess artificiel couronné des ruines d'une ancienne forteresse. Au pied du kourgane, d'autres ruines témoignent de la présence antérieure d'une oasis dans le désert. Alors le Chirabad-Daria donnait encore assez d'eau pour alimenter des canaux plus importants que ceux qui desservent actuellement les cultures restreintes des quelques familles ouzbègues d'Angarra kichlak. Nous fîmes une halte dans ce petit village que je ne mentionnerais pas autrement si la rencontre d'un bossu, espèce de Quasimodo nous recevant dans la maison de son maître absent, ne me fournissait l'occasion de remarquer que les difformités du corps sont extrêmement rares en Asie centrale. Faut-il en savoir gré aux qualités de la race, à la circonspection des indigènes, évitant les accidents, ou faut-il en accuser les chirurgiens indigènes? Je crois plutôt que dans ce pays barbare, où les accidents de chute, de blessure, de fracture, etc., sont fréquents, le manque de soin et de connaissances chirurgicales permettent à l'infection purulente, à la gangrène, au tétanos, etc., de faire croire à tort, en emportant les malades, aux qualités des sains.

A 1 tach plus loin, le tombeau du saint Khodja-Afou apparaît dans un réjouissant encadrement de verdure. Tout autour, des mares d'eau saline servent d'abreuvoirs aux animaux du désert, tandis qu'un *khaouss*[1], ombragé de *kaïragatches*[2], fournit de l'eau potable aux quelques habitants de l'oasis. Juste en ce moment, deux femmes voilées viennent puiser de l'eau au réservoir. Drapées de longues chemises, tenant gracieusement d'une main une amphore sur l'épaule, de l'autre se cachant la figure à moitié, elles semblent deux « Rébecca » échappées d'un dessin biblique de Doré. Des vols de perdrix passent, rapides et bruyants, au-dessus de nous. Au fond d'un orme, un rossignol (*boul-boul*) solitaire s'égosille.

Puis, les oasis deviennent plus fréquentes. Le désert jaune, couvert jusque-là d'une couche blanche, souvent épaisse, d'efflorescences salines et humides, où ne croît aucune plante, fait place aux cultures. Nous dépassons un troupeau de moutons comptant jusqu'à deux mille têtes. On les amène de Koundouz

---

1. Réservoir. — 2. Orme champêtre.

et du nord de l'Afghanistan jusque dans le Turkestan russe. Ils sont en route depuis dix jours. On les fait marcher de préférence à cette époque-ci de l'année et par la route de Chirabad, parce qu'ils rencontrent un peu plus de verdure, de jeunes pousses de tamarix, leur nourriture favorite, et que, dans la montagne, l'herbe printanière croît abondante. On sait que le mouton peut supporter la soif pendant fort longtemps.

Voici la nuit venue et nous ne voyons toujours pas la citadelle de Chirabad. Depuis deux heures, le mirza nous dit que nous n'en sommes plus qu'à un demi-tach ! Et lorsque le « iarim tach » nous semble avoir déjà quintuplé, et que l'envie de corriger le bonhomme, qui n'avait cessé de nous mentir depuis le commencement du voyage, grandit, le mirza profère l'index de la main droite, en désigne la dernière phalange du pouce en disant : « Un tout petit iarim tach ! » Mais nous avons perdu la route, nous cheminons difficilement dans des champs labourés et des rizières ; les chevaux, dans l'obscurité, sautent des aryks et risquent de s'abattre ; nous faisons mille détours, et ce n'est qu'à neuf heures du soir que nous sommes enfin aux premières maisons de Chirabad.

A notre ancien logement, nous trouvons porte close : la maison s'est effondrée depuis notre départ. On nous conduit dans un jardin, au milieu de la ville, où campe l'expédition russe, récemment arrivée de Mazar-i-cheriff. On nous pose à la hâte une iourte trouée. Le mirza a disparu. Il ne se présente plus pour recevoir le prix de ses peines, qu'il a sans doute deviné être autre chose qu'un cadeau.

CHAPITRE IV

DE CHIRABAD A SAMARKAND A TRAVERS LE CHAHR-I-ÇABZ.

Dans les montagnes de Chirabad.

Dans les montagnes de Chirabad. — Pâques fleuries. — Superstitions météorologiques et astronomiques. — Un pont de sauterelles. — Le village de Laïlakane. — Saïrôb, village tadjique. — Platanes habités. — La fontaine miraculeuse et les poissons sacrés. — Scènes villageoises.

Nous sommes au 17 avril. C'est jour de Pâques, vraies Pâques fleuries, que fête la nature parée de ses atours printaniers. Les grenadiers font éclater le pourpre de leurs boutons ouverts ; le *djidda* (*Elæagnus hortensis*) s'est couvert de fleurs embaumées ; les mûriers, abricotiers, amandiers, cognassiers, mûrissent leurs fruits déjà gros, et la verdure épaisse et déjà foncée des *sada-karagatch* (*Ulmus campestris*, var. *umbraculifera*), aux formes globuleuses, ne laisse plus passer le soleil.

Les Russes, peu enchantés de l'accueil que leur ont fait les Afghans, sont partis avant nous. Après leur départ, le tocksaba, qui a fait des excuses de la façon dont nous avons dû voyager dans la vallée du Sourkhâne, nous envoie à chacun une galette de pain, ce qui signifie, nous dit-on, que nous sommes des hôtes qu'on considère comme des maîtres (?).

Khodja-Nazar, notre palefrenier, riche dès lors, puisqu'il possède une paire de bottes et quelques tengas gagnés à notre service, s'esquive avant le départ pour jouir tranquillement de sa fortune.

Le 19 avril, nous quittons Chirabad pour nous engager vers

le nord, dans les montagnes de Baïssoune. Les orages de la veille et des pluies torrentielles survenues dans la nuit ont tellement grossi le Daria que les communications sont interrompues d'une rive à l'autre, les chemins inondés et notre départ retardé.

Durant ces orages, assez violents, les habitants s'étaient réunis dans les mosquées, autour des moullahs, et remplissaient l'air de leurs cris d'*All-âh! All-âh!* qu'ils poussaient sans discontinuer. L'impression était la même que celle que nous reçûmes quelques mois auparavant à Tachkent, lors d'une éclipse de lune. C'était le 16 décembre 1880. A 9 heures 20 minutes du soir, le disque entier de la lune venait d'entrer dans la pénombre ; le ciel était d'une pureté remarquable. La voûte transparente, argentée, était piquée des feux pétillants d'innombrables étoiles. L'air était calme ; pas un souffle n'agitait les feuilles des peupliers rangés sévèrement sur la route qui mène à la ville sarte.

La nuit cristalline résonnait au moindre bruit.

Nous nous dirigeâmes du côté de la ville. En approchant, nous entendîmes le silence se remplir peu à peu d'un vague bourdonnement, pareil à celui qui se dégage, la nuit, de Paris mal endormi.

Bientôt le bourdonnement se résolut en clameurs rythmées, entremêlées du bruit étouffé et lourd des tam-tams ou boumbines. On entendait alors distinctement des chœurs nombreux de voix rauques hurler, en les scandant, ces deux syllabes : All-áh, All-áh, All-áh !... Les chœurs étaient dispersés dans toute la ville, car au travers des clameurs les plus proches, on entendait des clameurs lointaines de plus en plus affaiblies par la distance.

Au moment où la lune entière venait de se voiler d'une teinte enfumée, le charivari était devenu général et plus déréglé. Au son des boumbines était venu se mêler le bruit métallique de casseroles, de pots de fer, de théières, battus par des mains infatigables. Nous sûmes alors que tous les croyants étaient réunis autour des moullahs dans les mosquées et les médresséhs. Ils étaient tournés la face contre la lune, priant à haute voix, gesticulant, hurlant, prêts à voir disparaître d'un moment à l'autre l'astre de la nuit qui *est un des signes de Dieu* (*Korân*, XLI, 37). Le diable, *Tchaitane,* s'était attaqué à la lune et la dévorait lentement. Allah laissait faire! Allah ne voulait donc plus que la lune marquât le Ramadan! Il ne voulait donc plus la défendre de l'atteinte du démon, repoussée jusqu'alors à coups de pierre (*Korân,* XV, 17)! Allah désavouait son prophète et le diable était vainqueur! Miséricorde! All-áh! All-áh! All-áh!...

Dans cette angoisse générale d'un peuple affolé, on se sentait pris d'un immense sentiment de pitié mêlé d'épouvante. D'épouvante, parce que l'esprit, par un enchaînement spontané d'idées, se permet d'imaginer cette foule aux abois, forte de son ignorance et de son fanatisme, répudier ou attaquer les idées de progrès, de science et d'humanité. Ces peuples-là en sont au moyen âge de leur civilisation.

Cependant le disque lunaire se dégagea de l'ombre. Avec la lumière, la confiance et la tranquillité rentrèrent dans l'âme des Sartes.

Quand la lune brilla de son plus pur éclat, le bruit et les clameurs avaient cessé.

Et les Sartes allèrent se coucher, heureux et convaincus d'avoir chassé le diable qui voulait manger la lune.

Cependant la rivière de Chirabad, débordée et tumultueuse dans la matinée, rentre peu à peu dans son lit ordinaire, découvrant le sentier, de sorte qu'avant le coucher du soleil, nous pouvons nous mettre en route. Après avoir dépassé l'enceinte de la forteresse trouée d'une méchante porte en bois à un battant, la route suit la rive droite du Daria jusqu'à une espèce de défilé étroit qui rappelle la « porte de Tamerlan », près de Djizak. Deux arêtes de montagne descendent dans la vallée, se rapprochent en ne laissant qu'un étroit passage à la rivière et au sentier. Encore ce sentier, à moitié dans l'eau, est-il encombré de gros blocs calcaires, qu'un cheval chargé a de la peine à contourner. En amont de ce défilé, la rivière continue depuis deux jours à manger les falaises, et le chemin est « tombé à l'eau ».

Nous sommes forcés de gagner la rive opposée et de chercher un passage que nous trouvons heureusement assez guéable pour ne pas mouiller la charge de nos chevaux de bât contenant les collections. La rivière est curieuse à voir : ses eaux, fortement rougies par les lavages des couches ocreuses du terrain riverain, charrient des milliards de sauterelles qui forment une traînée épaisse et noire au milieu du courant. Dans les criques, à l'abri du courant, les sauterelles se sont entassées en couche sautillante et grouillante, véritable pont vivant. Ces insectes destructeurs suivent la direction du vent prédominant, ou un peu obliquement, par la résultante de la direction de leur migration et celle du vent. Ils ont tout ravagé dans la montagne et l'herbe semble brûlée. Dans les joncs, auxquels ils s'attaquent malgré la résistance des tissus siliceux, ils produisent un bruissement sourd comme si le vent fouettait la roselière. Aussi, les habitants des kichlaks renoncent-ils à cultiver l'orge et le blé en grand, ne semant principalement que du riz dont l'écorce siliceuse offre plus de résistance aux mandibules du criquet. Je n'observe ici qu'une seule espèce.

Nous cheminons maintenant à mi-pente de la montagne, à travers des ravinements de marnes, de grès et de calcaires rouges, que couronnent des dépôts considérables de conglomérat. Nous distinguons encore, dans l'obscurité, les pans de mur délabré d'un petit jardin en ruines que la légende prétend avoir été la demeure de Khotamitaï, une espèce de Crésus de l'époque, qui aurait eu de l'argent et de l'or à jeter par les quarante ouvertures de sa demeure fortifiée. Il fait nuit noire lorsque nous errons à la recherche du kichlak à travers les rizières et les champs entrecoupés d'aryks. Enfin, un point lumineux lointain, quelque feu de berger, puis la voix rauque et furieuse d'un chien flairant l'étranger, nous indiquent la direction à prendre et nous mènent à la hutte en pisé de l'aksakal d'Ak-koupriouk.

En face du kichlak d'Ak-koupriouk (Pont blanc) se trouve

celui de Laïlakane; les deux peuvent avoir une quarantaine de maisons. On nous dit qu'il y avait là, dans le temps, un pont de 15 archines de longueur sur 12 de largeur (?). Laïlakane est un lieu de prière où nous trouvons les inévitables derviches mendiants que l'aumône sollicitée d'un tenga fléchit jusqu'à terre, ainsi qu'une bande de fidèles de Samarkan drevenant d'un pèlerinage à Mazar-i-cheriff. Leurs robes éclatantes de *kanaouss* et d'*adrass* — les Samarkandais aiment les couleurs voyantes et ceux-ci ont mis leurs plus beaux atours — animent le beau paysage alpestre qui se présente, inondé de soleil, à nos yeux, et leur cavalcade forme un tableau digne du pinceau de Delacroix.

De Laïlakane à Saïrôb, nous remontons la rive droite du Chirabad-Daria. Le thalweg, occupé par des dépôts d'alluvion et de conglomérat, tantôt raviné à fond par des torrents temporaires, tantôt formant de petits déserts salins à fond marneux, où croissent à peine quelques tamarix rabougris, est souvent encombré de gros blocs de conglomérat détachés par les lavages.

Les ravins sont surplombés de tables de conglomérat, miné en dessous, que le poids d'un cavalier imprudent, s'écartant trop de la route, risquerait de faire écrouler sous lui. Un grand nombre d'oiseaux de proie nichent dans les trous des berges. Les perdrix sont fréquentes et des bandes innombrables d'étourneaux s'abattent sur le sol, se gorgeant de sauterelles. La végétation est presque nulle : du tamarix rabougri, un peu d'herbe et une petite labiée, une roselière dans une plaine basse inondée. Partout le sol est plus ou moins imprégné de sel et les rivières que nous rencontrons charrient des eaux très claires, au goût gras et salin.

La troisième, à environ 6 verstes de Saïrôb, coule en cascade dans un lit profond, creusé dans le grès sous-jacent au conglomérat. On passe cette rivière sur un pont de bois de genévrier, dont le tablier flexible repose sur des entablements latéraux formés de gros troncs agencés par des chevilles et chevauchant les uns sur les autres. Ces ponts se rencontrent dans les montagnes de l'Asie centrale, depuis le Kohistan jusqu'au

Fig. 32. — Platane habité par un moullah, à Saïrôb.

Cachemire. A côté de celui de Saïrôb, les restes de piliers en briques cuites témoignent d'une œuvre d'art disparue, moins primitive, sinon plus ingénieuse.

Quoique nous soyons montés de quelque cent pieds au-dessus de la plaine de l'Amou, la température paraît beaucoup plus élevée à cause du manque de brise et de la réverbération des parois de la vallée. Cependant, le soir, le ciel se couvre rapidement de nuages, un vent violent du nord-ouest se précipite dans la vallée et la pluie commence à tomber avec l'abaissement de la température.

L'ouragan a fait rage toute la nuit. Notre iourte, abritée pourtant sous un platane phénoménal, est inondée au milieu de la nuit; nous ne pouvons nous garantir de l'inondation qu'en creusant au dehors, et dans l'intérieur, autour de nos couchettes, des canaux pour l'écoulement.

Notre campement est le plus pittoresque qu'on puisse voir. A côté de la iourte se dresse un platane géant qui élève à plus de 25 mètres de hauteur ses branches tordues, couvertes d'un épais feuillage. Quand le vent s'engouffre dans les branchages, on dirait la vague déferlant sur un rocher. Cet arbre vétéran n'a pas moins de $8^m,50$ de périmètre à hauteur d'épaule. En face, son camarade de même âge, plus volumineux encore, est transformé en école du village. Le tronc, creux à la base, est troué d'une porte qui donne accès à une chambre intérieure pouvant contenir une quinzaine de personnes. Un trou, pratiqué dans l'écorce de l'arbre, sert de fenêtre ainsi que la porte ouverte. Le moullah de l'endroit y remplit les fonctions de maître d'école. Ces deux arbres géants, accompagnés de quelques autres de moindres dimensions, sont entourés, à la base, d'une terrasse où les habitants viennent jouir de l'ombre et du *dolce far niente*. Des filets d'eau limpide courent sur le sol en s'échappant d'une fontaine alimentée par trois sources vives entourées d'un mur en pierre. Deux de ces sources sont habitées par une espèce de poisson appelée *chirmahi*, de la taille d'une truite moyenne, et qui jouit, de la part des indigènes, d'une sorte de respect religieux. Ils prétendent, en effet, que ces poissons rendent des « jugements de Dieu », en ce sens qu'ils ne prennent pas la nourriture que leur jette un homme méchant. Ils oublient de penser que ces poissons sont aveugles (ils vivent presque à l'abri de la lumière) et qu'en jetant la pâture assez fortement pour que l'oreille perçoive le bruit, ils se précipitent sur l'offrande du bon aussi bien que sur celle du méchant. Nous en fîmes l'expérience et nous passâmes, à peu de frais, pour des hommes bons. Ces choses-là arrivent souvent dans la vie.

Dans le courant de la journée, le vent d'ouragan du nord-ouest faiblit en tournant au sud-est et chasse peu à peu les nuages qui n'avaient cessé d'inonder la contrée.

Accompagnés de deux indigènes aussi curieux que fainéants, nous fîmes, dans l'après-midi, l'ascension de la montagne qui dresse, à l'ouest du village, sa muraille haute de 600 pieds, presque droite vers le ciel. Elle est composée de couches puissantes d'un calcaire compact, presque lithographique, grisâtre, inclinées vers l'est-sud-est. Un terrain propice sur les terrasses, dans les fentes et les larges crevasses, une humidité abondante ruisselant le long des parois moussues, entretiennent une végétation réjouissante. Les plantes de la zone sous-alpine abondent : papilionacées, composées, crucifères, papavéracées, gentianées, rosacées, primulacées, croissent touffues et gorgées de sève entre les épineux sous-frutescents. Au pied de la montagne, des fourrés de vigne sauvage (*Vitis ægirophylla*) profitent de l'ombre humide. Il y vient aussi une belle espèce de tulipe couleur rouge grenat.

Du haut de cette pente, que la paresse de nos guides nous empêche de gravir entièrement avant la tombée de la nuit, on jouit d'une belle vue sur les montagnes de Baïssoune. Ces montagnes appartiennent à la chaîne principale dite « du Hissar » dont elles forment un système assez irrégulier de contreforts calcaires, gréseux, marneux et argileux de la période géologique secondaire.

La chaîne du Hissar, aboutissant au massif du Hazret-i-soultane, s'y divise en une branche supérieure, le Samarkand-taou, qui va se perdre dans le steppe aux environs de Djame, tandis que la branche méridionale, plus divisée, forme les montagnes de Baïssoune qui s'abaissent graduellement dans le steppe désert qui sépare Karchi de Kilif. Entre ces deux prolongements occidentaux de la chaîne du Hissar, se trouve le Chahr-i-çâbz, riche oasis dominée par le pic neigeux du Hazret-i-soultane. Remarquons, à ce propos, que toutes les oasis de l'Asie centrale, en dehors de Bokhara, Khiva, Merv, se blottissent ainsi dans les anses de la montagne, ou criques du steppe, si l'on veut, parce que le terrain est, sinon plus fertile, cependant moins salin et l'eau plus abondante. Les montagnes de Baïssoune restent au-dessous de la limite des neiges éternelles qui se trouve entre 13 000 et 13 500 pieds dans cette partie des contreforts pamiriens.

Rien n'est beau comme la montagne après qu'on a vécu pendant des mois dans le steppe, et rien n'est réconfortant comme la plaine quand on a passé de longs mois entre les deux murailles, sans horizon, des vallées. Ainsi s'accuse, une fois de plus, le charme de l'antithèse que réclame incessamment la nature humaine inquiète et l'amour du changement, condition première et essentielle du progrès.

Le village de Saïrôb est habité par des Tadjiks de montagne, de race aryenne, très différents de type, de mœurs et d'occupations, des Ouzbegs d'origine turco-mongole. Il est probable cependant que ces Tadjiks des montagnes basses, à en juger d'après leur type moins accusé, intermédiaire en quelque sorte entre l'aryen et le mongoloïde, se sont, à l'encontre de leurs frères ethniques, relégués plus haut dans les vallées âpres et difficiles, mélangés dans une assez forte proportion avec les Ouzbegs. Ces Tadjiks sont sédentaires et agriculteurs. Les cultures sont *lalmi*, c'est-à-dire desservies de préférence par l'eau de pluie et non par des canaux d'irrigation. Les cultures n'ont pas si bonne mine que celles des oasis de la plaine, mais il est connu que la qualité du grain est meilleure. Le terrain, au lieu d'être du loess franc et compact, est d'alluvion plus meuble, moins gras, plus conglomératé. Les arbres fruitiers sont plus rares. On fait en ce moment la première coupe de la luzerne. Les animaux domestiques sont le mouton, la vache, la chèvre et le cheval. Les vaches sont d'une race maigre, sèche, à extrémités fines ; la nuque est marquée d'une légère bosse ; la couleur noire prédomine. Les chevaux sont rares et de médiocre qualité. Le lait est excellent, sans doute à cause de la bonne pâture dans la montagne au printemps ; il n'a plus le goût amer et particulier de celui que fournissent les vaches du steppe se nourrissant d'herbes aromatiques.

Je dois ajouter que ces Tadjiks nous ont paru l'air plus éveillé, le tempérament plus nerveux et moins apathique que les Ouzbegs de la plaine. C'était peut-être une illusion d'optique, car il est bien certain — et nous avons pu le constater plus d'une fois — que l'Ouzbeg et le Turc, en général, ont bien plus de valeur morale et sociale que le Tadjik et l'Aryen. Je ferai remarquer encore qu'ici, comme partout ailleurs chez les indigènes du Bokhara, on n'a aucune idée d'hygiène. Le cimetière de Saïrôb, par exemple, est situé sur un monticule proche de la montagne et les sources qui s'échappent à son pied servent aux besoins de l'alimentation et du ménage des voisins. On me dit qu'il n'y a pas de fièvres ; l'homme le plus âgé de l'endroit aurait soixante-quinze ans.

Nous assistons à une scène assez curieuse : sur la place où nous sommes installés se sont rassemblés, pour jouir du *tamacha*, des gamins et des badauds de tout âge. Deux adultes, en manière de jeu, se mettent à lutter pour savoir qui l'emportera sur l'autre. Bientôt, l'un d'eux se trouve par terre ; furieux, il se relève, tire son couteau et fait mine de se précipiter sur son compagnon de jeu. On le retient et, au bruit du tumulte, on voit accourir sa mère et sa sœur, non voilées. Elles tiennent une corde pour ficeler le mauvais joueur et l'empêcher de faire un malheur. Finalement, tout s'arrange à l'amiable ; les femmes entraînent le vaincu, maugréant, vexé d'un échec qui a eu des Faranguis comme témoins.

Au soir, le chef du village vient nous annoncer qu'à son grand regret les provisions sont épuisées et que, si nous voulons rester davantage en cet endroit, on sera forcé d'en faire venir de Chirabad. Il est peut-être vrai que le détachement russe qui nous a précédé de quelques jours a épuisé les ressources du village ; mais il est plus probable encore que les Saïrôbis ne seront pas mécontents de se débarrasser de nous en nous envoyant une porte plus loin, quoique nous soldions nos dépenses. Quelles notes d'apothicaire le beg de Chirabad fera présenter à son émir !

Au carrefour de Baïssoune.

Au carrefour de Baïssoune. — Géologie. — La caravane-saraï d'Abdoullah-Khân. — Une cavalcade d'Ouzbegs nomades. — Marchand de moutons. — Le *Tchatchag* ou « Porte de fer ». — Flore. — Le saraï de Tchachma-hafizân. — Récolte floristique. — Pèlerins en goguette. — Un frère charitable. — Une fuite « à l'anglaise ». — Un *kalendar* aveugle.

La route remonte peu à peu la vallée étroite vers le nord jusqu'aux sources diffuses du Chirabad-Daria, à environ 3 000 pieds d'altitude. Le terrain ne se prête guère à la culture, ayant peu d'alluvions. La végétation maigre est celle du steppe, avec quelques épineux et *doulana*. Les parois de la vallée sont tachetées de grosses touffes de scrophularinées.

Arrivé au point culminant de la thalsohle, le sentier descend dans un ravin étroit, où le pied des chevaux glisse sur le sol argileux, ocreux, et les cailloux roulés par une petite rivière aux allures torrentueuses. J'y retrouve, reposant sur du grès rouge et des marnes ocreuses, ce même banc à *ostrea* qu'on rencontre dans les monts Koungour et sur les coteaux de la vallée du Sourkhâne.

On peut étudier ici la succession des couches géologiques et les rattacher aux couches supérieures que nous avons relevées aux monts Koungour.

Tout à coup, au tournant du sentier, nous apercevons à nos pieds, dans un évasement d'une vallée transversale, le vieux caravane-saraï d'Abdoullah-Khân. Le tableau est superbe, encadré de la bordure rouge que lui font les parois ocreuses du ravin dans lequel nous descendons. Au fond, habillé du vert succulent des pâturages printaniers, un versant de montagne inondé de soleil. Des files de moutons, étagées régulièrement sur des sentiers parallèles en gradins, cheminent lentement sous la conduite de deux pâtres enturbanés. Les ruines du saraï, décrépites et trouées de l'effondrement des coupoles, mettent des taches blanches à côté de l'ombre forte de leurs pans de mur. Un filet de fumée s'échappe d'une fêlure béante et remplit l'atmosphère d'une odeur âcre de fiente brûlée. Sur le sentier jaune qui suit le fond de la vallée, se meut une théorie de chameaux, de dromadaires et de chevaux, lente et rythmée. C'est une caravane de riches Ouzbegs nomades de la tribu des Koungrads, venant du pays de Baïssoune pour gagner les pâturages frais poussés de la montagne. Leurs femmes, richement habillées de khalats de soie aux couleurs éclatantes et coiffées d'un volumineux turban blanc, sont juchées sur le dos en plateforme d'un dromadaire, où elles se tiennent les jambes croisées. Les hommes, à cheval, sont chaussés de bottes molles à pointe recourbée et à talon pointu — signe de richesse — et armés d'un long fusil à fourche et à mèche.

Omnia mea mecum porto, peut dire le nomade, et pareil au mollusque, il transporte avec lui sa maison, l'*oï*, tente en feutre et en bois que porte un animal de charge. D'autres sont chargés de coffres bourrés de tissus, d'étoffes précieuses, ornements des femmes et de la tente. Je vois deux sacs en palan, contenant, l'un des objets de ménage, l'autre un bébé ouzbeg, trop petit ou trop encombrant pour se tenir à califourchon sur le devant d'une selle ou les genoux de sa mère. De temps à autre, et tout en marchant, le dromadaire descend la tête et le cou d'un mouvement reptilien pour cueillir au passage une touffe épineuse d'alhagi ou de sophora. Bientôt et pendant que nous descendons de cheval à l'ombre du saraï d'Abdoullah, leur file silencieuse s'écourte et les taches rouges des khalats disparaissent derrière un dos de monticule étincelant de blancheur. Heureux nomades! Leur plus grand bonheur, comme le nôtre, est de voyager, de se sentir en mouvement. Ils mettent leurs plus beaux atours comme nous mettons nos meilleurs vêtements à l'expression de notre pensée qui voyage dans le souvenir.

Le saraï dit d'Abdoullah n'est plus qu'une ruine, de jour en jour plus dégradée par les injures du temps et celles plus barbares du passant. Il est construit en briques cuites corroborées de larges dalles de grès rouge soustraites aux gisements du voisinage. L'architecture et le plan sont ceux d'une médresséh : un frontispice avec arcade en ogive ornée de briques émaillées bleu et vert disposées en zigzag, des chambres hautes, voûtées et coupolées qui servent de refuge aux bergers et à leurs troupeaux. Comme partout, ceux-ci ont recouvert le plancher d'une épaisse couche de fumier. Tout cela troué, ébréché, noirci par le feu, menaçant ruine.

C'est ici la bifurcation de la route qui mène, à l'est, sur Derbent, Baïssoune, Dinaou et le Hissar; à l'ouest, vers Ghouzar, Chahr-i-çâbz et Karchi, direction que nous allons prendre.

Les monticules ravinés montrent des affleurements de couches géologiques intéressantes, permettant de bien établir leur succession. Des gisements de gypse, des couches puissantes d'un magnifique calcaire se voient sur des entailles hautes de 10 à 15 mètres, d'un accès et d'une exploitation faciles. Par endroits, de grands effondrements intérieurs, tels qu'ils se produisent par des lavages souterrains ou les réactions chimiques du gypse, se manifestent à la surface bouleversée.

A quelques verstes du saraï d'Abdoullah, on rencontre le petit kichlak de Chour-âb[1], entouré de champs de culture *lalmi* de faible étendue. Nous y trouvâmes un marchand de Samarkand, qui ramenait du nord de l'Afghanistan un troupeau fractionné de six mille moutons. Le mouton se payant de 5 à 6 roubles en moyenne, ce berger poussait devant lui un capital vivant de 80 000 francs. La plupart de ces moutons stéatopyges ont la laine blanche, très longue et soyeuse. Ils se multiplient en route et les nouveau-nés remplissent les vides que font nécessairement la maladie et les accidents. Le

---

1. Eau salée.

passage de troupeaux si nombreux dans la montagne marque toutes les collines, toutes les pentes de la vallée qu'ils traversent, d'une infinité de petits sentiers étroits, parallèles, qui font l'effet de cotes nombreuses sur une carte hypsométrique.

A 2 kilomètres environ au delà de Chour-âb, la route quitte brusquement la vallée élargie et s'engage à droite, vers le nord, dans le célèbre défilé auquel les indigènes donnent aujourd'hui le nom de *Tchatchag*, et qui, jadis, était connu sous celui de *Porte de fer*[1]. Au temps du pèlerin bouddhiste Hiouen-Thsang, le défilé était fermé, en effet, par une porte en fer à deux battants ; mais si le Tchatchag a pu avoir une importance stratégique à cette époque reculée, il n'en a plus guère aujourd'hui et on ne le traverse que pour éviter un détour par la montagne. Encore n'est-il praticable que quand la rivière torrentueuse qui le parcourt n'est pas trop gorgée d'eau. Imaginez une fente verticale, large d'une dizaine de mètres, profonde de 40 à 50 mètres, taillée dans le roc dur, sorte de calcaire argileux très compact, sur une longueur de près de 3 kilomètres. Cette tranchée de géant, avec ses parois à pic qui semblent se rapprocher en haut quand la tête se renverse pour voir le ciel ouvert, présente un aspect extraordinairement sauvage et bien fait pour frapper l'imagination des indigènes. Aucun d'eux, disent-ils, ne se hasarderait dans le *Tchatchag* à la tombée de la nuit. Il y règne une demi-obscurité constante, car ce n'est qu'autour de midi que le soleil, suffisamment haut, arrive à envoyer des rayons jusqu'au fond de cette « barranca », qui n'est pas une faille géologique, car les couches se corres-

---

1. Hiouen-Thsang, Yakoubi, Edrisi, Ibn-Haouk, les historiographes de Timour et Clavijo parlent dans leurs écrits de la « Porte de fer ». Ce nom provient, d'après les pèlerins chinois, de ce que l'entrée du défilé était formée par une double porte en fer dont les battants étaient ornés de clochettes. On trouve également chez les historiographes de Timour des données sur la ville forte de Termez ou Termed (Maëff, *Otcherki boukharskavo Khanstva*, in *Iéjégodnik Tourkest. Kr.*, V, 1879). D'après Maëff, le Tchatchag porte encore chez les indigènes le nom de Bouzgala-khana ou *maison de la Chèvre*.

pondent des deux côtés. Elle est d'origine neptunienne, origine que rappelle le ruisseau qui en suit encore les ondulations sur un lit encombré de cailloux roulés et de gros blocs dévalés. Quelques-uns de ces blocs énormes, tombés des parois, encombrent l'étroit pertuis au point d'en interdire le passage à une bête de somme chargée en volume; d'autres, arrêtés dans leur chute à mi-hauteur sur une saillie de rocher, semblent tenir par une merveille d'équilibre, prêts à écraser l'imprudent passant qui leur envoie des regards obliques et ne s'attarde point à les admirer de trop près. Une fraîcheur de tunnel, agréable d'abord, fait frissonner bientôt et hâter le pas, car le frisson de froid est précurseur de celui de la fièvre. Des épineux, des érables, des pistachiers sauvages, des rosiers, ont pris racine dans les fentes des parois, et quelques buses et faucons blancs à tête rouge ont installé leurs nids dans des trous salis de traînées blanches.

Au sortir du défilé, nous remontons le fond pierreux d'une vallée bordée de succulents pâturages, où viennent s'installer les Ouzbegs Koungrads pour le printemps. Nous sommes à environ 4 000 pieds d'altitude, à la limite inférieure du genévrier. L'érable (*doulana* ou *sarang*) descend à quelque 400 pieds plus bas. J'en trouve ici une nouvelle espèce, l'*Acer pubescens*, Franchet[1]. Le genévrier, appelé *artcha*, atteint une hauteur de 5 à 6 mètres et devient tout à fait un bel arbre, très varié de port et représenté par plusieurs espèces. De-ci, de-là, un vieil arbre, noir et écartelé, dresse ses branches étrangement tordues, en donnant au paysage une note bizarre. On exploite l'artcha comme bois de construction. Dans une hutte de branchages, nous rencontrons, à côté de la route, quelques indigènes occupés à façonner, avec du bois d'artcha, des cuillers, des pieux, des manches à pelle, des écuelles et autres menus objets de ménage.

Le sentier ascendant atteint bientôt le sommet des mon-

1. Pour les espèces nouvelles et l'herbier rapporté, voir *Plantes du Turkestan*, mission Capus, par M. Franchet (*Annales des sciences naturelles, Botanique*, 6ᵉ série).

ticules en même temps que le petit saraï d'Ak-ravat, flanqué d'un cimetière où les tombes effondrées, creusées dans un sol argileux, marquent des trous béants. Le pays, dès lors, est moins accidenté : c'est une succession de monticules arrondis de loess et de grès rouge, celui-ci coiffé de conglomérat. On sent le voisinage de la plaine. La faune nous paraît pauvre ; nous avons aperçu un renard et des compagnies de ramiers. Ce pigeon sauvage a la robe couleur bleu d'acier, bronzée au cou ; les plumes sont lisses ; la queue est courte ; les ailes sont marquées de deux raies noires ; le bec est court, un peu incurvé et marqué de caroncules roses.

Nous finissons notre étape de 38 verstes environ au kichlak de Tchachma-hafizân, dont le nom signifie « source de lit de rivière ». C'est en effet par un lit de rivière caillouteux qu'arrive aux habitants du kichlak l'eau excellente d'une source, origine de la rivière que nous avons remontée depuis le Tchatchag. Ce n'est que dans ces pays à climat extrême, à grande sécheresse et dépourvus de forêts, qu'on voit ce fait curieux d'une rivière ayant fort peu d'eau, presque rien, à son cours supérieur, beaucoup d'eau dans son cours moyen, et un lit à sec dans son cours inférieur.

Mais si la faune nous a paru pauvre, la flore, au contraire, représentée surtout par des plantes herbacées, m'a fourni une belle et intéressante récolte, et parmi les plantes récoltées, il se trouve de fort belles espèces nouvelles. Je citerai notamment un bel *eremostachys*, auquel M. Franchet a donné le nom de *napuligera*, à cause de ses racines fibreuses renflées en navet.

Le patron du saraï, attiré par la curiosité lorsqu'il me vit coucher soigneusement, et sans rire, des herbes entre deux feuilles de papier, me donna de fort bonne grâce, pendant deux heures, les noms indigènes et souvent l'usage thérapeutique des plantes que je lui mettais sous les yeux. Et quand je lui demandai comment il se faisait qu'il était si savant, il me dit qu'il avait gardé les moutons jusqu'à l'âge de dix-sept ans. J'ai su alors que la mauve s'appelle *mouschout* chez les Ouzbegs, c'est-à-dire « musc » ; que toute papilionacée ressemblant au pois est nommée *nakhotak*, comme toute plante épineuse est appelée *djangal* et tout bulbe *pioss ;* que la plante acidulée porte le nom de *sirkaout*, c'est-à-dire « herbe au vinaigre » ; que les ombellifères blanches sont appelées souvent *ak-bach*, c'est-à-dire « tête blanche » ; qu'on mâche, comme chez nous à la campagne, l'oseille sauvage ; que le *kan-out* ou « plante de sang » a des racines rouges ; que le *tchai-out*, « herbe à thé », est un *Potentilla songarica*, employé comme succédané du thé ; que le *Nigella diversifolia* est très aimé pour faire un bouquet ; que le plantain ou *soulpitouroum* guérit les plaies et toute sorte de maladie ; qu'enfin la renoncule ou *timouradki*, en infusion, est excellente contre les démangeaisons ; qu'une infusion de gentiane, ou *irba-hassi*, tout comme chez nous, est amère et curative des maladies internes, surtout du *sandjik ;* que le bétail aime telle herbe, comme le *koungour-bach* (*Carex incurva*), et dédaigne telle autre, comme le *mald-jemass* (*Nepeta sp.*), etc., etc. Et si j'aligne ces noms de plantes vulgaires et barbares, mais qui ont tous un sens comme les nôtres, c'est pour faire remarquer que les indigènes de l'Asie centrale accordent aux herbes bienfaisantes dont ils se promettent guérison ou soulagement des maux du corps autant d'attention qu'on leur en accorde dans certaines de nos campagnes, où l'on préfère encore un remède de vieille femme, une infusion de *Diplotaxis murorum*, par exemple, à une dose de nitrate de potasse comme diurétique.

Le kichlak de Tchachma-hafizân est habité par des Ouzbegs Koungrads. Ce type est parfaitement laid et quelques-uns ressemblent presque à des nègres, tellement leur peau est foncée. Le saraï, à notre arrivée, était envahi par une bande de Samarcandis et de Tachkendis, se rendant en pèlerinage à Mazar-i-cheriff, pèlerinage très gai, à en juger par l'animation joyeuse, les chants, les lazzis et le peu de recueillement des pèlerins. On fait évacuer, pour nous la céder, une chambre, la meilleure, ornée d'une couche de noir de fumée qui en revêt les murs.

Dans la chambre contiguë, nos pèlerins se sont entassés au milieu de la fumée que prodigue le bois de genévrier vert; un foyer est installé sur le plancher en terre battue. La nuit, pendant que les larges joints de la porte qui nous en sépare laissent passer la fumée, abaissant le « plafond » de plus en plus épais, les chanteurs sans sommeil de la bande dégoisent jusqu'au jour des mélopées gutturales; des fumeurs de *nacha* toussent et divaguent dans les coins, et, dans la cour, les che-

Fig. 33. — Caravane-saraï de Tchachma-hatizan.

vaux détachés, arrachant les piquets, se battent au milieu des cris des palefreniers.

La température atteint dans la journée 25 degrés centigrades à l'ombre et ne tombe pas au-dessous de 10 degrés centigrades dans la nuit. Le ciel est le plus souvent couvert et le vent, quoique changeant fréquemment, souffle de préférence de l'ouest ou du sud-ouest. Les averses sont fréquentes, mais sans longue durée. C'est la fin de la saison humide; dans la plaine, c'est déjà la saison sèche.

Le saraï-bachi, estimant qu'il faut profiter de l'occasion rare pour écorcher des Faranguis, se fait payer un demi-tenga la botte de foin, et le reste à l'avenant. Il me demande, quelques instants avant le départ, un remède contre une rage de dents dont souffre sa sœur. Ne voulant pas lui confier le flacon d'éther et désireux de voir sa sœur, je lui propose de l'accompagner pour la guérir en appliquant moi-même le remède. Mais le charitable frère déclare que cela est impossible, et préfère garder à la sœur son mal de dents plutôt que de lui violer la face du regard d'un Farangui. Ne nous étonnons pas de la force de

Fig. 34. — Pèlerins en voyage.

l'usage, de la mode; il y a bien des indigènes d'Europe qui, au prix de souffrances, portent des chaussures trop petites pour avoir petit pied, d'autres qui se tiennent raides dans un col haut et empesé, des femmes qui se serrent la taille, etc., etc.

Les deux guides que le tocksaba de Chirabad nous avait donnés pour qu'ils nous accompagnent jusqu'à Ghouzar se sont esquivés. Hier, à moitié chemin, l'un d'eux a prétexté un besoin urgent pour rester en arrière de notre caravane. L'autre, un peu plus loin, s'est installé à côté du chemin, tourné vers la Mecque, et priant avec ferveur jusqu'à ce que nous l'ayons dépassé. Ni l'un ni l'autre ne reparurent; ils avaient, les braves musulmans, joué une bonne farce aux Faranghis kafirs; ils avaient pratiqué le mensonge à l'infidèle, si méritoire d'après la morale de l'islam. Nous emmenons avec nous un indigène du saraï, qui nous portera des vivres à la première étape, où, dit-on, nous ne pourrions pas nous en procurer.

La route continue vers le nord-ouest, longeant une petite rivière qui coule en méandres nombreux, quelquefois entre des falaises d'alluvion et de conglomérat abruptes, dans la même direction. A 8 verstes environ, elle traverse un petit défilé du genre du Tchatchag, creusé dans un gisement puissant de calcaire compact et concrétionné. Nous croisons à différentes reprises des bandes de musulmans, pèlerins pour Mazar-i-cheriff ou caravaniers pour Baïssoune et le Hissar. Les uns sont à cheval; les autres, plus nombreux, à âne, et c'est chose réjouissante de les voir quelquefois deux sur un malheureux petit bourriquet, les jambes terminées par des pieds paraissant énormes dans de vastes babouches, se faire traîner comme des paquets par la bête mélancolique, fendue du nez pour que, disent les gens du pays, elle puisse respirer plus à l'aise en prenant plus d'air à la fois. Puis, des chameaux et des dromadaires, et, comme c'est l'époque de la mue, on les voit comme pelés, hideux, gardant par place, sur la peau tendue et glabre, le feutre ébouriffé comme du lichen de leur poil d'hiver. Il passe des Ouzbegs et des Tadjiks, facilement reconnaissables à leur type si ce n'est à leur costume; et parmi ces derniers, je remarque des types blonds et même roux, ce qui n'est pas la règle, car ils ont d'ordinaire le système pileux noir. Voici un pauvre *kalendar*, vieux derviche à moitié aveugle, qui pousse devant lui, tableau lamentable, un vieil âne fourbu refusant la marche. L'aumône accordée au propriétaire profitera, espérons-le, à l'âne.

Tengui-kharam.

Tengui-kharam. — Un moulin degermâne. — Une octogénaire architecte. Scènes et paysages. — Géologie.

Après une étape de 20 verstes sur un terrain facile et peu accidenté, nous faisons halte, pour la nuit et le lendemain, dans le voisinage de quelques tentes d'Ouzbegs Koungrads dressées près de la rivière. Celle-ci, le Kitchi-sou, reçoit à cet endroit la rivière de Tengui-kharam, ainsi appelée du nom d'un kichlak établi sur ses alluvions. Ce loess des vallées est beaucoup moins fertile et moins apte à la culture intensive que celui du steppe et de la plaine, parce qu'il est constitué d'éléments plus gros. Au lieu d'être formé de la désagrégation des roches granitoïdes, feldspathiques, il contient beaucoup plus de sable quartzitique provenant de la désagrégation du grès.

Aussi le blé venant moins bien, remplacent-ils le pain de froment par du pain de farine d'orge mélangée de farine de millet (*tarik*). Tout près de notre campement se trouve un de ces moulins primitifs, mais fort ingénieux, qu'on appelle *degermâne*, et qu'on rencontre partout en Asie centrale. C'est, sous un simple abri où un homme peut à peine se tenir debout, une meule de grès mobile tournant à plat sur la surface d'une autre meule fixe sous-jacente. Le moyeu de la meule mobile est percé d'un trou qui reçoit le grain par les saccades d'une rigole, pour, de là, être entraîné entre les deux meules; il est percé encore d'un pivot vertical, muni inférieurement, sous le moulin, de palettes en ailerons que vient frapper l'eau d'une chute rapide en faisant tourner les palettes, le pivot et la meule. Le truc est fort simple et la mouture grossière, sans élimination du son. Le meunier peut moudre, si l'eau est abondante, jusqu'à sept batmans par vingt-quatre heures et reçoit 1 tenga et demi pour deux batmans ou la quantité équivalente en nature.

Ne voulant point nous caser pour la nuit dans un saraï encore plus infect que celui d'hier, l'aksakal du kichlak, vieil Ouzbeg rappelant la vétérance du chef sioux, se charge, moyennant 3 tengas, de nous faire dresser une oï[1] sur le gazon. On apporte effectivement les différentes pièces de la charpente en bois, le treillis en bois du pourtour (*kerega*), les côtes de la voûte (*ououk*), le rond de bois formant clef de voûte (*tendyk*), puis le feutre pour recouvrir la charpente (*ouzuk*) et un tapis crasseux pour mettre par terre. Mais lorsque, toutes les pièces apportées par une douzaine d'individus, il s'agit de dresser la tente, il se trouve, après des tâtonnements infructueux, qu'aucun des mâles présents ne sait dresser une tente. On est obligé d'aller quérir une vieille femme de soixante-quinze ans, qui ne craint pas d'exposer ses traits aux regards des Faranguis, pour que nous puissions nous-mêmes nous abriter sous la tente et nous soustraire à ceux des habitants mâles du village accourus. Et pendant que, seule, sans qu'aucun des assistants ne lui prête la moindre aide, grand'mère ouzbègue construit pièce à pièce notre habitacle, les hommes, assis sur les talons, la regardent faire ou dévisagent, en bayant, les Faranguis et leurs bibelots.

Et Roustem nous explique que dresser une tente n'est pas leur affaire, mais besogne de femme, et que jamais un vrai Ouzbeg, Kirghiz ou Turcoman, ne s'avilirait à faire l'ouvrage d'une femme.

A une faible distance de Tengui-kharam se voient les restes d'un vieux pont, un arc et une base de pilier, construit, dit-on, par Abdoullah-Khân. Ces ruines se trouvent sur la rive gauche du torrent appelé Tengui-Kharam-Daria, et leur présence prouve qu'un pont sérieux n'ayant plus de raison d'être aujourd'hui, le torrent actuel était rivière considérable autrefois ; que son débit était beaucoup plus régulier, et qu'enfin il y avait un passage assez fréquenté pour engager Abdoullah, ou un autre prince éclairé et bienfaiteur, de faciliter les communications par la construction assez dispendieuse d'un pont. La contrée était certes plus prospère qu'elle ne l'est de nos jours.

1. Tente ouzbègue.

Non loin de là, le Tengui-Kharam-Daria se réunit au Kitchi-sou, qui vient des montagnes du nord-est et du kichlak ouzbeg de Kara-kaval. Des oïs de nomades, pareilles à d'énormes taupinières, se blottissent dans les replis des monticules. Des femmes ouzbègues, habillées de rouge, leur couleur favorite, lavent du linge à la rivière, pendant qu'une bande de gamins, la peau foncée comme des négrillons clairs, s'esbaudissent dans des baignades sans fin. Adultes, ils ne prendront plus guère de bains autres que ceux pittoresquement qualifiés « de lézard » ou, de-ci de-là, quand ils tombent à l'eau. Dans sa jeunesse, dès son enfance, le nomade n'est guère l'objet de beaucoup de soins de la part de ses parents ; il subit un dur entraînement à la résistance physique et aux intempéries du climat. Aussi la sélection en élimine-t-elle un grand nombre, en élevant la mortalité parmi les enfants et en fortifiant les survivants [1].

La route continuant au nord-ouest sur Ghouzar, passe dans le thalweg d'une vallée plus évasée et suit, pendant quelque temps, le lit de la rivière, bordée de falaises d'alluvion assez hautes. Ces falaises offrent une coupe géologique intéressante. A la base, on trouve une couche de calcaire argileux composée presque uniquement de bancs de petits *ostrea*. Au-dessus, plusieurs assises d'une roche plus compacte avec alternances de lits de conglomérat à éléments plus ou moins fins. Puis une couche de loess de 3 à 4 mètres d'épaisseur. Au-dessus de ces dépôts du fond de la vallée se voient, adossés aux parois de la vallée, des dépôts horizontaux de conglomérat et de loess d'une époque antérieure. Je m'arrête à dessein un peu plus longtemps à la description de cette coupe, parce qu'elle nous fait comprendre la succession des événements géologiques de la dernière et de l'avant-dernière période, dans les montagnes et dans les plaines de l'Asie centrale.

Le loess est très facile à raviner et ses couches puissantes, qu'on peut observer particulièrement bien aux environs de

---

[1]. G. Capus, *Sur les causes et les effets de la polygamie et le mouvement de la population indigène dans le Turkestan russe* (Bulletins de la Société d'anthropologie, 1890).

Samarkand et de Tachkent, sont souvent entaillées par les eaux, à des profondeurs de 30 et de 60 mètres, formant de ces « barrancas » à pic, que M. Richthofen a si bien décrites en Chine et qu'on retrouve également dans l'Amérique du Nord.

Voici, près de Tengui-kharam, un mince filet de torrent qui s'est creusé une sorte de tunnel dans l'alluvion du rivage, tunnel dont les piétons profitent pour gagner la terrasse de la berge. On comprend que des érosions souterraines de grande étendue puissent quelquefois, comme aux environs de Tachkent et de Samarkand, provoquer des tremblements de terre de peu d'étendue, à la suite des effondrements souterrains. Mais il est certain aussi qu'ailleurs, comme à Viernoié, sur l'Issykkoul et dans le Ferghanah, les tremblements de terre, quelquefois intenses, sont dus à des actions plutoniennes[1].

Bientôt, à 10 verstes environ de Ghouzar, nous atteignons la vallée plus large du Ghouzar-Daria, bordée de rizières. Des Sartes, le torse nu, sont occupés à dégorger les aryks dérivés du Daria, dans la direction de la ville. Nous traversons la rivière à gué ; puis, après avoir vu verdir, dans un coude de la vallée, un coin de l'oasis, nous montons le dernier contrefort qui nous sépare de la plaine. Tout à coup, au sommet, se présente à nous un tableau superbe. A nos pieds s'étale une longue coulée de verdure, intense comme un îlot au milieu de la mer jaune du steppe. Au milieu des touffes compactes d'ormes, aux formes globuleuses, s'élancent de hauts peupliers habillés de vert plus clair, tandis que les djiddas (*eleagnus*) glauques mettent comme un niellage d'argent dans la masse sombre où se cachent les habitations. La nudité de la montagne pelée se continuant par le dénuement jaune du steppe sans fin, force le regard à fixer cette oasis où l'imagination, sûre de ne pas se tromper, promet au voyageur fatigué des délices d'ombre, de fraîcheur et d'eau courante. Tout au bout de l'horizon, la mince pellicule bleuâtre

1. Voir, sur les tremblements de terre du Semiretchié (Viernoié, etc.), et du Turkestan, un travail de M. Ochanine, envoyé en mission spéciale (*Société de géographie impériale de Saint-Pétersbourg* et *Proceedings Royal Geographical Society* de Londres, 1889).

des monts Koungour se détache du ciel et fait chercher en vain l'oasis de Karchi, cachée dans la brume. Au nord, de lourds cumulus noirs pendent, prêts à crever leurs outres gonflées, tandis qu'au-dessus de la plaine, le soleil, au déclin, illumine un ciel balayé et fait resplendir les méandres rubanés du Daria. Sous le nom de *Kara-sou*[1], cette rivière va tenter de rejoindre celle de Karchi. Au premier plan de ce paysage intense, des troupeaux de bœufs et de moutons cheminent lentement; une caravane de dromadaires s'étire sur la route aux sentiers nom-

Fig. 35. — Oasis de Ghouzar (vue de la hauteur). Route de Tengui-kharam.

breux, et un derviche apostrophe son âne en un monologue guttural. Tout à coup, apercevant un de ses congénères, l'âne se met à braire joyeusement en remuant la queue et prend le trot. Le derviche tressaute, son grand bonnet sale dodeline allègrement à l'allure incorrecte du baudet, quand, las de lutter contre les velléités vagabondes de sa monture et désespérant de l'arrêter autrement, le « pieux » mendiant se laisse choir autour du cou de l'âne dans une touchante embrassade. Ils s'étaient compris et l'âne s'arrêtait. L'Asie centrale est pleine de ces notes comiques au milieu de paysages grandioses.

1. Eau noire.

Ghouzar.

En vue de l'oasis de Ghouzar. — Un croquis de genre. — Le *meimane khana*. — Champs et jardins. — L'*ark* et le *touradjane*. — *Tchaïnik* et femmes. — Femmes pleureuses. — Les fumeurs de nacha. — Le steppe de Ghouzar. — La *hazar-ispand*.

Bientôt, après avoir chevauché à travers des rues bien ombragées sous les arbres fruitiers d'exubérants jardins, nous atteignons notre « manzil ». Le *meimane khana*[1] des Faranguis est une petite maisonnette au coin d'un jardin de rapport. Comme nous n'y passerons qu'une journée, il n'est pas nécessaire de marquer autrement notre mécontentement de la façon dont on nous a traités jusqu'alors, que par des reproches mérités qu'Abdou-Zahir traduit fidèlement avec l'intonation voulue. L'effet ne tarde pas à se faire sentir; nous sommes dès lors traités comme des hôtes ayant droit à des égards de la part des autorités. « Il ne faut pas être trop doux avec les gens du Bokhara; ils vous prendraient facilement pour un âne et essayeraient de vous bâter. » Le mot est d'un indigène. Ne devrait-on pas l'appliquer quelquefois chez nous, par ces temps de *struggle for life,* en face de lutteurs sans vergogne?

L'oasis de Ghouzar est une des plus riantes qu'on puisse voir. L'eau y paraît abondante et la pluie moins rare, à cause du voisinage de la montagne. Cependant le Ghouzar-Daria, qui alimente la ville et les champs de culture des alentours, doit réserver une partie de ses eaux pour les besoins de l'oasis de Karchi, qu'il dessert pendant un ou deux mois de l'année. Au mois d'*assad*, par exemple, Ghouzar dispose de l'eau pendant dix jours, puis la campagne à l'est de Karchi, alternativement et d'après une règle établie par l'émir de Bokhara et à l'observation de laquelle veille le *mir-ab*, le distributeur des eaux, un des hauts fonctionnaires de l'émirat.

Le pommier, le cerisier, le prunier, l'abricotier, l'amandier, le pistachier, y croissent en abondance ainsi que la vigne. Le

---

1. Maison des hôtes.

riz est cultivé dans les endroits propices à cette culture exigeante, dans les bas-fonds faciles à submerger. Il coûte de 25 à 30 tengas le batmane. Celui du Hissar, qui est d'une qualité supérieure et qu'on apporte en quantité pour l'écouler sur les marchés de Bokhara et de Samarkand, coûte jusqu'à 36 tengas le batmane. Le blé, cultivé en assez forte proportion, vaut de 14 à 18 tengas le batmane. On y cultive encore des plantes oléagineuses, et la ville possède quelques savonneries et fabriques de chandelles, d'installation fort primitive, comme tous les établissements industriels de la contrée. On me dit que les cultures se sont étendues depuis une vingtaine d'années, grâce à un apport plus considérable d'eau du Daria, ce qui aurait permis également d'étendre la culture du riz, autrefois très restreinte.

Le bazar nous a paru sale et sans autre aspect caractéristique. On y tient grand marché deux fois par semaine, mais il n'y a pas ici de grands saraïs servant d'entrepôt, à cause du voisinage de Karchi et du Chahr-i-çâbz, vers lesquels se dirigent la plupart des grandes caravanes. Le bazar s'étage sur la pente de loess d'une rive du Daria, reliée à la rive gauche par un pont de bois bosselé. Tout à côté se dresse l'*ark* ou citadelle, fouillis hétéroclite de maisons en pisé, de mosquées en briques et de tombeaux, le tout entouré d'un mur en terre crénelé et percé de portes se fermant de deux lourds battants en bois, tachetés de gros clous. Au sommet du kourgâne, dominant le ravin et le bazar, se trouve la demeure du gouverneur ou *beg* de Ghouzar. Il a titre de *touradjane*, en sa qualité de fils de l'émir actuel, Mozaffer-Bahadour-Khân. Il se trouvait à Bokhara en ce moment, auprès de son père, et ce n'est que six ans plus tard, lors de notre deuxième voyage en Bokharie, que nous pûmes, en lui rappelant le premier, lui donner quelques notions de la France, dont il voyait pour la première fois des émissaires, très pacifiques du reste.

En parcourant ces villes de l'Asie centrale, où tous les métiers s'exercent aux yeux du promeneur attentif, où tout ce qui concerne la femme est aussi caché que les occupations et les actions de l'homme le sont peu, on rencontre à chaque pas des contrastes frappants. Voici, au détour d'une ruelle, une femme hermétiquement voilée, glissant le long des murs comme une ombre ou une momie ambulante. Il ne lui suffit pas de dissimuler ses formes sous un long manteau qui la couvre

Fig. 36. — Scène de tchaïnik (thé).

de la tête aux pieds, en manière de sac; à notre approche, elle s'arrête effarée, se tourne le visage contre un mur et attend que nous l'ayons dépassée pour reprendre sa marche timide. Plus loin, un *tchaïnik*[1] ouvre son intérieur sans mur de façade aux regards du passant. Une bande de Sartes, assis en rond

---

1. Établissement de thé, un « thé » si l'on veut, comme on dirait chez nous un « café ».

autour d'un brasero, boivent à petites gorgées du thé très chaud dans des tasses en porcelaine russe. Le tchilim, mis en train par un gamin jaune pâle, circule à la ronde et fait grimacer et tousser le fumeur disparaissant dans un nuage. Deux batchas, jeunes danseurs aux yeux de prostituée, habillés de robes de soie aux couleurs éclatantes, absorbent toute l'attention du cercle et se font servir, les drôles, comme des filles de qualité dans un flirtage de tous les sens. Cette femme voilée, ces batchas, l'une bannie dans les quatre murs de son intérieur et dans les plis de son voile, les autres étalant au bazar le triomphe d'une esthétique à rebours, sont bien l'expression d'un vice d'organisation sociale dont souffre le polygame qui ne voit dans la femme qu'une génitrice et un instrument de travail un peu plus noble qu'une bête de somme. Et pourtant ces femmes pleurent la mort de leur mari; elles la pleurent même d'une façon très retentissante, comme nous avons pu nous en convaincre aujourd'hui même. En me promenant dans le jardin qui entoure notre maisonnette, je fus surpris d'entendre, d'une maison voisine, des cris plaintifs, comme des miaulements de voix humaines. M'étant hissé à la hauteur du mur de séparation, je vis, à l'ombre d'un kaïragatche, des femmes assises en cercle. Elles écoutaient d'abord le récit rythmé d'une de leurs compagnes qu'elles faisaient suivre de ce miaulement plaintif en chœur, évidemment le refrain d'une élégie. Abdou-Zahir, mieux renseigné, en effet, me dit que ces funères pleurent leur mari, et que voilà trois jours, selon l'usage, qu'elles se réunissent journellement pour chanter, de la même voix lamentable, les vertus du défunt et les regrets qu'elles éprouvent de sa perte. A l'accent de leur douleur, il n'était pas difficile de sentir la mode et l'usage, le convenu et le banal de l'affection de convention qui accompagne le défunt jusqu'à la porte du cimetière.

Voici un contraste d'un autre genre. Mohammed ayant défendu aux fidèles l'usage des liqueurs fermentées, enivrantes, et la nature humaine ne perdant nulle part ses droits aux vices, les musulmans ont leurs pochards au hachisch et à l'opium comme nous avons les nôtres à l'alcool. Dans toutes les villes de l'Asie centrale, on les rencontre quelquefois dans des « assommoirs » spéciaux ou dans des *kalenter-khana*, souvent dans un coin de tchaïnik ou au seuil de leur porte, cuvant le nacha ou l'opium ou fumant le *nacha* et le *mâsi*[1] dans le tchilim. Ils ont le teint jaune et les yeux caves ; leur figure est tirée dans un rictus de divana, et leur cerveau est en proie aux divagations et aux insanités du délire gai du hachischine ou de la morphine. Presque tous les derviches *nakchbendi*[2] sont des fumeurs de nacha, et ce n'est pas sans raison qu'on leur donne le nom de *divana* ou *douvana*, c'est-à-dire de fou. Mais comme les fous sont marqués du doigt d'Allah et respectés plutôt que relégués au-dessous du commun, les uns et les autres sont plutôt un « objet » de faveur et de superstitieuse condescendance que d'aversion et de mépris.

Nous sommes à 5 tachs de Karchi. La route, une route d'arbas, court dans la plaine au milieu des cultures sèches qui se continuent sans interruption jusqu'à la ville. Au sortir de Ghouzar, nous voyons une foule d'individus, réquisitionnés par les aksakals des villages intéressés, occupés à réparer la digue d'un canal que le courant fort et oblique du Daria avait rongée et précipitée dans la rivière, de quelques mètres plus basse. La route est très animée ; des piétons, des caravanes, des cavaliers à cheval et à âne, nombreux, se dirigent sur Ghouzar pour le marché du lendemain. Du plus loin qu'ils nous reconnaissent pour des Européens, nous prenant pour des Russes, les juifs, reconnaissables à leurs païssés et à une petite calotte de prêtre officiant, descendent de cheval ou plus souvent d'âne, s'arrêtent et adressent des compliments avec un affectueux sourire. Les saraïs, le long de la route, sont bondés de voyageurs et de bêtes de somme.

Le steppe est déjà jaune ; l'herbe commence à se dessécher

---

1. *Nacha*, hachisch fait de chanvre indien ; *mâsi*, galles du chêne et du pistachier.

2. Ordre religieux de derviches très répandu. Le tombeau de leur saint patron se trouve près de Bokhara.

sous le soleil trop chaud, et les fleurs, d'une floraison hâtive et courte, ont déjà disparu. Seuls l'armoise aux tons glauques et poussiéreux et le *hazar-ispand*[1], d'un vert plus intense, tranchent sur le sol jauni dont les pluies passagères n'arrivent déjà plus à fermer les crevasses.

Trois semaines de printemps et d'exubérance de végétation naine, puis le steppe retombe dans la poussière sous le feu ardent d'un soleil de plomb. Le hazar-ispand est une des plantes les plus répandues de l'Asie. Les indigènes lui attribuent toute sorte de vertus thérapeutiques, entre autres celle de guérir de la fièvre. Pour cela, ils font griller l'herbe sur une plaque de fer ou dans une marmite, et soumettent tout le corps à une fumigation désagréable par l'odeur méphitique que dégage la plante. Ils mangent également la graine sèche pour combattre certaines maladies internes.

Nous voyons de-ci de-là dans la plaine s'élever des tépés ou kourgânes de loess, évidemment l'œuvre de main d'hommes comme ceux que nous avons trouvés dans la vallée du Sourkhane.

Nous exerçons sans succès le tir de nos revolvers sur une bande de vautours gypaètes, au crâne chauve, à la livrée cendrée ; ils sont attablés autour d'une charogne de chameau, qu'ils empêcheront d'empester l'air.

A mi-chemin, le village de Jangui-kent. Le jeune beg de Karchi, nouvellement installé, nous reçoit par un de ses délégués avec toutes sortes de gracieusetés, telles que dasterkhanes nombreux, envoi de djiguites à notre rencontre et force compliments de bienvenue.

Bientôt les cultures du steppe font place aux jardins fruitiers et aux faubourgs de la ville. Nous traversons le kichlak de Takhtapoul. Des champs immenses de pavots ou *makou*[2] s'étendent à droite et à gauche. Les tiges, hautes de 1 mètre et demi, portent de grosses fleurs blanches ou violettes, qui

---

[1]. L'herbe « aux mille remèdes », *Peganum harmala*.
[2]. Tabac se dit *tam makou*, corruption du mot *tabacou*.

appellent des légions d'insectes bourdonnant et frissonnant sous la brise.

Une pluie chaude fuit devant le vent du sud-ouest, et des éclairs de chaleur sillonnent le ciel de la nuit ascendante, lorsque, au galop de nos bons petits chevaux, nous regagnons le *meimane khana* de Karchi que, trente-six jours auparavant, nous avions quitté pour visiter les bords de l'Amou-Daria.

A Karchi.

Retour à Karchi. — Musique et danse indigènes. — Un hammam bokhare. — L'ours et le Bohémien. — Un jardin public. — Un agronome de quatre-vingt-douze ans.

Notre séjour à Karchi doit durer le temps que mettra un djiguite, porteur d'une lettre au général Kauffmann, pour aller et revenir de Samarkand, soit au moins quatre ou cinq jours. Ces estafettes de choix montent des chevaux excellents et font jusqu'à 80 et 100 verstes par jour. Ils mettent leur amour-propre à faire la route dans le moins de temps possible ; c'est leur façon de se distinguer au service du beg. De la réponse que nous donnera le général Kauffmann dépendra la direction que nous prendrons ensuite, sur Bokhara ou sur le Chahr-i-çàbz.

Entre temps, nous avons des loisirs pour compléter nos études. Les excursions aux environs de Karchi enrichissent mes collections d'histoire naturelle, et nos courses à travers la ville fournissent plus d'une observation ethnographique intéressante. Je regrette bien que le cadre exigu de cet ouvrage ne me permette pas d'entrer dans le détail, car quoique divers auteurs, notamment Schuyler et Maëff, aient déjà décrit quelques villes du Bokhara, il y a toujours des observations curieuses et nouvelles à faire. Et puis chaque observateur y met bien un peu de ce complément personnel, quoi qu'il fasse pour l'éviter, et nous montre, s'il n'y prend garde, facilement les hommes et les choses à travers le gros ou le petit bout d'une lorgnette sentimentale ou pittoresque.

Le jeune beg de Karchi nous fit toutes sortes d'amabilités,

sans doute pour effacer l'effet de l'accueil négligé que nous avait fait celui de Chirabad. Chaque matin, et souvent dans la journée, il dépêchait des *mirakhours*, dignitaires de sa cour, pour s'enquérir de l'état de notre santé, de la qualité de notre sommeil, de notre appétit, etc., laissant percer le désir que nous en fassions part aux autorités russes et l'appréhension de voir notre satisfaction au-dessous de son désir.

Il nous envoya ses danseurs et, trois heures durant, sous l'auvent de notre maison, éclairée par des lanternes et des torches promenées devant les danseurs par des domestiques *ad hoc*, nous pûmes étudier le jeu et la mimique des batchas de qualité. Quelques-uns de ceux-ci sont habillés comme des femmes et tous de khalats de *kanaouss* aux riches couleurs. Dans un coin, assis en demi-cercle, cinq « frappeurs de tambours de basque ». Les instruments sont garnis d'anneaux métalliques résonnants, et chauffent constamment au-dessus de réchauds, même pendant le jeu, afin que la peau soit tendue et donne une note plus aiguë. Ces cinq artistes mènent le rythme de la danse et mêlent, de-ci de-là, le chant à l'étourdissant tintamarre de leurs peaux d'âne. J'appelle chant ces bizarres mélodies sartes qu'une oreille délicate, se souvenant de la danse des sylphes de Berlioz ou d'un menuet de Bocherini, qualifierait d'horribles, si toutefois elle oubliait que ce genre d'esthétique varie avec la latitude et la longitude. La danse elle-même, à part quelques figures lestes et reptiliennes, n'a rien de gracieux, à nos yeux du moins, car les indigènes dévorent les batchas des leurs. Et pour que nul trait de leur physionomie ne leur soit perdu, les porteurs de torche promènent leurs lumignons fumeux constamment devant le visage des batchas, en suivant tous leurs mouvements.

Ce sont des déhanchements sur place, des mouvements saccadés, épileptiformes, des bras, de la tête, des épaules et des mains, et qui n'ont rien du charme étrange, hiératique, de la danse du gamelang javanais, à laquelle on pourrait les comparer. Puis, des tourbillonnements, à la façon des derviches tourneurs, sur place, de plus en plus rapides, furieux, soutenus par le *fortissimo* des tambours *tutti* en roulement continu. Le rythme change à chaque figure et passe du deux-quatre au trois-quatre et au six-huit, en variant du *lento* à l'*allegrissimo*. Parfois le batcha termine la figure par une culbute sur les mains, retombe sur les pieds en face du spectateur qu'il salue, et se retire dans le rang, pour céder la place à un camarade ou à un pas de deux. J'ai noté jusqu'à onze figures dans une seule danse. J'imagine que ce genre de chorégraphie n'aurait qu'un succès partiel chez nous.

Un jour, nous allâmes au hammam. Contrairement au nomade, le Sarte aime beaucoup le bain et le massage. L'établissement dans lequel on nous mena avait été préalablement consigné au public; la veille, le beg avait même donné l'ordre de finir certaines réparations d'urgence. Nous entrâmes d'abord dans une grande pièce où, des deux côtés d'un couloir en contrebas, s'élevaient des plates-formes recouvertes de tapis; c'est le *vestiarium*. Du plafond coupolé pendent un lampadaire à quatre becs, jetant une lumière fumeuse et sépulcrale, puis, au pourtour, en étendard, des pagnes et des serviettes multicolores à sécher. Des niches, dans le mur, reçoivent les menus objets. Passant ensuite dans le *frigidarium*, le *tepidarium* et enfin dans le *callidarium*, on se trouve dans une pièce coupolée, percée au sommet de la voûte d'une petite ouverture par où filtre la lumière brumeuse du jour. Le plancher brûle la plante des pieds. Au milieu de la pièce, un bassin avec de l'eau chaude; dans de riches fontaines, au pourtour, de l'eau à des températures croissantes, au degré de résistance du baigneur. Des portes basses donnent accès à des chambres latérales : une chambre de prière avec la keblah et les salles de massage. Le masseur, ruisselant d'eau, étend un drap par terre, nous entoure les reins d'un large pagne et nous fait coucher sur le ventre avec un coussinet sous le front. Il commence par le dos, remonte au cou et descend aux bras jusqu'aux doigts. Il presse et travaille les muscles dans la direction centrifuge; puis, les bras finis, il passe aux membres inférieurs jusqu'à la plante des pieds. De temps à autre, il jette un peu d'eau froide sur les muscles, qui glissent sous la pression de sa main. Il monte, de deux pieds, sur vos reins et, de tout le poids de son corps, se laisse glisser de la plante des pieds le long de votre râble. Puis, de pile, il vous travaille de face, dans le même ordre, habilement, artistement.

Il sue, souffle, siffle, respire bruyamment, ahane et geint comme le boulanger au pétrin. Le massage fini, il vous ploie comme un mannequin, vous tire les doigts des mains et des pieds, et vous disloque les jointures jusqu'au « crac » définitif. Et on se laisse faire, car tout à l'heure, quand ce « bourreau » bienfaisant aura lavé à grande eau votre « cadavre » malaxé, bouchonné au savon et inondé de seaux d'eau tiède; après que, dans une sortie lente et graduelle, le corps se sera habitué à la fraîcheur relative du vestiarium, ce cadavre reprendra une vie nouvelle et se sentira envahi par un bien-être spécial que le voyageur goûte plus que tout autre mortel. Une tasse de thé vert et une bouffée de tchilim, servies au bon moment, complètent notre souvenir réconfortant du hammam de Karchi et de ses masseurs habiles.

Rentrés au logis, nous trouvons dans la cour un *Loulli*[1] (Tzigane), qui traînait avec lui un ours à ongles blancs (*Ursus leuconyx*), d'une espèce assez rare. Après lui avoir arraché toutes les dents, il lui fait exécuter dans les bazars des danses et des simulacres de lutte, que le pauvre édenté subit stoïquement, en se laissant vaincre de la meilleure grâce du monde.

Un autre jour, une promenade par la ville nous mène à un grand jardin public, sorte de square planté de beaux arbres. Ce jardin est orné, sur un des côtés, d'une belle mosquée ancienne, dont la façade est tapissée de briques émaillées. D'après un moullah de l'endroit, elle aurait été construite, il y a quatre cents ans, par Mir-Bikaï-Batour, alors chef de la ville. En face, sur le terre-plein, s'élève une construction octogonale, percée de fenêtres et de quatre portes aux points cardinaux.

---

1. Les Bohémiens portent encore le nom de *Dzouguis*, *Loullis* ou *Mazangues*. Ils s'adonnent à la même vie nomade et aux mêmes occupations que ceux d'Europe.

Cet édifice sert à la prière des moullahs et à l'invitation à la prière qu'ils adressent à la foule quand, deux fois par an, celle-ci accourt en pèlerinage au lieu saint. En ce moment, la foule pieuse est remplacée par des bandes de fainéants qui se prélassent à l'ombre des tchinars, et de mendiants que nous avons à nos trousses. Dans un coin du jardin, un vieil ichâne, homme pieux et vénéré pour ses vertus, a élu domicile dans une petite masure où il mène une vie d'anachorète. Nous lui faisons adresser par Abdou-Zahir les compliments de deux Faranguis rendant hommage à ses vertus. L'ichâne répond par des remerciements, en ajoutant qu'il va prier Dieu pour donner bonne santé aux Faranguis touras.

Nous visitons encore des fabriques de kanaouss de tapis (les meilleurs viennent de Barchi, près de Kerki, et sont fabriqués par des femmes turcomanes), de poteries et des forges indigènes. Les métiers sont primitifs et le travail est long ; la main-d'œuvre est à très bon marché.

Nous reçûmes la visite du vieillard le plus âgé de la ville. Ce respectable aksakal accusait quatre-vingt-douze ans et avait nom Nikadam-Djanbegui. Il portait très allègrement son âge et me donna de fort intéressants renseignements sur les cultures et le régime des eaux, régime actuel et sur ce qu'il était autrefois. Les renseignements concordent pour constater une recrudescence dans le débit des rivières depuis une quinzaine d'années. On l'attribue à des froids plus intenses et à des tombées de neige plus considérables dans la montagne. Nikadam me dit que les vents du sud et du sud-est leur apportent de la pluie des montagnes de l'Afghanistan, ce qui est probablement la vérité. En effet, les vents du sud-sud-est et du sud-ouest, prédominants à cette époque de l'année (qui est la fin de la saison pluvieuse dans la plaine avoisinant la montagne), se chargent de vapeur d'eau sur les contreforts de l'Hindou-Kouch, où les neiges sont en train de fondre. Passant au-dessus de la plaine ardente de la Bactriane, ils viennent se heurter et se refroidir au contact des montagnes de Baïssoune, du Hissar et du Hazret-i-soultane. La condensation y amène des pluies fréquentes, que les courants bas, secondaires, dirigés par les accidents orographiques, vont porter aux oasis avoisinantes de la plaine. A Samarkand déjà, l'interposition d'une chaîne de montagnes secondaire, comme le Samarkand-taou, est suffisante pour déterminer un autre régime des vents et des conditions hygrométriques de l'air différentes de celles de Karchi autant que de celles de Tachkent et de Bokhara.

Trois jours après son départ de Karchi, notre djiguite de Samarkand est de retour avec un télégramme de Tachkent. Nous apprenons la maladie du général Kauffmann, maladie qui devait, quelque temps après, l'enlever à la vice-royauté d'un pays qu'il avait organisé avec tant d'intelligence et d'habileté. Le pays n'oubliera point les bienfaits du grand pacificateur de l'Asie centrale.

Notre résolution prise de rentrer à Samarkand par Chahr et Kitâb, nous remettons la visite de Bokhara à des jours meilleurs, et, le 4 mai, nous sortons de Karchi par la route de Chahr-i-çâbz, c'est-à-dire vers l'est. Nous avons, comme c'est l'usage dans le Bokhara, échangé des cadeaux avec le beg et récompensé, selon leur mérite, ses serviteurs, qui furent en partie les nôtres. Le beg est content, dit-il, que nous le soyons. Tout le monde est content! Cela n'arrive qu'en Bokharie.

Vers Chahr-i-çâbz.

La lèpre et les *makhaous*. — Cultures. — Course à la chèvre ou *baïga* et Abdou-Zahir. — Un exode de sédentaires.

Nous avons 30 verstes à faire jusqu'au saraï de Tchièm, notre étape d'aujourd'hui. La pluie intermittente des dernières journées a détrempé le sol argileux et nous chevauchons le plus souvent dans des mares fétides où le cheval enfonce jusqu'au-dessus du genou. Sur le bord de la route et de la boue, au sortir de Karchi, on voit accroupies des femmes, immobiles comme des bornes, jusqu'à ce qu'au passage elles tendent au cavalier une sébile au bout d'un bras défaillant. Elles implorent la charité : *Silaou, toura! Silaou, toura!* comme les malheureux prisonniers du sindone. Et lorsqu'on fixe plus attentivement ces figures hâves et décharnées, ces physionomies jeunes quelquefois, que d'aucunes ne se donnent plus la peine de cacher sous le parandja, on reconnaît, aux plaques violâtres et aux taches rougeâtres qui les défigurent, le mal terrible, la lèpre, dont elles sont atteintes. Les *makhaous* ne font plus partie de la société de leurs concitoyens ; ils sont éliminés, ils meurent pour tous ceux qui les entouraient d'affection et d'amitié. Ils ne peuvent vivre que parmi ceux qui, comme eux, sont atteints de la terrible maladie dont la science, jusqu'à ce jour, n'a pu encore trouver la guérison[1]. Là, dans le *makhaou kichlak*, ils sont relégués dans un village solitaire, se marient entre eux et transmettent à leurs enfants, avec la sébile et le bâton du mendiant, le germe de leur terrible maladie. Ces parias sont fréquents en Asie centrale. Il y a des *makhaous kichlaks* aux environs de toutes les grandes villes et des lépreuses mendiant sur toutes les routes fréquentées aux approches de ces villes. La léproserie de Karchi, située au nord de la ville, compte, me dit-on, jusqu'à cent cinquante foyers.

Au fur et à mesure que nous avançons dans la direction de Tchiraktchi, les jardins diminuent et les cultures, puis le steppe salin leur succède. A gauche, sans interruption, s'étend, le long du Kachga-Darya, la bande verte des kichlaks éparpillés dans la verdure intense des arbres fruitiers, des mûriers, des kaïragatches, d'où s'élancent les beaux peupliers *bolleana*. Par endroits, le steppe, parsemé de *peganum*, est recouvert d'un tapis violet sans fin d'une espèce de cardamine à l'inflorescence touffue et fraîche. Les cultures de blé prédominent à cette époque. La tige est haute et thalle jusqu'à vingt fois, mais l'épi n'est pas aussi fourni que celui de nos variétés cultivées.

1. Voir *Médecins et médecine en Asie centrale*, loc. cit. — Il serait fort désirable qu'un spécialiste entreprit l'étude détaillée et complète de cette maladie que nous lègue le moyen âge et qui semble en ce moment (avril 1890) entrer en recrudescence dans certains pays, notamment en Nouvelle-Calédonie. Le Turkestan présenterait un champ d'étude accessible, et surtout un grand nombre de cas à observer dans d'assez faciles conditions d'expérience.

La rouille et l'ergot ont envahi une bonne partie des cultures et le *djaoudar-bourdaï*, qui donne un grain noirâtre et une farine de mauvaise qualité, déprécie fortement la qualité de la récolte.

Il m'arrive d'entrer dans un champ de blé et d'en sortir les bottes saupoudrées de la poudre rouge des spores d'*æcidium*.

Toute cette contrée, jusqu'à Tchiraktchi, est occupée par des

Fig. 37. — Caravane-saraï de Tchièm.

Ouzbegs *Saraï*, sédentaires et agriculteurs, au type mogoloïde très prononcé.

A 4 heures de l'après-midi, nous descendons au saraï de Tchièm, village situé au bord du Kachga-Daria, où le beg de Karchi nous a fait préparer un dernier gîte, car demain nous entrerons dans le *begtsvo*[1] de Tchiraktchi. Par une attention délicate, nous trouvons même des couteaux et des fourchettes russes, ce dont, au besoin, nous aurions pu nous passer, habitués comme nous l'étions depuis longtemps à nous servir de nos doigts, à la façon indigène.

Et qu'on me permette de faire remarquer qu'il est générale-

1. Gouvernement.

ment préférable pour le voyageur, explorateur scientifique ou autre, de se faire, autant que possible, à la vie des indigènes, de s'habiller et de vivre comme eux, car il lui sera plus facile d'entrer en contact immédiat avec eux et de profiter souvent d'avantages de toute sorte qu'il finira par apprécier très vite.

A quelque distance de Tchièm, nous rencontrons, assis en rond sur le gazon d'un pré, une douzaine d'Ouzbegs occupés à pleurer, dans un chant lamentable, un des leurs qui vient de mourir. Il n'y a pas, chez le Kirghiz et l'Ouzbeg, de cérémonie funéraire sans réjouissances des vivants en l'honneur du mort. On sert des repas copieux à ceux qui sont accourus des kichlaks ou des aouls voisins, et l'on organise une *baïga*, une course à la chèvre. Aussi, tout près de là, dans un bas-fond servant de champ de course, voyons-nous une bande de jeunes Ouzbegs s'adonner à leur sport favori, galoper après le cavalier qui essaye de leur soustraire la chèvre, la lui arracher, s'ils le peuvent, la jeter par terre, la ramasser au galop, et essayer, à leur tour, pour être vainqueur, de parcourir en rond une certaine distance sans être dessaisi de l'enjeu. Notre Abdou-Zahir, grand amateur de ces courses qu'on organise souvent à Samarkand, et confiant dans les qualités de son cheval et les siennes, crut l'occasion bonne pour montrer son adresse et remporter facilement le prix. L'air supérieur, il s'avance au petit trot et se mêle à la foule des Ouzbegs. Nous le voyons s'emparer de la chèvre, la mettre en travers du pommeau de la selle et sous une jambe, puis talonner son cheval pour faire le tour réglementaire. Mais les Ouzbegs ne l'entendent point ainsi. Deux des leurs le rejoignent au galop, chacun d'un côté de son cheval, puis, avant que nous eussions vu la manœuvre, voilà ce brave Abdou-Zahir assis par terre, derrière son cheval, tandis que l'un des Ouzbegs, emporte la chèvre au milieu de ses camarades. Le cheval d'Abdou nous revient en hennissant, puis son propriétaire, piteusement, clopin-clopant, une main sur la partie de son corps malade et riant jaune.

Et Roustem, dans son baragouin russo-turc, nous explique que Zahir, n'ayant « pas donné de kopeck », c'est-à-dire n'ayant pas payé son enjeu, et que les Ouzbegs étant des *tchaitanes*[1], on lui a joué un mauvais tour. Que les deux cavaliers ont pris chacun une patte de la chèvre, puis, tournant bride, ont désarçonné notre Abdou comme un vulgaire novice. Cependant, tout le monde rit : les Ouzbegs, de la déconfiture de leur concurrent

Fig. 38. — Course à la chèvre.

samarkandi ; nous, de la mine piteuse du présomptueux Zahir, parti si fièrement, et Abdou pour se donner une contenance. Il en sera quitte pour une position fatigante en selle et le souvenir cuisant d'une ridicule défaite.

A quelques verstes plus loin, on remarque les traces de grands aryks à bords élevés ; puis, autour d'un kourgâne en ruines, les restes d'un ancien kichlak assez étendu. C'est

1. Diables.

Kamaï-kourgâne, kichlak très florissant, avec un *volosnoï*[1], il y a une quinzaine d'années, mais que les habitants ont été forcés d'abandonner, parce que le manque d'eau avait rendu la culture de plus en plus restreinte et difficile. Ils ont émigré, cherché et trouvé un endroit plus propice vers Jakabag, du côté de la montagne. Voici donc un exemple récent d'un fait qui a dû se produire souvent en Asie centrale et qui aide à nous expliquer le déplacement de fractions importantes de la population, déplacement forcé par suite de la pénurie d'eau, et, par là, des moyens d'existence. La cité de Maour (Merv), à un moment donné de son histoire, a subi le même sort par suite de la déviation ruineuse des eaux du Mourgâb par un conquérant farouche, et nous pensons que l'abandon des villes de la vallée du Sourkhâne est dû à la même cause.

Tchiraktchi.

Le *koum-tchakar* ou sucre d'*alhagi*. — Réception et guérison. — Une visite au touradjane. — Rivières débordées.

A Karabag, grand kichlak enfoui dans la verdure et animé d'un petit bazar, nous quittons le begstvo de Karchi pour entrer dans les domaines administratifs du touradjane de Tchiraktchi. Au fur et à mesure que nous avançons dans cette crique de montagne qui est le Chahr-i-çâbz, les cultures augmentent et deviennent plus exubérantes. Toute la contrée n'est qu'un immense grenier d'abondance où prospèrent le blé, l'orge, la luzerne, le lin, le sésame, le tabac, le pavot, le millet, etc. Aussi bien l'humidité est-elle grande et l'eau courante répandue à profusion par les aryks, gorgés du précieux liquide qu'envoient si abondamment les contreforts du Hazret-i-soultane. La route, détrempée par les pluies et le trop-plein des aryks, n'est qu'une série de mares boueuses et profondes où se perd le pied des chevaux et glisse celui du chameau en lui rendant la marche des plus difficiles.

On estime alors les avantages que présentent les arbas indi-

1. Chef de circonscription.

gênes, légères voitures tout en bois, munies de roues sans bandage, de 3 mètres de diamètre, qui ne versent jamais et traversent, sans accident pour leur charge, les bras de rivières et les mares des rues et des routes souvent tout aussi profondes.

Le touradjane, prévenu de l'arrivée des Faranguis, a dépêché à notre rencontre le *kourbachi*[1], muni d'une hachette en acier,

Fig. 39. — Voiture indigène (*arba*).

insigne de sa dignité. Il est accompagné d'un tocksaba coiffé d'un volumineux turban immaculé, et habillé d'un khalat rouge et jaune. A l'entrée de la ville, un divana, grisé de hachisch, la tête couverte d'une tignasse de longs cheveux ébouriffés, nous souhaite également la bienvenue par le salut de Mohammed. On nous a préparé un logement dans une masure remplie de puces, à l'entrée même de la forteresse. On nous sert, en dehors du sucre blanc de provenance russe et du sucre en cassonade, une sorte de poudre de premier jet qu'ils appellent *koum-tchakar*, c'est-à-dire poussière de sucre, et qu'on dit introduite en petite quantité par les Hindous de l'Hindoustan.

J'ajoute qu'en dehors de ces variétés dont les indigènes sont

1. Chef de la police.

extrêmement friands, on vend dans les bazars une sorte de manne végétale du nom de *khorr-tchakar*, c'est-à-dire de « sucre d'épineux », et qui n'est autre que la *tarandjobine* ou *gouzendjébine* des droguistes. Cette manne est récoltée en petits grumeaux pareils à de la gomme arabique « comme du givre » sur la plante appelée *jan-tag*, qui est le vulgaire *Alhagi camelorum*. Les conditions de la récolte sont assez curieuses pour qu'on s'y arrête un instant. Le khorr-tchakar ne se trouve que dans certaines régions privilégiées du steppe, notamment dans les monts Noura-taou, près de Djizak. On le récolte surtout au mois de *soumboulá* (août). Pour cela, on attend une matinée sans soleil, après une pluie nocturne; on étend par terre un linge sous les plantes qu'on secoue de façon à faire tomber la manne. Celle-ci, d'après les indigènes, serait un cadeau d'Allah tombé du ciel, et d'après les savants du pays, l'excrétion d'un insecte qui se nourrit de l'écorce de l'alhagi et dépose son produit en petites gouttelettes le long de la tige. Par suite de la pluie ou du soleil, les gouttelettes se réuniraient à la pointe des épines et tomberaient par terre si on ne les récoltait pas sur un linge. D'après M. Ochanine, le célèbre entomologue de Tachkent, la tarandjobine pourrait bien être un produit de sécrétion des nombreux aphides qui habitent la tige de l'alhagi.

Toujours est-il que le mode d'origine n'en est pas encore connu, et que cette substance, d'après les analyses que M. Maquenne a faites des échantillons que j'ai rapportés, contient de la mélézitose en forte proportion.

A peine installés dans notre habitacle que, sans doute, quelque savetier indigène a abandonné précipitamment à notre intention, sur l'ordre du touradjane, le kourbachi, qui était chargé de porter au seigneur de l'endroit nos compliments, revient en disant que le touradjane souffre depuis longtemps d'une fièvre rebelle et qu'il serait bien aise de trouver du soulagement par les drogues que certainement nous avons avec nous. Je lui donne un nombre suffisant de gouttes de Koene, et, peu de temps après, le tocksaba vint annoncer que le touradjane en a fait usage et qu'il se trouve déjà mieux ! Que de méfaits, en paroles et en actions, se commettent au nom du seigneur par ses courtisans !

Dans la matinée du lendemain, le kourbachi, en grand gala, un formidable pistolet plaqué d'argent et sa hache d'acier à la ceinture, vint nous prendre pour nous conduire à la forteresse, auprès du touradjane. Après avoir franchi la porte d'entrée percée dans une muraille d'enceinte en pisé, haute et crénelée, nous traversons deux ou trois cours et, par un grand nombre de détours, on nous mène à la salle de réception. C'est une simple baraque en crépi, blanchie à la chaux, percée de trois portes ouvertes par lesquelles, dès l'entrée dans la cour, on voit le touradjane, assis sur une chaise contre une table, attendant les Faranguis touras. Une haie de personnages richement vêtus, porteurs de bâtons, s'alignent devant la porte d'entrée et s'ébranle à notre approche pour nous précéder auprès du touradjane. Ce sont les *saourbachis* et les *odaïtchis* ; les premiers, « exécuteurs des ordres », munis d'un bâton jaune ; les seconds, « éclaireurs et chambellans », portant un bâton rouge et noir. Quand le touradjane sort de sa forteresse, ce qu'il fait rarement, il est accompagné de deux odaïtchis qui crient à la foule : « Regarde, écoute ! Pour le bonheur du toura, que Dieu donne longue vie et prospérité à son peuple ! » Le premier des *odaïtchis* de l'émir, à Bokhara, est le *chigaoul* et porte un bâton doré.

Le touradjane, assis au bout de la table, devant une nappe recouverte de plats et du dasterkhane, nous fait signe de prendre place à ses côtés. On se sert la main à l'européenne. C'est un jeune homme de seize à vingt ans, à la physionomie hébétée, mélange d'Ouzbeg et de Tadjik, aux yeux noirs et sans expression, les lèvres épaisses, tombantes, le nez peu saillant, la barbe noire naissante, le teint bilieux et fiévreux, l'air apathique et autoritaire à la fois. On sert un lunch abondant. Cependant le toura est d'un laconisme déconcertant. Aucune question, aucune curiosité de n'importe quoi. Nous essayons de réveiller son intérêt en lui parlant de l'Europe, de la France ;

nous vantons les beautés et la richesse de son pays. Rien n'y fait. A chaque chute de phrase et d'idée, il dit : *Khoub!*[1] puis encore « khoub ! » sans changer son attitude ni l'expression de sa figure. C'est à désespérer un juge d'instruction. Après une demi-heure de cette conversation unilatérale, nous repartons avec le même cérémonial, accompagnés jusqu'à la porte par le touradjane, qui nous adresse un dernier « khoub ! » avant de se retirer dans ses appartements. On sait qu'en Orient la sobriété de paroles est un signe de distinction ; mais, poussée à ce point, la distinction change de nom. On dit ce fils de roi dévot et fanatique de religion ; on se demande quelle intelligence il peut avoir de ses administrés et de quelle affection de leur part il peut être entouré.

La route continue au nord-est, à travers un pays un peu plus accidenté. Mais voici notre caravane arrêtée en face du kichlak de Tezâb-Kenti[2], au bord de la rivière Kizil-sou, impétueuse et débordée. Un cavalier tâte le gué et la force du courant : nos chevaux de bât, chargés, seraient évidemment entraînés. On essaye d'une arba à vide : elle résiste. Aussi mettons-nous nos bibelots sur l'arba, après y avoir entassé préalablement une couche de foin, afin de les exhausser au-dessus du niveau de l'eau. Après trois voyages, aller et retour, sans accident et deux heures de travail, toute la caravane se trouve sur la rive opposée. Un peu plus loin, l'Ak-Daria, gonflé également, nous donne moins de mal, car l'eau, entraînée par un fort courant, baisse à vue d'œil. C'est ainsi qu'on peut voir, en Asie centrale, des caravanes, des voyageurs, attendre sur le rivage, deux heures, trois heures, que la rivière se soit « écoulée » pour leur permettre le passage.

Au kichlak de Chamatane, le « volosnoï » nous reçoit dans un kourgâne élevé qui a servi de forteresse autrefois, quand le Chahr-i-çâbz appartenait à Djoura-Beg et à Baba-Beg. Ces deux gouverneurs de Chahr et Kitab, après avoir vaillamment résisté aux Russes en inondant tout le pays et en combattant les armes

---

1. Bien ! — 2. « Village où l'eau court vite. »

à la main, finirent par se voir menacés davantage par les intrigues de l'émir de Bokhara et passèrent aux Russes. Ils les servent depuis fidèlement, comme colonels, dans l'armée du Turkestan[1].

Dès Chamatane, le pays n'est plus qu'un immense bouquet de verdure. Une végétation exubérante couvre le Chahr-i-çâbz d'un vaste jardin, qui en fait le joyau de la couronne de l'émir. Aussi, chaque année, l'émir vient-il passer quelques mois à Chahr, dont le climat délicieux en été est incomparablement plus sain, malgré les fièvres qui ne doivent pas être rares. Mais l'abondance et la qualité de l'eau préservent davantage le Chahr-i-çâbz des fièvres typhoïdes, de la dysenterie, des maladies parasitaires, telles que le *richta* ou filaire de Médine, si fréquentes dans le Bokhara. Cependant je constate des cas nombreux de maladies du cuir chevelu par suite de la malpropreté, la présence de la maladie sarte (bouton d'Alep ou clou de Biskra) et, sur la figure de quelques individus, les traces, généralement profondes, de la petite vérole. Cette race d'Ouzbegs est incomparablement plus solide que les Sartes des villes, d'origine aryenne, abâtardis et déchus au physique et au moral.

Nous chevauchons maintenant sur une route large, détrempée, entre deux murs de pisé sans fin qui enclosent les jardins de la ville de Chahr. A gauche, à quelque distance des portes de la capitale, un immense jardin, entouré d'une haute muraille crénelée sans aucune ornementation, reçoit en été l'émir et son nombreux cortège de femmes, de valetaille et de courtisans.

Le jour tombe, la fraîcheur envahit l'ombre plus égale de la route. Dans un déchirement du dôme de verdure apparaît, au fond, la cime altière du Hazret-i-soultane. Le massif géant est entouré de larges nuages dorés et habillé de l'hermine des neiges et des pans dorés par le soleil couchant comme une

---

[1]. On trouvera une des premières descriptions du Chahr-i-çâbz par Djoura-Beg et Baba-Beg eux-mêmes dans l'*Annuaire du Turkestan* (*Tourkest. Iéjégodnik*, II, 1873), suivie d'un essai historique sur la contrée, par M. Bektchourine.

parure de roi. Il fait nuit quand nous passons le *darwaz* du mur d'enceinte. Quelques karaouls, armés de sabres et munis d'un fusil, nous rappellent que nous sommes entrés dans une ville de garnison bokhare. Puis, par des ruelles où fluctuent des mares fétides, on nous conduit à travers le bazar, à peine éclairé d'une veilleuse lointaine, à notre meimane khana. Là nous attendent, avec la collection variée des plats du traditionnel dasterkhane, les compliments du beg de Chahr. Nous sommes logés en face de la forteresse qu'il habite le soir; les sonneries de clairon, presque les nôtres comme mélodie si ce n'est comme pureté, le jeu des *sournaïs*[1] et le rataplan maladroit des tambours nous arrivent de la caserne et nous avertissent, avec les fourchettes, les verres et les chaises de notre ménage d'un jour, que nous sommes près de la frontière.

A Chahr.

Arrivée à Chahr. — L'*Ak-saraï* et la ville natale de Timour.
Un beg intelligent. — Le palais actuel de l'émir. — Musique militaire.

Le lendemain, nous allons rendre visite au beg. La forteresse (*ark*) est située de plain-pied à l'extrémité nord-est de la ville et à proximité du bazar. Toujours les mêmes murs en pisé, crénelés et flanqués de tours qui ne résisteraient pas une demi-heure à un tir d'artillerie de montagne. Dominant l'ark et la campagne, on voit se dresser, à l'intérieur de la forteresse, hautes et élégantes, les ruines de l'*Ak-saraï*, l'ancien palais de l'émir Timour. Car le Chahr-i-çâbz est le pays natal du grand conquérant et fut sa résidence favorite avec Samarkand, la capitale. A l'entrée de la forteresse, le corps de garde se précipite sur les armes à notre approche et s'aligne pour rendre les honneurs militaires. Nous traversons une première cour intérieure, garnie au pourtour des niches en terre battue où logent les soldats. Deux canons, posés sur des affûts primitifs, servent de décor plutôt que d'engins de défense. Le kourbachi,

---

1. Flûte.

auquel se joignent ensuite des odaïtchis munis de bâtons, nous conduit, à travers des ruelles étroites, à la salle de réception, petite et basse. Le beg nous reçoit avec un air de grande affabilité. C'est un vieillard à la tête fine et intelligente, ornée d'une belle barbe grise, la forte tête, dit-on, du Bokhara. Il est vêtu d'un beau khalat en soie bleue, bordé de fourrure, et coiffé d'un volumineux turban de mousseline d'Inde. On s'asseoit sur des chaises, ces inévitables chaises de cérémonie bokhares, invariablement trop hautes et tendues d'étoffe rouge tachée de graisse. Durant tout l'entretien, qui se prolonge pendant une heure, le beg garde un fin et malin sourire sur les lèvres et caresse deux chats, qui viennent lui sauter sur les genoux et ronronner sous ses caresses. Après l'expédition des compliments d'usage, on parle de l'Europe, du Turkestan, de la richesse du Chahr-i-çâbz ; on devise sur l'agriculture et la météorologie. Évidemment, ce Bokhare est le plus instruit que nous ayons rencontré ; on trouve chez lui un certain penchant à s'instruire, à connaître les choses et les pays qu'il ne sait pas. Il est vrai qu'il est âgé, qu'il a été à Tachkent et à Samarkand, qu'il est l'ami du gouverneur de la province de Zérafchâne et qu'il n'a pas, comme le touradjane, fils d'émir, le droit et l'excuse d'être ignorant. Les fonctions de beg, à Chahr, ne sont pas une sinécure et demandent une habileté à toute épreuve. L'émir, venant avec sa cour passer tous les ans quelques mois dans le pays, demande des soins et des égards dus au plus pointilleux des potentats orientaux. Le passage de Sa Majesté bokharienne est chaque fois l'occasion, pour le beg, de l'offre d'un cadeau consistant en quatorze chevaux, quatorze tas de khalats de velours, de brocart et de soie, plus d'une somme de 50 000 tengas. Car la faveur de l'émir se mesure souvent à la richesse du cadeau qu'on lui fait. C'est dire que les fonctions du beg de Chahr sont lucratives et difficiles. Nous prîmes congé de lui en nous disant « au revoir ». Nous avons tenu parole.

Accompagnés de quelques hommes de sa maison, nous visitâmes ensuite l'intérieur de l'ark. En elle-même, la forteresse ne présente rien de remarquable, car ce n'est qu'une agglomération désordonnée de bâtisses en pisé sans aucun caractère. Tout à coup nous nous trouvons devant l'Ak-saraï, une des merveilles de l'Asie centrale. Droits et hardis s'élèvent à 30 mètres de hauteur les tronçons d'une élégante ogive dont la clef de voûte s'est, depuis longtemps, effondrée ainsi que la coupole qui, sans doute, s'arrondissait au-dessus de l'édifice. Il n'en reste plus que les deux tronçons de façade. Mais ces restes sont tellement admirables, l'art architectural dont ils portent le cachet est tel-

Fig. 40. — Paysage de Chahr-i-çàbz.

lement merveilleux, qu'on n'hésite pas à placer l'Ak-saraï au-dessus de cette autre merveille de l'art persan qu'on nomme Chah-Zindéh, Bibi-Khanim et le Gour-Emir de Samarkand. Il y a, sur ces montants déliés de l'Ak-saraï, des bases de colonnettes, des torsades, des arabesques, des mosaïques, des briques émaillées en relief, des applications de dorure d'une beauté incomparable.

Depuis longtemps le secret de cet art dort dans le tombeau des derniers architectes, des derniers artistes que Tamerlan avait attirés à sa cour, et que jusqu'à ce jour ses petits-fils n'ont pu ressusciter parmi leurs descendants. Voyez en face de ces restes somptueux du palais de Timour, dont il a voulu faire un tombeau, le palais moderne d'un de ses successeurs, de l'émir actuel du Bokhara. Au milieu du jardin, un bâtiment carré, blanchi à la chaux, avec des portes comme celles d'une caserne. C'est tout. A l'intérieur, des niches servant de chambres. L'une d'elles, plus vaste, garnie de tapis et le plafond bariolé d'arabesques vulgaires en peinturlurage criard : la salle de réception. Quand l'émir Mouzaffer-Eddin-Bohadour-Khân vient, sur la terrasse de son palais, se reposer, l'ombre des pans de mur du palais de Timour l'enveloppe et le rafraîchit. Et quand il lève les yeux sur ces restes étincelants d'un éclat que cinq siècles n'ont pu ternir, ses yeux rencontrent l'inscription suivante écrite en lettres d'émail blanc sur le frontispice : *Le roi est l'ombre de Dieu sur la terre.*

Pauvre Mouzaffer-Eddin ! Au pied de l'Ak-saraï, un architecte économe a déposé des masures en boue pareilles à des nids d'insecte.

Ces constructions modernes sont entourées d'un grand jardin que l'émir, qui ne se promène guère, ne visite qu'à de rares intervalles. Il y a là du *reïkhane* (*Ocymum basilicum*), une plante d'ornement que les Bokhares affectionnent à cause de son parfum ; du *lawsonia*, qui donne le *henné* dont les femmes se teignent en rouge les ongles et quelquefois la paume des mains et la plante des pieds ; du *roïane* (*Rubia tinctorum*) ou garance dont les racines servent à la teinture ; du *tagetes*, une fleur favorite; puis des roses en quantité que les indigènes appellent *goul-i-lolà*, de la menthe et de la giroflée. Et pour joindre l'utile à l'agréable, un jardin potager avec de l'oignon (*pioss*), de la carotte (*sabsi*), du navet (*chalgam*), des pois (*nakhotak*), etc., tous ingrédients indispensables au palao. Dans un coin du jardin, un individu a installé un primitif appareil distillatoire pour la fabrication de l'eau de rose, si chère aux femmes indigènes.

Pourquoi les Bokhares, qui aiment tant la cacophonie des tons et les fleurs aux couleurs criardes sur leurs tapis et dans leurs peintures murales, ont-ils si peu de plantes d'ornement dans leurs jardins ? Il est vrai que, chez eux, le goût des choses de la nature est avorté; mais ils participent également de notre injustice envers les pauvres enfants de Flore de nos campagnes, dont on méprise la grâce et la beauté pour combler de caresses et d'attention quelque vilaine sauvage à la santé débile, aux formes bizarres et laides dont le seul mérite est d'être rare et chère.

Par la porte ouverte entre les deux tronçons de l'Ak-saraï, nous sortons de ce jardin qui n'a rien d'un rêve des *Mille et une Nuits;* une musique bruyante, celle des *sarbazes*[1], nous accueille et nous conduit au son des *daïras*[2], des *sournaïs,* des trompettes des *kornaïs*[3] et des triangles, jusqu'à la sortie de l'ark. Nous jetons un dernier regard aux ruines de l'Ak-saraï; de gros blocs à demi détachés pendent menaçants à 20 mètres du sol, les briques émaillées se détachent par l'émiettement de leur support et viennent s'écacher au pied du monument. Une cigogne, confiante dans la solidité des œuvres de Timour, a placé son nid dans l'entre-bâillement d'une fente et joue de son bec xyleux un air de crécelle : on dirait une parodie de cette musique barbare ou le rire macabre du démon de la décadence.

En dehors de l'Ak-saraï, Chahr ne présente aucun intérêt particulier. Le bazar, abrité en partie sous la grande coupole d'un édifice carré érigé au centre, fournit cependant une note qui nous a semblé caractéristique : c'est l'introduction, dans les mœurs des indigènes, de quelques usages russes. Le koumgâne, l'antique théière, est remplacé partout par le samovar; la cigarette, quelque difficile qu'elle soit à manier sous les doigts du Sarte, a fait son apparition spontanée; la machine à coudre fait retentir son bruit cadencé dans les échoppes des tailleurs, et nous avons vu — *o tempora! o mores!* — des Sartes accroupis dans les tchaïniks jouer aux cartes avec un jeu de whist! Dire que les rues de Chahr et de son bazar ne sont que des mares d'une boue fétide ne serait pas exagéré.

1. Soldats mercenaires. — 2. Sorte de gong. — 3. Trompe longue et droite.

De Chahr à Kitâb.

De Chahr à Kitab. — Moulins indigènes. — Cultures. — Forteresse de Kitab. — Le Kachga-Daria. — Le village de Kaïnor. — Panorama du Takhta-karatcha. — Explosion d'une couleuvre. — Les reboisements d'Ammane-koutane. — En vue de la plaine du Zérafchâne. — Rentrée à Samarkand.

Le 8 mai, par un temps lourd d'une chaleur humide, nous prenons le chemin de Kitab, la ville jumelle de Chahr, distante de 8 verstes. La route, quoique détrempée, est charmante : on ne quitte pas l'ombre des saules, peupliers, noyers, ormes, arbres fruitiers, etc., qui font du pays un immense verger et témoignent par leur vigueur de la fertilité du sol et des avantages du climat. Dans les enclos réservés à la culture du raisin, des Sartes bêchent la terre au *ketmen*[1]. Des rizières apparaissent dans des échappées de verdure, et des bœufs attelés à la charrue primitive fouillent le sol lourd et pâteux. Au bord du chemin, les mauvaises herbes qui, ailleurs, mesurent 30 à 40 centimètres de hauteur, atteignent ici de 2 à 3 mètres. Les vols d'étourneaux, n'ayant plus de sauterelles à chasser, ont disparu et sont remplacés par les ramiers et les corbeaux.

Un peu avant Kitab, nous passons à gué l'Ak-Daria, une des branches du Kachga-Daria. La rivière, fortement grossie par les dernières pluies et la fonte des neiges dans la montagne, est très rapide et nécessite le transport de nos bagages à dos d'homme. Tout se passe sans accidents. Après avoir dépassé la porte d'entrée de l'enceinte fortifiée de Kitab, flanquée comme toujours de deux tourelles en pisé simplement habitables, nous suivons, vers la citadelle où demeure le beg, une rue tortueuse, inégale, bordée de filets d'eau, de murs, de jardins et d'un grand nombre de moulins. L'inégalité du terrain permet d'avoir d'assez fortes chutes d'eau, employées pour faire marcher des *âb-djouvass* et des *tégermân*.

Le tégermân est le moulin primitif à meules, tel que je l'ai décrit à Tengui-kharam. L'âb-djouvass est une sorte de manège

1. Houe indigène à cognée ronde.

à décortiquer le riz. Un arbre de couche en bois muni, d'un côté, d'une roue à palettes que fait tourner l'eau de la chute, de l'autre, de coins qui appuient sur l'extrémité de quatre poutrelles obliques portant des pilons. Ces pilons obtus, soulevés alternativement et retombant de leur propre poids, frappent le riz amassé dans une fosse et dépouillent le grain, à la longue, de son péricarpe, très proprement, et sans beaucoup de perte de substance. De *châli* qu'il était avant la décortication, le riz devient *brintch* ou *grintch* et le « son » est vendu aux pauvres qui le séparent, donnant la partie fine à manger aux chevaux et aux vaches et se servant du gros son comme de combustible.

L'âb-djouvass que nous visitons peut décortiquer 1 poud de châli à l'heure. Pour 15 pouds de riz, on paye 1 tenga un quart au fisc. Le propriétaire du moulin est payé en nature et reçoit 5 livres de riz par 16 pouds. Les intéressés surveillent eux-mêmes la décortication de leur grain. Ce poids uniforme de 16 pouds (512 livres) constitue la mesure dite *katta-batman* ou batman fort, à distinguer du petit ou *kitchi-batman* qui n'est que de la moitié. La valeur du batman varie, du reste, constamment avec les contrées et les bazars ; on n'a pas d'unité généralement admise, ni pour les mesures de contenance, ni pour les poids, ni pour les distances.

L'agriculture de ces pays m'intéressant beaucoup, je recueillais autant de renseignements que possible en les contrôlant les uns par les autres. Car ces Bokhares, outre qu'ils aiment souvent à pratiquer le mensonge prescrit vis-à-vis de l'infidèle qui leur demande une réponse, sont très défiants et flairent volontiers, derrière une demande concernant la richesse de la récolte ou la fertilité de la terre, une intention pouvant leur porter préjudice. Ils sont tellement à la merci des réquisitions de par un ordre de leurs nombreux chefs et tellement serrés de près par les impôts réguliers et irréguliers, qu'ils ne disent la vérité « vraie » que sous bénéfice d'inventaire ou quand il s'agit d'autres que d'eux-mêmes. On leur fait dire quelquefois ce que l'on veut sur ce sujet. A Chahr, j'avais fait venir quelques individus pour des renseignements sur la culture.

— On récolte au mois de misân, me dit l'un d'eux.

— Non, lui dis-je, quoique n'en sachant rien, c'est au mois d'« akhrâb ».

Il me répond :

— Oui, c'est au mois d'akhrâb, avec le même air de sincérité.

On ne cultive pas, dans le Chahr-i-çâbz, le coton ni le sorgho (*djougarra*), ces cultures demandant un climat plus sec. On ne fabrique pas le tabac vert pour la même raison, mais on le laisse sécher au soleil et on le vend à l'état de tabac jaune à raison de 64 à 65 tengas les 256 livres. Le *kourmek* (*Panicum crus Galli*), très répandu dans les rizières, entre dans l'alimentation des pauvres qui en font une bouillie avec du riz et de l'orge, et dans celle des chevaux auxquels il remplace souvent l'orge.

Après notre visite obligatoire au beg, après avoir assisté à nouveau aux scènes déjà connues d'une réception bokhare, essuyé la musique bruyante des sarbazes rangés en ordre dans la cour et satisfait la curiosité du gouverneur et la nôtre, nous souhaitons bonne santé à l'aimable tocksaba, en lui promettant, comme il semblait beaucoup le désirer, de rappeler aux Russes le bon accueil qui nous avait été fait de sa part. Une foule nombreuse et bariolée accourue au pied de la rampe qui mène à la citadelle oblige les sarbazes à nous créer un passage ; nous avons un vif succès de curiosité. Ce sentiment est devenu très respectueux depuis que la frontière russe court là-haut, au sommet des « montagnes de Kitab » que nous allons franchir pour rentrer dans la province de Samarkand. Au delà du Riguistâne (grande place devant la citadelle) et des échoppes d'un petit bazar, la rue s'élargit, la verdure devient moins épaisse, et bientôt s'arrête tout à fait au bord des falaises du Kachga-Daria, venant du nord-est. La rivière est rapide, mais elle n'a pas encore complètement envahi son lit que marquent des traînées de cailloux roulés. Elle a les allures d'un torrent de montagne et ronge incessamment les falaises cultivées de la rive gauche. Il y avait en cet endroit un fortin défendant le gué, nous dit-on, et que les Russes, lors de la prise de Chahr-i-çâbz, au mois d'août 1870, ont dû prendre d'assaut. Les soldats de Djoura-Beg, en effet, se battaient avec beaucoup de bravoure et infligeaient de fortes pertes à l'ennemi.

Le village situé au bord du Kachga-Daria, porte le nom singulier d'Ourouss, ce qui a fait dire aux indigènes que jadis ce kichlak était habité par une colonie russe ; mais cette légende ne repose sur aucun fait connu, et il est plus probable, comme le fait remarquer Maëff, que le nom est resté au village par l'établissement d'une fraction de la tribu ouzbègue des Ourouss, qui ont donné également leur nom à un autre kichlak dans le district de Katti-kourgâne.

Au delà de ce village, les premières collines de loess s'adossent au pied de la montagne ; le steppe reprend ses droits. Le temps se couvre et la pluie recommence. A droite, la cime du Hazret-i-soultane se voile de nuages. Les *sophora* et les gentianes abondent et font place, au fur et à mesure que nous montons vers la passe de Takhta-karatcha, aux représentants de la flore sub-alpine. Bientôt les collines de loess s'arrêtent et le sentier caillouteux monte sur un terrain quartzitique entrecoupé de filons de lignite compact et de veines de quartz laiteux. Un torrent, dévalant des hauteurs, a encombré son lit de blocs de pegmatite.

A Kaïnor, dernier village bokhare avant la frontière, l'aksakal, qui a titre de tocksaba, nous offre une dernière fois l'hospitalité figurée par le traditionnel palao. Notre hôte est un gros bonhomme qui n'a nullement l'air martial d'un « capitaine » ; mais ce n'est là qu'un titre simplement honorifique. Il est chasseur passionné et affectionne beaucoup ses *tazis*, beaux lévriers kirghiz ou turcomans qui jouissent de la faveur, refusée à tout autre chien, de se promener de par la maison, d'être touchés et caressés autrement que par le bâton et la pierre, et d'être nourris par leur maître. Avec ses tazis, le tocksaba chasse le gros gibier dans la montagne : le *kïïk* ou chèvre sauvage (*Capra sibirica*), le renard et le chacal que ses chiens, paraît-il, prennent admirablement.

Au fur et à mesure que nous montons, le sentier étroit devient de plus en plus abrupt, encombré de blocs et d'éboulis, justifiant la mauvaise réputation de cette passe qui, quoique n'étant élevée que de 5180 pieds, est cependant considérée comme une des plus pénibles du Turkestan. Mais si chevaux et cavaliers peinent à la montée, ceux-ci sont dédommagés par le superbe panorama qui se déroule, au sud, à leurs yeux. L'oasis entière du Chahr-i-çâbz est étalée dans la plaine comme sur une immense carte topographique. Deux grandes taches vertes allongées, reliées par un ruban vert de 8 verstes, représentent les villes jumelles de Chahr et de Kitab. L'air, rempli de vapeur d'eau, est d'une transparence limpide et laisse percer le regard jusqu'aux montagnes de Jakkabag et de Ghouzar qui s'élèvent en barrière légèrement couvertes de neige; au fond de la plaine, à gauche, les contreforts du Hazret-i-soultane s'étagent graduellement, tandis qu'à droite la traînée de verdure suit, vers Tchiraktchi et Karchi, le ruban jaune du Kachga-Daria et de l'Ak-Daria. Puis des kichlaks isolés, tombés comme des gouttes vertes sur le sol jaune du steppe, se voient éparpillés çà et là sur la nappe de cette crique fertile.

Kech, tel est le nom ancien de « la ville verte », reliait la Sogdiane à la Bactriane. Elle n'a pas une grande importance stratégique ni commerciale parce que le pays est situé à l'écart des grandes routes d'intercourse faciles; mais cette contrée a toujours été convoitée à cause de la productivité de son sol et de la douceur de son climat. Les soldats d'Alexandre de Macédoine ont pénétré dans ce coin béni de Bordj, le génie de la montagne distributeur des eaux fécondantes.

Au coucher du soleil, nous atteignons le sommet du Takhta-karatcha, à l'altitude de 5180 pieds. Les dernières cultures du kichlak de Kaïnor sont restées à quelques mille pieds au-dessous.

Ces cultures sont *lalmi*, c'est-à-dire ne reçoivent pas d'eau d'irrigation, mais sont arrosées par l'eau du ciel.

Quelques pieds d'artcha (genévrier) rabougris croissent à cette hauteur qu'ils voudraient, pour bien venir, plus considérable. Des touffes d'*Iris Bloudowii*, très belles, s'épanouissent sur les rochers, avec des *papaver* à la corolle délicate; puis des *roemeria*, des *allium* (*A. tschulpias*), l'*anemone biflora* et d'autres, belles ou rares, viennent se momifier dans mon herbier. Les quartzites et les grès ont fait place aux roches éruptives, pegmatites et syénites, qui forment la crête du chaînon de montagnes.

De gros blocs détachés encombrent l'ensellement de la passe et garantissent du vent du nord-ouest le voyageur qui jette un dernier regard au paysage grandiose qui va disparaître dans un instant, — quand les chevaux auront repris du souffle pour la descente.

Et comme ils le font sur toutes les passes depuis l'Indus jusqu'au Syr-Daria, les musulmans ont entassé, au sommet de celle-ci, de petits tumulus de pierres blanches ou simplement posé une pierre sur un rocher proéminent en faisant une petite prière ou en invoquant, pour avoir bon voyage, quelque saint favori.

La descente vers le nord, en été, est beaucoup plus facile que la montée du sud ; elle donne quelque mal à nos chevaux à cause du terrain argileux détrempé et glissant. Une petite rivière, celle de Kara-tépé, nous accompagne, grossit rapidement, tourne à droite et fait bientôt mouvoir les moulins *tégermâns* du kichlak d'Ammane-koutane, premier sur territoire russe.

A mi-descente, nos hommes, Roustem très convaincu, nous font voir sur un dos de colline une traînée blanchâtre de quelque cent pas de long que forme une arête de schiste quartzitique en désagrégation. C'est le « tombeau de la couleuvre », prétend Roustem, d'une couleuvre géante qui dévorait, dans le temps jadis, les passants, jusqu'à ce qu'un musulman malin s'avisât de lui jeter dans la gueule une boîte remplie de poudre et munie d'une longue mèche allumée. A peine se fut-il mis à l'abri que la couleuvre fit explosion. On l'enterra sur la colline. Roustem ne rit pas : ce qu'il raconte est vrai « puisqu'on voit le tombeau » ! Depuis, le Takhta-karatcha est abordable. C'est la logique de la foi.

Le village d'Ammane-koutane n'est aujourd'hui qu'une agglomération de quelques misérables huttes d'indigènes cultivateurs. L'avenir lui réserve, je n'en doute pas, une place plus brillante dans le souvenir du voyageur, et cela grâce à des plantations étendues que le général Korolkoff a établies sur la pente des montagnes environnantes.

L'œuvre patiente et laborieuse du reboisement des montagnes qu'a entreprise le général et à laquelle il voue la plus intelligente sollicitude est digne d'admiration. Les résultats étant à longue échéance, malgré la rapidité de croissance des arbres dans le Turkestan, la prévoyance des indifférents s'arrête malheureusement à la sortie de leur jugement incompétent. Dès maintenant, l'imagination se plaît à voir ces montagnes dénudées, aujourd'hui brûlées par un soleil ardent ou labourées par la pluie, se couvrir de forêts de sapins, d'*ailanthus*, de *bignonias*, ornées de rangées de *gleditchias* et de *robinias* en promenade, entrecoupées de vignes, car toutes ces essences forestières croissent vigoureusement sans irrigation, presque sans eau durant sept mois de l'année. Et dans ce *sanatorium* tout créé, l'ombre et la fraîcheur de l'eau, ces deux richesses des pays de l'Asie centrale, appelleraient les Samarkandais cherchant dans la montagne un refuge contre la fièvre. Dans un air plus pur et une détente plus saine de l'esprit, ils trouveraient la réparation des forces que le climat perfide de la plaine leur refuse.

Les habitants de Tachkent ont leur Khodjakent, ceux de Samarkand auront leur Ammane-koutane, si toutefois l'œuvre commencée ne sombre pas dans l'indifférence ou l'ignorance de ceux qui trouvent trop dispendieuse, trop haute, l'entreprise féconde en bienfaits du général Korolkoff[1].

---

1. Voici quelques chiffres qui donneront une idée de la valeur et de l'avenir de ces essais de reboisement.
En 1881, les pépinières de Samarkand (*Samarkandsky gospitalnij sad*) contenaient 978 plates-bandes d'*Ailanthus glandulosa*, 528 d'acacia, 148 de noyer (*Juglans cinerea* et espèce indigène), 71 de *Pistacia vera*, 23 de gleditchia, 10 d'abricotiers, 9 de *Sophora japonica*, 456 de *Populus alba-pyramidalis*, 15 de *Salix acutifolia*, 172 de *Morus alba*, 62 de *Platanus orientalis*, 60 de *bignonia* et 231 d'*Acer negundo*. On dispose en ce moment d'un

La nuit est tombée. Du bord de la rivière, un héron noir, effarouché par le pas accéléré des chevaux flairant l'étape proche, prend son vol lourd pour regagner le haut de la vallée. Plus silencieuse, la vallée s'assoupit au fur et à mesure que les ténèbres se glissent dans les bas-fonds en endormant ce bruit vibratoire qui remplit les heures chaudes de la journée. Une lumière rouge troue l'obscurité : nous sommes à Kara-tépé. L'aksakal nous mène à une kibitka dressée dans la cour d'une petite mosquée.

Une surprise agréable nous attendait. Nous apprenons que, dans la journée même, était arrivé le *starchi pamochnik* du chef de district de Pendjakent, en tournée d'inspection. La connaissance est vite faite, surtout avec un Russe de Russie, et bientôt, autour d'une table à l'européenne, où nous retrouvons sur l'étiquette des bouteilles des noms de villes de France, nous dépouillons le Bokhare pour remettre nos idées au dia-

semis de 4 millions d'*ailanthus* de la fin de février. Il y a plus de 2 millions de *robinias*. Des trois pépinières de Samarkand, l'une, celle du boulevard Abramoff, a 16 000 sagènes carrées de superficie ; la seconde, au jardin du général Ivanoff, 4 125 sagènes carrées ; la troisième, ou pépinière de l'hôpital, 7 290 sagènes carrées. Total : 11 déciatines 1 015 sagènes carrées contenant plus de 8 millions de jeunes plants, la plupart des *ailanthus* et des *robinias*.

Actuellement, le général a établi quatre plantations dont deux, celles de Kara-tépé et de Bagrine, dans le steppe (à 20 verstes environ de Samarkand au sud et au sud-ouest); les deux autres, celles d'Ammane-koutane et d'Agalyk, dans la montagne. On a planté plus de 20 déciatines carrées dans les premières, et près de 20 déciatines carrées dans les secondes. Cette année, grâce aux nouveaux semis et repiquages déjà faits, il serait possible de planter de 600 à 700 déciatines, sans compter les jeunes plants, au nombre de quelques millions, qu'on peut mettre à la disposition des indigènes.

En 1886, lorsque je revis une seconde fois les plantations du steppe et de la montagne, elles étaient devenues petites forêts donnant de l'ombre et de la fraîcheur. Les 40 déciatines carrées étaient devenues 450 déciatines carrées, grâce à la persévérante initiative du général qui lutte vaillamment pour le succès de son œuvre. La suppression des crédits, à la mort du général Kauffmann, menace l'existence de cette entreprise admirable et il serait à souhaiter ardemment de les voir rétablis aussi vite que possible avant qu'il ne soit trop tard. Telle est du moins mon humble opinion. Il suffirait de 4 à 5 000 roubles par an, sans compter que dans quarante ans les plantations seront devenues exploitables.

pason de la vie occidentale dont, depuis trois mois, nous avons perdu l'habitude et la trace.

Le lendemain, du haut de la dernière colline, couronnée de gros blocs de syénite qui nous la cachaient jusqu'alors, nous apercevons tout à coup l'immense plaine du Zérafchâne, inondée de verdure avec, au fond, les montagnes neigeuses du Kohistan. Mais cette fois le printemps a recouvert le sol du steppe d'un tapis de fleurs à perte de vue ; les pavots, les cardamines, les sinapis et les pâquerettes, tête-à-tête dans une orgie de couleurs franches qu'imitent peut-être à dessein les teintes criardes du tapis bokhare, ont envahi le sol reviviscent sous la féconde tiédeur des pluies printanières. Insouciantes, elles jouissent de la courte faveur que l'arrivée prompte des sécheresses leur rend plus précieuse. Samarkand aussi a mis ses riches vêtements de verdure qui rehaussent l'éclat de ses bijoux, de ses monuments incomparables. Lorsque, dans l'après-midi du 10 mai, nous rentrons à la maison hospitalière d'où nous étions partis le 13 mars, la ville russe a pris l'aspect d'un parc où, à l'ombre des grands peupliers des avenues, les maisons se cachent dans de frais bosquets. Et dans la soirée tiède et embaumée, sous la haute tente des arbres du jardin, nous refaisons, dans le souvenir, les grandes étapes de notre voyage aux bords de l'Amou-Daria, — et nous en préparons d'autres.

CHAPITRE V

DANS LES MONTAGNES DU KOHISTAN.

Djizak.

Séjour à Djizak. — Le *garmsal*. — Sauterelles.

Le steppe se fane sous le soleil de jour en jour plus ardent. Les plantes bulbeuses sont déjà, pour la plupart, rentrées sous terre, tandis que les tortues, les lézards, les phalanges, en sont sortis et ont pris possession de leur vaste domaine. Cependant nous pouvons faire encore de belles récoltes d'histoire naturelle et nous choisissons Djizak comme centre d'excursions dans le steppe. Nous profiterons ainsi des quelques semaines qu'il faut aux neiges de la haute montagne pour fondre complètement et permettre à la flore alpine de s'épanouir à son tour.

Djizak, situé au bord méridional du steppe de la Faim, à la bifurcation des routes postales de Tachkent et du Ferghanah, est peut-être l'endroit le moins enchanteur du Turkestan. Employons un euphémisme consolateur pour ceux qui sont forcés d'y résider ! La ville russe, appelée *Klioutchevoe*, est située au pied des collines du Nourata-taou ; tandis que la ville indigène, plus en avant dans la plaine, en est éloignée de quelques verstes.

Les températures y sont particulièrement extrêmes ; le thermomètre tombe, en hiver, jusqu'à 25 degrés centigrades au-dessous de zéro et dépasse souvent, en été, 40 degrés centigrades au-dessus. Garantie de la brise rafraîchissante en été, mais non des vents froids du nord et du nord-ouest en hiver, la ville russe ne pourra être qu'un poste militaire dont, par simple changement d'affectation, on ferait un poste disciplinaire ou d'expérience pour l'entraînement du soldat au climat du Turkestan. En dépit du nom de Klioutchevoe, qui signifie « ville de la source », l'eau de Djizak est rare et de qualité médiocre. La rivière, qui sort de la brèche des collines pour aller, après avoir alimenté le Djizak indigène, se perdre dans le « lac salé » ou Touss-kané, est infestée de germes du *richta* ou filaire de Médine, dont souffrent un grand nombre d'indigènes. En outre, le débit de cette rivière est tellement insuffisant pour les besoins de l'irrigation des champs de culture, que les délits et même les crimes commis par les indigènes accusent, comme origine fréquente, des discussions sur la quantité d'eau, des détournements d'aryks, des vols d'eau. Ces vols sont plus graves et plus irritants que ceux d'un objet mobilier, parce que, pour les prévenir, l'intéressé est tenu à une surveillance incessante.

Au Djizak russe, les arbres, en outre, sont rares, les fièvres intenses et les scorpions abondants. Ces inconvénients d'un séjour prolongé disparaissaient pour nous devant l'amabilité de nos hôtes, sous-chefs de district, les capitaines K... et N..., qui furent peut-être à leur tour agréablement surpris d'avoir, pendant deux semaines, quelque diversion à la vie monotone de leur besogne de sablier.

Nous battîmes le steppe dans différents sens, vers Outch-tépé, du côté de la Kly et du lac Touss-kané, dans les contreforts du Nourata-taou, etc. Nos collections grossirent rapidement. Mais, si la grande chaleur facilitait la conservation des plantes, elle entravait celle des animaux, et souvent, deux heures après avoir été tuées, les pièces étaient envahies par les vers.

Un jour, à Outch-tépé, le thermomètre monte à 41 degrés centigrades. Il est quatre heures de l'après-midi; le ciel est entièrement voilé par une brume grise, poussiéreuse, qu'a soulevée le vent furieux du sud-ouest. Le soleil apparaît comme un immense pain à cacheter rouge sombre à travers un verre dépoli. Le *garmsal*, ce terrible vent chaud si redouté des caravanes et dont Vambéry nous a donné une émouvante description, souffle avec violence, soulève la poussière du steppe et du désert et produit sur la peau du visage le sentiment de cuisson d'un four ardent. Ce vent, que l'on appelle encore *garm-sir* ou *tab-bad*, « vent de la fièvre », souffle avec l'impétuosité de l'ouragan, rase la terre et s'échauffe à son contact brûlant. Dans le Ferghanah, où il entre par la brèche de Khodjent, on lui donne le nom de « vent de Khodjent ». Quelquefois sa persistance devient pernicieuse aux cultures et à la végétation, comme si les dunes de sables mouvants et les sauterelles, engloutissant les fruits du travail de l'homme, n'étaient pas des plaies suffisantes.

Quant aux sauterelles, elles apparaissent en plus ou moins grande quantité, selon que l'hiver est plus ou moins doux. L'année dernière, elles avaient envahi, dans le district de Kouraminsk, aux alentours de Tachkent, une superficie de 64 verstes de longueur sur 24 de largeur. L'administration russe combat le fléau dans la mesure de ses moyens, et si je rappelle ces détails, c'est que notre colonie algérienne est menacée de la même façon. Au moment de la migration des sauterelles, les indigènes sont réquisitionnés pour procéder à leur destruction. Dans le district de Samarkand, par exemple, on emploie trois mille individus à cette besogne, qu'ils considèrent comme une corvée désagréable, quoique ce soient précisément leurs cultures qui en profitent. On procède à la destruction de diverses manières, plus ou moins expéditives et rationnelles ; la plus simple consiste à entourer les sauterelles d'un cercle de cavaliers dont les chevaux, resserrant de plus en plus le cercle, piétinent les sauterelles. Ce moyen inefficace est remplacé souvent par un procédé un peu meilleur, qui consiste à creuser un fossé, à chasser les sauterelles dans le fossé devant les cavaliers et à les recouvrir de terre. Ou bien encore on dispose sur les champs, et dès le jour, des tas d'herbes sèches qu'on allume après que les sauterelles les ont suffisamment envahis. D'aucuns étaleraient des morceaux de linge blanc et attendraient que les insectes s'y soient déposés en nombre pour les replier et verser le contenu dans le fossé. Je ne crois pas cependant que les déprédations de ces orthoptères voraces occasionnent dans ces pays les désastres qu'on signale souvent dans d'autres contrées moins balayées par les vents, moins entrecoupées de canaux d'irrigation, et surtout moins exposées aux températures très basses de l'hiver qui détruisent la ponte.

Le Djizak indigène nous fournit plus d'une observation ethnographique intéressante. Deux fois par semaine, aux jours de bazar, les Kirghiz nomadisant dans le Nourata-taou et dans le steppe de la Faim viennent faire leurs achats ou vendre leurs produits. Des Tziganes ou *Loulli*, au type indien, y côtoient l'Ouzbeg, le Sarte, le Khivien, car Djizak est le point de départ d'une route de caravanes qu'une série de puits par le désert de Kizil-koum, en longeant d'abord le Nourata-taou et la frontière bokharienne, trace jusqu'à l'Amou-Daria, en face de Khiva. C'est cette route que prit, en 1873, le détachement du général Kauffmann dans sa marche sur Khiva, et c'est près des puits d'Adam-Krylgan et Khal-ata qu'il eut à supporter le principal choc de l'ennemi et les plus grandes pertes à la suite du manque d'eau.

Après avoir rassemblé des collections qui, plus tard, se trouvèrent être intéressantes, et, parmi elles, une collection de drogues des médecins indigènes ; après avoir vécu, pendant deux semaines, de cette vie libre d'insecte bourdonnant au soleil dans le steppe, nous retournons, le 1er juin, à Samarkand pour nous diriger incontinent vers l'est, sur les montagnes du Kohistan et les hautes vallées du Zérafchâne.

Départ pour la montagne.

Départ pour la montagne. — Pendjakent. — Iori. — Dacht-i-kazi. — Ouroumitane. — Rencontre de Rakhmed. — Chemins du Kohistan. — Varsaminor. — Flore et faune.

Le 7 juin, après avoir expédié nos collections par la voie des caravanes d'Orenbourg, la seule qui fonctionne en ce moment, nous sommes en route pour Pendjakent, petite ville de district située à l'entrée des montagnes du haut Zérafchâne. Nos chevaux nous ont précédés, car on peut y aller en tarantass par la poste.

Pendjakent, « les cinq villages », est un poste militaire et le centre administratif et commercial des cantons de montagne jusqu'aux frontières du Hissar et du Karatéghine. Un petit bazar y satisfait aux besoins restreints de la population pauvre et sobre des « gornitioumen » ou tribu de montagne. Ces montagnards furent plus longtemps à se soumettre entièrement au contrôle administratif russe, parce qu'ils se croyaient plus à l'abri de son pouvoir dans leurs montagnes abruptes et difficilement abordables.

L'expédition du général Abramoff à l'Iskander-koul les a ramenés à des sentiments plus conformes à la nécessité. Depuis, ils se félicitent plutôt d'être sujets du tzar blanc qu'exposés à l'arbitraire des begs bokhares, qui habitaient autrefois dans les fortins de Varsaminor, d'Ouroumitane, de Sarvadâne, de Magiâne et de Farâb.

Pendjakent possède également une station météorologique avec de bons instruments dont les données sont communiquées aujourd'hui à la station centrale de Tachkent, au lieu de l'être directement à Pétersbourg, comme autrefois. L'observatoire de Tachkent collationne, de cette façon, les observations de toutes les stations du Turkestan et, depuis quelques années, grâce à ce système, nous avons une image graphique déjà fort avancée des conditions météorologiques de cette partie de l'Asie.

Les conditions climatologiques de Pendjakent sont, du reste, très différentes de celles de Samarkand. Grâce au voisinage immédiat des montagnes, il y règne une humidité bien plus considérable, une température naturellement moins élevée et un état sanitaire moins favorable, en ce sens que les fièvres sont plus fréquentes et plus tenaces.

M. T..., chef de district, et M. S..., commandant des troupes, nous offrirent l'hospitalité russe et orientale à la fois, et leurs renseignements ainsi que leurs bons conseils, tirés de la pratique qu'ils avaient du pays et de ses habitants, nous furent très utiles.

Dès Pendjakent, en allant vers l'est, on s'enfonce dans la gorge de plus en plus étroite que parcourt le Zérafchâne. La rivière coule sur un lit caillouteux, divisé en plusieurs bras d'abord, bientôt n'en formant qu'un seul entre des falaises abruptes et hautes de conglomérat.

Une première étape de 20 verstes environ nous conduit à Iori, d'où une passe mène, par-dessus les montagnes de Sangar, à la localité de ce nom. A l'entrée de Iori, pour passer de

Fig. 41. — Conglomérats en champignon.

la rive gauche du Zérafchâne à la rive droite où, dès lors, nous allons cheminer jusqu'à Varsaminor, on traverse deux ponts de bois et un pont de brique, en dos d'âne, orné d'une inscription. Déjà le fleuve a pris les allures d'un torrent impétueux, roulant des eaux grises, turbulentes, dans un lit trop étroit.

De Iori à Dacht-i-kazi, il y a environ 15 verstes. La route court tantôt sur des terrasses steppeuses, tantôt longe de près le fleuve devenu rivière sur une bande étroite d'alluvion qui le sépare de la montagne. Quelques gais kichlaks, entourés de verdure et traversés par un petit torrent latéral, égayent le paysage devenant de plus en plus alpestre. Cependant, il y manque cet élément essentiel du pittoresque des Alpes : les arbres. A part quelques érables, pistachiers et noyers égarés, le genévrier seul représente, dans ces montagnes, la végétation arborescente ; il est vrai qu'il atteint des hauteurs bien plus considérables que chez nous et que son port est souvent celui du cyprès (*Juniperus kokanica*). On en rencontre jusqu'à six espèces, parfois difficiles à reconnaître l'une de l'autre.

A Dacht-i-kazi, nous trouvons le kichlak abandonné presque entièrement par ses habitants tadjiks qui sont déjà partis avec leurs troupeaux pour le haut de la montagne. Ce village, autrefois fortifié, comme le montrent quatre tourelles en ruine qui en flanquent les coins, est situé en face de la gorge du Kchtout-Daria. Par l'entre-bâillement de cette gorge, un paysage de sauvage grandeur s'offre au regard. Derrière un entassement confus de chaînons de plus en plus élevés, couverts du tapis jaune du steppe, de la verdure intense des pâturages, puis enfin des champs de neige en lambeaux, se dresse, majestueuse sous le poids des neiges éternelles, la chaîne principale en muraille contre laquelle se heurtent et se traînent les nuages.

De Kchtout, un sentier plus fréquenté en été mène, vers l'est, à l'entrée de la vallée des Jagnaous et à l'Iskander-koul.

A 15 verstes en amont de Dacht-i-kazi, nous atteignons le lendemain Ouroumitane, village assez grand, situé sur une terrasse d'alluvion très fertile. L'eau y est abondante et chaque ruelle est traversée par un petit torrent échappé des aryks qu'alimente la rivière venant d'une gorge voisine. Les arbres fruitiers, en nombre, sont couverts de fruits mûrissants, notamment les abricotiers et les noyers. Les mûriers blancs, très beaux, ont déjà donné une récolte abondante qu'on voit, sur les toits plats des maisons, sécher au soleil pour être consommée en hiver. Les champs sont aménagés pour la culture du melon, qui demande des soins particuliers. Le terrain, fouillé plusieurs fois par la charrue, est repassé à la herse ; puis le ketmen y trace des sillons intelligemment disposés pour l'irrigation, en profitant adroitement de la pente du terrain. Les graines sont plantées au bord même de ces sillons, de façon que les racines plongent presque dans l'eau. Il est à remarquer cependant que le melon, le meilleur fruit de l'Asie centrale, affectionne surtout le sol plus salin de la plaine. On en connaît jusqu'à seize variétés, la plupart de forme allongée, à chair blanche, très sucrée et très succulente.

Ouroumitane est habité principalement par des Tadjiks qui se distinguent anthropologiquement de ceux de la plaine par des caractères craniens, la couleur des cheveux, et, en général, le type plus « européen ». Il y a aussi des Ouzbegs et la population paraît métissée dans une certaine mesure. Les femmes, et surtout les jeunes filles tadjiques, sont d'une beauté remarquable, mais très strictes sur l'observance du voile. Certains types d'hommes blonds, la figure encadrée de favoris, pourraient, avec le costume européen, parfaitement passer pour des « Anglais ».

C'est à Ouroumitane que nous fîmes, pour l'engager à notre service, la rencontre d'un Ouzbeg métissé de Tadjik, du nom de Rakhmed. Apparenté à une famille d'Ouroumitane, vivant le plus souvent à Pendjakent au service du chef de district, puis à Samarkand, Rakhmed avait pris femme et acquis quelque lopin de terrain dans la montagne. D'humeur vagabonde, solide, gai et honnête, Rakhmed avait attiré notre attention première par la façon magistrale dont il avait fait rôtir un poulet. L'ayant questionné, nous apprîmes qu'il connaissait trois langues, le russe, le turc et le persan, qu'il savait à fond le métier si étendu de djiguite, c'est-à-dire qu'il pouvait servir d'interprète, comprendre la nature des occupations de ses maîtres, soigner, ferrer, charger, conduire un cheval, faire la cuisine, dresser un campement, découvrir des vivres ; qu'il avait de l'entrain et de l'initiative, et qu'en un mot, c'était une trouvaille pour des « aventuriers » comme nous. Rakhmed promit de venir à notre service dès notre retour à Samarkand. Il a tenu parole et depuis ce moment, il nous a accompagnés dans toutes nos pérégrinations à travers l'Asie centrale. En 1881, il fut avec nous à Bokhara, à Khiva, dans l'Oust-Ourt et au Caucase ; en 1887, il fit avec nous la traversée du Pamir et le voyage de l'Inde jusqu'à

Port-Saïd. Le brave garçon nous a fidèlement et loyalement servi et bien mérité la médaille d'or que le gouvernement français a bien voulu lui décerner.

D'Ouroumitane à Varsaminor on compte 30 verstes, étape courte dans la plaine, plus sérieuse dans les montagnes du haut Zérafchâne. La route en effet n'est plus qu'un sentier étroit qui serpente sur le flanc des montagnes, court sur des terrasses étroites, coupe des éboulis qui en effacent jusqu'à la trace, côtoie des précipices sur des balcons étroits qui défendraient le passage à un cheval chargé. Aussi nous félicitons-nous d'avoir pris comme bêtes de somme des ânes, que leur petite taille et leur charge relativement peu volumineuse exposent moins à se heurter aux parois et à rouler dans le Zérafchâne. La rivière mugissant au fond s'attaque furieusement aux parois trop rapprochées de ses falaises élevées. Ces éboulis se formant incessamment sur une pente raide ne sont pas sans danger ; il suffit qu'au moment du passage la masse se mette en mouvement, pour entraîner piétons et cavaliers. Aussi voit-on les bords du sentier garnis de petits tas de cailloux posés par une main pieuse, sinon craintive, de musulman invoquant d'Allah l'immunité du passage dangereux. L'un de ces *kaoufs* — tel est le nom donné par les indigènes à ces glissements de rochers — a recouvert le tombeau d'un saint, victime d'accident sans doute, qu'indique seule la hampe d'un toug émergeant à demi des décombres. Quand le toug est entraîné par un éboulement, on le remplace par un autre ; mais notre djiguite Klitch, musulman très peu fervent, qui ne recule pas devant l'abomination de manger les relevés de notre « table », ne peut pas nous renseigner sur l'histoire et la valeur du personnage enterré en cet endroit insolite.

La vallée du Zérafchâne se rétrécit insensiblement au fur et à mesure que nous la remontons. Nous sommes, maintenant, à environ 4500 pieds d'altitude. Des deux côtés de la vallée, s'élèvent des montagnes en contrefort, couvertes de neiges fondantes qui découvrent des alpes de plus en plus élevées. Parfois, des kichlaks, des cultures en bouquets de verdure, apparaissent à l'entrée des gorges de la rive droite, sur des deltas d'alluvion qu'alimente un torrent laiteux d'écume, dévalant des hauteurs. Vichkant, Iskadar, Dardar, sont autant de frais halliers où le voyageur, déjà brûlé du soleil plus près du zénith, trouve une eau délicieuse à l'ombre de beaux mûriers, abricotiers, pommiers, cerisiers, etc., chargés de fruits mûrissants.

Fig. 42. — Minaret de Varsaminor.

A Iskadar, l'aksakal nous prie d'être ses hôtes pour un moment, et, pendant que la population accourue se pressait aux portes et derrière les murs du jardin pour nous dévorer de regards curieux, nous fîmes honneur au repas du pays que notre hôte se hâta de nous offrir. Il y avait là d'excellentes mûres fraîches, de l'*ouriouk*[1], des *guilâss*[2] à point, de l'*aïrane*[3],

1. Abricot. — 2. Cerises. — 3. Petit lait.

du *kattik*[1], du *kaimak*[2], enfin du thé, du lait et de cette bonne eau fraîche et limpide dans un joli ruisseau à portée de bouche ou d'écuelle.

Bientôt, après avoir passé puis repassé le Zérafchâne, nous voyons se profiler, sur une terrasse haute, le *minór* de Varsaminor, à côté d'un fortin en ruines, au milieu du kichlak et de la verdure déjà moins touffue, car nous sommes arrivés à l'altitude de 4600 pieds, et la végétation s'en ressent. La vigne, qui offre encore de beaux produits à Ouroumitane, devient souffreteuse ici ; le melon est de qualité inférieure et les céréales, plus lentes à mûrir, donnent une plus faible récolte. Par contre, les cultures de lin (*zigirr*) et surtout de fèves (*backala*) deviennent abondantes et fournissent, le premier de l'huile, celles-ci une farine qui entre dans la composition du pain.

Varsaminor est, ainsi qu'Ouroumitane en aval et Obbourdane en amont, un des gros kichlaks de la vallée. Il tire son nom d'un minaret ébréché qui flanque une petite mosquée sans caractère. Les ruines du fortin, en cailloux roulés, entassés et retenus par un mortier peu résistant, surplombent le Zérafchâne. L'ouvrage pouvait tout au plus servir de barricade.

Nous sommes ici à la limite du pays de Falgar que nous venons de traverser. En amont, vers Obbourdane, la contrée s'appelle *Matcha* ; en face est le pays de Fane. Longtemps les habitants de ces districts avaient la réputation de parfaits brigands, et les émirs du Bokhara, impuissants à faire rentrer intégralement les impôts, y avaient posté des begs à transaction plus ou moins facile. Quand les Russes eurent conquis la plaine de Samarkand, les Kohistanis essayèrent de faire durer leur état d'indépendance récalcitrante jusqu'à ce que l'expédition du général Abramoff, en 1868, mit fin à leurs illusions.

Je n'entraînerai pas le lecteur dans les excursions que nous fîmes dans les montagnes de la rive gauche du Zérafchâne, à la récolte des nombreux et intéressants échantillons de la flore

---

1. Lait caillé. — 2. Crème de lait de brebis concrétionnée en forme de crêpe.

et de la faune que ces escalades, à des altitudes de 8 000 à 9 000 pieds, nous procurèrent. Mme Olga Fedchenko et M. Fedchenko avaient déjà visité la vallée ; néanmoins, la plupart de nos espèces se trouvèrent être nouvelles ou rares, et je n'hésite pas à recommander tout spécialement le Kohistan aux naturalistes explorateurs comme une source certaine et féconde de nouveautés, surtout pour la botanique et l'entomologie.

Deux flores s'y rencontrent et chevauchent en quelque sorte l'une sur l'autre. L'une, la flore des steppes, suit les vallées et s'installe quelquefois, comme sur l'Alaï et le Pamir, à des altitudes où l'on ne serait pas tenté de la chercher. L'autre, la flore subalpine et alpine du Thian-chan, comprend quelques types de l'Inde, à côté des représentants caractéristiques de la flore des montagnes centrales-asiatiques. Les *capparis*, les *artemisia*, les *halophytes* et le *stipa pennata* sont les principaux types de la flore des steppes ; les beaux *eremurus*, les *rosa* du groupe des *armatæ*, les *rheum*, les *clematis*, les *lonicera* et les *berberis* sont les types les plus caractéristiques et les plus répandus de la flore des altitudes.

Le soumboul (*Euryangium sumbul*) se rencontre dans ces montagnes, surtout du côté de Magiâne et de Farâb. Les couleurs dominantes des fleurs, hantées par une infinie variété de diptères, d'hémiptères, de lépidoptères et surtout d'hyménoptères, sont le bleu, le violet, le jaune et le blanc ; le rouge est rare. De superbes espèces de cicindèles, des guêpes de forme bizarre par la ténuité et la longueur démesurée de leur taille, des cicadines de forte taille aux ailes membraneuses, insectes des plus tapageurs, des mantes et des coléoptères térébrants se défendant par des piqûres profondes et cuisantes, sont les hôtes peu connus des fleurs et des tiges robustes de ces plantes estivales, dont quelques-unes se plaisent dans l'eau de neige fondante, à plus de 13 000 pieds d'altitude. Celles-ci, il est vrai, ne sont hantées et fécondées que par des insectes minuscules qui se sont installés « chaudement » au fond de leurs corolles jaunes ou blanches. Que de sujets d'observation pour celui qui cherche à se rendre compte de cette adaptation du monde des insectes à l'architecture si différente des fleurs, de cette symbiose d'insectes et de fleurs dont Darwin nous a dévoilé quelques secrets !

De forêts, il n'y en a pas. Il y en avait, dit la tradition, autrefois. Mais les indigènes les ont exterminées, sans doute par

Fig. 43. — Tronc de genévrier géant.

le moyen simple qu'ils employaient jusque dans les derniers temps, jusqu'à ce que l'administration russe les empêchât de continuer : afin d'obtenir du charbon de bois pour les braseros à la mode du pays, en hiver, ils incendiaient les plus beaux pieds de genévrier, raclaient les plaies et vendaient le produit de leur procédé barbare au bazar des villes environnantes. Partout dans la montagne, les traces en étaient visibles. Sur ma demande pourquoi les plus beaux arbres sont ainsi consumés, ils répondaient que lorsqu'un genévrier atteint l'âge de cent ans, il se consume ainsi de lui-même !

Quelquefois cependant, le long des rivières et au lac Iskander-koul, on rencontre des arbres de belle allure : des saules, des kaïragatches, du micocoulier, du bouleau, du tremble, etc., que l'éloignement des villages a préservés de l'utilisation comme bois de construction.

Dans la montagne, toutes les maisons sont construites avec du bois d'artcha (genévrier) et du caillou, le bois y entrant du reste en faible proportion. Une belle maison coûte au plus 40 roubles, avec tout ce qu'elle contient.

Le Fan-Daria.

Le Fan-Daria. — Le village de Pitti. — Gisements de houille. Le Tchapdara.

Le 19 juin, nous quittons Varsaminor pour suivre, vers le sud, la sauvage vallée du Fan-Daria, d'un abord difficile. Quatre indigènes de l'endroit nous accompagnent pour aider les ânes et les chevaux à passer aux passages dangereux, nombreux, nous dit-on.

De fait, le sentier ne tarde pas à perdre son nom par une disparition complète sous les éboulis des *kaoufs* ou par une réduction à une dizaine de centimètres de largeur, où le cheval a juste la place pour poser un pied devant l'autre. De gros blocs de schiste et de phyllade, tombés des hauteurs, encombrent la vallée déjà étroite ainsi que le lit du Fan-Daria, mugissant et écumant sur une pente très raide. Des traces fraîches de trous creusés par des chutes de rochers récentes font hâter le pas aux endroits critiques et lever le regard vers ces parois en entonnoir d'où une vibration de l'air, plus forte, peut détacher une avalanche de pierres. Les ânes avancent lentement ; souvent il faut les décharger, porter leur charge à dos d'homme sur une corniche trop étroite, autour d'un éperon de rocher, retenir l'animal par la bride et la queue contre la paroi du rocher pour qu'il ne perde pas l'équilibre et ne roule pas dans la rivière, répéter le même manège pour les chevaux en redoublant de précautions, puis recharger les ânes pour recommencer un peu plus loin. Et c'est par des chemins pareils que se sont faufilés, au milieu d'un pays ennemi, les tirailleurs et les Cosaques de l'expédition d'Abramoff, avec de l'artillerie de montagne !

Il nous faut cinq heures pour faire 16 verstes sous un soleil impitoyable qui change la vallée en fournaise. Ce fut avec une véritable joie que nous vîmes enfin le kichlak de Pitti apparaître au milieu de la verdure sur une terrasse de la rive droite.

Le kazi du village, qui exerce ses fonctions de juge indigène dans ces montagnes sauvages, après qu'une disgrâce les lui eût fait perdre à Samarkand, nous reçoit et nous installe, ô Mohammed! dans la mosquée de l'endroit. Les habitants, déjà émigrés vers des altitudes plus élevées où ils font paître leur bétail, nous apportent des vivres et font preuve de prévenances sans éclat auxquelles on n'est pas habitué dans la plaine. Ces montagnards tadjiks ont gardé plus pures les vieilles traditions d'hospitalité et de naïve et franche honnêteté que le contact des citadins et de leurs vices ainsi que le raffinement relatif des besoins ont fait perdre à leurs frères ethniques de la plaine.

Le lendemain, avant de nous engager vers l'est dans la vallée des Jagnaous, nous allons visiter les gisements de houille qu'on a découverts récemment près du village de Kanti, à quelques verstes de notre campement.

Après avoir passé sur la rive gauche du Fan-Daria, le sentier remonte vers l'ancien fortin de Fane ou Sarvadàne, dont les ruines, pareilles à celles d'un castel du moyen âge, se dressent au bord de la rivière. Ensuite, il tourne à droite dans la vallée de Koul-i-kalane qui mène à Kchtout. Un ravin coupe à mi-chemin les gisements d'une houille ligniteuse de mauvaise qualité au premier abord, mais dont certains filons donnent un combustible fort appréciable dans un pays où les moyens de chauffage sont si précaires.

Nous ne croyons pas cependant que ces gisements de charbon de terre puissent être exploités avec profit à cause des difficultés d'accès que présente la contrée, si toutefois encore les filons souterrains sont assez puissants pour en concevoir une exploitation en grand. L'ingénieur des mines Ivanoff qui vint, quelques jours après nous, visiter ces gisements, en fit une étude plus détaillée que celle que nous pûmes en faire, et son rapport n'a donné lieu à aucune entreprise subséquente ce qui me fait penser qu'il a conclu à l'abstention. Ces gisements appartiennent à l'époque secondaire, jurassique si je ne me trompe, et sont accompagnés de magnifiques empreintes de plantes fossiles, voire même de troncs d'arbre et de souches pétrifiées que, malheureusement nous ne pouvions incorporer à nos collections faute de place sur le dos de nos ânes. On les trouve notamment au Kan-tag, la montagne en feu dont les indigènes nous parlent depuis quelque temps comme d'une merveille et que nous verrons demain. J'ai observé également des affleurements de lignite dans d'autres endroits de cette contrée, par exemple à la base du village de Varsaminor et dans la vallée des Jagnaous, en face d'Anzôb.

Je fis une excursion botanique des plus fructueuses dans la montagne au-dessus de Kanti. Longtemps nous y avons admiré un des plus beaux paysages alpestres qu'on puisse voir : c'est la chaîne longue du Hissar, dressant sa muraille gigantesque jusqu'au-dessus de la limite des neiges éternelles, couverte de névés étincelants sous le soleil et drapée d'ombres bleues. Pareille à une macle immense de topaze, un pic géant, *le Tchapdara*, élève jusqu'à 19 000 pieds ses arêtes cristallines figées dans l'atmosphère limpide d'une chaude journée de juin.

Le lendemain, 21 juin, nous suivons vers l'est le principal affluent du Fan-Daria, c'est-à-dire la rivière de Jagnaou dont la vallée, en doigt de gant, abrite une population intéressante et peu connue. L'accès difficile du pays et l'ingratitude du sol l'ont préservée jusqu'alors de l'infiltration ethnique étrangère en lui gardant relativement purs le type anthropologique et les mœurs ariennes.

La vallée des Jagnaous.

La vallée des Jagnaous. — Géophysique de la contrée. — Façon de voyager. La montagne en feu de Kan-tag. — Le village jagnaou.

Le Fan-Daria se forme, à 25 kilomètres au sud de Varsaminor, près de l'ancien fortin bokharien de Servadâne, de la jonction de l'Iskander-Daria, qui vient du sud, et du Jagnaou-Daria[1], qui vient de l'est. L'entrée de la vallée du Jagnaou se trouve ainsi reportée, sur le chemin que nous avons suivi, à environ 180 kilomètres de Samarkand, sous la latitude N. 39°4′ et sous la longitude E. 86°3′ de Ferro.

La vallée du Jagnaou s'étend de l'ouest à l'est sur une ligne d'environ 125 kilomètres. Le fond, souvent très étroit, s'élargit rarement au delà de 2 kilomètres.

En quelques endroits, le sol, formé d'une mince couche d'alluvion, cède quelque terrain à l'agriculture ; mais, le plus souvent, le roc sous-jacent se montre rebelle aux tentatives des primitifs instruments aratoires du montagnard. A l'est, aux sources de la rivière, la vallée est entourée d'un nœud de montagnes très élevées : le Goumbâz. Les contreforts de ce massif entourent au sud, sous le nom de chaîne du Hissar, au nord sous celui de chaîne de Zérafchâne, la vallée du Jagnaou d'un rempart neigeux. La ligne de faîte de ces deux chaînes dépasse en beaucoup d'endroits la limite des neiges éternelles, qui se trouve ici entre 13 000 et 14 000 pieds. La chaîne du Zérafchâne-taou court de l'est à l'ouest et se perd dans le steppe de Djame, à la frontière actuelle du Bokhara ; tandis que la chaîne plus puissante du Hissar oblique vers le sud-ouest et envoie, par Baïssoune et Chirabad, des contreforts jusqu'auprès de Kilif, sur les bords de l'Oxus.

De la vallée des Jagnaous sept passes mènent par le Zérafchâne-taou dans la haute vallée du Zérafchâne, six passes par le Hissar-taou dans le Karathéghine et le Hissar. La plupart de

---

1. *Jagn-aou* (âb) ou *Jaghn-aou* signifie « eau froide ».

ces passes atteignent une altitude de 12 000 pieds et, à l'exception d'une seule, ne sont praticables que pendant l'été.

La rivière Jagnaou, quoique moins torrentueuse que la rivière Fan, a cependant une chute moyenne de 13 mètres par kilomètre. La population de la vallée atteint tout au plus le chiffre de 2100 Jagnaous. Presque tous les villages sont situés au bord même du Jagnaou, à l'entrée des ravins ou des petites vallées latérales. Quelques-uns étagent leurs maisonnettes par groupes épars contre la paroi de la vallée, ou bien se juchent au sommet de quelque arête saillante d'un contrefort. Enfin, un certain nombre se pressent sur une sorte de terrasse de conglomérat en forme de plateau, et sont entourés de cultures et de petits jardins fruitiers.

Il y a en tout vingt-sept villages, dont douze sur la rive droite et quinze sur la rive gauche du Jagnaou. Ceux de la rive droite sont successivement, et en commençant par le dernier en amont de la rivière : Novobote, Deïkalâne, Kirionti, Kiansi, Kkoul, Pitip, Kiachi, Magitchenar, Bidif, Khichartâb, Anzôb, Tok-fan ; ceux de la rive gauche et dans le même ordre : Deïbalâne, Garamaïne, Sakine, Pskâne, Chissaakidar, Chivata, Doumsaï, Shakhsar, Vagensaï, Martoumaïne, Varsaoute, Margip, Marzitch, Djidjik et Rabate.

L'intéressante peuplade des Jagnaous était signalée depuis quelque temps à l'attention des ethnographes et des linguistes. On savait que la langue de ces montagnards peu connus différait complètement de celle des peuplades environnantes d'origine iranienne ou turque. En 1841, Bogouslavsky et Lehmann parvinrent jusqu'à Tok-fan, à l'entrée de la vallée. En 1870, le général Abramoff, depuis gouverneur de la province de Ferghanah, dirigea vers le Kohistan un détachement de troupes destinées à contenir les velléités d'indépendance des peuplades montagnardes qui, sous la domination bokharienne, avaient jusque-là exercé leurs brigandages. Cette expédition étonnante, vu les difficultés du terrain, est connue sous le nom d'*expédition du lac Alexandre*, et fut accompagnée, entre autres, de MM. Fedchenko et Kuhn et de Mme Fedchenko. Les savants explorateurs pénétrèrent jusqu'au village de Varsaoute. M. Kuhn emmena avec lui, à Samarkand, quelques Jagnaous qui lui permirent de publier, en 1881, des renseignements intéressants sur la peuplade et la langue des Jagnaous [1].

A partir de cette expédition, les Jagnaous qui, avant 1871, étaient gouvernés par un beg bokhare, furent incorporés au Turkestan russe. Leur territoire forme actuellement, avec le district de Fan, le *volostj* [2] dit de l'Iskander-koul. En 1879, le major Akimbétjeff, Tatare fort lettré de l'armée du Turkestan, passant de la haute vallée du Zérafchâne par le col de Gouzoune dans la vallée des Jagnaous, atteignit le village de Novobote. Dans son voyage à travers la vallée, il recueillit des notes importantes de linguistique. Ces éléments de grammaire ont permis de classer la langue des Jagnaous dans une des grandes familles linguistiques et d'apporter ainsi quelques éclaircissements dans la question de l'origine de cette peuplade [3].

Le kichlak de Pitti, situé dans la vallée de Fan, est relié à la vallée des Jagnaous par un sentier qui longe le Fan-Daria et qui, un peu en amont du fortin en ruines de Servadâne, traverse la rivière sur un pont pour s'engager à l'est et à angle droit dans la vallée du Jagnaou. Il communique, en outre, par un sentier pénible qui coupe, sur la crête, l'éperon de la montagne par l'hypoténuse du sentier précédent. Comme le Fan-Daria, lors de la dernière crue, avait emporté le pont de Poull-i-Mirkate, nous ne fûmes point embarrassés du choix d'un chemin. Quelques indigènes robustes de Pitti nous accompagnèrent jusqu'à la prochaine étape, afin d'aider hommes et bêtes aux passages difficiles. Dans tout le Kohistan, les ânes sont de beaucoup préférables aux chevaux comme bêtes de somme, car ils ont le pas bien plus sûr et, à cause de leur taille, demandent moins souvent à être déchargés aux passages en corniche. Ils sont du reste plus faciles

---

1. *Sviediénia o Jagnaoubskom narodié* (Renseignements sur la peuplade des Jagnaous) in *Tourkestanskij viédomosti*. Tachkent, 1881, sous le pseudonyme d'Iscandre Toura.

2. Circonscription.

3. *Otcherki Kogistana* (Esquisses du Kohistan) in *Tourkestanskij viédomosti*. Tachkent, 1881. Le travail de M. Kuhn accompagne celui-ci.

à « manier » en beaucoup d'endroits ; en effet, dans les vallées du Fan, du Jagnaou et du haut Zérafchâne, les courbes du sentier taillé dans le roc à une grande hauteur ont un rayon tellement court, surtout au détour des rochers, qu'il faut deux hommes pour empêcher les bêtes de tomber. Retenus par la tête et la queue, pressés en quelque sorte contre la paroi du rocher, chevaux et ânes sont glissés lentement au delà de la courbe, puis rechargés à nouveau.

Nous faillîmes perdre ainsi un de nos chevaux. A l'escalade d'une gorge à pente très raide, parsemée de gros blocs de rochers dévalés, il perdit pied, entraînant un des hommes de Pitti. L'homme tomba sur le dos et, sans lâcher les guides, se laissa entraîner sur la pente. Cette manœuvre, qui dénota de la part de cet individu beaucoup de sang-froid, le sauva avec le cheval. Celui-ci, faisant la culbute, se trouva arrêté par un gros bloc de pierre et arrêta l'homme à son tour ; ils en furent quittes pour quelques contusions et écorchures.

A 4 verstes de l'entrée de la vallée se trouve, en face de la montagne brûlante de Kan-tag, le kichlak de Rabate. Le fond de la vallée y est un peu élargi et reçoit un torrent très rapide qui vient du sud et mène à une passe vers l'Iskander-koul. Le village de Rabate, entouré de quelques vergers de pommiers, d'abricotiers, de noyers et de quelques champs de blé, d'orge et de luzerne, est bâti, ainsi que la plupart de ces kichlaks kohistaniens, sur les alluvions charriées par le torrent. Le paysage, d'ailleurs très pittoresque, offre en miniature l'image d'une formation de delta caractéristique. Plus loin, le sentier, frisant de très près le Jagnaou, passe par endroits sous des rochers surplombants et atteint, après 2 verstes, le village de Tok-fan. Ce village (1 890 mètres d'altitude) est situé à califourchon sur un torrent écumant à l'entrée d'une gorge par où une passe mène à Pitti, une autre, plus en amont, à Khichar-tàb. A Tok-fan, de même que dans la haute vallée du Zéraf-châne, on nous logea dans la petite mosquée comme étant la maison la plus convenable de la localité. Ces temples musulmans sont construits ici avec une grande simplicité, mais toutefois avec les meilleurs matériaux de construction et avec le plus grand soin relatif. Les murs sont en pierre grossièrement taillée, recouverts de boue, crépis à l'intérieur d'un mortier à la paille. Le toit est fait de branches de genévrier, rarement de mûrier ou de peuplier, recouvertes de terre pétrie. Il se prolonge au-dessus de la façade en auvent soutenu par une ou deux colonnes en bois dont le fût est souvent travaillé légèrement en arabesques peu compliquées. A l'intérieur de la mosquée, une niche en ogive indique la direction de la Mecque (Kébla). L'ameublement consiste en quelques nattes de jonc ou quelques vieux tapis de feutre auxquels s'ajoute une grande marmite en fonte avec son trépied qui attend, dans un coin, les jours de fête pour servir à la confection d'un palao monstre offert aux fidèles nombreux accourant à la voix du moullah.

Tous ces montagnards sont beaucoup moins fanatiques et plus simples que leurs coreligionnaires et parents ethniques, les Tadjiks de la plaine. Un jeune gaillard, solidement bâti, s'empressa de nous offrir un gigot de kiik (*Capra sibirica?*), nous honorant ainsi d'un cadeau qu'il était coutume de n'offrir autrefois qu'aux begs. Le *kiik* (en ouzbeg) ou *ahou* (en tadjik) se trouve dans le Kohistan par troupeaux à une altitude de 9 000 à 10 000 pieds ; il est très difficile à chasser. Le chasseur se poste à l'affût après avoir épié consciencieusement et avec la plus grande précaution les habitudes de son gibier ; muni de son fusil à mèche qui repose au moyen d'une fourche sur le sol, il attend parfois des journées entières avant de pouvoir ajuster un de ces animaux prudents et craintifs.

On emploie également à cette chasse des lévriers fort beaux appelés *tazis*. Le chien étant réputé animal impur chez les musulmans, les Jagnaous dérogent à l'habitude des gens de la plaine en admettant les tazis dans leur intimité. Ces chiens de race privilégiée sont d'ailleurs rares.

De Tok-fan, nous fîmes une excursion au Kan-tag[1]. Ce contrefort de la chaîne du Zérafchâne est formé de couches

1. Voir pour l'itinéraire dans cette vallée la petite carte spéciale inscrite dans la carte générale de ce volume.

liasiques de grès rouge, de lignite et de calcaire avec des couches intercalées de charbon de terre qui brûlent souterrainement depuis des temps immémoriaux. Un sentier étroit, mais accessible aux chevaux, serpente péniblement jusqu'à mi-hauteur de la montagne. Le sol y brûle les pieds; le thermomètre, placé dans une fente, dépasse tout de suite 80 degrés centigrades. Quelques indigènes, qui avaient de l'occupation sur la montagne, nous apportèrent un peu de farine et de la neige de la hauteur voisine. Après quelques minutes, nous eûmes du thé et du pain cuit dans le sol. En s'échappant des fentes et des cavernes, les gaz déposent contre les pierres environnantes de beaux cristaux de soufre et d'alun et, par endroits, des efflorescences bleues. Comme les indigènes trouvent à l'alun un goût sucré, ils ont donné à la montagne le nom de *Kane-tag*, c'est-à-dire « montagne du sucre ». Ces solfatares étaient autrefois, du temps des Bokhariens, propriété de la couronne ; aujourd'hui elles sont affermées et le produit en est vendu principalement aux bazars de Pendjakent et d'Oura-tépé. Les habitants très pauvres des cinq kichlaks d'alentour : Pitti, Kanti, Pinione, Rabate et Tok-fan, grimpent péniblement avec quelques ânes jusqu'aux solfatares pour récolter les pierres abandonnées, afin d'en retirer par décoction des restes d'alun qu'ils vendent, misérable revenu, au bazar de Pendjakent. De temps en temps, le sommet de la montagne s'entoure, la nuit, d'une auréole de feu à l'instar d'un cratère, ce qui a sans doute contribué à la croyance aux volcans actifs dans le Thiane-chan.

Deux chemins mènent de Tok-fan à Anzôb. Le premier, qui longe la rive droite du Jagnaou, était, selon l'expression des indigènes, « tombé à l'eau », c'est-à-dire envahi par les eaux; le deuxième mène par la gorge sauvage de Djidjik-rout, après avoir passé sur la rive gauche. Nous envoyâmes nos bêtes de somme, chargées des collections, en avant, sous la conduite de quelques Jagnaous et de notre domestique Abdou-Rahim, car l'étape devait être longue et difficile. Le Djidjik-rout est le plus considérable des torrents tributaires du Jagnaou. A 2 300 mètres d'altitude, la gorge s'élargit ; de belles prairies naturelles et quelques maigres cultures de blé, de lin et de fèves entourent le hameau d'Intirr, composé de misérables chaumières en pierre. La rivière fait marcher un petit moulin au milieu d'herbages succulents piqués des taches rouges et violettes que leur font d'innombrables orchis, pois fleuris et liliacées. Un peu plus loin, le sentier, côtoyant vers l'est le pied de la chaîne puissante du Hissar, couverte de neiges éternelles, atteint le hameau de Djidjik d'où une passe mène à Zigdi, dans le Hissar.

Près de ce hameau nous rencontrâmes une bande de pèlerins ouzbegs du Hissar qui se dirigeaient sur Cheirambed, dans la vallée de l'Iskander-Daria, pour visiter le tombeau d'un saint renommé auquel ils amenaient une belle chèvre et deux gros moutons. Ils étaient accompagnés d'un marchand de moutons qui poussait devant lui, avec ses hommes, par la passe du Hissar, tout un troupeau qu'il destinait au marché de Samarkand. Les environs de Djidjik nourrissent, dit-on, une belle race de chèvres. Les troupeaux rencontrent à cette époque de l'année (23 juin) d'excellents pacages à une élévation de 8 000 à 11 000 pieds, la limite des neiges éternelles n'étant qu'à 13 000 ou 14 000 pieds d'altitude dans cette partie du Kohistan.

Djidjik-kichlak (2 630 mètres) n'est qu'une résidence d'été des habitants de la vallée et, à ce titre, était habité à cette époque comme tous les hameaux qui se trouvent à une altitude aussi élevée dans la montagne. Les Jagnaous, en effet, s'occupent en partie d'agriculture, en partie de l'élève du bétail. Durant l'hiver, ils vivent dans les kichlaks de la vallée principale, sur les bords du Jagnaou, sous des conditions climatériques relativement meilleures; pendant les mois d'été (juin, juillet, août), ils laissent quelques-uns des leurs dans la résidence d'hiver et accompagnent leurs troupeaux sur les alpages, ou bien, si les travaux des champs les en empêchent, y envoient leurs enfants. Ils gagnent ainsi, au fur et à mesure que les neiges fondantes découvrent et alimentent des alpages plus élevés, des altitudes de 12 000 à 13 000 pieds, revenant sur leurs pas dès que les pâturages sont épuisés ou que les premiers froids de l'automne les avertissent de l'approche des tempêtes de neige. C'est alors qu'ils se construisent des huttes primitives faites de pierres entassées, recouvertes de quelques branches de genévrier et de terre. Hommes et bêtes y cherchent un abri contre les orages qui ne sont pas rares ici dans les montagnes, tandis qu'il n'y en a jamais dans la plaine à cette époque.

De Djidjik, le sentier monte à la passe de Kouh-i-kabrah (3 430 mètres). Nous trouvâmes les dernières cultures à une altitude de 3 100 mètres; les tiges de blé cependant n'avaient pas encore dépassé 15 centimètres de hauteur.

De cette passe on descend par un sentier étroit, en corniche dangereuse, dans une vallée au bout de laquelle se trouve le kichlak de Marzitch. La neige, recouvrant encore les fentes et les gorges jusqu'à 3 000 mètres d'élévation, nous occasionna beaucoup d'embarras. De là, le chemin traverse une deuxième passe appelée Badraou (3 330 mètres) et atteint la vallée de Kchirr, où se trouve un misérable hameau de huttes en pierres. Le paysage y est sauvage et grandiose, sans être comparable pourtant à un paysage alpin; car, comme presque partout dans le Kohistan, le premier élément du pittoresque, les arbres, font complètement défaut. A droite, le Kroum-i-safed fait étinceler son pic blanc majestueux aux rayons vifs du soleil, et à ses pieds s'étendent les tapis verts des alpages succulents. Quelques pentes sont recouvertes de grandes ombellifères jaunes et de magnifiques panaches d'eremurus. Nous traversâmes sans accident le torrent de Kchirr pour atteindre la passe de Kouchkoutâne (3 100 mètres), d'où le regard plonge de nouveau dans la vallée du Jagnaou. Soudain apparaît le village d'Anzôb, sur la rive droite de la rivière, entouré d'une ceinture d'arêtes rougeâtres et nues. De Tok-fan à Anzôb, par le chemin que nous venons de parcourir, on compte 27 verstes.

Dans la soirée, un violent orage se déchargea sur les montagnes. Les bêtes de somme n'arrivèrent que fort tard dans la nuit, après que nous eûmes envoyé quelques gens à leur rencontre pour leur faciliter le passage du Kchirr. Djoura-Baï, avec une abnégation rare, avait enveloppé nos herbiers de son propre manteau, malgré la pluie torrentielle; Abdou-Rahim était tombé avec son cheval au passage du torrent et les autres, portant les bagages sur la tête, avaient traversé à pied l'eau glaciale. Tous étant trempés jusqu'à la peau et fatigués, ils avaient bien gagné une journée de repos. Le thermomètre marquait 11 degrés Réaumur à 11 heures du soir.

On peut faire en moyenne ici, avec des bêtes de somme, des étapes journalières de 20 à 25 verstes. Les Jagnaous sont tous d'excellents marcheurs. Les chevaux sont très rares dans la vallée, les ânes le sont moins; ces derniers, d'une race de petite taille, mais très solides, servent principalement au transport des fardeaux.

Anzôb.

De Tok-fan à Anzôb. — Ponts élastiques. — Khichartâb.

Le kichlak d'Anzôb (2 200 mètres), village assez considérable, était presque inhabité à notre passage, parce que toute la population valide s'était transportée vers les alpages. On nous logea derechef dans la mosquée. Abdou-Rahim profita des dimensions de la marmite affectée à la mosquée pour préparer à sa façon, et il s'y connaissait, un palao monstre. La population restante du village fut invitée au festin. Le palao en effet, préparé avec du riz cuit dans de la graisse de mouton et piqué de petits morceaux de viande, est le mets national et ordinaire des gens de la plaine, plus riches que leurs frères de la montagne, tandis que ceux-ci n'en mangent que rarement, une ou deux fois par an. Même quelques-uns de nos convives jagnaous se rappelaient en avoir mangé une fois dans leur vie. Nous renouvelâmes cette libéralité peu coûteuse à plusieurs reprises durant notre voyage, ce qui contribua certainement à étayer la bonne renommée des deux « Faranguis touras ».

Les Jagnaous et, en général, tous les montagnards du Kohistan se nourrissent principalement de laitage; ils préparent, entre autres, avec du lait de mouton, une façon de gâteau mince, sorte de crêpe crémeuse, appelé *kaimak*. L'huile végétale étant plus rare que le beurre, on emploie parfois celui-ci pour l'éclairage, mais beaucoup moins que les éclats résineux du genévrier. Pour bien conserver la viande, on fait du *jachni;* après une cuisson suffisante, la viande est trem-

Fig. 44. — Vue d'Anzôb (Jagnaou).

pée dans de la graisse de mouton, puis, entourée après le refroidissement d'une couche de graisse, conservée avec un peu de sel dans la vaste panse du ruminant.

Un pont, élastique comme partout, mène en face d'Anzôb sur la rive droite de la rivière. Ces ponts sont formés invariablement de deux poutrelles de genévrier ou de bouleau plus ou moins équarries, posées d'une rive à l'autre et recouvertes de petites planchettes du même bois ou de branchages. Sur le haut Zérafchâne, ces ponts deviennent presque dangereux à cause de l'écartement des rives et à cause également de la hauteur du pont au-dessus du fleuve. Ils oscillent fortement au passage, et il nous arrive de voir les pieds des chevaux et des ânes porter à faux dans l'entre-bâillement des planchettes ou les interstices des branchages, et d'être obligés de porter les ânes de l'autre côté. Les Samarkandais disent que ces ponts sont tellement légers « qu'ils dansent au passage d'un chien », ce qui est vrai d'ailleurs. A Anzôb on trouve, à côté de quelques pommiers, noyers, abricotiers, peupliers et saules, un certain nombre de mûriers (2 200 mètres d'altitude). La flore est plus riche sur les versants nord que sur les pentes exposées au sud. Le vent du sud-ouest, prédominant à cette époque de l'année, nous amène des ondées pendant toute la journée.

Le lendemain (25 juin), nous atteignîmes le village de Marguip (2 360 mètres). La pluie ne cessa de tomber, mais nous avions eu soin de nous munir à Anzôb d'un *tchakmane* jagnaou, sorte d'imperméable, tissé grossièrement en poil de chèvre, d'un usage général dans la vallée. L'aksakal[1] de Marguip nous reçut dans sa maison et nous servit du *kavardak*[2], du kaimak, du *kattik*[3] et du pain d'orge. Les maisons sont entourées de jardins bien tenus où j'aperçois, entre autres, du chanvre. Le chanvre (*bank* en tadjik) est en général fort peu cultivé dans la montagne, beaucoup moins que dans la plaine. Il sert presque exclusivement à la fabrication du hachisch (*nacha*), le narcotique favori de l'Asie centrale.

En amont de Marguip, la vallée se resserre jusqu'à une dizaine de mètres de largeur et le sentier devient un véritable casse-cou. Des rochers surplombants forcent le cavalier à descendre de cheval et l'on marche à peu près dans le Jagnaou sur un lit glissant de branchages de genévrier. Les bêtes de somme et les chevaux ont ensuite beaucoup de peine à escalader quelques éperons de montagne où les indigènes ont ébauché de grossières marches étroites. Plus loin, le sentier se trouve suspendu

1. *Barbe blanche*, c'est ainsi que l'on nomme les préposés aux villages. — 2. Viande rôtie, ordinairement de mouton, en petits morceaux. — 3. Lait aigre.

au-dessus du vide, sur une série de balcons qui sont faits de troncs de genévrier engagés dans la paroi verticale du roc et recouverts de branches et de terre. Par-ci par-là, il traverse un *kaouf,* c'est-à-dire la pente très inclinée formée par l'éboulement d'une partie de la paroi de la montagne. Ces passages sont redoutés entre tous, parce que les avalanches de pierres se renouvellent souvent et constituent un danger continuel pour le passant.

Bientôt cependant la gorge s'élargit, et l'on atteint le kichlak de Kichartâb, le plus gros village de la vallée (200 maisons d'après M. Aminoff, à 2 380 mètres d'altitude). Ce village, ombragé de quelques beaux peupliers, de saules, de bouleaux et de genévriers, s'étire le long de la rivière Aouliane, dans une gorge latérale. Deux passes, celles de Minor et de Darkh, mènent de ce point dans la haute vallée du Zérafchâne. A l'entrée du village, nous trouvâmes un cimetière, comme toujours fort dégradé, avec des tombes à moitié ouvertes sous les éboulements. Au bord du sentier, un bouleau, en vertu d'une coutume pieuse répandue chez tous les musulmans, porte à ses branches inférieures un grand nombre de morceaux d'étoffe bariolés que le passant a soin d'arracher de son habit.

Limite linguistique.

Limite linguistique. — Varsaoute. — Cultures. — Deikalane. — Climat. Novobote. — Les galtchas.

En amont de Khichartâb, presque tous les Jagnaous parlent leur dialecte jagnaou; en aval, on parle le tadjik. Nous rencontrâmes ici les premiers cassis sauvages; l'abricotier monte jusqu'à 2 500 mètres d'altitude. Nous vîmes les habitants du village occupés à abattre quelques-uns des plus beaux peupliers; les indigènes, en général, n'ont aucune cure de ménager les arbres de la montagne, ne comprenant aucunement la portée désastreuse de leur façon d'agir, et c'est là précisément la cause du mauvais régime des eaux du Zérafchâne et de ses tributaires. Il est certain que l'esprit de prévoyance est annihilé dans une forte mesure par la philosophie fataliste du Korân, ausssi bien que l'esprit d'initiative autre que celui de la conquête religieuse. Qu'il s'agisse d'hygiène, de morale, de faits sociaux ou de phénomènes de la nature, des mesures de défense ou de prophylaxie, le musulman, passif et résigné, ne combattra jamais que le fait accompli.

D'Anzôb à Marguip, on compte environ 6 verstes, de même de Marguip à Khichartâb ; à 10 verstes environ en amont de ce dernier village se trouve celui de Varsaoute. Varsaoute (2490 mètres) est un petit kichlak qui s'étage le long de la pente méridionale de la montagne, au bord d'un torrent tumultueux. Une passe y mène, au sud, dans le Hissar. Nous passâmes la nuit dans la hutte du vieil aksakal ; jovial et obligeant, il donna de bonne grâce le bon exemple et se soumit en riant aux mensurations anthropologiques. Les maisons sont bâties (nous sommes maintenant chez les Jagnaous de race pure) de pierres non équarries superposées, où le mortier est remplacé par de la terre et du gazon ; un trou est laissé dans le plafond en guise de cheminée. L'intérieur est haut à peine de $1^m,50$; le plancher, en terre battue, est recouvert parfois de nattes de paille ou d'une grossière toile. Au milieu, un trou dans le sol : l'âtre ; dans un coin, quelques effets d'habillement. Si le Jagnaou est riche, il a une pièce séparée pour les femmes, parfois un abri spécial pour le bétail ; sinon, une pièce unique les réunit tous.

A 3 verstes environ de Varsaoute, la vallée s'élargit considérablement et forme une façon de cirque qui nous paraît avoir été autrefois le fond d'un grand lac. Pour la première fois depuis notre entrée dans le Kohistan, un riant paysage s'offre à nos yeux. Sur une large terrasse et le long des pentes de la paroi se trouvent, enfouis dans des bouquets de verdure, de nombreux groupes d'habitations. Treize villages se serrent ici sur une surface de plusieurs kilomètres carrés et exploitent la terre favorisée d'un peu d'humus et d'humidité. Les Jagnaous cultivent du blé (*gandoum*), de l'orge (*djaou*), une espèce de haricot (*moulk*) et, dans la basse vallée, un peu de lin (*zigirr*), de luzerne (*viesch*), et des fèves (*bockala*). Les champs sont préparés au mois d'avril et la récolte se fait au mois de septembre.

Le blé et l'orge rapportent tout au plus le sixième grain et comme les récoltes ne suffisent pas à l'alimentation, ces pauvres gens sont forcés d'aller chercher du supplément dans le Hissar. Au bord des champs et des sentiers, l'ortie grièche, la mauve, le bec-de-grue, le cassis noir et d'autres surprennent comme de vieilles connaissances retrouvées inopinément. Les instruments aratoires des Jagnaous sont encore plus primitifs que ceux des Sartes de la plaine, parce que le fer est plus rare et plus cher. Cependant si le Jagnaou retire peu de profit de son travail agricole, il trouve jusqu'à un certain point une compensation dans l'élève du bétail. Les animaux domestiques sont le cheval (en moyenne il y a deux ou trois chevaux par village), la vache (chaque habitant en possède en moyenne de trois à quatre), l'âne, la chèvre, le mouton stéatopyge[1], le chien, le chat et la poule.

Le 26 juin, la neige remplissait encore les gorges jusqu'aux rives du Jagnaou et, comme la couche de neige est creusée en tunnel par les torrents qui parcourent les gorges, le passage commande la plus grande prudence. Les chevaux sentent le danger instinctivement et se refusent parfois obstinément à mettre le pied sur la neige. A Chissaakidar (2 615 m.), l'aksakal nous force à prendre quelques rafraîchissements dans la mosquée du village. Chaque village a sa petite mosquée desservie par un ou deux moullahs. Nous trouvâmes ici un individu de mine sauvage qui nous promit, en échange de la promesse d'une bonne récompense, de nous apporter, le lendemain, deux crânes de Jagnaous; mais nous l'attendîmes en vain. Nous arrivâmes le même jour à Deïkalane, qui est à environ 25 verstes de Varsaoute.

Beaucoup de Jagnaous, que nous croisons en route, se plaignent de ce que le touradjane[2] du Hissar prélève sur eux, au

1. On m'a dit que les vaches et les moutons de la montagne, transportés dans la plaine, à Samarkand par exemple, refusent de s'acclimater au climat trop doux et périssent.
2. Fils de l'émir, gouverneur du Hissar.

passage de la frontière bokharienne et dans les bazars du Hissar, un impôt vexatoire. Si, forts de leur droit comme sujets russes, ils refusent de donner l'argent, ils sont battus par les djiguites du touradjane jusqu'à ce qu'ils consentent au payement.

Le kichlak de Deïkalane (2810 m.), que nous atteignons le 27 juin, est situé en amphithéâtre contre la paroi septentrionale de la vallée. En face du village, sur la rive gauche, quelques huttes grimpent pittoresquement sur les rochers du flanc sud. Les arbres ont disparu ; des saules rabougris se faufilent en amont le long des rives du Jagnaou.

Le climat de la vallée des Jagnaous est très rigoureux. Etant donné le peu de soins qu'on accorde à l'élève des enfants, en l'absence presque complète de précautions hygiéniques de toute sorte d'une part, et d'une insuffisance marquée de nourriture de l'autre, on doit conclure à l'intervention très active d'une forte sélection naturelle ; ce qui explique, jusqu'à un certain point, l'apparence rustique et solide de la plupart des Jagnaous, surtout des vieillards. Je fus étonné de trouver chez quelques indigènes, rares d'ailleurs, les traces d'une maladie répandue dans les villes de la plaine, la maladie sarte (bouton d'Alep?) ; mais il se pourrait que ces individus eussent contracté la maladie dans la plaine.

Pendant sept mois de l'année, la neige recouvre la vallée d'une couche tellement épaisse qu'elle intercepte, durant trois mois, toute communication d'un village à l'autre.

Durant les longues journées d'hiver, les habitants des villages aiment à se rassembler dans la mosquée autour du moullah, qui leur fait la lecture d'un passage édifiant d'un livre saint. Comme partout en pays musulman, le sort de la femme jagnaoue n'est guère enviable. Les femmes sortent cependant sans être voilées, détournant la tête ou la masquant de leur bras, à notre passage. Elles vaquent à toutes les affaires du ménage et de l'écurie, pétrissent le *kiziak* et tressent la *matta*. On appelle *kiziak* une sorte de gâteau pétri de paille coupée et de bouse de vache ou de crottin de cheval. Ces gâteaux sont déposés en grand nombre sur le toit ou collés contre les murs de l'habitation, afin que, bien séchés au soleil, on puisse les utiliser, avec un peu de bois de genévrier et d'herbes sèches, comme combustible. La *matta* est un tissu grossier de laine de chèvre et de mouton, que les Jagnaous vont vendre ou troquer dans les bazars du Hissar et, dans la haute vallée du Zérafchâne. Les

Fig. 45. — Un cortège de mariée.

Jagnaous frayent maintenant plus facilement qu'autrefois avec les populations qui les entourent, parce qu'ils ne sont plus exposés aux attaques de leurs voisins très redoutés, les Matchas entre autres. Il n'est pas rare, à présent, de trouver des Jagnaous qui sont allés jusqu'à Tachkent. Quelques-uns mêmes ont profité de ce voyage d'exploration pour s'enrichir en se donnant comme pèlerins pauvres allant à la Mecque. Cependant, après avoir mendié, sous ce prétexte, dans les bazars, un certain nombre de *poulls* (ou *tchakeren*, petite monnaie de cuivre), ils s'achètent un âne et regagnent leur vallée.

De Deïkalane à Novobote, il y a environ 7 verstes. Les indigènes n'ont pas d'unité pour mesurer les distances, les surfaces ou les poids. Pour indiquer, par exemple, la distance qui sépare un endroit d'un autre, ils diront qu'en partant au lever du soleil on arrive quand le soleil est à telle ou telle hauteur. Le village de Novobote est situé en amphithéâtre comme celui de Deïkalane, adossé au flanc septentrional de la vallée. C'est là le dernier point habité dans la haute vallée (2 860 m.).

Un peu avant Novobote, nous rencontrâmes une troupe d'Ouzbegs de Zigdi, dans le Hissar, qui escortaient une jeune mariée de Roufigar. Presque tous étaient à cheval, entourant la jeune femme, hermétiquement voilée et habillée de soie rouge éclatante (*kanaouss*). Devant eux, un gamin poussait deux vaches et quatre moutons, la dot ou *khalim* que le père avait donnée à la mariée, sa fille.

Nous complétâmes, à Novobote, la série de nos mensurations anthropologiques. Dans la haute vallée, les Jagnaous sont d'origine plus pure, tandis que, plus en aval, ils sont déjà plus mélangés avec les Tadjiks de la montagne. On a donné à ces Tadjiks montagnards le nom de *Galtchas*; cependant, dans le Kohistan, on désigne sous ce nom une sorte de chaussure et on appelle *Galtcha* tout individu portant cette chaussure, qu'il soit Tadjik, Ouzbeg, Jagnaou ou même « Farangui » comme nous qui en portions. Les galtchas sont des bottines molles, larges, hautes de 30 centimètres environ, sans talon et pointues au bout, commodes dans la montagne, parce que le pied, se moulant sur les aspérités, trouve plus facilement des points d'appui. On a soin d'envelopper les pieds de grandes lanières de matta.

Très remarquable est la ressemblance du Jagnaou pur avec le Tzigane ou *Loulli*, répandu un peu dans toutes les villes de la plaine. Le costume des Jagnaous ne diffère pas de celui des autres habitants du Kohistan. Comme eux, ils portent des galtchas ou bien s'attachent sous la plante du pied une large semelle de cuir, retenue en place par des cordons de cuir liés autour de la cheville à l'instar des *abarcas* espagnoles. Les jambes sont entourées de matta. Sur le corps, un large pantalon et une chemise simple ; dessus, une vaste robe à manches très longues et, la plupart du temps, à cause du froid, une deuxième robe, le tchakmane ; enfin, autour de la tête, un morceau d'étoffe en faisant deux ou trois fois le tour et retombant par une extrémité du côté gauche, tel est le costume peu compliqué du Jagnaou. Ils saluent en plaçant les deux mains contre la poitrine ou la main sur le front. Les femmes s'entourent la tête volontiers d'un morceau d'étoffe rouge, puis d'un voile blanc d'où s'échappent d'ordinaire, en retombant sur le dos, les longues tresses d'une belle chevelure noire comme jais.

Aux sources du Jagnaou.

Aux sources du Jagnaou. — Le *sougourr* ou *Arctomys caudatus*.
Ethnographie des Jagnaous.

Le 28 juin, nous laissâmes Abdou-Rahim avec nos bagages à Novobote, afin de gagner rapidement les sources du Jagnaou. A 12 ou 14 verstes en amont de Novobote, nous atteignîmes le Sang-i-maïlek (2950 m.), un endroit qui tire son nom d'un énorme bloc de rocher arrêté au milieu d'une *thalsohle* assez large. Vers l'est, la vallée semble être complètement fermée, barrée qu'elle est par quelques contreforts très élevés et couverts de neige. Au pied de ceux-ci, autour du Sang-i-maïlek, de beaux alpages apparaissent à moitié enfouis sous la neige. De ce point, les deux dernières passes (Reboute et Tabastfine) conduisent à la haute vallée du Zérafchâne. Le gros bloc de rocher, formant auvent d'un côté, nous offre un campement tout indiqué. Aussi une partie de la place était-elle occupée par un riche propriétaire de troupeaux du Hissar, son frère et trois pâtres à son service. Ces braves Ouzbegs nous invitèrent à partager la « kibitka » avec eux et nous résolûmes d'y passer la nuit. Cet Hissarien se transporte chaque année au Sang-i-maïlek avec ses troupeaux, qui comptent jusqu'à mille têtes de bétail (chèvres et moutons). Il y passe les mois de juin et de juillet, pendant lesquels les troupeaux trouvent d'excellentes paissons, au fur et à mesure que les neiges remontent leur limite le long des pentes. Nous lui achetâmes un mouton pour 2 roubles (environ 6 fr.), que Djoura-baï eut bien vite dépecé selon les règles de l'art. Le soir, un palao monstre réunit autour de l'écuelle toute la bande, ce qui rendit le Hissarien de fort bonne humeur et communicatif.

De temps en temps retentit le cri aigu et perçant d'un *sougourr*, répété bientôt en écho par une dizaine de ses voisins aux aguets. Le sougourr ou *Arctomys caudatus* est très fréquent à ces hauteurs; il ressemble à une grande marmotte et sa taille dépasse celle du castor. Plus bas dans la vallée, les indigènes lui font parfois la chasse à cause de sa fourrure, d'ailleurs très grossière, qu'ils vendent dans les bazars de la plaine. Pour chasser le sougourr, une demi-douzaine d'individus se cachent dans le voisinage de l'ouverture qui mène au terrier du rongeur. Dès que le sougourr, rassuré par une inspection prolongée, s'éloigne un peu de son terrier, les chasseurs sortent de leurs cachettes, criant et gesticulant, et assaillent le fuyard à coups de bâton. Perdant la tête, l'animal court de l'un à l'autre et ne tarde pas à tomber victime de l'imperfection de son flair.

Comme grands mammifères sauvages, on trouve encore dans la vallée le renard (*rouba*) et, plus rarement, le lynx. La faune ornithologique est bien représentée, surtout par des espèces de petite taille; les rapaces sont assez fréquents. On y trouve également une espèce de perdrix montagnarde appelée *keklik* par onomatopée (*Perdix græca*, var. *chukar* Fedch.) et, dans la vallée basse, quelques serpents et lézards.

Le 29 juin, la température descend encore pendant la nuit à 3 et 4 degrés Réaumur; dans la journée, le mercure se tient en moyenne entre 12 à 16 degrés Réaumur. Ce jour-là nous atteignîmes le Jagnaou-bachi, « la tête » ou les sources du Jagnaou. A 5 ou 6 verstes du Sang-i-maïlek, dans un large évasement de la vallée appelé Dacht-i-goumbaz (3 200 m.) nous trouvâmes de nombreux troupeaux de chevaux pâturant une herbe tendre et fraîche sous la surveillance de pâtres kara-

Fig. 46. — Monts Takka-khana, aux sources du Jagnaou.

téghinois qui ont dressé leurs kibitkas dans le voisinage et nous offrent du *koumyss*. Ils sont venus par une passe qui, disent-ils, mène dans le Karatéghine par le Koumbil-goumbaz.

Nous sommes ici à l'origine du Jagnaou, qui, contrairement aux renseignements recueillis par Fedchenko et M. Aminoff, ne sort pas de glaciers; ses eaux sont claires, limpides et d'une belle couleur verte. Trois puissants massifs montagneux ferment toute issue, si ce n'est la passe du Karatéghine : le Takkakhana au nord, le Koumbil-goumbaz à l'est et le Barsangi au sud. Ces trois massifs dressent leurs sommets au-dessus de la ligne des neiges éternelles ; nous estimons la hauteur de quelques-uns de leurs pics à 17 000 et 18 000 pieds au moins. Comme nous n'avions pas l'intention de descendre dans le Karatéghine, après avoir exploré toute la vallée jusqu'à son origine, nous retournâmes le même jour sur nos pas pour arriver le soir au Sang-i-maïlek.

La peuplade intéressante dont nous venons de visiter le territoire représente une de ces tribus ariennes, vieilles sans doute, que le flot montant de l'invasion turco-mongole a refoulées dans des gorges montagneuses de plus en plus élevées. Leur histoire ethnique est celle des tribus prépamiriennes, telles que les Wakhis, les Chougnis, les Rochis, etc., et même les Kâfirs Siahpouches et les habitants du pays de Hounza, dont le sort a été le même. Leur type anthropologique doit certainement présenter des ressemblances et leurs dialectes des analogies. Quant aux Jagnaous, ils sont brachycéphales ou mésaticéphales. Les cheveux sont généralement bruns, rarement blonds, et très fournis ainsi que le système pileux en général. La poitrine est poilue, la barbe et les sourcils sont très fournis. Le nez est droit, souvent obtus et les arcades sourcilières sont peu arquées. Le front droit est assez étroit par rapport à la figure, large aux pommettes, ce qui en dérange l'ovale si caractéristique chez les tribus indo-ariennes. Ils sont bien musclés, de taille moyenne et des marcheurs infatigables. Leur type rappelle assez celui des Loullis ou Tziganes de la plaine et nous sommes persuadés qu'ils sont apparentés aux Tadjiks des montagnes du haut Oxus. A présent que les conditions sociales ont changé, ils ne tarderont pas à se métisser avec leurs voisins moins purs, anthropologiquement parlant, et le dialecte particulier qu'ils parlent encore dans les kichlaks de la haute vallée ne tardera pas à disparaître de plus en plus devant le turc ou le tadjik. D'après M. Akimbétjeff, quatorze cent vingt Jagnaous seulement parleraient leur dialecte propre. On avait d'abord rapproché leur langue de celle des Kâfirs Siahpouches; sans pouvoir les identifier, on trouve cependant qu'elles procèdent d'une origine commune, que M. Fr. Muller a reconnue être iranienne pure pour le Jagnaou, tandis que les dialectes siahpouches se rattachent à la branche pràcrite et participent d'une origine indienne [1].

Le 6 juin nous revoyons les bords du Fan-Daria que nous remontons dès lors tantôt sur la rive gauche, tantôt sur la rive droite, au milieu d'un encombrement incessant de la vallée par de gros blocs de micaschiste, de calcaire, de grès, tombés des parois.

Sur les terrasses d'alluvion et de conglomérat ou de brèche, de petits halliers frais, composés de noyers, de celtis, de kaïragatchs, de saules, de *mespilus*, d'artcha, tout couverts de guirlandes de *clematis*, enjolivés de rosiers, de *berberis*, de *colutea* en fleurs, poussent entre les filets d'eau que l'Iskander-Daria laisse échapper de ses rives tourmentées. Cependant la vallée s'élargit peu à peu et des kichlaks, Djidjik et Khaïrambed, ont pu s'établir sur la pente douce des terrasses latérales de la rive gauche. Tout près d'ici, dans la montagne, se trouve le tombeau très difficile, paraît-il, à aborder du saint Issâk baïgambar, d'Issâk le prophète, dont le corps incorruptible et vivant, dit la légende, momifié peut-être, ne cesse d'ajouter des miracles à celui qui le conserve vivant à la vénération des fidèles accourant de fort loin pour lui rendre hommage ou implorer son secours.

Le lac Iskander-koul.

Au lac Iskander-koul. — Origine probable du lac et son rôle. — Le Saratag.

Nous escaladons en zigzags une dernière pente d'où se précipite en écumant la rivière d'Iskandre. Du haut de la terrasse que nous venons d'atteindre, un tableau superbe fascine le regard. A nos pieds, dans le calme crépusculaire épandu sur la vallée dans l'ombre, s'étale la nappe d'émeraude du lac

---

[1]. Voir, pour les dialectes kâfirs, mes *Vocabulaires de langues prépamiriennes*, in *Bulletins de la Société d'anthropologie*, avril 1889.

Alexandre. L'oreille, habituée depuis longtemps au bruissement des filets d'eau courant sur le gravier, à la voix grande et furieuse des torrents frappant les rochers dans leurs bonds déréglés, est étrangement surprise de ce recueillement de la nature, et l'esprit se sent envahi par des sensations douces et pacifiques. Le lac, sans une ride, est entouré de hautes mon-

Fig. 47. — Lac Iskander-koul.

tagnes allant jusqu'à 11 000 pieds, aux pentes abruptes, laissant à peine l'espace d'un sentier sur la rive occidentale. Les montagnes de la rive orientale ont une pente plus douce recouverte d'éboulis et d'alluvions. Au fond du tableau, un promontoire élevé semble se détacher en pic isolé de la chaîne qui court derrière lui et s'avance jusqu'au rivage du lac. Dans l'entre-bâillement des contreforts apparaît le faîte crénelé, couvert de neige, de la chaîne principale. Des touffes d'arbres, de celtis surtout et d'ormes, même quelques abricotiers d'aventure, garnissent l'entrée des gorges latérales, et des fourrés de saules, de tamarix, de djangal, accompagnent les filets d'eau qui apportent leur tribut au lac. Cette nappe liquide, aux eaux limpides reflétant admirablement les montagnes du rivage, a 60 mètres de profondeur. Des crustacés l'habitent et des poissons sans doute aussi ; mais nous n'en vîmes point sur les bords.

Le niveau du lac est aujourd'hui à 7 200 pieds d'altitude ; il était plus élevé autrefois, ce dont témoignent des lignes parallèles, petites terrasses qui courent avec une grande régularité sur les parois des montagnes encaissantes, l'une à 30 mètres environ du niveau actuel, l'autre à 40 ou 45 mètres. Ces lignes sont nettement accusées par une ceinture de végétation plus épaisse, parce que la terrasse a permis aux graines de s'accumuler et de germer sur une petite bande de terrain d'alluvion. Il y a eu, par conséquent, au moins deux chutes de niveau débarrassant la crique d'une énorme quantité d'eau. Par suite de quel phénomène géologique ou dynamique ce déversement s'est-il opéré ?

On peut croire qu'anciennement le lac défluait vers la vallée du Fan-Daria avec un débit moins considérable qu'aujourd'hui et que le Jagnaou-Daria, au lieu de l'égaler comme aujourd'hui, lui était supérieur ; qu'ensuite, par un éboulement, un ravinement, un soulèvement ou simplement la poussée formidable de la masse d'eau du lac, le barrage naturel s'est rompu vers le nord, donnant issue à une trombe d'eau formidable qui s'est écoulée par la vallée de l'Iskander-Daria et du Fan-Daria, pour arriver sur la vallée du Zérafchâne, à l'endroit où se trouve actuellement le kichlak de Varsaminor. Encore aujourd'hui, l'Iskander-Daria, au sortir du lac, a une chute immédiatement très forte et trouve son lit embarrassé de quantité d'énormes blocs de transport et d'éboulement. La nature des rivages du lac n'indique actuellement aucune crue remarquable, de sorte que le débit des affluents est sensiblement balancé par celui des défluents.

L'Iskander-koul est un des nombreux lacs de montagne de l'Asie centrale dont l'action régularisatrice corrige jusqu'à un certain point le débit fort irrégulier des rivières de la plaine, du Zérafchâne plus spécialement. Si, par des barrages artificiels dans la montagne, on arrivait à créer des lacs artificiels régularisateurs sur le parcours des affluents les plus turbulents, les effets salutaires qu'on obtiendrait seraient dignes d'une œuvre aussi grande.

Nous campons aux bords du Saratag, à l'extrémité sud du lac. Une hutte de branchages nous sert d'abri, tandis que nos hommes s'installent dans une grotte, toute noire des feux de campement des bergers, qui s'ouvre dans le rocher voisin. Trois sources d'une eau limpide bouillonnent dans le voisinage ; d'autres, plus abondantes, sortent en petite rivière souterraine du pied de la montagne pour se déverser dans le lac. Des corbeaux, au bec et aux pattes rouges, regagnent leur nid dans la saulaie ; une chouette fait entendre son cri plaintif. Et pendant que, mollement étendus sur le gazon touffu, nous contemplons la comète que nous avons « découverte », il y a quelques jours à peine, dans la traînée du firmament que les parois de la vallée nous permettaient d'apercevoir, nous voyons les alentours de notre campement se peupler de silhouettes étranges et mouvantes. Ce sont des indigènes de l'aoul voisin qui accompagnent le corps d'un des leurs à son village pour l'enterrer demain et fêter ses vertus par le festin d'usage. Silencieusement ils cheminent, s'arrêtent curieusement auprès de nos hommes, puis, renseignés, disparaissent avec leur lugubre fardeau en gagnant à la file indienne le haut de la vallée.

Cependant le crépuscule a réveillé au bord de l'eau les nichées de moustiques. L'air est rempli de cette musique terrible que les insectes assoiffés de sang font tinter à l'oreille de leurs victimes, et bientôt nous sommes pris d'assaut. Les chevaux en souffrent autant que nous ; ils ont beau s'émoucheter furieusement, se rouler, ruer et renâcler, nous avons beau nous réfugier dans une fumée de bois vert, les moustiques affamés affrontent toutes les colères. De guerre lasse chacun se roule par-dessus la tête dans sa couverture, introduit les bras jusqu'à l'épaule dans la tige de ses bottes et se réveille quand même sous les infernales piqûres, la figure et les poignets bosselés et cuisants.

Passe de Mourra.

A la passe de Mourra.

Nous remontons la rivière de Saratag que longe, sur la rive droite, le sentier qui mène à la passe de Mourra. Cette passe donne accès au Hissar. Élevée de 14 000 pieds, elle est bloquée par les neiges en hiver, mais assez fréquentée en été, parce qu'elle évite aux caravanes se rendant à Pendjakent et dans le Ferganah, le détour par le Chahr-i-çâbz. Le sentier d'accès est facile ; on se croirait dans un parc, car les bords de la rivière sont garnis de beaux bouleaux et genévriers. Le gazon touffu est émaillé de nombreuses et belles espèces alpines ; je trouve entre autres l'*Eremurus Kauffmanni* et l'*Eremurus robustus*[1], la plus belle plante du Turkestan, l'*Orchis latifolia*, puis un gros *Lycoperdon* (les Hyménomycètes et les Gastéromycètes sont rares en Asie centrale), des *Pedicularis*, des Primulacées, etc.

Le petit kichlak de Deh-i-saratag, vers 9 500 pieds, entretient quelques cultures assez florissantes de blé, d'orge et de pois chiches sur les terrains d'alluvion. Les habitants ont quitté le village pour se transporter avec leurs troupeaux sur les pacages plus élevés. Dans les criques des vallées d'alentour, à Kantach par exemple, on reconnaît parfaitement le niveau antérieur des eaux du lac Alexandre et les terrasses subsistantes servent de terrain de culture. A midi nous avons atteint, sans grand effort, les premiers champs de neige qui recouvrent encore la passe et en même temps un petit lac gelé provenant de la fonte des neiges. Nous sommes à 13 000 pieds d'altitude, à 1 000 pieds environ au-dessous de la passe en ensellement que traverse à ce moment une caravane de chevaux chargés de cotonnades russes pour le Hissar. Le thermomètre marque 33 degrés centigrades au soleil. La neige fond rapidement. Quelques plantes n'attendent même pas qu'elle soit fondue pour venir fleurir

---

1. Les racines d'*Eremurus*, séchées et réduites en poudre, fournissent le *chirich*, dont les indigènes se servent comme de colle après l'avoir délayé dans l'eau.

dans les crevasses des rochers, dans le terrain encore gelé. Tel l'*Hutchinsia calicina*, une petite crucifère courageuse qu'on est fort étonné de trouver en pareil endroit; tels encore un *Astragalus* (*A. Kohistanus* Franchet) et un *Taraxacum* (*T. lyratum*) qui monte jusqu'à plus de 12 000 pieds. L'heure avancée de la journée nous défend de gagner le sommet de la passe, et la nuit nous surprend au milieu d'immenses blocs de rochers qui couvrent la pente, lorsque nous descendons pour gagner notre campement établi sur les bords du Saratag. Au passage d'un pont chancelant des plus primitifs, mon cheval, les quatre pieds passés à travers les interstices du tablier, a failli m'envoyer dans le torrent écumant sur les rochers à 5 mètres au-dessous.

Passe de Douikdane.

La passe de Douikdane. — Névés et glaciers. — Artchamaïdane.

Le temps est beau ; nous sommes au 8 juillet. Le thermomètre marque 14 degrés centigrades dans la matinée. Nous montons à la passe de Douikdane, faisant face, vers le nord, à celle de Mourra. Bouleaux, *celtis*, églantiers, chèvrefeuilles et épines-vinettes, nous accompagnent, avec le genévrier jusqu'à près de 10 000 pieds. Puis le genévrier seul poursuit son ascension ; mais il se fait petit, se moule en quelque sorte sur le sol où il fait des rosaces creuses du plus singulier effet dans le paysage.

Ce paysage, le voici : en face de nous s'étend sur une ligne latitudinale la chaîne neigeuse que traverse, à la plus basse entaille, la passe de Mourra. Un peu à droite, la passe de Khodja-pechvar, moins facile, mène également dans la vallée du Toupalang, un des affluents du Sourkhâne. Cette chaîne forme le partage des eaux de l'Amou-Daria au sud et du Zérafchâne au nord. Elle va rejoindre, à l'ouest, le massif du Hazret-i-soultane. Au point où nous sommes, on découvre admirablement tous ses détails de structure. Tandis que nous marchons sur un terrain dépourvu de neige, sur les pentes opposées, dirigées vers le nord, les neiges descendent à quelque

100 mètres plus bas. Voici un *laïlaou*, pâturage d'été où quelques bergers gardent des troupeaux magnifiques de chèvres et de moutons appartenant à un riche propriétaire de Pendjakent. Ils regrettent, disent-ils, de ne pas avoir une marmite assez grande pour nous faire cuire un mouton entier! Cet endroit s'appelle Iourti-khana et les pacages sont excellents. Ces *tchoupans* ou bergers mènent la vie sauvage des troglodytes de la

Fig. 48. — Genévrier en rosette.

préhistoire. Ils dorment derrière un rocher, dans une grotte ou simplement sur le sol, enroulés dans une peau de mouton ou un manteau de bure. Ils vivent de laitage et d'un peu de farine qu'ils transportent d'un kichlak voisin. Si des hauteurs du Douikdane on descend par les villages des Tadjiks de la montagne, vers la plaine où nomadisent les Kirghiz, où les Ouzbegs cultivent le sol riche, puis qu'on atteigne Samarkand avec ses floraisons superbes de l'art architectural et ses bazars remplis des produits de l'Occident, on aura parcouru et vu tous les stades de la civilisation humaine en Asie centrale. L'ethnographie comparée des vivants est la répétition de l'histoire des morts.

Cependant le ciel est envahi du sud-ouest par des cumulus noirs qui se résolvent incontinent en pluie et en grêle. Le sentier qui nous mène au Douikdane se profilant en face devient de plus en plus difficile et pénible aux chevaux. Dans la vallée d'accès, bordée de pans de murailles où les névés cassés pendent prêts à tomber, une longue traînée médiane de débris de rochers, occupant juste le milieu du thalweg, simule une moraine médiane de glacier, tandis que ce n'est qu'un amas de débris roulant sur la pente de la neige et s'accumulant en crête de plus en plus élevée au point le plus bas de leur chute. Dans cette neige, molle et fondante à présent, qui s'est accumulée au pied des parois de la vallée, les chevaux enfoncent jusqu'au ventre. Nous avançons lentement avec un vent debout glacial, quoique le thermomètre indique 4 degrés centigrades au-dessus de zéro. Mais nous sommes à 13 500 pieds d'altitude et mouillés par la pluie. Le sommet de la passe est nettement accusé par l'arête de l'ensellement, de sorte que le Douikdane est plutôt un *bel* qu'un *davane*[1].

Une vallée symétrique à celle que nous venons de remonter doucement nous descend du côté opposé. Mais l'arête médiane, bordée de chaque côté d'un champ de neige, est plus large et permet aux chevaux de s'y tenir pour avancer plus rapidement. Des bruits étranges réveillent de temps à autre les échos raréfiés de la montagne. Tantôt c'est un coup de tonnerre suivi d'une pétarade comparable à un feu de peloton, et l'œil inquiet voit, du sommet de la muraille en face, tomber dans la vallée comme un rideau mouvant les débris poussiéreux d'une avalanche. Il apprend, en outre, par l'entaille fraîche et verte d'un névé ou d'un glacier, surplombant à 1000 pieds le

---

1. Les indigènes de langue turque ont des appellations spéciales pour les différents passages dans la montagne, suivant la forme, la difficulté et la hauteur. Ils appellent *davane*, la véritable passe, haute, difficile, aux pentes abruptes ; *art*, la haute passe étroite, difficile, rocailleuse ; *bel*, le passage dans la haute montagne, facile et en forme d'ensellement ; *belem* ou *beless*, le passage peu élevé et facile dans un chaînon bas.

fond de la vallée, que l'extrémité du glacier s'avançant sur le vide a fini par se détacher, que la masse énorme a rebondi avec un bruit de canon sur un rocher, et que les fragments de cette avalanche de neige et de glace, se cassant à leur tour en frappant la paroi de la montagne, ont produit le crépitement subséquent. Tantôt encore c'est un pan de rocher, fendu par le gel, qui se résoud en pluie de pierraille avec un bruit de grésil. Ainsi les agents atmosphériques poursuivent leur œuvre égalisante à travers les siècles, mordent le granite et font d'une montagne une colline, d'une colline une plaine.

Nous descendons rapidement le long d'un ruisselet grossissant à vue d'œil par l'apport des filets d'eau de neige fondue, et qui porte un peu plus loin le nom de *rivière de Vorou*. A 10 000 pieds, le genévrier apparaît, puis devient de plus en plus abondant, au point que le campement où nous nous installons pour la nuit porte le nom caractéristique d'*Artchamaïdane*. Ce campement est un des plus réjouissants que nous ayons eus jusqu'alors. Au milieu d'une vallée élargie, entourée de collines molles toutes verdissantes, on nous a construit une hutte de branchages. Pas de moustiques; une eau laiteuse de glacier, des troupeaux de chevaux et de moutons animant le paysage alpestre au milieu d'une température exquise après les froids et les pluies de la journée, une saine fatigue aiguisant l'appétit : voilà plus qu'il n'en faut pour créer dans l'esprit du voyageur un de ces souvenirs charmants qu'il arrive à évoquer vifs, en souhaitant de revivre ces mêmes instants de bonheur pur au sein d'une nature vierge et clémente.

Dans ce tableau, d'une douceur agreste et d'une grandeur sauvage à la fois, Klitch, notre djiguite, bavard comme une pie, bravache comme un matador, mais honnête et dévoué, donna la note comique. Atteint depuis l'Iskander-koul d'une conjonctivite d'ailleurs bénigne, puisqu'elle cède à un simple lavage à l'eau tiède, Klitch est arrivé à l'extrême désespoir. Il pousse des gémissements sourds, invoque Allah, Allah-Khoudaï, Mohammed, et des saints d'ordre inférieur de sa connaissance, et, dans l'excès de son accablement, se roule par terre jusqu'à ce que le lavage et un bandeau sur les yeux lui eussent rendu le calme des paupières avec celui de l'esprit. Mais Klitch est Sarte de Samarkand, d'origine tadjique, et rien ne servirait de lui citer l'exemple des Kirghiz, d'origine turco-mogole ceux-là, qui résistent avec un stoïcisme étonnant à la douleur physique, survivent aux plus graves blessures et supportent sans se plaindre les opérations chirurgicales du médecin russe.

Les ânes chargés de vivres tardant à rallier le campement, nous faisons tuer un chevreau qu'Abdou-Rahim, notre cuisinier émérite, transforme incontinent en succulent *kabâb*[1].

Vallée de Vorou.

Vallée de Vorou. — Représentations graphiques des musulmans. — La passe de Vorou. — Un baudet en détresse. — Le kichlak de Chiuk.

La température, à midi, est de + 17 degrés centigrades à l'ombre, et de + 24 degrés centigrades au soleil. L'eau bout à 91 degrés centigrades, tandis qu'hier, à notre campement, en face du Douikdane, elle bouillait à 77 degrés, ce qui veut dire que de 12 000 pieds, nous sommes descendus à environ 8 000 pieds. Aussi les cultures reprennent, de plus en plus belles, au fur et à mesure que nous accompagnons la rivière de Vorou. Elle roule des eaux claires et alimente les aryks des champs, courant allègrement dans les fourrés de saules, de celtis, de bouleaux, d'érables, de cratægus, de genévriers, de merisiers et bientôt de peupliers (*Populus balsamifera*). De grandes ombellifères, des *cousinia* nombreux et d'espèces nouvelles, le joli *Campanula incanescens*, des *swertia*, l'*Arenaria holosteoides*, le *Stellaria tomentosa*, une espèce nouvelle de *saponaria* (*Saponaria corrugata* Franchet, etc.), viennent enrichir mon herbier. L'ortie brûlante qui remonte très haut vers la passe de Douikdane, les *sinapis*, *lathyrus*, *centhaurea*, etc., au milieu des cultures jasminantes, et même la cuscute s'attaquant à la luzerne, rappellent la flore de nos pays. Les vallées, très tourmentées, ont

---

(1) Rôti sur charbon.

leurs parois composées de schiste quartzitique, de calcaire compact avec, quelquefois, des affleurements de roches éruptives, de porphyre, par exemple, à la passe de Douikdane. Des glaciers, plus étendus que les névés, s'y formeraient si la configuration des arêtes étroites le permettait. Peu à peu la flore alpine et sous-alpine se mélange de plantes du steppe, de plus en plus nombreuses, qui remontent le long des vallées latérales du Zérafchâne par des brèches que parcourent les rivières du Vorou ou Kchtout-Daria et du Fan-Daria.

Nous allons maintenant vers le nord, toujours sur les rives du Vorou. Avant d'atteindre le kichlak du même nom, situé un peu à l'écart de la rivière, à la montée d'une passe, le sentier traverse quelques défilés étroits et sombres entre deux murailles de calcaire verticales. Ces défilés rappellent le fameux *Tchatchag* des montagnes de Baïssoune. Sur les parois des rochers, des mains inhabiles ont figuré au trait des animaux, chevaux et chèvres sauvages, et j'en prends prétexte pour faire remarquer combien, dans l'Asie centrale, la reproduction de l'image d'un animal ou d'un individu est chose rare. En dehors des lions d'émail sur les briques de la façade du Chir-dar à Samarkand, je ne connais pas un seul monument où l'ornementation ait reproduit une scène vivante ou une image autre que celle des fleurs. Il en est de même des dessins de leurs étoffes et de leurs tapis. Combien différents, sous ce rapport, sont les monuments assyriens et ceux de l'Inde ! Les Persans, qui sont chiites, aiment cependant beaucoup à orner leurs aiguières, leurs maisons, leurs monuments, de fresques aux tons crus, de dessins d'animaux et de personnages dans des poses et des occupations variées [1].

Laissant la rivière de Vorou poursuivre vers le nord sa

---

1. Depuis, j'ai pu voir dans les ruines de l'ancienne Merv une fresque, sans doute d'origine persane, rappelant les miniatures de l'Inde. Un artiste turcoman de Merv m'a également dessiné sur papier quelques bonshommes groupés en scène grotesque à la façon indienne. Les *mains d'Ali*, qu'on voit très répandues, font exception à la règle générale, et il convient de citer également la représentation plastique de pigeons en terre glaise qu'on rencontre parfois ornant quelque méghil ou tombeau

course impétueuse pour regagner le village de Kchtout, puis le Zérafchâne, nous gravissons vers l'ouest la vallée latérale qui mène au village de Vorou et à la passe du même nom. On nous installe, comme toujours, dans la mosquée. Les habitants du kichlak sont presque tous dans la montagne, et nous n'obtenons que difficilement les vivres les plus indispensables. La mosquée sert aussi de pigeonnier à des bandes de pigeons blancs, très irrévérencieux pour ceux qui dorment à portée de leur mépris ; il est vrai qu'on les considère comme sacrés, ce qui nous retient de les mettre, à défaut de vivres, à la disposition d'Abdou-Rahim pour le repas du lendemain.

Ce lendemain fut un jour de repos pour nos chevaux et nos ânes. Je fis une bonne récolte de plantes dans la montagne et dans les cultures environnantes. Ces cultures ont un aspect tout particulier : on sème du blé et de l'orge, et l'on récolte du *sinapis*, tellement cette mauvaise herbe croît en abondance en couvrant les champs d'un tapis de fleurs jaunes. Pourtant, l'épi des céréales est bien fourni et gros. Les arbres fruitiers, pommiers, cerisiers, abricotiers, ont reparu, et les cerises sont mûres.

Presque toutes les vallées que nous venons de parcourir présentent une structure caractéristique pour autant qu'elles sont coupées en quelque sorte par une terrasse médiane. Leur pente est douce à la moitié inférieure, puis se renforce brusquement pour redevenir moins raide dans le voisinage de la passe. Nous avons vu ces terrasses ailleurs, dans la vallée d'Ona-Oulgane (monts Tchotkal au nord-est de Tachkent), formées évidemment par d'anciennes moraines, ce qui me fait croire qu'à un examen plus approfondi que je n'ai pu le faire quelques-unes de celles-ci accuseront la même origine.

Le 11 juillet nous montons la pente raide qui donne accès à la passe de Vorou. D'après nos renseignements, un sentier

de Kirghiz sur le Pamir. Les indigènes du Turkestan, et surtout les Bokhares dévots, ont une sainte horreur de l'appareil photographique, qu'ils savent fixer leurs traits, ce qui n'empêche cependant pas l'émir de Bokhara et les begs, gouverneurs des villes, d'avoir posé différentes fois et de ne plus se soustraire à une demande à ce sujet en se retranchant derrière la loi religieuse.

devait conduire de la passe même, par la montagne, aux lacs multiples que forme la rivière de Chink dans son cours supérieur. Mais les gens de Vorou prétendaient ne point connaître le chemin, et ceux qui y seraient allés il y a longtemps le disaient accessible aux chèvres et aux moutons seulement. Ces lacs sont au nombre de sept et portent, en commençant par le plus élevé, les noms de *Kaboutak, Margouzar, Khourdak, Nafine, Gouchorr, Soïa et Néchikon.* Le plus grand, celui de Margouzar, n'atteindrait que les dimensions du lac Iskander. Tous ne sont, d'ailleurs, que des sortes de varices de la rivière Chink et communiquent entre eux [1].

A mi-chemin de la passe de Vorou, nous rencontrons le *laïlaou*, ou campement d'été des habitants du kichlak. Ils se sont construit des huttes pareilles, pour la forme et l'architecture, aux *wigwams* des Peaux-Rouges de l'Amérique du Nord. Les étables pour le bétail qui, la plupart du temps, erre librement sur les pentes des montagnes voisines, sont faites simplement de poutres de genévrier entrelacées de branchages. Ces pauvres gens, Tadjiks de la montagne, exercent l'hospitalité quand même, et l'aksakal apporte le petit dasterkhane légendaire que nous avons l'habitude de rendre sous forme d'un petit cadeau en argent.

Le sommet de la passe est d'un accès facile. C'est une entaille assez profonde dans des couches de micaschiste et de schiste lustré flanquées de parois de calcaire blanc, noir et gris, inclinées de 35 à 40 degrés vers le sud-est. J'estime l'altitude à 11 500 pieds environ, d'après les espèces de plantes qu'on y rencontre au fur et à mesure de l'ascension, et je constaterai à ce propos que certaines espèces, apparaissant à un niveau déterminé et cessant de croître à un niveau non moins fixe, peuvent parfaitement, à défaut de baromètre, guider le voya-

---

1. Il est un fait géologique commun à un grand nombre de hautes vallées de ces régions : c'est leur forme en chapelets de renflements en quelque sorte qui indiquent la présence antérieure d'une suite de lacs communiquant entre eux, puis se vidant vers la plaine à la suite probable d'un soulèvement ou d'une autre cause dynamique.

geur dans l'estimation de l'altitude d'un endroit ou au moins d'une zone assez étroite.

Le point culminant de la passe nous fit découvrir un des plus beaux panoramas qu'on puisse voir en Asie centrale. Vers l'est, au-dessus d'un entassement fantastique de chaînons et de contreforts, dominés par des pics géants couverts de neige éternelle, court l'arête dentelée de la chaîne principale que nous venons de traverser au Douikdane. L'atmosphère transparente dévoile les moindres détails et drape les vallées d'un pur cobalt. Les limites des arbres, la zone alpine avec ses pâturages, se dessinent avec une admirable netteté, et au-dessus de ces tons sombres, puis, de plus en plus clairs, brillent au soleil les névés et les champs de neige qui pendent aux flancs des pics élevés. C'est un aspect d'une grandeur sauvage incomparable. Puis, en se tournant vers l'ouest, l'œil étonné aperçoit au loin, au delà de contreforts de plus en plus bas et de collines de plus en plus arrondies, l'immense plaine, pareille à une mer jaune dont l'horizon se confond avec la buée lumineuse qui passe insensiblement au vert du ciel. C'est la plaine du Zérafchâne, toute parsemée de taches plus sombres, les oasis, entre lesquelles serpente un ruban argenté qui se perd dans la brume chaude du lointain. L'antithèse entre ces deux paysages est tellement étrange et imprévue, elle frappe si vivement l'esprit que nous en avons gardé un des souvenirs les plus vivants de ce voyage.

Une descente facile, la neige ayant entièrement disparu, nous conduit dans la vallée de Mazarif et au kichlak de Chink. A noter un affleurement de marbre blanc au-dessous de la passe, et un peu avant Chink, des filons de lignite au milieu de couches de marnes dont quelques-unes blanches, d'autres ocreuses. Des sources abondantes sortent au pied des rochers calcaires. Le sentier s'élargit jusqu'à admettre deux cavaliers de front. Un peu avant Chink, je rencontre les premiers *Alhagi camelorum* du steppe. Après avoir dépassé le kichlak d'Irdarva, groupé sur la pente d'une montagne, nous apercevons à nos pieds, dans une riante vallée toute remplie de verdure, le grand village de Chink. L'ombre du soir a envahi les bas-fonds, tandis que le soleil couchant illumine les sommets des montagnes environnantes. De gros blocs de rocher se sont arrêtés dans leur chute en amont du charmant village, et semblent le menacer d'un danger incessant.

Nos ânes tardent à nous rejoindre après nous avoir dépassés

Fig. 49. — Un baudet en détresse.

d'abord. Engagés sur un mauvais sentier, nous les avons vus arrêtés sur le haut de la montagne, et l'un d'eux, après avoir roulé sur la pente, retenu par un tronc d'arbre auquel s'est accrochée sa charge. On crut l'une et l'autre perdus, car nous arrivâmes juste au moment où les âniers, à bout de force, allaient lâcher le baudet qu'ils avaient essayé de remonter le long de la pente. A cet effet, deux hommes l'empêchaient de glisser, tandis que le troisième tirait le malheureux animal par une corde passée autour du cou. L'âne tirait la langue. Il fut sauvé avec sa charge qui était l'herbier, après que la corde, passée autour du corps, cette fois, eût permis de le hisser sans l'étrangler.

Chink est le plus grand kichlak de la contrée. Il possède plusieurs petites mosquées. Les habitants sont Tadjiks de la montagne [et passent pour être ¦moins mélangés que ceux du haut Zérafchâne. Leur type effectivement nous a paru plus beau, très souvent « européen », quelquefois blond. Leurs femmes jouissent d'un certain renom de beauté, et ne coûteraient pas cher. On sait que la femme s'achète en Asie centrale, et qu'il arrive souvent que la fiancée ne voit son futur que le jour de son mariage.

Le village est riche, l'eau abondante, la température douce. Tous les arbres fruitiers, y compris la vigne et l'*eleagnus* ou *djidda,* croissent en abondance. Le sol des vergers est recouvert de jonchées d'abricots mûrs et délicieux, qu'on récolte pour les faire sécher au soleil sur les toits plats. Et dans les trouées de verdure, on voit les grandes taches jaune d'or de ces tas *d'ourouks* que l'indigène conserve pour l'hiver.

Maguiane et Farab.

Maguiane et Farab. — L'oasis d'Ourgout. — Retour à Samarkand.

Le 12 juillet nous continuons sur l'ouest notre voyage dorénavant facile, sur des chemins plus larges, dans un pays moins montagneux. La contrée de Maguiane et de Farab, où nous venons d'entrer, et que Fedchenko a explorée avec le talent et l'autorité qui font si hautement estimer ses travaux, n'est en effet qu'une succession de collines relativement peu élevées, laissant entre elles des vallées larges d'un loess fertile où prospèrent déjà les cultures de la plaine du Zérafchâne. C'est une sorte de plateau-terrasse dominé au sud par le massif gigantesque du Hazret-i-soultane, et descendant peu à peu au sud-ouest dans la crique du Chahr-i-çâbz. Cependant, par la rivière de Maguiane, qui draine les eaux de la vallée, le pays appartient au bassin du Zérafchâne, auquel la rivière apporte son tribut à quelques verstes en amont de Pendjakent.

De Farab, nous allâmes à Ourgout par la passe du Sangi-djamane, ainsi nommée à cause d'un bloc de syénite posé en équilibre si instable, que la moindre poussée le fait mouvoir. Ourgout, petite ville et ancienne forteresse bokhare située au pied de la chaîne du Zérafchâne et au commencement de la plaine, est une oasis extrêmement fertile. La ville disparaît sous la verdure abondante, et la température, en été, y est délicieuse. La plume pittoresque de Karazine a placé quelques scènes émouvantes de la conquête russe dans ce lieu enchanteur, et comme bien avant le voyage j'avais lu *le Pays où l'on se battra* et *la Vie terrible en Asie centrale* du passionnant romancier, mon imagination évoquait les scènes de combat et les horreurs de la guerre au milieu de ce paradis terrestre. Mais le souvenir en a depuis longtemps disparu de la mémoire des jeunes auxquels, du reste, l'absence de tout service militaire, jusqu'à ce jour, contribue à remplacer les idées grandes de solidarité nationale et de fier patriotisme par des sentiments d'égoïsme plus restreint de clan ou tout au plus de religion.

Signalons, avant de quitter Ourgout, la présence, au bord d'une source vive et d'un sanctuaire d'ichâne, de mûriers d'une dimension extraordinaire.

Le 15 juillet, cinq semaines après notre départ de Samarkand pour le Kohistan, nous rentrons par la route poussiéreuse d'Ourgout. Aux températures délicieuses des hautes vallées, aux pluies bienfaisantes, ont succédé dans la plaine des chaleurs torrides et énervantes, une sécheresse assoiffant le sol et brûlant l'herbe du steppe. La première récolte est faite et le champ préparé pour la seconde. Le melon, la pastèque, le raisin, se montrent au bazar. Les chameaux sont glabres de leur mue estivale. Le torse nu, brun et luisant, du laboureur affronte le soleil dans les champs que sillonne difficilement le soc de la charrue traînée par des bœufs paresseux. Le contour des collines au loin tremble dans l'atmosphère échauffée. Le ciel, d'un vert de turquoise mourante, se confond avec le jaune argileux qui monte de l'horizon. Le soleil darde ses feux du midi à peine obliques, et pas une brise ne fait trembler les feuilles des hauts peupliers. C'est l'heure de la sieste ; la ville s'assoupit. Le Russe cherche la fraîcheur entre les murs épais de son habitation close ; le moullah s'étend sur une natte dans un coin d'une cellule de mosquée ; le citadin dort près d'un étang à l'ombre d'un *saada-kaïragatche;* l'arbacèche ronfle sous son arba ; le Kirghiz seul, avec ses petits yeux en fente oblique qui ne craignent pas l'éclat du soleil ni la blancheur saline du sol, trottine sur son petit cheval nerveux vers son aoul, insensible à la chaleur comme ces insectes à la carapace dure qui courent en ce moment sur la poussière brûlante du steppe.

Le haut Tchotkal.

Voyage au haut Tchotkal. — Traversée du Ferghanah.

Mais nous ne voulons pas longtemps faire la sieste dans les villes. La montagne nous permettra de l'éviter et de multiplier nos crochets d'exploration dans le Turkestan. Aussi, six jours après notre rentrée à Samarkand, après avoir expédié nos collections, nous reprenons le chemin de Tachkent pour organiser un voyage dans les montagnes du haut Tchotkal et dans la province de Ferghanah [1].

Après avoir remonté le Tchirtchik jusqu'à Khodjakent [2], *sanatorium* de plus en plus fréquenté par les fébricitants de Tachkent, nous nous engageons dans la vallée de Pskème. Nous parcourons la vallée de Kara-kyz et d'Ona-oulgane, où de beaux

1. Voir, pour l'itinéraire, mon levé reporté sur la carte générale qui accompagne ce volume.

2. A Khodjakent, nous avons trouvé les restes encore vivaces d'un énorme platane ou *tchinar*, qui ne mesurait pas moins de 48 mètres de circonférence à la base et 9 mètres de diamètre à l'intérieur du tronc pourri. Une douzaine de touristes de Tachkent eurent l'idée un jour de festoyer à l'intérieur de l'arbre ; ils y furent tous à l'aise.

glaciers entourent en hémicycle la ligne de faîte de la Kara-boura. Cette vallée, très curieuse par la richesse de sa flore [1], et la présence inopinée de ces glaciers est encore intéressante, parce qu'on y voit les traces d'anciennes moraines formant des gradins caractéristiques comme ceux que nous avons déjà vus dans certaines vallées du Kohistan.

En quittant Pskème, le dernier village de la vallée du même nom, habité par des Tadjiks de la montagne, nous entrons dans le pays des Kara-Kirghiz, qui nomadisent dans les vallées herbeuses et sur les flancs alpestres des montagnes du Talass et du Tchotkal.

La vallée du King-saï, ornée des petits lacs du Kynatch, nous mène au Kok-sou-bachi, c'est-à-dire à la tête de la rivière de Kok-sou, un des affluents du Tchotkal. Les Kirghiz nous reçoivent partout en disant : *Amman, tamer !* leur « bonjour, ami », et d'aoul en aoul, nous atteignons bientôt, à Karakoroum, la haute vallée du Tchotkal. Partout la montagne est nue et steppeuse ; mais les îlots de la rivière et les bords sont souvent couverts de fourrés d'arbres où le peuplier domine.

Nous remontons le Tchotkal jusqu'au pied de la passe de Kara-boura, puis, vers le sud, après avoir atteint l'altitude de 6 500 pieds, nous prenons par la gorge étroite d'Ablatoune (dont le nom est celui de Platon) qui nous mène à une passe facile d'environ 8 500 pieds d'élévation. Le paysage est d'une beauté sauvage remarquable : le bouleau, le genévrier et l'*Abies schrenkiana*, un des plus beaux qu'on puisse voir, tapissent les pentes de la montagne en se faisant de plus en plus petits. Le genévrier même finit par se coucher entièrement sur le sol qu'il tapisse de rosettes de plusieurs mètres de diamètre du plus singulier effet. Droit comme un cierge, l'*Abies* élève jusqu'à

---

[1]. Parmi les plantes intéressantes, je citerai des fougères presque arborescentes et le *Prunus divaricata*, dont le fruit comestible ou *kok-altcha* (*tag-altcha*), c'est-à-dire « cerise jaune de montagne », me paraît être la mirabelle sauvage. Il y a aussi une espèce curieuse d'amandier à feuilles dentelées, acuminées. (Voir G. Capus, *Plantes cultivées croissant à l'état sauvage ou subspontané*, etc., dans les *Annales des sciences naturelles, Botanique*, VI, t. XVII.)

30 mètres la pointe fine de son sommet en se drapant à la base, dans une courbe régulière, d'une robe large traînant sur le sol. *Berberis, clematis, lonicera, colutea, cotoneaster,* sont abondants ; des fougères presque arborescentes se tiennent à l'ombre

Fig. 50. — Paysage de la vallée d'Ablatoune.

humide des pentes calcaires, arrosées abondamment par des pluies qui, déjà, sans atteindre la plaine, viennent s'abattre au contact des montagnes de la Kara-boura.

Le 8 septembre nous avons atteint Namangâne, dans le Ferghanah ; puis, une dernière étape de 112 verstes, ayant perdu la route, nous mène à Andidjâne, d'où la poste nous conduit, par Marghuilâne, Kokâne et Khodjent, à Tachkent, où nous rentrons le 16 septembre.

Le Ferghanah, ancienne province de Kokâne sous les émirs de Bokhara, est d'une fertilité grande.

C'est en 1875 que Skobeleff, à la suite d'une campagne mémorable, réduisit à néant les dernières velléités d'indépendance turbulente de ses Khâns suzbegs. Là encore les paysages

Fig. 51. — L'ancienne citadelle (*ourda*) d'Assaké.

joyeux succèdent parfois à des régions désolées que la nature, ayant aussi l'homme pour complice, a traitées en marâtre. Tandis que des images gaies et charmantes comme celle que présente, parmi beaucoup d'autres, la ville d'Assaké, ancienne résidence d'été de Khoudaïar-Khân, passent sous les yeux du voyageur, ailleurs, comme à Patar, à Anderkan, les dunes envahissantes de sable mouvant engloutissent les cultures et menacent de changer la contrée en désert.

Le voyage du Tchotkal a été fructueux ; nos collections et nos cahiers de notes se sont enrichis ; nous avons vu l'élément kirghiz dans la montagne et le pays sous un autre aspect. Arrivé déjà à la page 300 de ce volume, je ne puis décrire ce voyage avec le détail que le voyageur aimerait à se rappeler alors qu'il l'a fortement vécu.

CHAPITRE VI

DE TACHKENT A LA PROVINCE DE L'AMOU-DARIA.

En route pour l'Europe.

En route pour l'Europe. — Pronostics. — Le kichlak de Pskent.
Khodjent-Alexandria Eschata.

En route pour la France maintenant! Nous sommes au commencement d'octobre et aux portes de l'hiver. Déjà les nuitées sont froides et la rosée couvre la campagne de Kourama d'un manteau humide. Les abricotiers et les pommiers commencent à rougir et les peupliers pâlissent. Nous avons glané nos collections et nos observations sur les points les plus variés du territoire touranien, dans les plaines de la Bactriane et de la Sogdiane, dans les montagnes appartenant au système du Pamir et à celui du Thian-chan, mais nous n'avons fait que butiner. L'exploration approfondie et détaillée d'une contrée aussi vaste que celle que nous venons de traverser demande autre chose qu'une course rapide. Ce n'est pas par le nombre de kilomètres à parcourir, comme un facteur rural, que se mesure l'œuvre d'un explorateur. Mais nous avons obtenu une vue d'ensemble sur ce territoire si peu connu en France, et notre étude à vol d'oiseau a pu se porter sur des parties peu ou point connues : la vallée du Sourkhâne, la vallée des Jagnaous et les affluents du Tchotkal.

Il nous reste, pour compléter l'ensemble de l'image que nous avons obtenue des pays central-asiatiques, à connaître le Bokhara proprement dit et le pays de Khiva. C'est par cette route, la plus directe sinon la plus rapide, que nous décidons de rentrer en Europe. Nous pourrions prendre celle de Kazalinsk et d'Orenbourg, mais elle est trop connue pour nous tenter; nous pourrions encore, de Khiva, remonter le long du bas Oxus à l'Aral et à Kazalinsk, mais la traversée de l'Oust-Ourt, même en hiver, nous paraît plus intéressante, et l'expérience que nous en ferons, plus profitable à nos successeurs.

L'Oust-Ourt jouit d'une mauvaise réputation en été et en hiver; nous verrons bien si elle est justifiée. Le général Kouropatkine qui fut, avec Skobeleff, l'un des héros de Géok-tépé, nous en avait donné avant son départ pour la campagne, quelques renseignements encourageants. D'autre part, le colonel Alexandroff, accompagné du lieutenant Guesket, devait partir en même temps pour explorer la route des caravanes de Khiva à la Caspienne et plus spécialement au Mortwiy-koultouk. La chose était donc faisable et nous comptions sur l'entraînement auquel nous étions soumis depuis plus d'un an pour espérer la réussite.

A cette époque (septembre 1881), le général Kalpakovsky avait pris, par intérim, le gouvernement du Turkestan, que la maladie avait forcé le général Kauffmann d'abandonner. Son Excellence voulut bien nous faciliter le voyage à Bokhara, et le général Ivanoff, gouverneur de la province du Zérafchâne, nous donna gracieusement une lettre pour le colonel Grotenhelm, alors chef de Pétro-Alexandrovsk et de la province de l'Amou-Daria, située en face de Khiva. Nous aurons comme compagnon de route jusqu'à Bokhara, peut-être jusqu'à Khiva. M. Tinelli, qui cheminait gaiement à travers le monde et la vie, et que l'attrait du pittoresque et sa nature d'artiste avaient attiré pour la deuxième fois avec son excellent appareil photographique dans l'Asie centrale.

Le 30 septembre, au soir, la petite colonie française de Tachkent fut réunie une deuxième fois à table chez Revillon, notre excellent compatriote. A dix heures, nous partons accompagnés de tous nos amis. On fait une halte à la maison de Djoura-beg, dont le fils nous reçoit avec une grâce charmante. On lève une dernière fois le verre à la santé des amis que nous quittons à regret, et lorsque les chevaux de la troïka démarrent d'un vigoureux coup de collier, Gourdet fait deux pas en arrière, se découvre et dit : « Messieurs, saluez ! C'est la France qui s'en va ! » — Chers et braves amis ! Vos sympathies de la première heure ne s'effaceront pas de notre mémoire. Nous nous sommes dit « au revoir » et non « adieu ».

Nos chevaux au galop, lancés sur la route de Khodjent, par une magnifique nuit étoilée, ont rapidement traîné notre *telega* à la station de Kara-sou où le *lochadiéi niétto*[1] du starosta, cette phrase si connue de tous les voyageurs des routes postales du Turkestan, nous force à attendre le jour et une troïka de rechange.

Un peu après Kara-sou, on traverse un long pont de bois jeté sur le Tchirtchik, affluent du Syr-Daria, ensuite la campagne fertile et bien cultivée de Kourama parsemée de rizières ayant déjà fourni leur récolte. Avant d'atteindre le grand kichlak de Pskent, la route coupe à gué le lit presque desséché de la rivière Angrène, une des plus torrentueuses du Turkestan, à l'époque de la fonte des neiges. Son lit démesurément large, bordé de falaises d'alluvion, et la solidité apparente des échafaudages soutenant les poteaux télégraphiques qui traversent la rivière, témoignent à la fois de l'abondance et de la force des eaux à cette époque de l'année; aujourd'hui la telega avance péniblement sur un chemin à sec, gué exécrable, et se trouve enveloppée de nuages épais de poussière.

Pskent, bâti en partie sur des falaises de loess à pic, présente quelques sites d'un pittoresque peu ordinaire ; mais la petite ville est surtout connue comme lieu de résidence de Hak-Kouli-Beg, fils de l'ancien émir de Kachgar, Jakoub-Beg ou Jakoub-Batcha, comme l'appellent volontiers les indigènes. Ce fils de roi aventurier a disputé les prétentions au trône de Kachgar à son frère Bek-Kouli-Beg, dont la mort, à laquelle, dit-on, il ne fut pas étranger, ne lui donna cependant pas la force ni l'initiative nécessaires pour essayer d'arracher aux Chinois triomphants le pays qu'ils avaient envahi et qu'ils tiennent depuis.

---

1. Pas de chevaux !

De Pskent à Khodjent, on traverse d'abord quelques petites oasis, ensuite le bord oriental du steppe de la Faim, qu'au commencement de l'année nous avons traversé de Tchinaz à Djizak. Les trois stanzias d'Ouralskaïa, de Djim-boulak et de Mourza-rabat sont d'anciens piquets de Cosaques, fortifiés par un mur d'enceinte flanqué de deux tours crénelées qui donnent accès, par un pont-levis, à une cour intérieure. Ces stanzias se distinguent des autres par une propreté plus grande et un confort relativement plus appréciable.

La Galodnaja-step est morte; elle mérite mieux son nom à cette époque de l'année. En approchant du Syr-Daria, le pays devient plus accidenté. C'est là que le fleuve, après avoir contourné la montagne dénudée, située en face de Khodjent sur la rive droite, fait un coude vers le nord et prend, jusqu'à la mer d'Aral, une direction nord-ouest, en quittant la direction sud-ouest qu'il a suivie à travers le Ferghanah. Nous le traversons sur un joli pont de bois construit par l'ingénieur russe Paklevsky. On y prélève un assez fort droit de péage et le règlement défend de fumer au passage.

Le site de Khodjent aux bords mêmes du Syr, au pied d'une montagne aux lignes élégamment sculptées, remplie de gibier, ne manque pas de charmes ; mais c'est une des villes les plus malsaines du Turkestan. Le terrain salin et argileux retenant l'eau de pluie, les places publiques et les rues se transforment aisément en flaques d'eau et en foyers miasmatiques. En ce moment, sur une garnison de 350 à 400 hommes, il y en a 50 à 60 malades de la fièvre qui affecte, me dit-on, trop souvent une forme apoplectique grave. Les hommes petits, secs et nerveux, échappent le mieux à la fièvre. Le quartier russe ne se distingue de ceux des autres petites villes que par la présence d'une jolie petite église en style byzantin. J'ajouterai, comme caractéristique de ces petites villes du Turkestan, l'existence de quelques *isvostchiks*[1] et d'un restaurant avec un billard. La ville indigène est entourée d'un double mur d'enceinte crénelé ; en outre, il y

---

1. Fiacres.

a l'ancienne forteresse bokhare avec des remparts délabrés où deux canons menacent le quartier sarte.

Les femmes de Khodjent passent pour être parmi les plus belles. Une autre spécialité est celle de la culture du mûrier et de l'élève du ver à soie. Les kanaouss et les soies grèges de Khodjent sont très appréciées.

Depuis quelques années, le gouvernement entretient sur l'Aral et le Syr-Daria une petite flottille de steamers à fond plat qui font un service irrégulier pour la couronne entre Kazalinsk et Tchinaz. On espère sous peu pouvoir les amener jusqu'à Khodjent, après que l'hydrographie d'un passage difficile à quelques verstes en aval aura été mieux étudiée. Je m'étonne qu'une voie de communication aussi importante que le Syr-Daria et qui mettrait Kazalinsk en relation directe avec le cœur de la province de Kokâne, n'ait pas été utilisée davantage jusqu'à ce jour.

Khodjent est situé à l'entrée même de cette crique fertile qu'on appelle, depuis Baber, le *Ferghanah*. Alexandre le Grand y avait fondé une colonie, et tout fait croire que cette colonie était l'*Alexandria Eschata* des auteurs. Pour les Bokhariens, la ville faisait partie de cette chaîne de forteresses qui, de Djizak, par Zaamine, Oura-tépé, Naou, Khodjent, Makhram, allait se relier à Kokâne.

Je signale, en passant, la découverte récente, à 50 verstes environ au nord de Khodjent, dans la montagne, de gisements d'une houille compacte, luisante, très inflammable, que M. Paklevsky, de Kouldja, aurait l'intention, dit-on, de venir exploiter.

Oura-tépé.

Oura-tépé et le paysage du Sanzar-taou.

Le 4 octobre nous atteignons Oura-tépé, au pied des monts Fan-taou et Sanzar-taou qui séparent au sud la vallée du haut Zérafchâne de la plaine du Syr au nord. Nous avons traversé, de Khodjent à Naou, une contrée abondamment cultivée, où le sorgho et le coton seuls sont encore sur pied. La route a longé pendant quelque temps le Syr, aux rives basses, souvent encombrées de bancs de sable ; puis, rencontrant des méghils, suivant des allées de saules, traversant de nombreux aryks, elle atteint Naou après 25 verstes que nos chevaux, éreintés par la boue profonde, ont de la peine à parfaire. De Naou à Oura-tépé la distance est de 40 verstes, la plus forte stanzia du Turkestan[1]. Néanmoins, les chevaux furent bons et le starosta aimable. La

Fig. 52. — Oura-tépé.

route coupe le lit large et caillouteux de l'Ak-saï, charriant peu d'eau à cette époque de l'année. Elle court facilement sur un terrain légèrement accidenté ; le loess, en approchant de la montagne, acquiert les caractères d'un dépôt de rivage ; il est plus grossier et mêlé des éléments du conglomérat. Des compagnies innombrables de perdrix de montagne, au plastron blanc, se tiennent dans le voisinage de la route ou s'abattent devant nous, à quinze pas ; les corbeaux pullulent et les outardes, immobiles dans le steppe, attendent, anxieuses, le passage de

1. Depuis, on l'a divisée en deux par une bonne stanzia proprette.

notre véhicule. A chaque instant, des bandes d'oiseaux migrateurs passent au-dessus de nous, tirant vers le sud du côté de la montagne du Sanzar. C'est un passage des plus fréquentés que Ssevertzow a étudié en détail dans son grand ouvrage sur la faune et plus spécialement l'ornithologie de l'Asie centrale. Au lever du soleil, le paysage, inondé de rosée, est caché par les brouillards; mais peu à peu les rayons ardents du soleil non voilé pompent l'humidité de la plaine et découvrent les montagnes drapées de magnifiques couleurs. Une illusion d'optique fréquente les fait paraître beaucoup plus rapprochées qu'elles ne le sont en réalité.

Oura-tépé s'annonce de loin par une ceinture de jardins, à l'entrée d'une large entaille des contreforts donnant accès à une passe dans la haute vallée du Zérafchâne. L'ancienne forteresse bokhare est située pittoresquement au sommet d'une colline qui domine la ville à ses pieds. Le bazar est assez grand, animé, mais fort malpropre en ce moment. Il est visité beaucoup par les indigènes du Kohistan, faisant ainsi concurrence à celui de Pendjakent, au moins pendant la bonne saison, quand la passe d'Obourdane est facilement accessible. On y apporte des produits du Hissar, entre autres du riz et des pistaches. Les montagnards viennent s'y approvisionner de quelques spécialités du bazar : de kachma de bonne qualité fabriqué par les Kirghiz, de *tchalma*[1], de bas écossais en laine, ornés de dessins, etc. Parmi les denrées ordinaires et les céréales, je cite : riz[2], blé, orge, pois chiches, soja, millet, sétaire, maïs, haricots,

1. Morceaux d'étoffe en laine de mouton et poil de chameau.
2. Voici les noms indigènes des plantes cultivées, noms qui intéresseront peut-être ceux qui s'occupent, ainsi que l'a fait si heureusement M. de Candolle, de l'origine de nos plantes cultivées :

	Nom tadjik (persan).	Nom ouzbeg (turc).
Amandier...............	*badâm.*	*badâm.*
Pistachier..............	*pstâ.*	*pstâ.*
Abricotier	*zardalou.*	*zardalou.*
Abricot sec.............	*ourouk, ghouloung.*	*tourchak.*
Cerisier, cerise........	*guilâss.*	*tsia.*
Prunier, prune, prune-cerise	*alou.*	*altcha, kok-altcha.*

sésame, graine de coton, de melon, de lin, oignons, carottes, navets, poivre de Cayenne, coton, melons, pastèques, pommes, poires, coings, abricots secs, raisins secs, figues, pistaches, *djidda,* prunes sèches, noix, garance, alun, *sperek,* indigo,

	Nom tadjik (persan).	Nom ouzbeg (turc).
Pêcher, pêche	*chaftâlou.*	*chaftâlou.*
Poirier, poire	*bigi, nochbouti, nok.*	*mourout, al-mourout.*
Pommier, pomme	*sib.*	*alma.*
Noyer, noix	*tchamak.*	*djan-gak, tcharmagis, koosé.*
Jujubier	*tchilón, kizil.*	*tchilón, kizil.*
Vigne	*angour.*	*isioum.*
Raisin sec	*maïs, kich-mich.*	*maïs, kich-mich.*
Groseillier, cassis	*kara kot.*	*kara kot.*
Seigle	*ravachon.*	*ravachon.*
Avoine	*kalatchar.*	*souló, diouchero.*
Froment	*gandoum.*	*bourdaï.*
Orge	*djaou.*	*arpa.*
Lin	*zigirr.*	*zigirr.*
Luzerne	*alaf.*	*djounchka.*
Mûrier	*toute.*	*toute.*
Figuier	*andjil, andjir.*	*andjil, andjir.*
Grenadier	*anar.*	*anar.*
Cognassier	*bigé.*	
Riz	*brintch, chaali.*	
Sorgho	*djougarra.*	*djougarra.*
Millet	*arsan.*	*tarik.*
Sétaire	*kounak.*	*kounak.*
Maïs	*mekke-djougarra.*	
Soya, lubia	*mach, labia.*	
Pois, haricot	*nakhot.*	*bourtchak.*
Lentille	*adess, jatchnick.*	
Fève	*bockala.*	
Chanvre	*bank.*	
Hachisch	*nacha.*	

Cotonnier	*ghousa.*	Melon	*kaoun, arbouza.*
Coton	*pakhta.*	Pastèque	*tarbouza.*
Navet	*chalgam.*	Courge	*kadou.*
Chou	*kalam.*	Piment	*kalanfour.*
Oignon	*pioss.*	Aubergine	*badinchâne.*
Carotte	*gachir, sabsi.*	Lawsonia alba	*henna.*
Pomme de terre	*séb-i-samine.*	Isatis tinctoria	*ousma.*
Eruca sativa	*indaou.*	Ocymum basilicum	*raichane.*
Tabac	*tamakou.*	Concombre	*badrink.*
Garance	*roïane.*	Eleagnus hortensis	*djidda.*
Pavot	*makou.*	Peuplier	*terek.*
Opium	*afium.*	Orme	*kairagatch,* etc.

On consultera avec fruit et intérêt les articles du docteur Heyfelder sur les industries et les produits du Bokhara dans *Peterm. Geographische Mittheilungen,* 1889.

tabac, etc., sans compter l'étalage des droguistes et des épiciers où les marchandises russes côtoient les produits de moindre importance du pays. Ce sont là des objets qu'on trouve dans tous les bazars. On ne se spécialise, dans les villes, que pour la fabrication des étoffes, du cuir ou de la broderie de soie sur cuir, du papier, pour le travail plus ou moins artistique du cuivre, quelquefois pour les pierres précieuses ou le niellage. Il va sans dire que certains bazars, centres d'un district spécialement favorisé pour tel ou tel produit naturel, sont, dans ce sens, plus réputés que d'autres. Au bazar de Namangâne, par exemple, on trouve les meilleures pommes; à Samarkand, les meilleurs melons; à Bokhara, les prunes, et à Andidjâne, les grenades et les figues. Karchi, Katti-kourgâne et le Chahr-i-çâbz, fournissent les tabacs les plus estimés; Hissar et Samarkand le meilleur riz; Tchardjoui, le coton; Khiva, le sorgho; Tachkent, le blé, etc.

D'Oura-tépé à Djizak, nous côtoyons vers l'ouest la chaîne du Sanzar-taou, déjà saupoudrée des premières neiges de l'hiver. Nous sommes arrivés au pied de cette barrière, épaisse de près de 1 000 kilomètres, qui sépare, au sud-est, la plaine de l'Inde de la dépression aralo-caspienne. A droite, l'horizon gris et diffus se confond avec l'immensité du steppe, l'immensité d'une plaine sans bornes jusqu'au delà des rives du Volga. Le paysage est le même que celui que l'on observe au pied de la chaîne Alexandre, du côté de Viernoié; il ne diffère presque pas de celui que présente la contrée au pied de l'Ala-taou dzoungarien. Il rappelle encore celui que nous avons entrevu au pied de l'Hindou-kouch, du côté de Balkh, et présente le même aspect que la contrée turcomane formant lisière au pied du Kopet-dagh, du côté d'Askabad. C'est que, partout, dans ces endroits, on se trouve au bord du rivage de cette ancienne mer centrale-asiatique, mer du loess fertile qu'elle a abandonné et que les oasis cultivent maintenant avec l'aide vivifiante des rivières que leur envoient les montagnes riveraines.

Par Savat, Zaamine et Rabat, nous atteignons Djizak et la route de Samarkand. Djizak nous parut plus triste que jamais.

Nos amis grelottaient la fièvre, et après avoir stoïquement supporté l'été torride, ils s'apprêtaient à affronter, non moins stoïquement, l'hiver glacial.

Le 7 octobre, nous repassons pour la cinquième et dernière fois, le Zérafchâne, en face de Tchoupane-atá. Les eaux sont basses ; la téléga traverse facilement le courant. Une bande de Bokhariens du Miankal, sous la surveillance d'un indigène à cheval, est occupée à recueillir du bois flottant pour en faire une digue. Toute la contrée en aval de Samarkand, le Miankal, la campagne de Bokhara jusqu'à Karakol, est tributaire des eaux du Zérafchâne. Samarkand tient de la sorte la clef des vivres du Bokhara. On a établi un certain roulement pour la quantité d'eau disponible, et tantôt l'un, tantôt l'autre des deux canaux principaux, l'Ak et le Kara-Daria, reçoivent un plus grand débit au moyen d'un changement de digue.

Des hauteurs d'Afrosiâb, la ville de Timour nous apparaît une dernière fois dans la splendeur du soleil couchant. Une dernière fois nous admirons la cime dorée des pics géants du Kohistan ; nous ne verrons plus de montagnes jusqu'au Caucase.

Le Miankal.

Entrée dans le Miankal. — Ziaoueddine, Kermineh et le katta-tioura.

Huit jours plus tard, nous sommes sur la route de Bokhara. La distance à parcourir, de Samarkand à la capitale de l'émirat, est de 225 verstes. Jusqu'à Katti-kourgâne, petite ville frontière, on peut faire 66 verstes en voiture de poste ; plus loin, on prend l'arba pour aller lentement, et le cheval pour marcher plus vite.

Le pays que nous traversons n'est qu'une suite d'oasis se touchant, le long du cours du Zérafchâne, dans une succession ininterrompue de kichlaks et de jardins, ce qui a donné lieu à ce dicton, appliqué à d'autres régions peuplées et fertiles, qu'un chat peut parcourir tout le Miankal en sautant d'un mur à l'autre. De-ci, de-là, la route, s'écartant d'un coude du fleuve, laisse à droite la verdure et court sur le steppe, parfois sur le désert. Elle touche successivement au grand kichlak de Ziaoueddine où réside un beg, puis à la ville de Kerminch, siège du touradjane, fils préféré de l'émir, et qui doit lui succéder au trône. Ce katta-tioura trouverait dans la personne et l'entourage de son frère aîné, le touradjane du Hissar, un concurrent sérieux s'il n'avait l'appui des Russes et les sympathies toutes spéciales de son père, quoiqu'il soit fils de concubine[1].

Je n'entreprendrai pas de décrire en détail cette contrée, déjà fort bien décrite par bon nombre de nos prédécesseurs, à commencer par M. Vambéry, en 1864. Au moment où j'écris ces lignes, le Miankal est traversé par la ligne du chemin de fer de Merv à Samarkand. Du coupé de son wagon-salon, le voyageur peut apercevoir au loin la file régulière des chameaux d'une caravane détournant la tête au bruit du sifflet de la locomotive. C'est la route que nous suivîmes avec la conscience d'être parmi les derniers voyageurs à qui il est donné de voir un pays à la veille d'une révolution pacifique, de vivre de la vie originale de l'indigène dans le Bokhara bokharien, et de jouir des sensations franches auxquelles, en 1888, la *chaïtane arba*[2] du général Ammenkoff viendra apporter, heureusement bien entendu, le métissage de nos exigences de confort avec son cortège de mots horribles, tels que « gare », « hôtels », « billet », « table d'hôte », etc. Le pittoresque a ses amants comme l'amour ; on est deux, on est égoïste, on est jaloux. Je ne comprends pas les agences matrimoniales de Cook et Cᵉ.

La veille de notre entrée à Bokhara, nous avions passé la nuit à Kouiouk-Mazar, un grand kichlak avec un petit bazar de caravaniers. Les nuits sont déjà fraîches, et notre habitacle est ouvert à tous les vents. On est content, le matin, de se chauffer

---

1. Le katta-tioura de Kermineh, Seïd-Ahad-Khân, succéda effectivement à son père Mouzaffer-Eddin, le 1ᵉʳ novembre 1886, et les précautions étaient si bien prises de la part de la Russie que le prétendant du Hissar ne put fomenter aucune révolution. Depuis lors, le tioura du Hissar est devenu beg de Baïssoune, où son frère a plus d'action sur lui et peut mieux le surveiller.

2. *Chaïtanearba* ou « voiture du diable » est le nom que les Turcomans, et les Bokhares ensuite, ont donné à la locomotive.

à la chaleur maigre d'un brasero de *saxaoul*, car les Bokhares ne connaissent pas la cheminée. L'hiver, ils placent un brasero sous une table large et basse recouverte d'un tapis. Ils passent les pieds et les mains sous la couverture, immobiles, le dos au froid. Le charbon de bois de saxaoul (*Anabasis ammodendron*), le plus dense, donne le plus de chaleur.

Nous sommes à 2 tachs de la capitale. Rien n'annonce ce voisinage. Les jardins et les murs se suivent et se ressemblent, sauf un, encadré d'un long mur de pisé mieux soigné, un jardin de l'émir. Ce n'est qu'à quelques centaines de mètres de la porte d'entrée que nous apercevons tout à coup, dans une trouée d'arbres de la route, la haute enceinte crénelée de la ville de Bokhara. Nous entrons par une porte insignifiante, flanquée de deux tours en pisé, creuses, mais sans garnison. A travers un labyrinthe de ruelles désertes, évitant les bazars et les carrefours, nous arrivons enfin à notre logement situé près de l'enceinte fortifiée, au nord-est de la ville, à 2 verstes du grand bazar.

Bokhara.

Bokhara. — Bazars et population. — Produits et monuments. Une réception à l'ark par le kouch-begui.

Nous sommes restés huit jours dans la « ville noble »; c'est ainsi qu'elle s'appelle sur les pièces de monnaie et dans les écrits de ses savants. Mais Bokhara-i-cheriff, après tant de villes turkestaniennes se ressemblant plus ou moins, nous a laissé, comme capitale, une pénible impression. Dans cette ville noble par excellence, tous les défauts, tous les vices, toutes les hideurs physiques, morales et sociales des hommes et des choses de l'Asie centrale, se découvrent et s'étalent aux yeux de l'observateur quelque peu attentif.

Le bazar, grand, couvert, très fréquenté, très humide, très fiévreux, est extrêmement curieux. Nulle part ailleurs on ne trouverait un mélange aussi complet de races et de types de l'Asie centrale que parmi la foule qui se meut dans les ruelles ombragées des échoppes du bazar de Bokhara. Sartes, Ouzbegs,

Tadjiks, Kirghiz, Hindous, Afghans, Juifs, Tatares, Karakalpaks, Turcomans, Persans, se coudoient dans une trêve des races et se font la guerre à pièces d'argent. L'Afghan de Caboul y traite avec le marchand tatare d'Orenbourg; le Turcoman de Merv et de Maïmené y vend des peaux de mouton au Persan,

Fig. 53. — Hindou établi dans le Turkestan.

qui échange des pièces de monnaie chez le changeur hindou. Le Kirghiz, naïf et nature, se fait voler sur la marchandise par le Sarte, malin et rapace, et l'Ouzbeg riche achète des échevaux de soie au juif adroit. Et tous, dans le costume, dans les traits de la figure, dans le dialecte, dans le maintien, accusent leur origine et souvent leur valeur. Parfois, dans ce tableau si varié, éclatent, comme une note étrange, la casquette et la blouse blanches d'un Russe, peut-être un employé du « rossiiskoié obschestvo », qui possède le seul comptoir européen à Bokhara. Le directeur russe du comptoir de cette société commerciale y habite avec sa femme.

A côté de tous les produits de l'Asie centrale, on trouve également les produits russes et quelques objets de manufacture anglaise, importés de Pechaour : de la cotonnade, du sucre de cassonade et un peu de coutellerie. Il est évident que l'Anglais ne peut pas rivaliser avec le Russe sur les marchés de l'Asie centrale ; il le pourra moins encore quand le chemin de fer sera construit et que les produits russes tendront à se frayer un chemin plus facile par delà l'Amou-Daria.

Les monuments de Bokhara ne peuvent pas être comparés à ceux de Samarkand. Les medressêhs, dont quelques-unes vieilles, sont tapissées, à la façade, de briques émaillées d'un beau coloris, mais présentent des lignes architecturales plus lourdes, avec beaucoup moins de magnificence dans les décors. La tour des exécutions d'où l'émir, autrefois, faisait précipiter les grands criminels, n'a de saisissant que le souvenir du supplice auquel on soumettait le condamné. Dans les derniers temps, ce mode d'exécution est remplacé par la mort lente dans la « fosse à punaises », le *sindone*, ou le couteau du bourreau[1]. Pauvres Stoddard et Conolly ! Après des tortures morales sans nom, le délirant Nasr-Oullah leur infligeait celles du sindone avant de leur rendre la liberté de la mort. Le voyageur ne peut pas emporter de Bokhara plus poignant souvenir.

L'ignorance, l'incurie et le fanatisme borné des indigènes disparaissent lentement, si toutefois ils peuvent disparaître sans secousse révolutionnaire. Le mal est au sommet et non pas aux racines. L'émir a déjà dû changer de point de vue après la prise de Samarkand et de Khiva; son fils et successeur présumé au trône donne de fortes espérances, mais il est une force à laquelle même l'émir ne peut résister : la force occulte et

---

1. A en croire une nouvelle de journal, la dernière exécution du haut du *Mira-arab* de Bokhara fut celle de l'assassin du fils du vieux *kouch-begui*, ou premier ministre, vers 1888. Les Russes ont fait promettre au jeune émir actuel de supprimer la torture du silo ou *sindone* dans ses États.

réelle du moullah, du lettré fanatique, ennemi du progrès, dominateur de la conscience religieuse du peuple et gardien des traditions intransigeantes de son prédécesseur, selon la violente conception du prophète de la Mecque. Tant que le Bokhara se donnera l'illusion d'une indépendance politique, le

Fig. 54. — Émir de Bokhara, mort en 1885.

moullah caressera l'idée de la rendre réelle et se retranchera derrière la forteresse de son fanatisme religieux pour s'opposer à l'invasion du progrès. Il y a, entre le moullah de Tachkent de Samarkand et le doctrinaire de Bokhara, la différence qu'il y a entre l'apprivoisé et le sauvage. La conclusion est facile à déduire.

Nous avons parlé tout à l'heure de secousse révolutionnaire ;

on avait fait courir le bruit, au bazar de Tachkent, que, l'émir étant gravement malade, une révolte aurait éclaté à Bokhara en faveur de son successeur par droit de primogéniture. On ajoutait que les troupes russes étaient prêtes à marcher sur Bokhara. La nouvelle était controuvée comme la plupart des nouvelles politiques à sensation qui parcourent souvent, avec une rapidité étonnante, les bazars des villes centrales-asiatiques. Ne nous disait-on pas, à Bokhara, que les « Faranguis » venaient de prendre Hérat! L'indigène se plaît au colportage de ces canards, éclos le plus souvent d'un fait insignifiant que grossit l'imagination orientale. Le journal est remplacé par la causette au bord de l'échoppe. Cependant, ces fausses nouvelles reflètent les préoccupations des esprits, le sens et la signification des événements possibles jugés par l'opinion publique. On savait de la sorte fort bien que les partisans du touradjane du Hissar perdaient leur temps et leur peine à vouloir aller à l'encontre des désirs de la Russie pour la succession au trône du Bokhara.

L'émir était réellement malade. Le docteur Johannsen, de Tachkent, était accouru à Bokhara pour joindre, à titre « consultatif », ses lumières à celles des *hakims* et des *tabibs* indigènes. Ceux-ci, en effet, traitent leur malade non seulement par des drogues, mais encore par une thérapeutique spirituelle, au moyen de prières *ad hoc* et de *toumôrs*, qui sont amulettes mirifiques et curatives dont le médecin européen ne connaît point la vertu éprouvée. Tous étaient en ce moment auprès de l'émir. Notre ami T... venait de tomber malade d'une fièvre intense à forme typhique. Comme il manifestait le désir de voir un médecin indigène pour le soigner dans la suite, on répondit qu'il fallait attendre la décision par écrit de l'émir qui, seul, pouvait alors donner au tabib la permission de s'occuper d'un autre que lui. Cependant l'émir était suffisamment rétabli pour se proposer d'aller habiter la campagne à 6 verstes de Bokhara.

Le temps pressait, on annonçait les premières tombées de neige à Tachkent, et l'Oust-Ourt sans doute était déjà sous la neige; il fallait partir si nous voulions atteindre les bords de la Caspienne avant le mois de janvier. Nous dûmes, à notre grand regret, laisser à Bokhara M. T..., trop faible pour continuer son chemin jusqu'à Khiva. Heureusement que la présence, à Bokhara, de M. Ibrahimoff venait lui assurer les soins et les attentions que réclamait son état.

Fig. 55. — Kouch-begui (premier ministre) de Bokhara.

La veille de notre départ, nous allâmes rendre visite au *kouch-begui*, ou premier ministre de l'émir. Ce vénérable vieillard, instruit et affable, jouissant de l'entière confiance de son maître, ce qui n'est point une chose ordinaire, nous reçut fort aimablement dans la citadelle ou *ark*, séjour habituel de l'émir. Cette citadelle, forteresse dans la ville, est un ensemble disparate d'habitations basses, sans caractère architectural, où logent l'émir, les hauts fonctionnaires avec leurs harems et leurs domestiques. On y accède par une rampe menant à une porte flanquée de deux tours et ornée d'une horloge, la seule publique du Bokhara[1]. Le *kouch-begui* ou « grand fauconnier », est d'apparence ouzbègue, d'origine iranienne, dit-on ; sa figure joviale est ornée d'une longue barbe grise coupée soigneusement au-dessus des lèvres d'après le *chariat*[2]; ses yeux, expressifs et malins, sont ombragés d'épais sourcils gris en touffe, mais les traits de la figure expriment la bonhomie fine qui se laisse aller souvent au rire bienveillant. Le kouch-begui s'enquiert des choses d'Europe, de notre voyage, témoigne du désir de connaître, soutient la conversation, et, après trois quarts d'heure d'un entretien animé, se fait promettre de nous revoir à Bokhara, en regrettant que son grand âge ne lui permette pas d'aller visiter les pays d'Europe. Au départ, il nous fait cadeau, suivant la coutume du pays, de deux chevaux magnifiquement harnachés et de khalats d'honneur. Son fils, qui doit lui succéder un jour dans sa haute charge, nous reconduit avec le cérémonial ordinaire et le cortège des odaïtchis jusqu'à la sortie de l'ark où, entre temps, la foule s'est amassée pour assister au tamacha de la réception des deux Faranguis. Et c'est un spectacle des plus curieux et des plus pittoresques de voir, du haut de la rampe, sur la place publique, cette foule bariolée, houleuse, se poussant dans l'allée que les hommes du kourbachi ont grand'peine à tenir ouverte pour notre passage. Du milieu de ce grouillis ensoleillé enclavant les chevaux, les ânes, les arbas, de grands parasols blancs qui abritent les marchands en plein vent émergent comme des îlots au-dessus d'un lac aux teintes irisantes, bordé de maisons jaunes en palafittes ; on y trouve en effet, chose assez rare, des maisons à deux étages. Mais cette foule n'est accourue que pour voir ;

1. Cette horloge n'est que décorative, marquant jour et nuit, depuis nombre d'années, midi moins le quart. Elle rappelle l'histoire lamentable d'un aventurier italien qui, sous Nasr-Oullah, avait mission de la faire marcher, ce qui ne l'a pas soustrait à la fureur homicide du tyran sanguinaire.

2. Loi coutumière.

aucun geste, aucun cri hostile ou irrespectueux. Quelques gamins
crient : *Ourouss! ourouss!*[1] au passage, sans que leur curiosité
aille jusqu'à donner à l'étranger étrange un de ces cortèges
qui le suivent à pas serrés dans les villes d'Europe. Les lépreux,
les mendiants aussi — et ils sont nombreux à Bokhara — se
sont établis le long des rues que nous fait suivre le kourbachi
avec ses djiguites, afin d'avoir leur part du tamacha. Aujourd'hui que Bokhara est une station de chemin de fer, j'imagine
que l'apparition d'un Européen ne fera plus détourner la tête
à un Bokhare, blasé sur la coupe intrigante d'un habit à queue
de pie et les secrets d'un chapeau mécanique.

Karakol.

Départ de Bokhara. — Karakol et le vieux Zérafchâne. — Les barkhanes
et un paysage en grisaille. — Halte à Chouristane. — Notre ménagerie.

Le 29 octobre, nous quittons Bokhara-i-chériff dans la direction
ouest sur le chemin de Karakol et de Tchardjoui. Nous avons
eu beaucoup de peine à louer deux arbas jusqu'à Karakol, car
l'émir les a toutes consignées pour le transport des immenses
bagages qui le suivent dans chacun de ses déplacements. Nous
sortons de la ville par une des nombreuses portes fortifiées qui
trouent l'enceinte crénelée, et, tout de suite, nous nous trouvons
dans la banlieue, déjà triste et pelée. Les corbeaux en nombre,
les mûriers et les peupliers dépourvus de feuillage, les champs
déserts, annoncent l'arrivée prochaine de l'hiver. Le temps est
encore beau, le thermomètre se maintient autour de 15 degrés
centigrades à l'ombre dans l'après-midi; mais les nuits sont
froides et la température tombe jusqu'à 5 degrés centigrades.
Certains jours, l'air se trouble d'une brume grisâtre qui voile le
soleil, comme si le garmsir était déchaîné. C'est effectivement
un vent violent d'ouest ou de sud-ouest qui souffle; rasant la
terre, il emporte avec lui le sable fin du désert, des bords de
l'Amou et des dunes de sable de Karakol, en obscurcissant le
jour par une poussière tellement fine qu'elle semble impondé-

1. Russe ! Russe !

rable. A 5 ou 6 verstes de Bokhara, on voit les premiers jardins envahis par les sables mouvants. Le chemin que nous suivons est très mauvais pour les chevaux, il l'est encore plus pour les arbas.

De nombreux canaux coupent la route ; or, les ponts, suffisants pour les arbas bokhares, sont trop étroits pour nos arbas de Kokâne, et c'est à chaque passage le même travail, le même arrêt : le cheval est dételé, la voiture, dépassant le pont d'une roue, est engagée entre les deux berges du canal, puis soulevée par les hommes jusqu'à ce qu'elle soit redressée de l'autre côté. On reattelle le cheval pour le dételer de nouveau à deux cents pas plus loin. C'est à maudire tous les « ingénieurs des ponts et chaussées » bokhares !

Le sorgho et toutes les cultures de céréales d'été sont rentrés. Le blé d'hiver lève en beaucoup d'endroits. De l'orge, en troisième culture sans doute, a atteint 50 centimètres de hauteur et fructifie. De-ci de-là, on récolte le roïane ou garance. Après avoir butté la terre autour des pieds, on arrache la plante plus facilement par un coup de ketmen en dessous, et l'on recueille la racine à la main. Ailleurs, on laboure. La terre est très meuble, parfois saline, très facile à entamer au soc primitif de la charrue. Le Bokhare est un agriculteur fort habile, et nulle part je n'ai vu la terre et les cultures soignées comme ici. A 8 verstes de Bokhara, on voit une colline de loess, un de ces tépés comme on en trouve assez souvent, et qu'on hésite à reconnaître comme un ouvrage de main d'hommes ou un reste de terrain géologique antérieur.

Nous rencontrons des caravanes de chameaux et d'ânes chargés de ballots de coton ou de bottes de jan-tag invraisemblablement volumineux. Les ânes disparaissent presque entièrement sous leur charge ; on dirait deux tas de broussailles ambulants.

L'*Alhagi camelorum* est coupé dans le steppe, mis en petits tas et transporté en ville pour servir de combustible et de matériaux de chauffage pour les fours à poteries, les hammams, les briqueteries, etc. Ajoutons que ces ânes sont d'assez forte taille, plus petits cependant que ceux du Caire, ornés généralement d'une raie noire à l'épaule, très répandus et peu chers. Il n'est pas rare de voir un *hadji*[1] faire le voyage à la Mecque et en revenir sur le même âne.

Nous mettons six heures pour arriver au kichlak de Iakka-Toutt, qui n'est cependant éloigné de Bokhara que de 3 tachs et demi.

Ensuite commence le steppe nu et désert, parsemé de plaques blanchâtres d'efflorescences salines. Vers le sud, l'horizon est occupé par des *barkhanes* ou dunes de sable qui avancent incontinent sous la poussée incessante des vents vers la campagne de Bokhara. A droite, un sillon peu profond indique le cours du Zérafchâne, devenu paresseux et affaibli. Ailleurs les fleuves grossissent dans leur cours inférieur; ici ils décroissent. Ce beau fleuve, si fougueux à Ouroumitane, si fier à Samarkand, est devenu un ruisseau lent et timide. Il a dissipé sa force et sa jeunesse dans la riche plaine du Miankal, jeté l'or à pleins canaux; puis, vieillard décrépit, il va mourir dans les lacs de Denguiz, au sud de Karakol, sans avoir atteint l'Amou auquel il se destinait. Rakhmed, notre homme d'Ouroumitane, ne peut en croire ses yeux. Quand, sous les murs de Karakol et la nuit venue, nous passons le pont de bois, long de six pas seulement, Rakhmed se découvre, regarde mélancoliquement « son » Zérafchâne, comme il contemplerait la dépouille mortelle d'un ami d'enfance, et lui adresse, par une oraison funèbre touchante et comique à la fois, un dernier salâam aleïkoum d'adieu.

Le jeune beg de Karakol, autrefois *amlakdar*[2] dans le Kohistan, nous offre l'hospitalité à la forteresse qu'il habite. Nous avons fait 7 tachs, soit 56 verstes depuis Bokhara; il nous en reste à peu près autant à faire jusqu'à l'Amou.

Le petit bazar de Karakol est très pittoresque, dans la note malpropre. Il est fréquenté entre autres par des Turcomans et des Khiviens. Karakol a la spécialité de ces jolies et fines fourrures de peau de mouton qui portent le nom de *karakol* et que nous appelons improprement *astrakan* chez nous. La fourrure,

---

1. Individu faisant ou ayant fait le *hadj*, c'est-à-dire le pèlerinage saint à la Mecque.
2. Receveur des impôts.

généralement noire, est d'autant plus fine que le nouveau-né est plus jeune, y compris les agneaux qui ne sont pas encore nés. Le prix en est généralement assez élevé. On fabrique en outre, à Karakol, des étoffes grossièrement imprimées en couleur, à la main, au moyen de cachets mobiles (*doukani-dachi-kalibkhaï-tchitgari*). On se sert principalement d'ocre ou *kizil-kizak* pour teindre en rouge, de *sperek* (*Specularia speculum*) pour teindre en jaune, l'alun ou *adjik-tach* servant de mordant. On vend au bazar du sel grossier d'un gisement du steppe aux environs de Khodja-Kanapsi. Ce sel, grumeleux et impur, provient des résidus d'un ancien lac salé, dont les eaux, très chargées, se sont évaporées.

A peine sortis de Karakol, nous trouvons le désert. Pendant deux tachs, soit 16 verstes, jusqu'à Khodja-Daoulad, on chemine dans une contrée désolée, morte; car les sables mouvants, envahissant les cultures, les jardins et les villages, ont étouffé la végétation et chassé les habitants. Lentement, avec une force irrésistible sous la poussée des vents du sud-ouest et du nord-ouest, les dunes montent à l'assaut des petites oasis que les derniers canaux dérivés du Zérafchâne faisaient vivre naguère. On voit des ruines de maisons à demi ensevelies sous les sables, des aryks comblés, des murs de jardin débordés après avoir inutilement opposé une trop faible hauteur à l'envahissement des dunes. La contrée est d'ores et déjà perdue, et les sables avancent toujours. Le gouvernement bokhare, à qui incomberait le devoir de prendre des mesures pour enrayer le mal, n'a rien fait jusqu'alors et ne fera sans doute rien jusqu'à ce que, les dunes progressant toujours, Karakol et la campagne de Bokhara elle-même soient menacés sérieusement. Il est vrai que les mesures prophylactiques à prendre sont coûteuses, les effets à longue échéance et les études scientifiques à entreprendre pour le choix des meilleurs moyens au-dessus de la capacité des ingénieurs bokhares. Les Russes ont à combattre le même fléau dans le Ferghanah[1]. Ils ont nommé des commissions

---

1. Voir *Archives des missions scientifiques*, 1882; *Sables mouvants du Ferghanah*, rapport de l'un des commissaires.

d'étude, dont les travaux vont aboutir incessamment à un résultat pratique, il faut l'espérer; car les mesures à prendre sont nettement indiquées. Il est à prévoir aussi que la construction du chemin de fer de Tchardjoui à Bokhara obligera les Russes à garantir la ligne contre l'envahissement des barkhanes. Peut-être la contrée entière en profitera-t-elle.

La zone des barkhanes a une largeur de front de plus de 50 kilomètres. Les dunes les plus puissantes se trouvent entre Karakol et l'Amou-Daria ainsi qu'à l'ouest de Tchardjoui, aux environs du puits de Repetek, sur la route de Tchardjoui à Merv. Elles proviennent de la désagrégation des roches gréseuses sous-jacentes, et, pour la partie à l'est de l'Amou-Daria, des dépôts de sable du fleuve, dépôts considérables que les eaux basses mettent à nu, que le soleil mobilise et que le vent emporte. Ce sable est d'une finesse extraordinaire, grisâtre de couleur, entremêlé de beaucoup de mica en menues paillettes, provenant de roches granitoïdes. Il coule comme de l'eau et l'on y enfonce jusqu'au-dessus du genou.

Nous faisons une halte légère à Khodja-Daoulad, où l'on nous avait préparé une étape de nuit. Mais comme il n'est que trois heures de l'après-midi et que les bêtes de somme ne sont pas en retard, nous continuons vers l'Amou-Daria. Au fur et à mesure que nous avançons, les dunes deviennent de plus en plus nombreuses et de plus en plus élevées. Elles ont toutes la forme caractéristique en fer à cheval, les deux pinces fuyant devant le vent. Quelquefois elles sont doubles ou triples suivant l'accouplement fortuit d'une rencontre dans une marche inégalement rapide. Quelques herbes, du *Peganum Harmala*, des halophytes, des touffes de *tamarix*, ont, jusque-là, échappé à l'inondation et démontrent le meilleur moyen à employer pour l'arrêter. En effet, les racines de ces plantes consolident le sol dans les mailles de leur chevelu; il se forme de petits tertres et la « vague » de sable est décomposée en « moutonnement » : le barkhane est évité. Permettre aux plantes du steppe, aux racines traçantes surtout et aux rhizomes de se développer et de consolider le sol derrière un rideau d'arbres protecteurs, tel est le meilleur moyen de combattre les barkhanes. L'expérience faite avec tant de succès dans les landes de Gascogne réduit celle qu'on doit faire ici et dans le Ferghanah au choix des espèces les plus aptes à vivre et à prospérer dans le sol sec, sablonneux et salin, qu'on met à leur disposition. Or, ces espèces sont connues et leur valeur pratique établie grâce aux patientes recherches que le général Korolkoff a entreprises depuis longtemps à Samarkand et dans les environs.

La nuit est venue et la lune éclaire un paysage fantastique. Nous sommes maintenant au milieu des dunes, au milieu

Fig. 56. — Dunes de sable (*barkhanes*) du Ferghanah.

d'une mer orageuse, dont les vagues, hautes de 15 mètres, auraient été figées subitement par quelque génie puissant solidifiant l'eau. Autour de nous, les barkhanes à la crête molle, aux lignes ondulées, se suivent au loin, couronnées de la lumière pâle qui tombe de la lune, séparées par des abîmes noirs qui semblent des gouffres creusés entre d'immenses lames prêtes à rouler les unes sur les autres. Un silence saisissant règne sur cette mer de sable ; pas un cri d'insecte, pas un froissement de feuille sous la bise. C'est l'indéfinissable mort de la planète telle qu'un être humain la sentirait sans doute, si, par miracle, il lui était donné de rôder dans les paysages de la lune. Nous cheminons silencieusement sur la crête des barkhanes, à la file indienne. Le silence profond de la nature fait taire le langage des hommes. A côté du chemin, le cadavre d'un âne, d'un chameau, morts à la peine, plaquent des taches noires qui effrayent les chevaux. Et c'est toujours le sable liquide ; nous faisons des kilomètres. Enfin, ce silence du vide est percé d'un son lointain, puis se rapprochant, argentin et rythmé. Des silhouettes noires et difformes se profilent. C'est une caravane de chameaux que nous croisons sur l'étroit sentier tracé par le pas incertain de nos devanciers, traces fugitives qu'une accalmie de vent a laissées subsister. Les clochettes des chameaux chefs de file tintent comme des campanes graves et bourdonnantes ; l'âne du caravanier, le dernier, fait sonner une clochette plus fine et insensiblement le glas s'éloigne, s'étouffe derrière les ondulations des collines mouvantes. Et, des crêtes mal affermies, on voit ruisseler de minces filets de sable que la moindre vibration de l'air a mis en mouvement.

Nous nous félicitons d'avoir pris des chameaux pour le transport de nos bagages. Les chevaux ont du mal à marcher, tandis que le chameau, grâce au large coussinet plantaire de ses pieds, passe sans effort ; mais une voiture, tarantass ou arba, aurait la plus grande peine à traverser la contrée, à moins de faire un détour au nord par le steppe.

A 6 verstes du kichlak de Chouristane, nous quittons les derniers barkhanes pour descendre dans une plaine déserte, dont le sol dur et argileux est recouvert d'une couche de sel blanc pareil à une couche de glace. Comme c'est demain *maïram* ou jour de fête, les huit cavaliers bokhares qui nous accompagnent profitent du terrain propice pour se livrer à une *fantasia* ou *baïga* [1], en simulant de la façon la plus pittoresque l'attaque et la défense nocturne d'une caravane. A 9 heures du soir, nous atteignons enfin le saraï du petit kichlak de Chouristane, dont le nom approprié signifie « marais salin ». Les gens du touradjane-beg de Tchardjoui sont venus à notre rencontre et nous ont préparé tant bien que mal un gîte pour la nuit. Un bon *makhane* [2] d'agneau, un excellent *kara-kaoune* [3], une tasse de

---

1. Course. — 2. Rôti en morceaux. — 3. Petit melon tacheté de noir.

tchaï[1] et une bouffée de *tchilim*[2]; puis le brasero de saxaoul incandescent et le souvenir d'une difficulté vaincue nous rapprochant du but : voilà des aménités qui font de Chouristane une station *albo notanda lapillo* malgré le froid intense qui nous réveille à l'aube du lendemain.

Nous renvoyons d'ici les hommes de Bokhara et de Karakol,

Fig. 57. — Tzigane (*loulli*) de l'Asie centrale.

désormais encore plus inutiles qu'ils ne l'avaient été. A Bokhara, nous avions renvoyé Djoura-baï, notre ânier du Kohistan. Il nous restait Rakhmed, Radjab-Ali et un djiguite du Kouchbegui, qui doit nous accompagner jusqu'à Kabakli sur les bords de l'Amou. Le lecteur connaît l'excellent et joyeux Rakhmed ; il saura que Radjab-Ali est d'origine persane et ancien esclave des Turcomans. Il fut fait prisonnier en même

1. Thé. — 2. Pipe à eau.

temps que M. de Blocqueville qu'il dit avoir connu. Nous l'engageâmes à Samarkand parce qu'il prétendait bien connaître les rives de l'Amou, le Khiva et le pays des Turcomans. En dehors de nos bagages, réduits au minimum de volume et de poids, nous emmenions une petite ménagerie fort encombrante, destinée à notre Muséum d'histoire naturelle. Dans une grande cage en bois, bien au chaud dans du foin et de la paille, deux gazelles saïgas (*Antilope subgutturosa*) du steppe faisaient contrepoids, sur le dos d'un chameau, à un blaireau du Turkestan et à une paire de *pacha kakliks* (*Megaloperdix Fedchenkoï*). Deux beaux lévriers kirghiz ou *tazis*, d'une variété rare, étaient déjà suffisamment habitués à nous pour suivre la caravane à l'appel. Nous pensions ramener ces animaux vivants en Europe et leur en adjoindre d'autres dans le Khiva, mais les circonstances défavorables, et les froids de l'Oust-Ourt en décidèrent autrement. A Kerminé, le blaireau, trompant la vigilance de Djoura-baï, s'échappa par la porte mal fermée de la cage. Djoura-baï, redoutant d'amers reproches, en fut tellement au désespoir, qu'avant d'accuser la fuite du blaireau il s'en alla consulter des *loullis* ou *mazangs* (Tziganes), qui campaient dans le voisinage. Les loullis, en effet, passent pour maîtres ès cabalistique, connaissant des secrets et prédisant l'avenir. Moyennant salaire, le devinateur tira, devant Djoura-baï, d'un sac un os plat de mouton qu'il approcha du feu ; puis, après l'avoir aspergé d'eau, y lut que le blaireau avait été volé par deux hommes méchants et qu'on ne le retrouverait plus. Là-dessus, Djoura-baï prit son courage à deux mains et, d'une mine piteuse, vint nous annoncer le malheur.

Les bords de l'Amou à Tchardjoui.

Paysage de l'Amou-Daria. — Traversée de l'Oxus.

Nous sommes à 1 tach de l'Amou. Partout le terrain est imprégné de sel, ce qui n'empêche pas les cultures, notamment celles de sorgho et de coton, de donner de bons rendements et d'excellents produits. Les canaux d'arrosage sont dérivés de l'Amou de 12 à 16 verstes en amont. Ils ont des berges élevées et une pente insensible. Les eaux basses du fleuve les laissent aujourd'hui à sec. Ils atteignent jusqu'à 35 verstes de longueur.

L'Amou est bordé de la sorte, à hauteur de Tchardjoui, d'une zone de culture de 16 à 20 verstes de largeur, zone qui s'étend jusqu'au delà de la ville et qui suit le fleuve en aval et le remonte un peu en amont. Des fermes isolées, grandes comme des saraïs, se voient éparpillées au milieu des champs, ainsi qu'un grand nombre de manèges pour puiser l'eau des aryks et la déverser sur les champs plus élevés de niveau. Ces manèges, du modèle des *norias* de l'Égypte, consistent en une grande roue verticale à laquelle sont attachées obliquement des auges ou cruchons et qu'un chameau, un cheval ou un bœuf, fait tourner au moyen d'une roue horizontale à engrenage de transmission.

Comme les chutes d'eau sont rares, les moulins *degermâne* sont actionnés également par des bêtes de somme faisant tourner la meule. Les récoltes sont rentrées ; on extirpe les pieds de cotonniers secs pour les employer comme combustible. Nous croisons sur la route une petite caravane de chameaux que des Juifs de Bokhara mènent à Tchardjoui. N'étaient les traits sémitiques de leur figure encadrée de *païssés*, on les reconnaîtrait à leur politesse ; ils nous adressent, en souriant, un « sdrasstié » en russe. La présence, au bord de l'Amou, d'un petit bois de peupliers (*Populus diversifolia*), aux feuilles comme de Gingko, étonne le voyageur par la rareté du fait. Le paysage qui se déroule devant nous, noyé maintenant dans un brouillard d'une moiteur frileuse, rappelle les bords de l'Amou du côté de Kilif et de Patta-Kissar et ne change guère depuis la sortie du fleuve des montagnes du Badakchane dans la plaine de la Bactriane jusqu'à son entrée dans la mer d'Aral. A droite, vers le nord, les bords s'aplatissent et se confondent dans la ligne horizontale veloutée qui fait pressentir le désert ; à gauche, au loin, des monticules arrondis de sable continuent vers le sud la file monotone des barkhanes. Devant nous l'Amou, déchiqueté par des flots de sable mouvant qui encombrent son lit et que les eaux descendantes ont mis à nu, roule des flots grisâtres assez rapides. Une file de chameaux en caravane en longe la berge d'un pas lourd et rythmé pour gagner l'endroit où le bac doit les recueillir et les déposer sur la rive opposée. Silencieusement, le grand fleuve va s'effiler et se perdre dans le rideau indécis et gris des vapeurs matinales.

L'Amou possède en cet endroit une largeur considérable et s'embarrasse de nombreux bas-fonds. Le chenal, très changeant

Fig. 58. — Amou-Daria, près de Tchardjoui.

et incertain du jour au lendemain, rend difficile la libre circulation des bacs d'une rive à l'autre. Il faudrait des travaux de régularisation considérables et dispendieux si jamais la navigation sur l'Amou devait atteindre le degré de développement que le projet de détournement de l'Oxus par l'Ouzboï vers la Caspienne avait fait un instant concevoir [1].

[1]. On a essayé depuis quelques années de naviguer sur l'Amou avec les steamers de la flottille aralienne. Le steamer *Samarkand*, de $0^m,90$ de tirant et de la force de 24 chevaux, remonta, en 1877, le fleuve jusqu'à Tchardjoui. Au mois d'août de l'année suivante, il poussa jusqu'au delà de la frontière afghane, à Khodja-Saleh et, après un voyage de dix-sept jours, rentra au point de départ. On ne dépassa pas la vitesse de 8 kilomètres à l'heure. Souvent le bateau touchait fond et perdait du temps à se dégager. L'incertitude du chenal n'est pas la seule difficulté qui s'oppose

Nous dûmes attendre assez longtemps le retour du bac. Chargé d'une dizaine de chameaux, il était allé se clouer sur un banc de sable où il se profilait vaguement, comme un fantôme au milieu du fleuve.

Les bacs, au nombre de quatre, sont desservis par des bateliers bokhares. Le fond du bac est plat, les bords sont hauts et droits et la proue est relevée en rostre.

Comme les bords du bac sont élevés et que l'atterrissage complet est souvent impossible, l'embarquement des chevaux, chameaux, ânes, etc., devient un martyre pour les bêtes et généralement une longue corvée pour les hommes. Au débarquement, mêmes difficultés. Quelques planches éviteraient peines et accidents.

La traversée fut heureuse, quoique notre embarcation donnât plusieurs fois sur les bas-fonds, dont la présence n'est accusée que par une teinte particulière de l'eau et un léger moutonnement à la surface. Le renflouement se fait d'ailleurs sans aucune difficulté : deux ou trois hommes retroussent promptement leur pantalon, se mettent à l'eau et poussent le bac dans la direction du courant jusqu'à ce qu'il cède et aille à la dérive emporté à vau-l'eau par un tourbillon.

Nous fûmes reçus sur la rive droite par deux mirzas avec leur escorte, que le touradjane, prévenu de notre arrivée, avait envoyés à notre rencontre. Ils nous conduisirent tout de suite

à la navigation régulière et profitable au commerce, mais elle est la première. Il faut compter encore avec la rareté du combustible (le steamer était chauffé au bois du steppe, saxaoul et épineux) et la vitesse du courant en certains endroits, vitesse qui dépasserait 9 kilomètres à l'heure, en sorte que les steamers de l'Aral ne pourraient point remonter un courant aussi fort.

En 1885, la maison Galitzine et la raison sociale Knop et Konchine se mirent à la tête d'une société de navigation sur l'Amou-Daria; en même temps, le marchand Gromoff organisa une société pareille pour la navigation sur le Syr. Le gouvernement aurait donné jusqu'à 50000 roubles de subside par an. J'ignore ce que le projet est devenu. Avec Tchardjoui comme station de chemin de fer et avec Kerki et Tchardjoui (plus tard d'autres points) comme villes de garnison et points stratégiques, la navigation de l'Amou, celle du Syr aussi, se développeront tôt ou tard, sûrement.

sous une tente bariolée qu'on avait dressée, non loin de là, sur le rivage.

La moitié de la tente était occupée par les nombreux plateaux de l'inévitable dasterkhâne : raisins, nougats, pistaches, pralines, *haïva, kich-mich, ourouk*, etc. ; l'autre moitié était couverte de tapis et de coussins aux couleurs voyantes qui invitaient au repos et à la somnolence rêveuse si appréciée du musulman.

Après les compliments d'usage échangés de part et d'autre, on apporte une kyrielle de plats indigènes, parmi lesquels le légendaire *palao*, fumant, gras, luisant, parfumé, piqué de raisins secs et de viande de mouton. Le palao est le véritable plat de cérémonie chez le Sarte. Il résume symboliquement les intentions hospitalières de l'amphytrion envers son hôte et forme comme le complément *in natura* de toutes les banalités mielleuses que le Sarte, dans son langage fleuri et métaphorique, adresse en pareille occasion à l'hôte qu'il veut fêter. Le Khirghiz, au contraire, fait tout « à la bonne franquette », parle peu et vous laisse le sentiment d'une hospitalité honnête, cordiale et sans contrainte.

Comme Abdou-Zahir autrefois, nous avions dressé Rakhmed, notre fidèle serviteur et interprète, à nous éviter ce gaspillage d'hyperboles et de métaphores emphatiques. Chaque fois qu'un Bokharien ou un Khivien nous recevant montrait des velléités d'engager un duel de politesse verbeuse, nous n'avions qu'à dire à Rakhmed : *Skaji shto nada* « dis ce qu'il faut », pour que Rakhmed récitât gentiment tout un chapelet de compliments.

Vers midi, le soleil a déjà pompé toutes les vapeurs qui cachaient jusqu'alors une partie des rives du Daria. Ses chauds rayons inondent la plaine de lumière et accusent aux moindres objets une ombre noire. Quoique nous soyons déjà en novembre, l'atmosphère est vibrante. Mais dans cette vibration ondoyante qui caresse le contour des barkhanes à l'horizon, il manque le susurrement et le bourdonnement en sourdine des insectes tapageurs qui, en été, dans le steppe embrasé, semble être la voix délirante de cette atmosphère fiévreuse.

Nous laissons nos effets sur le rivage, sous la garde de Radjab-Ali et de quelques Bokhariens, et nous nous dirigeons, suivis de l'escorte du touradjane, vers Tchardjoui qui n'est qu'à environ 8 kilomètres de l'Amou.

Les khalats multicolores et empourprés des djiguites mettent comme des taches sanguinolentes sur le jaune uniforme du steppe.

De temps en temps, sur la route poudreuse, apparaît un nuage de poussière. Le nuage se fend et laisse apercevoir un cavalier au galop. Le djiguite s'arrête devant le chef de l'escorte, échange quelques mots, tourne bride et repart comme une flèche dans la direction de Tchardjoui.

Tchardjoui.

La ville de Tchardjoui. — Une réception chez le touradjane.

Bientôt, le sommet de la forteresse surgit dans la plaine et monte à l'approche, comme un vaisseau qui s'élève en mer au-dessus de la ligne d'horizon.

Aux premières *saklias* de la ville, éparpillée le long du chemin, la bande misérable des lépreux (*makhaou*) : hommes, femmes et enfants souvent affreusement défigurés. Ils sont accroupis dans la poussière, les femmes à peine voilées, et implorent tous d'une voix dolente la charité du passant.

On nous installa, à l'entrée de la ville, dans une maison en terre, précédée de deux cours dont l'intérieure était entourée d'aryks et ombragée par quelques mûriers et ormes.

Un djiguite de la forteresse se présente et fait savoir aux Faranguis touras que le touradjane désire les recevoir immédiatement. Comme nous avions laissé tous nos effets sur la rive de l'Amou, les préparatifs furent vite terminés. Nous remontâmes à cheval en costume de voyage, moitié russe, moitié indigène et, escortés de quelques cavaliers, nous prîmes le chemin de la forteresse.

Après avoir traversé une rue étroite, encombrée d'arbas, bordée de masures, nous arrivons au bazar. Il est petit et mal tenu, en partie recouvert de nattes et de planches. Sa physionomie acquiert quelque originalité par la visite des Turcomans des différentes tribus du désert et des bords de l'Amou : Tekkès de Merw, Saryks et Erzaris. Ils viennent échanger quelques produits agricoles, blé, coton, sorgho ainsi que les beaux tapis que fabriquent leurs femmes, contre des objets manufacturés bokhariens et russes. Le bazar s'étend jusqu'à l'entrée de la forteresse qui s'élève en bastille jaune d'argile, entourée de murailles bossuées et crénelées.

Nous passons sous une première porte massive en bois, derrière laquelle les sarbazes du corps de garde s'alignent tant bien que mal et présentent les armes : fusils à mèche bokhariens, berdans russes et carabines anglaises. Ils sont chaussés de bottes molles, jaunes, à talon pointu et culottés de larges pantalons en cuir jaune, rouge, noir, plus ou moins brodés d'arabesques. Une ceinture rouge ou bleue leur serre la taille et les pans d'une casaque rouge ; la tête est coiffée d'un bonnet à poil turcoman qui, chez quelques-uns, fait symétrie à une longue barbe de sapeur. On ne peut s'empêcher de comparer les mercenaires du touradjane de Tchardjoui à une bande de figurants d'un opéra comique.

Le chemin étroit, en rampe, conduit par une deuxième porte cintrée à l'intérieur de la forteresse. Il longe un pan de mur en terre très élevé et débouche dans la cour intérieure inondée de soleil. Cette cour, très spacieuse, est entourée de petites mosquées, d'habitations et d'échoppes de bazar où des pastèques et des melons, tachetés et rayés, pendent comme d'énormes chauves-souris accrochées au plafond.

Quelques *mollâhs* et *ischânes* sont assis sur la terrasse en terre battue des mosquées, le crâne osseux enveloppé d'un immense turban de mousseline. Ils regardent passer notre cavalcade sans manifester aucune surprise ni curiosité.

Au détour d'un coin, nous vîmes tout à coup, au fond de la cour, une foule bariolée, massée en ordre, drapeaux et musique en tête : la garnison de la forteresse.

Quand notre cavalcade, précédée du kourbachi et de ses djiguites, fut en vue, un signal déchaîna tous les clairons, fifres et tam-tams, tandis que les drapeaux blancs, rouges et bleus, surmontés de boules en cuivre et ornés à la hampe de longues touffes de crins de cheval (*tougs*), s'agitaient et promenaient de grandes ombres sur le sol.

Cette foule barbouillée de couleurs criardes, allumées par un soleil ardent qui fouillait le relief des groupes, présentait un spectacle vraiment superbe, digne de la cour d'un Féofar-khân au Châtelet.

Au milieu de cette orgie de couleurs et de bruit, nous nous serions peut-être départis de la gravité convenable en pays musulman si le cheval du kourbachi, abasourdi, n'eût mis le désordre dans notre cavalcade. Trois hommes se précipitèrent à la tête du cheval et réussirent à le maintenir jusqu'à ce que son cavalier en fût descendu. Nous imitons son exemple.

Nous nous trouvons alors au pied d'une rampe découpée en marches espacées par des troncs d'arbres. Cette rampe en escalier mène à une espèce d'acropole formé d'un pâté de bâtisses en terre et en briques, entourées d'une muraille crénelée. C'est là que s'abrite, avec son harem et sa suite, le prince, dit *touradjane*, quatrième fils de l'émir de Bokhara.

A l'entrée de la citadelle, nous sommes reçus par une foule d'hommes enturbanés. Les uns sont vêtus de *khalats* de velours entretissé de fils d'or et de *tchambars*[1] couverts de riches broderies de soie. D'autres portent à la ceinture une hache en argent massif.

Au milieu de ces physionomies ouzbègues, faces rondes, dépourvues de cette noblesse de lignes que nous aimons chez la race aryenne, un type de guerrier, grand et svelte, appelait l'attention par la finesse de ses traits et l'expression mâle, dure et hautaine de sa figure. Il était coiffé d'un bonnet pointu en poil de mouton de Karakol et il avait la taille serrée dans une redingote de velours bleu couverte de chamarrures d'or. Il s'appuyait nonchalamment de la main gauche sur un long sabre recourbé à fourreau richement travaillé : c'était le commandant de la force armée de Tchardjoui. Il était Afghan.

---

1. Pantalons larges à la façon indigène.

Nous fûmes conduits entre deux rangées de saourbachis, par un long corridor voûté et à travers plusieurs cours, à une petite maisonnette blanche, qui tenait par un côté à l'ensemble des bâtisses.

Il n'y avait là qu'une salle unique, percée de sept portes, toutes ouvertes et surmontées d'autant de fenestrelles. Une boiserie élégamment découpée à jour et recouverte de papier huilé tenait lieu de carreaux. Un magnifique tapis turcoman couvrait le sol en terre battue et trois chaises boiteuses, seul luxe européen, étaient disposées au fond de la salle.

Quand nous entrâmes, le touradjane sortit de la porte du fond, entouré d'une douzaine d'ichânes et de mollahs qui se distinguaient par l'immensité de leur turban blanc. Il nous tendit la main assez gauchement et s'assit, comme nous, sur une chaise,

Rakhmed, légèrement troublé et visiblement mal à son aise en présence d'un si haut personnage, débitait nos politesses d'usage en réponse à celles du toura. Entre temps nous eûmes le loisir d'étudier le masque de cet homme.

Il est généralement malaisé de déterminer l'âge approximatif d'un Asiatique de ce pays, car la physionomie de l'adolescent acquiert de bonne heure la fixité des traits qui marque l'âge viril.

Le touradjane peut avoir de vingt à vingt-cinq ans. Le nez légèrement aquilin, l'œil noir, les sourcils arqués et l'ovale de son visage dénotent chez lui un mélange d'Ouzbeg et de Tadjik. (Son frère de Tchiraktchi porte à un plus haut degré le stigmate de son origine ouzbègue.) Sur son visage figé, qu'aucun rayon de bonhomie ni de gaieté ne semble éclairer, on croit se voir refléter l'impassibilité hautaine d'un caractère renfermé et la rigidité d'un fervent de l'Islam. On le dit en effet très dévot et très versé dans les livres religieux.

La sobriété de geste est un signe de distinction chez le musulman asiatique; aussi le touradjane fait-il preuve, en cette occasion, de grand savoir-vivre. La tête enfoncée dans un *tchalma* blanc, tissé de fil d'argent, il se tient raide et immobile, les mains jointes dans les longues manches de son disgracieux khalat en velours bleu brodé d'or.

Pendant qu'on dispose sur le sol les nombreux plateaux du dasterkhane, il s'enquiert de la santé du général Kauffmann et de celle de l'émir. Nous essayons de lui donner quelques notions sur la France. Pour ne pas avoir l'air d'un ignorant, il dit en avoir entendu parler. En dehors de l'*ourouss*[1], de l'*ingliz*[2], et du *roumi*[3], le Bokharien confond toutes les autres nations européennes sous le nom de *Farangui* et leurs pays sous celui de Faranghistâne.

Après une demi-heure d'entretien, le toura exprime le désir de se retirer pour commencer les prières qui doivent inaugurer, au couchant du soleil, le maïram. Il nous tend la main, nous souhaite bon voyage dans un langage fleuri et attend debout jusqu'à ce que nous ayons disparu derrière le seuil de la porte.

On nous conduit ensuite dans une autre cour, puis dans une salle où l'on sert immédiatement un autre dasterkhâne et un plantureux repas. Tous les plats furent apportés à la fois par une quinzaine de serviteurs rangés en file comme dans une procession. Il y avait là de la *chourpa*, du *halim*, du poulet cuit, des omelettes au sucre et finalement des potées pantagruéliques de palao, préparé à l'afghane et à la bokhare. Le commandant afghan de la forteresse nous tint compagnie et se révéla joyeux personnage, communicatif et aimant le mot pour rire. Il nous donna quelques renseignements sur le bazar de Tchardjoui et sur la route de Merw, que malheureusement nous ne pouvions pas mettre à profit.

Nous remontâmes en selle quand le soleil allongeait déjà les ombres de la citadelle. Dans la cour, nous revîmes les sarbazes dans le même ordre. Ils présentèrent les armes; la musique recommença son vacarme et nous poursuivit jusqu'à la sortie de la forteresse.

Les ruelles du bazar étaient désertes; à travers les fissures des planches et des roseaux, suintaient quelques rayons de soleil attardés.

Le soir, le toura nous envoya ses *batchas*, des musiciens

---

1. Russe. — 2. Anglais. — 3. Habitant de la Turquie et plus spécialement de Stamboul.

turcomans et des sarbazes. Ces derniers entourèrent la maison et campèrent en plein air dans les champs. Le mirza vint annoncer d'un air grave qu'ils étaient quelques centaines : j'estimais leur nombre à trente ou quarante. Ils avaient pour mission de veiller à notre sécurité personnelle.

On disposa dans la cour un grand chaudron rempli de graisse, où trempaient d'épaisses mèches de coton allumées; on pendit des lanternes de papier huilé aux arbres, et on allongea un tapis sur la terrasse. Les musiciens jouèrent des airs turcomans d'une allure originale, sauvage et digne, puis des airs sartes moins harmonieux et plus dévergondés. Les batchas dansèrent pendant plus d'une heure au son de plusieurs grands tambours de basque tenus constamment au-dessus d'un brasier et qui réglaient le rythme. La cour, alors éclairée comme par un incendie, était envahie par une foule nombreuse. On voyait se promener de grandes ombres pivotantes, crûment cassées contre les angles et les saillies des murs plâtrés d'une clarté fumeuse et vacillante. Dehors, les feux de campement de notre « garde d'honneur » dispersée dans le jardin, piquaient l'obscurité de grandes taches rouges. On entendait au loin les voix rauques des chiens qui aboyaient aux quatre coins de la ville.

Sur l'Oxus.

Sur l'Oxus. — A la recherche d'Ousti. — Un château d'un conte de fée. — Le kichlak d'Ildjik et les barcas de Khiva. — Chameliers épaves du désert. — Énervés de Jumièges. — A la dérive sur l'Amou.

Le touradjane nous a fait avoir une barque bokhare (*kéma*) jusqu'à Ousti. Nous partons de Tchardjoui à onze heures du matin. A deux heures, l'embarquement est terminé. Ce n'a pas été sans peine qu'on a pu faire entrer, puis caser dans l'étroite barcas les cinq chevaux que nous emmenons, les coffres et les hommes. Enfin, à force de coups de gaffe et d'épaules, nos six rameurs font démarrer la lourde machine et la poussent dans le courant qui est de 4 à 5 verstes à l'heure. Ils n'ont pas l'air bien « mathurins », ces matelots ouzbegs de l'Amou, mais ce sont de solides gaillards qui manœuvrent à coups de gaffe bien plus qu'à coups de rame, et qui, plus d'une fois, sautent à l'eau pour dégager la barque quand, au milieu du fleuve, elle s'est échouée sur un banc de sable. Doucement nous glissons sur le « chemin qui marche ». Sur la rive gauche, les champs de culture s'étendent en aval de Tchardjoui, aux bords mêmes du fleuve, tandis que la rive droite est déserte. Des pêcheurs ont tendu leurs filets près du rivage ; mais l'Amou ronge incessamment la rive gauche, élevée de 2 à 3 mètres ; on voit les champs cultivés, mangés par les eaux, disparaître peu à peu, et des saklias, bâties à quelque distance de la berge, aujourd'hui minées et à moitié effondrées sur la petite falaise d'alluvion à pic.

La nuit vient vite. Avec la lune se lève un vent du nord-est qui nous glace dans nos fourrures. Les bateliers, fatigués, veulent aborder à chaque tournant, mais nous voulons atteindre à tout prix Ousti ce soir. Enfin, vers dix heures, nous déposons sur un tas de sable de la rive droite le vieux *baba,* notre djiguite de Kabakli et son cheval, avec mission de courir nous préparer un gîte à Ousti. Les bateliers disent que nous en sommes très près ; Radjab-Ali prétend que nous en sommes au moins à 1 tach et demi. Les chevaux, étant débarqués sans accident mais non sans peine, comme toujours, Rakhmed reste auprès des bagages, tandis que Radjab-Ali et l'un des bateliers nous conduiront au kichlak. Le vent, plus glacial, souffle avec violence en soulevant des nuages de sable et de poussière dans un paysage lamentable. Le sable ayant caché le sentier, nous chevauchons à l'aventure jusqu'à ce que, au pied d'une colline sablonneuse, nous rencontrons quelques arbustes de tamarix au milieu d'un cimetière. La moitié des tombes sont effondrées, et il semble s'en dégager comme une odeur de cadavre. L'endroit est désolé, la scène infernale. Le vent furieux fouette et plie les arbustes, soulève le sable avec un bruit de déchirement, et hurle dans les trous béants des tombes. Des nuages rapides courent sur la lune. Les chevaux renâclent et des chacals glapissent dans le voisinage. Notre guide et Radjab-Ali se sont dirigés vers une sakli entourée de saules et de quelques mûriers qu'on voit se profiler en masse indécise dans l'obscurité. Ils reviennent au bout d'une demi-heure que nous avons employée à battre la semelle. Ils amènent un indigène qui doit nous mener à Ousti.

Nous passons le kichlak de Kheradj. Partout le terrain est salin, au point que, même sur les champs anciennement cultivés, on croirait marcher dans des flaques de neige. Les « bir iarim tach[1] » de Radjab-Ali s'allongent et toujours pas d'Ousti. Après le kichlak, les sables recommencent et le vent glacial aussi. Encore un kichlak qui ressemble à une forteresse! Ce n'est pas Ousti — et encore des sables.

Enfin, vers une heure du matin, apparaît à l'horizon une masse noire, énorme, nous semble-t-il : c'est le kourgane tant désiré, le *manzil*[2] où nous pourrons nous réchauffer, et, sans doute, manger du palao. En attendant, on rétablit la circulation dans les membres engourdis en donnant de grands coups de pied dans la porte d'une enceinte crénelée en pisé, qui s'obstine à rester fermée jusqu'à ce que nos efforts réunis eussent réveillé, par un tapage suprême, les maîtres et les gardiens de l'endroit. Nous entrons dans une cour spacieuse. Au fond de la cour se dresse, sous les rayons pâles de la pleine lune, un manoir d'un conte de fée, une forteresse d'un chevalier de proie du moyen âge. Nous montons une rampe très inclinée, sans balustrade, jusqu'au sommet de la falaise où se trouve la demeure du beg d'Ousti. Le baba est arrivé, il s'est endormi en nous attendant; il salue et dit qu'il n'y a rien à manger. Or, nous n'avons rien mangé depuis quatorze heures. On apporte un bon brasero, et le beg vient faire son salâm. Il est évidemment très malade; il grelotte la fièvre et s'excuse de ne pouvoir nous recevoir comme il le voudrait. On finit par dénicher tout de même, dans le voisinage, une écuellée de lait caillé et du pain, un vrai festin de Balthazar! Quelle est relative la valeur des choses! Et comme nous allons bien dormir dans un instant, sur notre selle comme oreiller, enveloppés de notre touloup!

---

1. « Un tach et demi », soit 12 verstes. — 2. Étape.

Car il n'y a pour tout ameublement, dans cette chambre, que quatre fusils à fourche, une natte sur le sol et un bonnet turcoman pendu à un clou.

Mais avant de nous étendre sur la natte, jetons un regard par la porte-fenêtre que ferment mal deux volets en bois criant sur le gond. La lune sans voile brille dans un ciel pur et balayé de nuages. Du haut d'un petit balcon crénelé, nous voyons, à 30 mètres au-dessous de nous, s'étendre à perte de vue une plaine immense, couverte à l'horizon d'une buée blanche et

Fig. 59. — Forteresse d'Ousti.

inondée d'une lueur pâle indécise. L'Amou, au loin, ressemble à un long ruban d'argent. Ce château fort, dans ce paysage, est fantastique. Doré et Victor Hugo l'ont rêvé dans leurs dessins. Nous l'avons vu.

La forteresse d'Ousti est bâtie sur un kourgane de loess élevé et singulièrement isolé au milieu de la vaste plaine. La stratification des couches de loess sablonneux, entremêlé de débris de conglomérat, me fait croire qu'il n'est pas dû à la main des hommes. Au pied du kourgane, une cour spacieuse fortifiée contient les denrées et les habitations pour une garnison éventuelle. Un saraï coupolé, du genre de ceux d'Abdoullah-Khân, offre un refuge aux caravanes de passage. Actuellement, le beg est seul, car il n'y a ni prisonniers à garder, ni ennemis dangereux à craindre. Ousti est en effet un poste pénitentiaire que les

Bokhares appellent, par allusion, *la petite Sibérie*, et Kabakli *la grande Sibérie*. Le beg nous fit visiter la forteresse établie au sommet du monticule qui n'a rien de remarquable en dehors de sa situation et de la vue superbe qui fait découvrir un immense espace de la plaine parcourue par le fleuve. A notre demande où était le cachot, on nous mena dans la cour, devant une sorte de puits fermé par un couvercle ; après avoir soulevé celui-ci, nous vîmes une fosse profonde de 4 à 5 mètres, et une cruche dans un coin : c'était la prison, le *sindone*, que nous avions déjà vu, peuplé de malheureux, à Karchi.

Du haut de notre observatoire, nous guettons impatiemment l'arrivée de notre kéma avec Rakhmed et les bagages. Nous ne sommes qu'à 1 verste du fleuve qu'on voit, comme sur une carte, serpenter en méandres nombreux vers le nord. Les sables de son rivage viennent, sous la poussée uniforme des vents du nord-ouest, assaillir les maigres cultures éparpillées autour d'Ousti et les forcer à choisir d'autres terrains.

Enfin, vers une heure, nous pouvons partir. Les bagages et les chevaux sont transbordés sur un autre kéma qui doit nous mener à Ildjik, où nous trouverons les Khiviens, l'« ourgendj kéma », comme disent les Bokhares, faisant le trajet direct jusqu'à Chourakhane. Les nouveaux bateliers sont plus paresseux que ceux d'hier ; à chaque instant ils collent notre barque sur un banc de sable, et nous perdons ainsi beaucoup de temps. Quand la nuit est venue, nous sommes forcés de les contraindre à avancer, car ils veulent à chaque instant aborder, tout comme ceux de Tchardjoui. Cependant, nous avons une belle lune et pas de vent. Vers neuf heures, un point lumineux apparaît sur la rive droite, puis on devine la forme d'un arbre et les silhouettes longues de quelques barques amarrées au rivage. Nous sommes au campement des Ourgendji ou Khiviens, occupés, à notre arrivée, à se délecter du chant d'un musicien jouant de la *bourla*. Assis en rond sur leurs talons, autour d'un feu de saxaoul, avec leurs immenses bonnets en peau de mouton, ils ont l'air de parfaits brigands. Ils sont venus de Petro-Alexandrovsk — qu'ils ne connaissent que sous le nom de *Chourakhane*

— en halant leur kéma à l'aide d'une corde, le long de la rive droite, et attendent un chargement pour redescendre. D'Ildjik à Petro-Alexandrovsk, ils mettent, à l'époque de l'étiage, de six à sept jours, et quinze jours pour remonter. A l'époque des grandes eaux, il leur faut trois à quatre jours pour descendre et un mois et plus pour remonter. La distance en ligne directe est d'environ 300 kilomètres. Ils font une concurrence, d'ailleurs très faible, aux caravanes qui vont, sur la rive droite, de Bokhara, de Karakol et de Tchardjoui à Petro-Alexandrovsk et à Khiva. Ils chargent du thé, du tabac, du charbon de saxaoul et du coton.

Laissant Radjab-Ali à la garde des bagages, nous allons passer la nuit au kichlak d'Ildjik, éloigné de 4 à 5 verstes. Le baba nous mène à travers la contrée déserte vers une sorte de ferme ressemblant à une maison fortifiée. Nous y trouvons réunis, dans une salle spacieuse, une trentaine d'indigènes, tous les hommes non mariés du kichlak, paraît-il, se délectant à boire du thé, à manger du palao et à fumer le tchilim pendant qu'un joueur de doutôr leur charme les oreilles. A notre venue, le tamacha prend fin; les convives emportent leurs plats et disparaissent tous, jusqu'au musicien, que nous prions de continuer, en lui promettant un *silaou*. Il nous sert « les meilleurs morceaux de son répertoire » jusqu'à ce que Rakhmed nous serve un excellent palao de viande de chevreau.

Les Khiviens, nous sachant forcés de louer une de leurs barques, profitent de l'occasion pour nous demander la somme considérable de 140 tillas (soit 280 roubles, ou 728 francs) du voyage de Chourakhane. Après force pourparlers, on convient de s'en remettre pour le prix définitif au chef de Petro-Alexandrovsk, et les bateliers recevront séance tenante 80 tengas d'arrhes. L'aksakal d'Ildjik joint la main de Rakhmed à celle du « capitaine », du *kéma-bachi* khivien, les réunit de la sienne et consacre ainsi, suivant la mode indigène, le marché conclu. Cela tient lieu aussi de quittance de l'argent déjà reçu. Le même mode de consécration se retrouve sur nos foires à bestiaux.

Nous achetons quelques vivres pour la journée, du fourrage

pour nos chevaux, c'est-à-dire de la paille hachée à la place du foin ou de la luzerne introuvables, car nous ne devons aborder que ce soir à Kabakli.

Au moment du départ, deux individus en haillons viennent demander la faveur d'être embarqués sur notre kéma pour être rapatriés à Chourakhane. L'aksakal appuie leur demande en nous disant que ce sont deux pauvres diables que les Turcomans ont dépouillés dans le désert, et qui se trouvent sans ressource pour rentrer chez eux. Nous les embarquons. Chemin faisant, ils racontent leur aventure. Ils étaient partis trois de Chourakhane avec trois chameaux et des chevaux chargés de tapis et de blé. Arrivés au puits de Khal-ata, près d'Adamkrylgane, ils rencontrent une dizaine de cavaliers tekkés qui les suivent d'abord à distance, puis, au soir, les rejoignent et leur commandent de jeter leurs effets et d'abandonner leurs bêtes de somme.

A cet ordre, nos deux malheureux caravaniers obéissent ; leur compagnon hésite et reçoit immédiatement une balle dans le dos qui l'étend raide mort. Sur ce, les Tekkés dépouillent nos individus de leurs bons vêtements, se disputent même pour la possession de leurs bottes et leur donnent en revanche quelques haillons et, à l'un d'eux, un vieux bonnet turcoman qu'il porte encore. Ils les poussent devant eux pendant trois jours, puis les relâchent. Pendant ce temps, ils ont eu à manger un peu de pain. Arrivés péniblement à Bokhara, puis à Ildjik, ils y ont trouvé un musulman compatissant pour leur donner le vêtement qu'ils portent en ce moment. Ils se tiennent d'ordinaire accroupis silencieusement contre le bord du kéma, aidant, s'il le faut, les bateliers aux manœuvres difficiles. Ils ne se cachent pas d'une peur atroce des Tekkés, justifiée, du reste, si ce qu'ils racontent est vrai.

Nos cinq bateliers khiviens se sont résolument mis à leur lourde besogne. Ils sont petits, pas trop musclés, mais bien râblés, silencieux et doux. Tous sont coiffés de l'immense bonnet khivien en peau de mouton brun, ébouriffé, qui protège les yeux du soleil. Les *kémas* d'Ourgendj sont mieux construits que les bokhares, plus propres, plus longs et un peu moins larges. La poupe est relevée considérablement et il n'y a pas de gouvernail. Le kéma-bachi gouverne avec une gaule pendant que les autres rament avec de grossiers et lourds avirons très fatigants à manier. Ils calfatent leur barque avec une étoupe d'aigrette de roseau ou *Lasiagrostis splendens*. A la proue, est emmurée, dans un petit foyer en terre, une marmite ou *tabak*, qui nous sert, ainsi qu'à l'équipage, à préparer le palao. Les rives du fleuve fournissent le combustible, ordinairement du saxaoul, qu'on trouve un peu partout. Le matin, nos Khiviens se font une soupe à l'oignon et au pain; puis ils font cuire un peu de pain à la graisse dans leur *tabak*, et, le soir, ils mangent avec grand appétit notre palao. Le temps est superbe, la brise propice; nous filons doucement 4 à 5 verstes à l'heure. Très habile, le kéma-bachi évite les bancs de sable, qu'il sait reconnaître à l'état de la surface de l'eau.

Cette façon de voyager a plus de charme qu'on ne le croirait. Avec nos bagages et nos cantines, nous nous sommes construit une sorte de plate-forme au milieu de la barque. A l'arrière, les chevaux, tranquilles, mangent et se reposent. A l'avant, nos hommes ont installé leurs couchettes, protégées par le bord. Le temps se passe à rédiger des notes, à faire jaser les hommes, à lire, à rêver. De-ci, de-là, un sanglier, troublé dans une roselière du bord, échappe à une balle incertaine de revolver. Pas âme qui vive sur le rivage. A droite, quelques collines de sable mouvant; à gauche, une rive basse et le steppe ou le désert de sable. Puis, le soir, quand le firmament pur se peuple d'étoiles, que la lune, rouge d'abord, blanchit en montant au-dessus de l'horizon, le silence semble être plus profond, la solitude plus complète et le fleuve plus majestueux. Les eaux lumineuses frôlent sans bruit les berges grasses d'alluvion ou veloutées de sable jusqu'à ce que la tombée d'une falaise minée, puis le bruit cadencé des avirons frappant l'eau, interrompent le grand silence. Couchés sur le dos, à contempler, immobiles et côte à côte, la voie lactée qui semble être le reflet de l'Amou dans le ciel, nous pensons aux énervés de Jumièges.

Kabakli.

Kabakli et les Turcomans. — Le passage des Tekkés. — Une alerte. — Les postes ou *karaouls* permanents. — Outch-outchak, les trois bosses. — Le Touia-mouioune.

Malgré le désir de nos bateliers, qui prétextent le lit incertain du fleuve pour vouloir aborder avant le point déterminé et nous faire perdre ainsi une journée, nous continuons jusqu'à dix heures du soir. Nous débarquons nos chevaux sur la rive

Fig. 60. — Vue de Kabakli.

gauche, au milieu d'un petit fourré de tamarix, de peupliers nains et d'*eleagnus* sauvages, que traverse un étroit sentier qui mène à la forteresse de Kabakli. Le baba, envoyé pour nous préparer un gîte et demander quelques hommes de garde nocturne pour le kéma, revient au bout d'une heure avec une dizaine de sarbazes en uniforme, armés de sabres et de fusils, sous la conduite d'un « officier ». La consigne distribuée, nous gagnons la forteresse distante d'environ 3 verstes à l'intérieur des terres. En entrant dans la cour, après avoir dépassé une enceinte fortifiée en pisé, je suis fort étonné de m'entendre saluer et apostropher en assez bon russe par un indigène enturbanné. Les sarbazes présentent les armes, et on nous conduit à une petite chambre où des individus sont occupés à boire du thé en se chauffant à un brasero. Bientôt le beg arrive et, avec lui, un petit dasterkhâne. C'est un bonhomme gros, à face rubiconde, toute poilue, avec une grande barbe grise et de gros yeux sortant des orbites; une vraie tête de Cerbère. *Vott samoui nastoiachtchiy beg*[1], nous dit l'individu parlant le russe et qui nous sert d'interprète en attendant Rakhmed attardé.

Et le beg, qui n'a pas l'air d'avoir sommeil, nous accable d'une foule de questions biscornues sur la politique, de remarques fantaisistes sur le cours probable des événements en Asie centrale, de naïvetés et de balivernes auxquelles heureusement, après une heure et demie de cet exercice, l'arrivée du palao met fin. Nous apprenons, entre autres nouvelles fantaisistes, que les Tekkés se sont donnés aux Russes (la nouvelle était prématurée) et qu'à Maour (Merv) se trouvent actuellement deux Faranguis.

Le beg parti, et, avec lui, le cercle des attentifs, notre interprète nous raconte son histoire personnelle. « J'ai, dit-il, nom Djoura-baï. Sujet bokhare, j'étais autrefois riche marchand trafiquant entre Perovsk et Bokhara, lorsque j'eus des difficultés avec le chef de district de Perovsk au sujet d'une somme d'argent qu'on m'accusait de réclamer indûment aux Russes. Ceux-ci me livrèrent à l'émir, qui me fit jeter dans le sindone. J'y suis resté trois ans ; puis, retiré de la *iama*, on m'exila à Kabakli pour sept ans. Il me reste trois années d'exil à faire. Je suis pauvre maintenant et j'espère qu'à chaque passage d'un Russe mon sort va changer et mon exil prendre fin. »

Cet homme, très poli, très prévenant, nous pria d'intercéder pour lui auprès du gouverneur de la province de l'Amou-Daria, ce qui fut fait.

Djoura-baï ne manqua pas de faire observer que chaque seigneur, de passage à Kabakli, lui laisse quelque argent ou un khalat.

---

[1]. « Voici le véritable bey lui-même! »

Kabakli ou « la grande Sibérie », est un lieu de déportation où l'émir envoie ceux qu'il a graciés du sindone et ceux qui sont condamnés à un internement perpétuel. La colonie pénitentiaire reçoit des civils et des militaires, ceux-ci faisant le service de sarbazes. C'est une forteresse à peu près carrée d'environ 200 mètres de côté, avec une porte d'entrée vers l'est. Cette porte est flanquée de deux tours percées de meurtrières, ainsi que le mur crénelé de l'enceinte. A l'intérieur de celle-ci, on trouve, à côté des habitations, des boutiques, des tchaïniks, une meched, un hammam, les méghils du cimetière, etc., tout un petit kichlak condensé où les condamnés peuvent vivre avec leur famille. Au dehors, on voit de rares *saklis*, dont les habitants cultivent quelques lopins de terre, très près de la forteresse, de peur des Tekkés. A l'ouest, les sables et le désert commencent presque au pied même de l'enceinte. Le beg partage son pouvoir avec un *karaoul-bachi* ou chef militaire. Kabakli est un poste militaire tellement avancé contre les Tekkés, que ces redoutables brigands viennent exercer leurs *alamans* jusque sous les murs de la forteresse. On nous raconte qu'il y a vingt jours les soldats ont fait une sortie, chassé les Tekkés et ramené quarante chameaux. Est-ce vrai? Les sarbazes ont l'air assez gaillards et solides, mais le Tekké leur est tellement supérieur et les tient en si profond mépris qu'on peut croire sans injustice à une vantardise bokhare.

Nous préparons des vivres pour cinq jours. Le gros beg a chargé la note à payer au point que Rakhmed lui fait entendre sans ambages que ce n'est pas ainsi, sans doute, qu'il fallait interpréter l'ordre de Bokhara d'exercer l'hospitalité de l'émir. Sur ce, le bonhomme prend peur et essaye de racheter le mauvais effet et peut-être les suites désagréables de sa rapacité en nous offrant un mouton, qu'il a fait embarquer vivant.

Nous partons dès le jour. Les sarbazes de la garnison ont sonné le clairon et fait retentir la forteresse du glas de leurs tambours et de leurs tam-tams. Toute l'armée est sur pied, massée à la sortie et présente les armes. Le vieux djiguite, qui reste à Kakakli, reçoit un khalat qu'il met incontinent avec les signes d'une profonde satisfaction. Sur le bord du fleuve, la garde du kéma s'aligne militairement ; ils reçoivent une récompense et quelques-uns essayent de faire partir leurs fusils pour nous faire honneur ou peut-être pour nous prouver qu'ils étaient chargés ; un seul y réussit.

Nos bateliers ont fait, au « bazar » de Kabakli, une ample provision de melons, desquels ils sont très friands, quoi qu'ils soient bien mauvais. Ils rament bravement pendant toute la journée. Chemin faisant, nous apercevons indistinctement sur

Fig. 61. — Turcomans traversant l'Amou-Daria.

la rive droite les ruines de Kis-Kala. Un portail élégant et svelte témoigne d'une importance que, depuis longtemps, la contrée a perdue. A cette partie du cours de l'Amou, la rive droite, accidentée, s'élève parfois en falaises de 6 à 8 mètres de hauteur, tandis que la rive gauche est généralement plate.

Vers le coucher du soleil, nous sommes en vue des ruines de Ketmenchi, qui se profilent sur la rive gauche contre le ciel empourpré. L'Amou forme une boucle en cet endroit et se resserre entre deux monticules de grès. C'est le « passage des Turcomans » ou *Tekinskiy peripraf* des cartes russes, redouté entre tous des caravanes et des bateliers. Le passage à gué est naturellement impossible ; mais les Tekkés traversent le fleuve à la nage en se couchant sur des outres insufflées d'air et en tirant leurs chevaux par la bride. Grâce au coude que fait le fleuve, ils n'ont qu'à se laisser aller au fil du courant pour aborder aisément sur la rive opposée en plage sablonneuse. Sur la rive droite, une pierre placée debout se reconnaît facilement au loin et marque le passage. Les berges se desserrent un peu plus loin et le courant devient moins rapide. Il porte actuellement contre la rive gauche. Nous y apercevons deux ou trois sentiers marqués par les pas frais de chevaux, et, du côté opposé, des empreintes fraîches dans le sable mou, de chevaux trépignant sur place en attendant d'être lancés à l'eau. Deux selles de chameaux, que nos deux caravaniers de Chourakhane reconnaissent pour les leurs, gisent non loin de là sur la berge. Après leur coup de Khal-ata, les brigands seraient donc venus repasser l'Amou en cet endroit pour regagner l'oasis du Mourgab, au sud.

Les armes sont prêtes et tout le monde est aux aguets, surtout Radjab-Ali, qui n'a point oublié son aventure du côté de Meched, quand les Tekkés le firent prisonnier.

Vers sept heures du soir, le kéma-bachi nous fait aborder dans une île près de la rive droite ; de cette façon, il nous sera plus facile de surveiller les alentours et de parer un coup de main. Nous avons dans la barque une provision de bois suffisante pour faire un feu couvert et invisible sous la marmite. On évite tout bruit, on cause à voix basse. La lune est montée au ciel et éclaire un paysage singulièrement suggestif par les scènes dont notre imagination se plaît à l'animer. Les chevaux dorment. Les bateliers, roulés en boule, reposent sous le bord sur leur gros bonnet servant d'oreiller. Nous veillons, Radjab-Ali et moi. Au bout de trois heures de garde, sabre au poing, Radjab-Ali est endormi. Dans l'espoir que les Tekkés n'attaqueront à l'abordage que vers la fin de la nuit, je jette un dernier regard circulaire sur le fleuve et les berges, et comme je ne vois point de Tekkés à l'horizon et n'entends aucun bruit insolite, je m'enfonce dans ma couverture.

Nous repartons à minuit. A peine assoupi une seconde fois,

je suis réveillé par Bonvalot qui me dit à l'oreille de préparer les armes. J'arme mon revolver. La carabine est prête ainsi que le fusil de chasse. On aperçoit au milieu du fleuve, à l'avant, une grosse masse noire qu'à première vue Radjah-Ali et les Khiviens ont qualifiée de *Tekkés*. « Tekkés ! Tekkés ! », cri terrible, mais poussé tout doucement en dedans et retentissant à travers tout le corps de nos pauvres Khiviens.

Fig. 62. — Une alerte sur l'Oxus.

Nos rameurs ont tout de suite abandonné leur poste et sont allés s'accroupir au fond de la barque, sous le bord, afin d'être à l'abri d'une balle éventuelle. Nous approchons, entraînés par le courant. On reconnaît bientôt dans cette masse noire quatre ou cinq kémas que la perspective et l'alignement de leurs proues font paraître garnis d'une masse d'individus. Sur une des barques de l'« ennemi » on a vu briller un feu ; mais, à notre aspect sans doute, le feu s'est éteint subitement. Nous voici maintenant en face les uns des autres et cependant les hostilités ne sont pas encore commencées. Nous voulons laisser tirer

MM. les Tekkés les premiers, parce que c'est notre avantage.

Et comme nous glissons silencieusement à portée de voix des barques « ennemies », notre kéma-bachi s'est décidé à lever la tête par-dessus le bord, après avoir enlevé son bonnet pour ne pas attirer l'attention, et de quelques monosyllabes gutturaux, ébauche une interpellation. On répond de l'autre côté par une courte phrase, puis, de mot en mot, une conversation rapide s'engage d'une barque à l'autre. On apprend que nos « ennemis » sont des bateliers inoffensifs qui s'en retournent à Ildjik et qui nous ont pris à leur tour pour des Tekkés.

Ainsi, nos deux chiens kirghiz, Ak-Koch et Lotchine, ne se reconnaissant pas la veille dans l'obscurité, ont aboyé longtemps l'un contre l'autre... La peur des Tekkés est pourtant bien forte par ici.

Au matin, par un vent du nord violent, nous abordons à un banc de sable où, sous une claie de roseau, se sont installés une demi-douzaine de Khiviens postés là comme *karaouls*[1] contre les Turcomans. Jusque-là, la rive droite appartenait encore au Bokhara; plus en aval, elle fait partie du domaine du khân de Khiva. L'endroit s'appelle *Karaoul-khana*. Le poste dispose de quelques pirogues qu'il a transformées en couchettes. Ils vivent là-dedans misérablement, brutalement, en partie de la chasse et de la pêche. Les faisans et les sangliers pullulent. Contre un peu de thé, du sucre et quelque argent, on nous apporte six beaux faisans de l'espèce spéciale à l'Amou. On nous demande de la poudre et quelques cartouches. Ils sont armés de fusils à fourche, mais que peuvent-ils faire contre une bande de vingt Turcomans bien décidés? Le khân de Khiva entretient sans doute ce poste, peu dispendieux du reste, pour donner satisfaction au traité passé avec la Russie d'après lequel il est obligé de maintenir des postes de sécurité pour les caravanes le long de la frontière de l'Amou.

Le vent, de plus en plus fort, retarde beaucoup notre marche en avant. Le kéma-bachi démarre à contre-cœur et se voit

---

1. Sentinelles.

bientôt obligé de stopper sur la rive droite, car le vent pousse incessamment la barque sur les bas-fonds d'où il est parfois long et difficile de la dégager. Nous repartons au soir lorsque le vent est un peu tombé. Nos bateliers rament ordinairement du matin jusqu'à sept heures du soir, puis se reposent et font la soupe pour repartir vers une heure du matin et « marcher » jusqu'à six heures.

Le temps est beau. Nous faisons jusqu'à 6 verstes à l'heure. Les rives du fleuve gardent leur physionomie simple et monotone. Par endroits, des criques abritées sont remplies de hautes roselières (*Lasiagrostis splendens*). Des falaises d'alluvion peu élevées où nichent des faucons blancs et des buses, alternent avec de petites plages sablonneuses, et des bas-fonds desséchés, salins, où s'est développée une flore halophyte[1].

Les deux fleuves jumeaux du Turkestan, le Syr et l'Amou-Daria, ont sensiblement les mêmes allures tout le long de leur cours. Le Syr-Daria, près d'Italane, par exemple, dans le Ferghanah, et l'Amou à son entrée dans le Khiva, pour ne prendre que des points extrêmes, ne diffèrent que par le débit.

Dans l'après-midi, nous passons sous les murs élevés et frustes du fortin de Sarterach-kourgane. Situées à présent au bord immédiat du fleuve après en avoir été éloignées, ces ruines sont minées sous nos yeux par le courant qui mange le rivage et ne tarderont pas à s'écrouler dans le fleuve et à disparaître entièrement. Des faits de ce genre prouvent combien l'Amou change de direction et de lit et avec quelle rapidité il arrive à se déplacer en déposant d'un côté ce qu'il mange de l'autre. Ce caractère d'allures incertaines est devenu sans doute une des causes de l'abandon dans lequel les rives, autrefois fertiles et cultivées, du fleuve ont été laissées depuis l'époque où les constructions, dont on ne voit aujourd'hui que des ruines, ont été bâties.

Au coucher du soleil apparaissent, à droite, les trois mamelons d'Outch-Outchak. C'est là qu'en 1873, lors de la campagne de Khiva, débouchait le corps expéditionnaire du général Kauff-

---

1. Voir *le Bassin de l'Amou-Daria*, par G. Capus, dans *Revue scientifique*, t. III, 1883.

mann après qu'il eût perdu, aux environs du puits d'Adamkrylgane (nom signifiant « déperdition de l'homme »), jusqu'à 12 000 chameaux et failli périr de soif par la trahison d'un chef bokhare.

Au pied des trois collines couronnant un petit chaînon dirigé vers le nord-ouest, se trouve un camp fortifié de soldats bokhares. Le fortin se compose d'un carré de steppe entouré d'un mur en pierres entassées, ébréché, qu'un homme peut

Fig. 63. — Syr-Daria, près d'Ilatane (Ferghanah)

enjamber en beaucoup d'endroits et un chien sauter partout. Au milieu de cet enclos se trouvent les habitations des sarbazes et du beg, une mosquée et le cimetière. Les maisons, y compris celle du beg, ressemblent plutôt à des tanières de fauves qu'à des habitations humaines, et cette impression est corroborée par la vue des nombreux squelettes de chevaux et de chameaux qui gisent autour de l'enclos, et les bandes de chiens et de chats errants qui rôdent sournoisement au milieu de ce charnier. La garnison se compose, en ce moment, d'une cinquantaine de cavaliers, dont quelques-uns possèdent de fort beaux chevaux turcomans. C'est dans ce fortin que viennent se réfugier ou se reposer les caravanes qui vont de Chourakhane à Bokhara.

A Outch-outchak, la route des caravanes qui longe l'Amou se réunit à celle qui vient du puits de Khal-ata et le poste en forme la tête de ligne.

Nous achetons un peu de foin et quelques mauvais melons ; puis, après avoir vu luire, à quelques verstes de là, la nappe bleue du lac Sardava-koul, nous allons camper sur le rivage. On repart dans la nuit.

La température nocturne est déjà basse ; elle tombe à + 5 degrés centigrades et la rosée est abondante. Dans la matinée, nous abordons près des ruines très délabrées de l'ancien kourgâne de Mechekli.

A 2 ou 3 verstes du rivage se trouve un aoul d'Ata-Tourkmènes. Bonvalot et Radjab-Ali montent à cheval et rapportent du fourrage et des vivres. Ces Turcomans fabriquent de très bons tapis ; leur tribu, éparpillée dans le Khiva, se distingue par ses mœurs douces et son caractère inoffensif.

Nous approchons du *Touia-mouioune,* un coude étendu que fait l'Amou avant d'entrer dans l'oasis du Khiva et auquel les indigènes, par allusion à sa forme, ont donné le nom de *bosse du chameau.*

Le fleuve est devenu très ensablé ; les bas-fonds deviennent plus fréquents. A la hauteur de Zenke-kourgâne, le courant s'accélère entre des rives plus rapprochées et porte à droite contre une falaise élevée.

Le soleil est au déclin quand nous abordons à l'entrée du grand coude. Le kéma-bachi nous prie de tirer un coup de fusil afin d'avertir de son passage le « douanier » russe installé au sommet de la colline et chargé de prélever l'impôt à l'entrée du territoire de la province de l'Amou-Daria.

— S'il ne sait pas que je suis passé, dit-il, il me demandera, à mon prochain passage, le double de la somme que l'on doit payer pour l'entrée d'un kéma chargé de marchandises.

Nous campons dans une crique bien abritée, marécageuse en ce moment, mais remplie d'eau à l'époque des crues. Le courant du fleuve porte ici violemment contre la bosse du coude en minant lentement une très haute falaise de pierre meulière.

De grosses masses de rochers pendent, menaçantes et prêtes à tomber. Sur le plateau, s'alignent des dunes de sable mouvant. D'après les données qu'a bien voulu me fournir M. Svintzoff, ingénieur de l'expédition du général Gloukhovskoï, la largeur du fleuve à l'endroit le plus resserré du Touia-mouioune est de 92 sagènes (196 mètres); l'écartement du sommet des berges de 160 sagènes (341 mètres); la hauteur de la berge khivienne de 18 sagènes (39 mètres); la profondeur maximum du fleuve de 5 sagènes et demie (11^m,72). Le maximum du débit par seconde est de 350 sagènes cubiques (3 402 mètres cubes). Au 1/12 octobre, c'est-à-dire à l'époque de l'étiage (année 1879), la vitesse par seconde était de 8 à 9 pieds; fin juin, à l'époque des grandes eaux, le maximum de vitesse est de 15-18 pieds par seconde; à ce moment, le niveau de l'eau, en cet endroit, est à 1 sagène un quart au-dessus du niveau du 1/12 octobre[1].

On voit par ces quelques chiffres que l'Amou est presque un fleuve de premier ordre et qu'il faut uniquement attribuer à l'irrégularité de son lit les obstacles qu'il a opposés jusqu'à ce jour à la navigation à vapeur régulière[2]. Il est comparable au Mississipi.

Entrée dans le pays de Khiva.

Entrée dans le Khiva. — Paysage nouveau. — La campagne de Petro-Alexandrovsk. — A la recherche d'un gîte.

Nous avons doublé le Touia-mouioune pendant la nuit. Au matin, le paysage a entièrement changé. Sur la rive gauche khivienne, la campagne de Pitnak, parsemée de maisons carrées en pisé et de rares peupliers en manche à balai, s'étale triste et pelée sous un ciel terne. Un vent froid et violent du

---

[1]. A consulter, surtout pour les documents scientifiques sur le cours inférieur et le delta de l'Amou, les écrits et travaux de Herbert Wood, du baron Kaulbars, de l'ingénieur Helmann (1878), du général Gloukhovskoï (rapport par l'ingénieur Sviridoff à l'assemblée des ingénieurs des ponts et chaussées, 1884).

[2]. Nadir-Chah, en 1739, lors de la guerre, arma huit cents bateaux qui descendirent l'Amou jusqu'à Khiva.

nord-ouest s'est précipité sur la plaine, remplit l'horizon d'une brume grisâtre de poussière et fouette les eaux troubles du fleuve en chassant notre barque contre le rivage. On se dirait à l'embouchure d'un grand fleuve dans la mer. Voici le commencement de la campagne de Hazar-asp et le gué d'où part la route. Une multitude de kémas, et sur le rivage très bas, des files d'arbas attendent leur tour de passage ou leur charge. Nos bateliers, impuissants à lutter contre le vent, sollicitent un peu de calme pour nous déposer sur la rive opposée. Deux individus s'offrent, pour prix de leur passage, d'aller annoncer notre arrivée à un chef indigène qui habiterait non loin de là, sur le territoire russe, et qui nous enverrait un guide pour nous conduire à la forteresse russe de Petro-Alexandrovsk. Le vent quelque peu apaisé, nous risquons le passage et nous parvenons, à coups de gaule, à aborder sur un banc de sable assez résistant pour permettre aux chevaux de prendre pied et de gagner la rive droite. Au bout d'une heure d'attente, nous passons du soupçon à la certitude : les deux individus auxquels nous avons accordé la faveur de la traversée ont menti, et nous attendrions en vain le guide qu'ils nous avaient promis de nous dépêcher.

Accompagnés de Radjab-Ali, nous partons à cheval dans la direction de Petro-Alexandrovsk, qui doit être éloigné d'une trentaine de verstes. Nous traversons d'abord une contrée déserte, mais cultivée en été, grâce aux aryks nombreux dérivés de l'Amou. Le terrain est salin ou formé d'une légère couche de sable gris de l'Amou, accumulé en petites dunes inoffensives. La végétation est rare : quelques mûriers et saules rabougris, avec des plantes salines, des rhizomes de roseaux et des touffes de tamarix. De-çi de-là, des iourtes d'Ata-Tourkmènes s'élèvent comme des taupinières au milieu de la plaine accidentée seulement par les bords surélevés des aryks. Après une chevauchée rapide fournie allègrement par nos chevaux reposés, nous atteignons Ak-kamouich, résidence d'un *volosnoï*, qui ne manquera pas de nous donner un guide jusqu'à la ville. Mais le volosnoï n'a pas reçu d'ordre et ne se soucie guère de nous être agréable. Le nom du gouverneur de la province ne semble point avoir le même prestige que dans le Turkestan proprement dit. Il nous faut quand même un homme pour nous montrer le chemin, et le chef finit par nous en donner un après avoir inutilement prétexté l'absence de tout son monde et essuyé des apostrophes assez violentes. Radjab-Ali retourne à la barque et nous amènera les bagages dès que le temps le permettra.

D'Ak-kamouich à Petro-Alexandrovsk, nous chevauchons par une contrée aride, occupée par des *takirs*, des efflorescences salines et des sables mouvants. Quelques iourtes d'Ata-Tourk-mènes, quelques fermes isolées de Kara-Kalpaks forment le centre de champs de culture d'abord peu étendus, augmentant, au fur et à mesure que nous approchons du chef-lieu du pays. Bientôt, en effet, nous avons atteint la zone des cultures continues, et dans les champs apparaissent de nombreux élévateurs d'eau pareils à ceux que nous avons vus à Tchardjoui. Le blé d'hiver est levé. Près des fermes kara-kalpaks, les chevaux battent, en trépignant, le sorgho sur une aire en plein vent. Les indigènes sont occupés à dépouiller les longues tiges de chanvre de leurs feuilles et de leurs fruits, les premières pour en faire du *nacha*, ceux-ci pour l'ensemencement. Des rangées de saules, d'*eleagnus*, de peupliers blancs, s'alignent le long des grands canaux, la plupart à sec, dont un s'en va en ligne droite porter l'eau de l'Amou à Petro-Alexandrovsk. A droite, du côté de Chourakhane, l'horizon gris et nu est occupé par les sables du désert.

Après une chevauchée qui nous a paru interminable, nous voyons, vers quatre heures de l'après-midi, s'élever devant nous un rideau de hauts peupliers annonçant la ville. Puis, des sons bizarres frappent notre oreille. C'est effectivement une musique européenne que nous entendons, une marche militaire, et tout à coup le sentiment de nous trouver au milieu d'un pays civilisé nous envahit avec une singulière intensité. Le paysage, l'Amou, les bonnets à poil des Khiviens, l'accent guttural de leur langage, la fatigue, l'Asie, tout disparaît et se trouve absorbé dans cette mélodie rythmée d'un air de musique

que le vent nous apporte par bouffées, le rapprochant et l'éloignant tour à tour. Jamais l'autorité de la basse, le discours du piston et le bavardage de la clarinette ne nous ont paru plus sublimes.

Ayant perdu la file des noms de jour de la semaine, nous concluons que c'est aujourd'hui dimanche, et que, la musique jouant devant la demeure du gouverneur, nous sommes sûrs de rencontrer M. le colonel Grotenhelm, déjà prévenu de notre arrivée, pour lui présenter les lettres qu'on a bien voulu nous donner pour lui. Malheureusement, Son Excellence est indisposée, et Mme Grotenhelm, qui nous annonce cette nouvelle, nous prie de repasser demain.

Mais nous avons beau chercher, à Petro-Alexandrovsk, un hôtel, un logis, un abri pour la nuit enfin, pour ne pas devoir camper sur la place publique; partout on nous répond qu'il n'y a d'hôtel que le caravane-saraï indigène. Aussi, tous nos effets étaient restés sur la barque, sauf la fourrure en peau de mouton ou *touloup* qu'on ne quittait pas, et qu'on portait ficelée à la selle tant que la température le permettait. Quand, traversant la grande place bordée de maisonnettes qui se trouve en dehors de la forteresse, nous demandâmes la direction du caravane-saraï, un Russe, un simple tchinovnik, s'approche, et ayant appris notre désir de trouver une chambre à louer n'importe où, s'offre, fort obligeamment, de nous conduire chez un marchand du nom de Kandratieff, où nous trouverons, dit-il, ce qu'il nous faut.

M. Moskvine, tel est le nom de notre aimable cicerone, nous procure en effet deux chambres disponibles où nous pourrons rester tout le temps de notre séjour à Petro-Alexandrovsk, moyennant un faible loyer. Notre hôte, un ancien pêcheur de la mer d'Aral, tient à obliger les « Frantzousi » ; il apporte une table, des chaises, et installe incontinent un petit poêle d'où bientôt rayonne une chaleur bienfaisante qui nous fait oublier les froids de la journée. Le brave homme en est tout réjoui.

Puisse, dans nos colonies, le voyageur trouver des Kandratieff aussi aimables !

CHAPITRE VII

DE PETRO-ALEXANDROVSK A LA MER CASPIENNE.

Petro-Alexandrovsk.

La ville de Petro-Alexandrovsk et la province de l'Amou. — Députation turcomane. — La tigresse *Machka*. — Une visite à Chourakhane.

C'est en 1873 que la province de l'Amou-Daria fut occupée et organisée par les Russes qui l'avaient détachée des possessions du khân de Khiva. Cette bande de terre ingrate, peu habitable, séparée du reste du Turkestan par des déserts affreux, ne pouvait avoir qu'un intérêt politique et stratégique pour surveiller les agissements du petit potentat khivien, qui avait si longtemps inquiété la frontière des possessions russes en Asie centrale, en même temps que pour assurer le payement de l'indemnité de guerre, très sensible aux finances du khân, et dont il ne se serait soucié que médiocrement dès que les troupes d'occupation auraient mis le désert entre eux et ses États pour ainsi dire isolés. Par suite de son éloignement de Tachkent et de Samarkand, l' « Amou darinsky atdiél » n'a pu être rattaché ni à la province du Syr-Daria ni à celle du Zéraf-châne. D'autre part, sa situation exceptionnelle et le caractère belliqueux des Turcomans ont valu au chef de la province des pouvoirs administratifs étendus, comprenant la gestion militaire et civile des affaires. Quant au khân de Khiva qui, naguère, se croyait invincible au point de se permettre les plus grandes imprudences — tel un moustique des roselières de l'Aral taquinant l'ours du Nord — il est tombé au rang d'un

« ouésdny natchalnik », d'un chef de district. Le gouverneur de Petro-Alexandrovsk lui écrit des messages dans ce style : « Son Éminence est invitée à remplir mes ordres avec plus de ponctualité. » Et le khân répond : « Je prie Votre Excellence de m'excuser ; j'ai fait le possible, mais le temps a manqué pour exécuter les ordres avec plus de rapidité... » Pour se consoler, ce monarque déchu porte l'ordre russe de Saint-Stanislas autour du cou.

La province est divisée en deux rayons, celui de Chourakhane et celui de Tchimbaï, avec une population totale de 134 000 habitants. La capitale, Petro-Alexandrovsk, est une petite ville naissante qui n'est point encore adolescente, depuis 1873, et qui ne sera jamais adulte à cause de sa mauvaise situation et de l'aridité de la contrée d'alentour. La partie commerçante, si tant est que l'on peut appeler ainsi une rangée de petites échoppes et de doukhanes s'alignant sur trois côtés d'une grande place carrée, est située en dehors de l'enceinte du fort. Dans la forteresse se trouvent la demeure du gouverneur, les chancelleries, la poste et les baraquements pour une partie des troupes. Ces baraquements étaient alors des sortes de tanières en pisé ayant la forme d'une tente-abri. On y voit encore une église intéressante à cause des matériaux primitifs qui ont servi à son érection. Elle est en effet en pisé, du style byzantin ordinaire ; elle ressemble à la chapelle d'un ermite.

La végétation et l'ombre sont rares en été ; quelques rangées de peupliers dans le fort et de rares et poussifs arbres fruitiers venant lentement dans les jardins jeunes, exposés à toutes les bises de l'hiver. Si l'été est très chaud, l'hiver en effet, en raison du climat continental, est très dur, la moyenne du mois de janvier tombe jusqu'à 5 degrés au-dessous de zéro. On dit cependant qu'il n'y a pas de fortes neiges et qu'elles ne restent jamais longtemps. L'hiver de 1877-1878 fut exceptionnellement froid ; la température était tombée à — 25 degrés centigrades et l'Amou gela jusqu'au delà de Tchardjoui. Le combustible est très cher, le bois de chauffage étant rare. On brûle des herbes du steppe et surtout du saxaoul dont le poud revient jusqu'à

10 kopecks. Naguère, le steppe et le désert fournissaient du saxaoul en abondance dans le voisinage de la ville, mais aujoud'hui il faut aller le chercher jusque dans un rayon de 150 verstes. Voilà qui retardera longtemps l'établissement, dans le pays, d'industries réclamant des matériaux de chauffage ; car, jusqu'alors, les steamers à faible tirant d'eau qui naviguent sur l'Aral et s'engagent parfois dans les bouches de l'Amou sont chauffés au bois de saxaoul et aux herbes sèches du steppe. Un steamer de cette flottille, *le Samarkand*, d'un tirant d'eau de 3 pieds, réussit, en 1878, à remonter l'Amou jusqu'à la frontière afghane. Les difficultés qu'il avait rencontrées firent abandonner des projets de voyages plus nombreux. Il n'y a pas longtemps, *le Samarkand* mouillait en face de Petro-Alexandrovsk. Le gouverneur de la province en profita pour inviter le khân de Khiva à lui rendre visite, ce que ce dernier n'avait jamais fait à Petro-Alexandrovsk, n'en ayant pas reçu l'invitation. L'entrevue eut lieu à bord du steamer, et le khân en prit tant de plaisir qu'il y revint une seconde fois.

A 6 verstes de la ville, près d'un canal dérivé de l'Amou, se trouve le camp ou « lager » des sotnias de Cosaques de l'Oural. Le site est un peu plus réjouissant que celui de la capitale, à cause de la présence d'une végétation plus touffue et du voisinage immédiat de l'eau. C'est, en été, une promenade favorite, animée par la vie plus remuante du camp, la musique militaire et des excursions sur l'eau[1].

Les fièvres intermittentes sont fréquentes, sans cependant affecter les formes graves que l'on observe dans le Turkestan.

J'ajoute qu'on trouve à Petro-Alexandrovsk une station météorologique, un club d'officiers, un bon hammam russe et des magasins où l'on vend la plupart des marchandises d'Europe.

En ce moment, on attend avec impatience l'arrivée des caravanes de Kazalinsk, qui doivent apporter de nouvelles denrées dont le besoin se fait sentir.

1. Pendant l'automne de 1884, le camp des Ouraltzis, avec les habitations des officiers et le petit bazar, furent entièrement rasés par les eaux du grand canal, qu'une rupture de digue avait déchaînées.

Nous avions déjà vu à Tachkent et à Samarkand quelques-uns de ces « Ouraltzis », anciens Cosaques de l'Oural, ceux-là qu'une mesure disciplinaire avait exilés, il y a six ou sept ans, au nombre de six mille. Nous les retrouvons à Petro-Alexandrovsk, pauvres, abandonnés, jeunes et vieux vivant misérablement, les uns de leur métier d'artisan, les autres de chasse et de pêche. Mécontents d'une mesure administrative qui lésait, disent-ils, une partie de leurs droits acquis — auxquels ils tiennent obstinément et avec fierté — ils préférèrent le départ et l'exil et continuent à vivre dans la misère plutôt que de signer le recours en grâce qui leur vaudrait le pardon.

La chasse et la pêche sont assez fructueuses : l'Amou est très poissonneux et le steppe giboyeux. Mais l'abondance du poisson et du gibier en abaisse le prix à une douzaine de kopecks le faisan, par exemple, et le kilogramme de poisson.

Parmi les poissons de l'Amou, il y en a huit ou neuf espèces ; le plus fréquemment pêché est l'esturgeon, l'*Assetrina*, et le plus curieux, le *Scaphirhynchus*, que les indigènes appellent *tach-bakri* ou « poisson de pierre ». Ce ganoïde, de la famille des Sturioniens, a été rapporté, pour la première fois, en 1871, par Fedchenko dont il a reçu le nom. Le *Scaphirhynchus Fedchenkoï* ne mesure pas plus de 240 millimètres de longueur, de la pointe du museau, très long, à celle de la queue, très déliée. Des rangées d'écailles saillantes, un peu épineuses, lui garnissent le dos et les flancs et lui ont valu le nom caractéristique indigène. Une particularité curieuse est l'atrophie de la vessie natatoire : le poisson vivant enfoncé dans la vase ou le sable, et n'ayant point de grands déplacements de niveau à opérer, le jeu étendu de ce ludion deviendrait superflu. La seule espèce de ce genre, le *Scaphirhynchus Raffinesquii*, n'était connue auparavant que dans le Mississipi, mais elle est d'une taille bien supérieure à celle du tach-bakri [1].

La pêche du caviar, que les Russes appellent *ikrà*, est fruc-

1. Le *Scaphirhynchus Fedchenkoï* appartient au Syr-Daria. L'espèce de l'Amou a reçu le nom de *Scaphirhynchus Kauffmanni*. M. Bogdanoff l'a trouvé un peu en amont du delta et pas dans la mer d'Aral (voir *les Pois-*

tueuse, mais la qualité du produit est inférieure à celle du caviar de l'Oural.

Après deux jours d'attente, et M. Tchepetoroff, chef du district, ayant bien voulu nous aider, nous voyons enfin arriver nos bagages que quatre arbas ont été prendre au kéma, mouillé à l'endroit appelé *Seïd-mourad*. Nous pouvons dès lors hâter nos préparatifs de la traversée du Khiva et de l'Oust-Ourt.

M. Grotenhelm veut bien aussi nous remettre une lettre pour le khân et annoncer notre voyage à son premier ministre, le divan-begui Mad-Mourrad, qui vient justement d'arriver à Petro-Alexandrovsk apporter l'annuité de guerre. Le ministre khivien, habillé d'un magnifique khalat rouge, s'est fait suivre d'une nombreuse escorte de cavaliers, tous vêtus de couleurs voyantes, coiffés de l'immense bonnet khivien et montés sur de bons chevaux. La cavalcade, devant notre fenêtre, traverse la place au petit trot, s'arrête au milieu pour donner à Mad-Mourrad le temps de tirer quelques bouffées d'un tchilim, puis disparaît dans la forteresse. Nous retrouverons le divan-begui à Khiva, où nous ferons plus ample connaissance.

Quelques jours avant notre arrivée, une députation de Turcomans Tekkés, de l'oasis du Mourgâb (Merv), avec eux le fils d'un des khâns de Merv, était venue par Khiva à Petro-Alexandrovsk solliciter une entrevue avec le gouverneur de la province. Le khân de Khiva les avait retenus quelque temps pour prendre les instructions du colonel Grotenhelm. Ils venaient, au nom d'une fraction des Turcomans du Mourgâb, protester des bonnes intentions des Tekkés envers les Russes et prier le chef de la province de les faire recevoir dans le rayon des sujets du tzar blanc. Cette démarche avait suivi de quelques mois la prise de Géok-tépé et de l'oasis d'Akhal.

Ils furent bien reçus; ils assistèrent à une parade de troupes et s'en retournèrent contents, impressionnés par la discipline

sons du voyage de Fedchenko, par M. Kessler). On a depuis trouvé une troisième espèce turkestanienne appelée *Scaphirhynchus Hermanni* (G. Capus, *le Scaphirhynchus Fedchenkoï*, in *Magasin pittoresque*, t. VI, 1884, avec figures).

et la valeur de l'armée russe, irrités contre eux-mêmes d'avoir été d'abord au khân de Khiva, dont ils méprisaient la faiblesse et raillèrent la décadence. Avant leur départ, le gouverneur leur avait instamment recommandé de contraindre leurs compatriotes à ne plus piller les caravanes et à ne plus faire d'*alamanes*, ce qu'ils promirent. La conquête pacifique de Merv était imminente. Trois ans plus tard, grâce à l'activité patriotique du colonel Alikhanoff, leur désir de devenir sujets de l'Ak-Pacha[1] était satisfait.

Notre départ pour Khiva fut retardé par une circonstance aussi singulière qu'inattendue : la difficulté, puis l'impossibilité d'avoir du bois pour une cage à tigre. Le colonel Grotenhelm nous avait fait cadeau, en effet, de *Machka*, une jeune tigresse de dix à onze mois, que l'on tenait simplement attachée à une chaîne dans la cour de son habitation. Très douce, Machka aime à être caressée en ronronnant étrangement, et se laisse chiper des os entre les pattes, dans la gueule, par le petit chien « mouton » de la maison. Il y a quelques mois, elle courait comme un chat dans les appartements. Elle a 1^m.20 de longueur et 80 centimètres de hauteur; une robe d'un roux brunâtre, rayée de bandes noires plus serrées que celles du tigre du Bengale, me fait croire à une différence spécifique, quoique d'ordinaire on identifie le tigre de l'Amou avec le tigre royal. Machka fut volée à sa mère, à l'âge de six semaines, dans les roselières de Koungrad et apportée en cadeau au khân, qui l'envoya à M. Grotenhelm.

Nous l'emporterons; dans quelques mois, des velléités de mariage la rendraient méchante. Machka remplacera notre escorte à travers l'Oust-Ourt; si les Tekkés nous attaquent en nombre, on ouvrira la cage...

En attendant, il faut en faire faire une : mais le bois de peuplier, que nous pourrions avoir, est trop mou; il faut du bois d'orme. Au bout de trois jours, l'homme que nous avions envoyé à la recherche de planches d'orme revient sans en avoir trouvé.

[1]. « Pacha blanc », c'est ainsi que les indigènes appellent l'empereur de Russie.

Machka ne verra pas l'Europe et notre ménagerie ne sera pas augmentée.

Le tigre, rare sur les bords de l'Amou inférieur, devient plus fréquent dans le delta, aux environs de Koungrad et de Tchimbaï, où d'immenses roselières couvrent les bas-fonds inondés et leur fournissent, avec une retraite plus à leur goût, une plus grande abondance de sangliers. Les indigènes prétendent que le tigre chasse volontiers de compagnie avec une espèce de panthère qu'ils appellent *kara-koulak*, mais qui serait assez rare.

La veille de notre départ, nous allons visiter le bazar de Chourakhane, grand village indigène situé à environ 5 verstes au nord-est de Petro-Alexandrovsk. Notre hôte nous accompagne ainsi qu'un vieux bonhomme tout ratatiné, très solide, véritable loup de steppe, qui vient de faire en cinq jours à cheval le chemin de Kazalinsk à Petro-Alexandrovsk, c'est-à-dire environ 100 verstes par jour. Des tours de force de ce genre ne sont pas rares. Les Turcomans en font davantage dans le désert sur leurs excellents chevaux entraînés. Les Kirghiz aussi le font; mais ils ont l'habitude de prendre deux chevaux, enfourchant alternativement l'un et l'autre.

Après les dernières maisons de la ville russe commencent les sables mouvants se massant en petits barkhanes qui vont du nord-ouest au sud-est et s'étendent jusqu'aux premières maisons de Chourakhane. Leur direction vers le sud-est préserve le village et la ville de leur atteinte. Le bazar de Chourakhane se tient deux fois par semaine. Il est très animé, excessivement sale, et la foule envahit et encombre toutes les rues étroites qui aboutissent à la place du marché. Kara-Kalpaks, Turcomans, Khiviens, Kirghiz, Ouzbegs, Sartes, Tatares et Russes y trafiquent des produits de leur agriculture, de leurs industries primitives ou des marchandises apportées par voie de caravane de Kazalinsk. Aucun produit particulier ne fixe l'attention, si ce n'est les tapis solides et de couleurs sombres que fabriquent les femmes ata-tourkmènes, ou la mauvaise cotonnade indigène grossièrement imprimée de rouge et de noir. Les Kirghiz vendent du feutre (*kachma*), des chevaux, des chameaux et des moutons; les Khiviens, les céréales, parmi lesquelles le djougarra, en bottes sèches ou en grain, tient une grande place. Les nomades y viennent encore s'approvisionner de ces excellents petits melons et des arbouzes du pays de Khiva, qui rivalisent de qualité avec ceux de Samarkand.

C'est un spectacle divertissant que de voir ce roulis incessant d'une foule serrée au milieu des bêtes de somme, poussées, harcelées, tirées, impatientes et enchevêtrées. Des ânes, petits, au long poil d'hiver, se tiennent entre les jambes des chameaux pleurant des heurts qu'ils reçoivent d'une croupe de cheval. Dans un coin, un tas de chevaux se battent dans des ruades auxquelles on fait à peine attention. Les arbas étroites essayent de se frayer un chemin dans cet encombrement insensé, et de toutes parts éclatent les *hoch! hoch!* prémonitoires des arbacèches. Personne n'est écrasé; c'est étonnant. Au milieu d'une foule compacte, un Khivien et un Kirghiz se battent, si près l'un de l'autre, qu'ils n'arrivent pas à lever le bras pour se donner des coups. Nous nous réfugions au bazar, dans un tchaïnik sarte, d'où nous voyons le mouvement de vague de ces centaines de bonnets khiviens en peau de mouton, qui semblent n'appartenir qu'à une seule tête gigantesque. Devant l'échoppe voisine, des soldats russes, au type mongoloïde, marchandent, en turc, un morceau de savon. Un Kirghiz, reconnaissable à son bonnet en feutre bordé de peau de renard, achète du fil et des aiguilles. Au bord du chemin, presque dans la boue, quelques Khiviens font la chasse aux insectes qui peuplent leur volumineux et crasseux couvre-chef. Comme partout, des divanas ou derviches, à la mine fieffée, se pressent dans la foule, mendiant tout et se contentant d'un rien. Un gamin, portant comme eux un sac en bandoulière, s'en va, d'échoppe en échoppe, chanter un air affreux, et je vois un marchand de céréales lui faire l'aumône étonnante de quelques feuilles sèches de sorgho. Tout est fourré pêle-mêle dans le sac, le costume central-asiatique n'ayant point de poches. Le soir, au kalantar-khana[1], les derviches as-

---

1. Bouge où les derviches se réunissent pour la nuit.

sociés font le triage de la recette de la journée et rêvent, dans les fumées du hachisch, de grands sacs tout pleins de melons et de riz, pendant que leurs ânes mangent le sorgho qu'ils voudraient vert.

Départ pour Khiva.

Départ pour Khiva. — Perdus dans la campagne de Khanki. — La corvée. Cultures et canaux.

Le 13 novembre, dans l'après-midi, après avoir remercié le colonel Grotenhelm de ses soins, acheté une petite *ioulameïka* (tente indigène faisant la petite charge d'un cheval) et un poêle portatif dont on nous a assuré la nécessité, nous partons pour le passage à bac de l'Amou, car nous voulons, avant la nuit, atteindre Khanki pour être demain à Khiva. Le temps est superbe, ce qui fait paraître le paysage moins maussade. Nous traversons le camp russe; les Cosaques de l'Oural viennent de rentrer de la campagne contre les Turcomans de Géok-tépé, et plus d'une poitrine est ornée de cette croix de Saint-Georges qui n'est donnée au brave que sur le champ de bataille. D'aucuns en ont une rangée.

Le passage à bac se trouve au bout du canal qui traverse le camp. Les passeurs nous font attendre deux heures, et ce n'est qu'à force d'invectives, voire même de menaces, qu'ils se décident, à la nuit, à nous transporter sur la rive opposée. Cette rive est celle d'une île; car l'Amou, divisé en cet endroit en trois branches, sans compter les petites, nous force à prendre trois bacs successifs avant d'arriver sur le territoire de Khanki. Cela fait six embarquements et débarquements, et c'est toujours la même gymnastique dangereuse pour nos chevaux, qui sont forcés de sauter dans l'obscurité par-dessus le bord du kéma, au risque de se casser les jambes. Nos effets, chargés sur une petite barque, iront directement par voie d'eau à Khanki.

Au troisième bac, nos appels au passeur restent sans écho. Notre guide crie : « Ioussouff! Ioussouff! » à pleine gorge; mais

Ioussouf fait le sourd jusqu'à ce qu'un coup de revolver lui annonce la présence de passagers qui pourraient bien se fâcher plus que de coutume de son silence obstiné. Il fait nuit noire lorsque nous abordons à la rive khivienne. L'aksakal du kéma nous servira de guide jusqu'à Khanki, et nous chevauchons dans l'obscurité complète, à travers un dédale d'aryks, de champs de culture, où, à chaque pas, les chevaux buttent et menacent de s'abattre.

Bientôt notre guide a perdu le chemin, sans vouloir l'avouer. Nous sommes arrêtés enfin par un large canal qu'il faut passer à gué, et la marche au hasard recommence de l'autre côté. La patience allait nous échapper, avec un guide aussi ignorant qu'entêté, lorsque des voix de chiens nous indiquèrent une nouvelle direction qui nous conduit à un abri de joncs, où quelques bateliers sont couchés autour d'un feu. L'aksakal essaye de nous faire coucher ici, et il faut menacer encore pour avoir un nouveau guide jusqu'à Khanki. Nous voilà de nouveau perdus dans les champs et les aryks. L'indigène qui nous conduit fait preuve d'une si insigne mauvaise volonté, que Bonvalot lui tire tout près de l'oreille un coup de revolver en l'air. L'effet attendu se produit : nous sommes tout de suite sur un bon chemin, et, après avoir passé un pont sur un aryk, longé des fermes, des cultures et des méghils isolés, nous frappons, vers minuit, de grands coups à la porte d'entrée d'une vaste ferme où habite le volosnoï du pays. Personne n'est avisé de notre arrivée. Mad-Mourrad a mal fait les choses. La journée a été bilieuse et les Khiviens s'annoncent mal.

La campagne de Khiva.

La ville de Khiva. — Mad-Mourrad, divan-begui.
Une rencontre inattendue.

Le lendemain, je retourne au canal faire charger nos effets sur des arbas qui les transporteront jusqu'à Khiva. L'arba khivienne diffère notablement de celle de Bokhara et de Kokane en ce qu'elle est très petite, avec des roues plus massives et une pièce qui se rabat sur la croupe du cheval, dont le mode d'attelage diffère également.

J'assiste là à une scène bien curieuse et caractéristique, qui donne une idée du mode d'opérer des fonctionnaires des ponts et chaussées khiviens. Une centaine d'individus sont occupés à la réparation d'une digue du canal. Les uns piochent, les autres manient la pelle ou apportent du bois. Sur une arba, tout en travaillant, un vieillard d'une soixantaine d'années grelotte misérablement la fièvre en claquant des dents. Des surveillants, postés sur des éminences de terrain et armés d'un long bâton, dirigent attentivement le travail. Dès qu'un des terrassiers semble ralentir ses mouvements, le surveillant le plus proche lui allonge à toute volée plusieurs coups de bâton sur l'échine. N'était la brutalité du procédé, on ne pourrait s'empêcher de le trouver comique ; car on ne voit que bâtons s'abattant d'un mouvement régulier sur le dos d'une rangée d'individus qui trouvent la chose tellement naturelle, que pas un ne détourne la tête ni essaye d'esquiver la volée. Un animal serait moins patient. Et tout ce monde gesticule, crie, se démène, sans ordre ni esprit de suite : un vrai pandémonium.

La ville de Khanki, comme toutes les « villes » du Khiva en dehors de la capitale, est plutôt un assemblage de fermes isolées, entourées de champs de culture. Ces fermes ont l'apparence de carrés fortifiés, car elles sont entourées de hautes murailles en pisé et flanquées de tours engagées aux angles. On voit à Khanki les restes d'une ancienne forteresse et un petit bazar à moitié couvert, assez misérable, très sale. De nombreux tombeaux, crépis à la chaux comme les méghils kirghiz, sont éparpillés le long du chemin et entourés ordinairement de beaux mûriers ou de superbes ormes. La campagne elle-même semble d'une richesse extraordinaire, grâce à un vaste et intelligent système d'irrigation dont les artères principales sont dérivées fort loin de l'Amou[1], et malgré la salinité

---

1. Les grands aryks ou *arna* atteignent jusqu'à 120 verstes de longueur de leur origine dans l'Amou jusqu'à leur extrémité dans le désert.

du sol. Le mûrier, le djidda, le saule, le peuplier et l'orme sont les arbres les plus répandus le long des canaux, en dehors des arbres fruitiers des vergers. En ce moment, on est occupé à battre le djougarra par le sabot des animaux domestiques sur une aire en plein vent, à extraire les carottes, les racines de garance et les pieds de cotonnier qui serviront de combustible.

Nous passons près de Khanki, sur un pont de bois, le grand canal de Khazazat qui se dirige vers le nord-ouest jusqu'aux environs de Zmoukchir et qui n'a pas moins de 112 verstes de longueur avec une largeur initiale de 21 mètres. Ces ponts khiviens, sur pilotis, sont d'une structure frêle, avec un tablier de roseaux et de terre sans balustrade. Les arbas chargées les passent sans crainte, avec la tranquille assurance que donne le fatalisme.

A la hauteur du kichlak de Goudcha, les cultures enclavent un de ces petits déserts de sable gris, où l'eau ne parviendrait pas à faire pousser des récoltes. Les barkhanes marchent vers le sud et on les voit lutter victorieusement contre des murs de clôture qu'elles ont fini par dépasser. Ces déserts intérieurs ne sont pas rares, et l'un d'eux, le plus long, suit des deux côtés le lit du Daoudane et atteint 10 verstes de largeur. En jetant un regard sur la carte du pays de Khiva, on voit que toutes les oasis ont une forme très allongée et s'étirent le long des grands canaux d'irrigation. Toutes sont entourées du désert sablonneux et la terminaison des dernières artérioles du réseau irrigatoire marque le commencement du terrain stérile et des sables.

Près de Goudcha, on passe, également sur un pont de bois, le canal de Pahlvan-ata, qui va porter ses eaux à la capitale après avoir déjà arrosé les campagnes de Hazar-Asp et de Baguat. Quoique n'ayant qu'une longueur totale de 85 verstes, cet aryk est le plus important par la superficie des terres cultivées auxquelles il apporte la richesse.

Vers le coucher du soleil, nous arrivons dans la campagne de Khiva. La ville du khan, du *hazr*, comme disent les indigènes, nous est encore cachée; mais la route, large et facile, s'anime du va-et-vient d'une foule d'indigènes, tous coiffés du bonnet national et habillés du même khalat de cotonnade rayée aux couleurs ternes. Trois arbas, chargées d'une trentaine de jeunes Khiviens en goguette, tintamarrent et chantent au jeu criard d'un fifre qui s'époumone au milieu de leur bande, ivre sans doute pour se permettre une telle débauche sur la voie publique. A notre aspect, ils poussent un long cri.

A ce moment, le paysage est rentré dans l'Orient des rêveurs : à gauche de la route, animée d'êtres que le crépuscule fait paraître bizarres, les contours d'un tombeau coupolé se devinent sous un grand orme; à droite, à moitié caché par le feuillage mourant des arbres, un palais du khân qui fut la résidence du *iarim padichah*[1] en 1873, lors de la prise de Khiva; devant nous, à l'horizon empourpré, les minarets et les masses noires du mur d'enceinte de la ville se projettent en silhouettes sur un ciel en feu.

Cependant nous entrons par une porte délabrée dans une ville à l'aspect misérable, sale, malsaine, puante. Il fait nuit sous les voûtes trouées du bazar couvert; une odeur indéfinissable, de moisissure et de charogne, se dégage des oubliettes de la rue et procure une de ces sensations de milieu qui indisposent, dès l'abord, le voyageur qui visite pour la première fois une de ces villes de l'Asie centrale.

On nous conduit à une grande maison, située entre le premier et le deuxième mur d'enceinte. Là, dans une chambre, trop grande pour être chauffée par un brasero de charbon de saxaoul, se tiennent une douzaine de bonnets à poil qui s'occupent à ne rien faire.

Nous sommes les hôtes de Seid-Mohammed-Rahim-Bohadour, khân de Khiva.

1. *Iarim padichah,* c'est-à-dire « moitié d'empereur ». Les indigènes du Turkestan avaient donné ce nom au général Kauffmann, gouverneur général, très aimé, très respecté, et qui laisse jusqu'à ce jour de profonds regrets.

Khiva.

Le palais du khân. — Réception chez le *hazr*. — Administration et impôts. — Visite de Turcomans. — Habitants et croquis de Khiva. — Le premier papier-monnaie du Turkestan. — Monuments. — Étangs et canaux. — Prisonniers. — Le vin de Khiva. — Visite d'un hadji osmanli. — Le khân et le microscope.

La maison que nous habitons est, dit-on, une des meilleures de Khiva. Les chambres sont hautes, mal éclairées comme toujours par des portes et des fenestrelles garnies d'une boiserie à jour sur laquelle on colle du papier huilé. Une véranda (*aïvane*), dont le toit est porté par de beaux piliers sculptés en bois de kaïragatche, donne sur un grand jardin. Au milieu du jardin, un bassin d'eau (*khaouss*) répand la mauvaise odeur de ses eaux pourries et verdâtres. Ces maisons de seigneur ont plus de style et d'élégance que celles du Bokhara, mais elles sont très mal aménagées et très malsaines, surtout à cette époque. Les murs humides suintent le froid et la fièvre. Un feu vif de saxaoul, allumé dans l'âtre au milieu de la pièce, répand une odeur ammoniacale suffocante et remplit la chambre de fumée, car elle ne trouve d'issue que par la porte entrebâillée.

La valetaille nombreuse, affectée soi-disant au service des hôtes du meïmane-khana, est d'une remarquable force d'inertie. Nos demandes sont suivies pour tout effet d'un *iakchi! kop iakchi!*[1] et de la disparition de celui à qui elles sont adressées.

Le divan-begui nous a fait savoir qu'il nous recevrait dans la matinée. Sa maison est voisine de la nôtre. Nous trouvons l'antichambre remplie de serviteurs, appelés *ouglánes*, tous habillés de khalats d'une étoffe feutrée jaune qui est à la mode du pays.

Mad-Mourrad[2] est assis à la musulmane, au milieu d'une grande pièce, devant un plat de purée (*lapcha*) qu'il partage avec un sien ami.

---

1. Bien! très bien! — 2. *Mad* est une contraction de *Mohammed*.

Comme de ses doigts il a farfouillé dans le plat, il nous tend le poignet et s'excuse, en mauvais russe, de l'impossibilité manifeste de nous tendre la main. Mad-Mourrad, divan-begui, est un homme autour de la cinquantaine, à la physionomie « roublarde », renarde, au regard incertain et fuyant dans un œil clignant, bridé d'une hâtive patte d'oie. Une barbe entière, roussillante, continue le poil de son immense bonnet brun en peau de mouton, et sa moustache, coupée selon le chariat, découvre de grosses lèvres sensuelles.

Mad-Mourrad, d'origine afghane, est le premier personnage du Khiva, presque aussi puissant que son maître le khân, car c'est lui qui prélève, un peu à sa guise, les impôts de toute sorte. A l'époque de la conquête, en 1873, il fut fait prisonnier comme étant du parti opposé aux Russes. Il fut interné à Kalouga, en Russie, et y habita pendant quelque temps la maison de Schamyl; puis, quand il eut changé d'idée ou de politique plutôt, il revint à Khiva occuper le poste important que son habileté a su lui conserver depuis.

Aux murs de la chambre sont appendus des fusils, des revolvers, des kindjals, des sabres, à côté d'une pendule qui marque faux. Une table recouverte d'une toile cirée, quelques chaises sur lesquelles on ne s'asseoit jamais, préférant le coussinet par terre; sur un guéridon, deux lampes à pétrole et une autre appendue au mur, avec un réflecteur; dans une cage, un merle, qui chante faux comme son maître; par terre, des tapis turcomans et quelques livres. Nous exposons à Mad-Mourrad notre projet de traverser l'Oust-Ourt pour aller à Krasnovodsk et notre désir de trouver un guide et des chameaux. Il promet tout. Pendant que nous causons, moitié en russe, moitié en turc — il tutoie son interlocuteur comme tous les indigènes parlant quelque peu le russe — nous voyons entrer sans se faire annoncer, en familier de la maison, un Européen vêtu à la tatare, une nagaïka à la main. Et notre surprise augmente lorsque, s'asseyant à nos côtés, le nouvel arrivé nous salue en fort bon français d'un amical : « Bonjour, messieurs, comment allez-vous? »
La connaissance est vite faite : nous avons la bonne fortune de

faire celle de l'excellent M. P..., ingénieur russe, qui fait partie de l'expédition du général Gloukhovskoï et se trouve actuellement détaché à Khiva.

Et comme nous nous plaignons à Mad-Mourrad de l'insalubrité de notre logis, M. P..., en bon malo-russe, nous offre immédiatement de partager avec lui son logement et sa table. Nous acceptons de bon cœur, quoique Mad-Mourrad répète que : *Èto dom kharochi, otchin kharochi*[1]. Après avoir remis au divan-begui notre lettre pour le khân qui nous recevra ce soir avant le *namaz*[2], nous prenons congé de Mad-Mourrad et nous nous installons chez notre hôte sympathique, dont la chambre, éclairée d'une petite lucarne fermée d'un morceau de glace et chauffée d'un petit poêle, nous permet de ne pas grelotter de froid dans un « palais » khivien.

Un peu avant le coucher du soleil, nous allons, en compagnie de M. P..., au palais du khân. La demeure du « hazr » ressemble à une forteresse. D'épais murs en pisé crénelés l'entourent de toutes parts et lui donnent l'apparence d'une prison, avec cette différence que c'est le geôlier du Khiva qui s'y enferme.

Une place publique, vide, sale de boue et d'ordures, précède l'ark auquel donne accès une porte étroite, flanquée de deux tours que coiffe le gland caractéristique de l'architecture khivienne.

On nous mène par une série de couloirs obscurs, en ligne brisée, à une petite chambre basse et ténébreuse où se tiennent une douzaine de gros bonnets à poil, serviteurs, *makhrames* et *ouglânes*, ainsi que les hauts fonctionnaires. Tous sont accroupis. Mad-Mourrad aussi survient et s'accroupit à côté des autres. En attendant que le khân donne l'ordre de nous introduire, on cause de l'Europe et de l'Asie. Ils n'ont, bien entendu, que des idées vagues de l'Europe, mais ils connaissent de nom Stamboul, qu'ils appellent *Roum*. La Russie, avec laquelle ils se trouvent en relations commerciales suivies par Kazalinsk,

---

1. « Cette maison est bonne, très bonne. » — 2. Prière du soir.

Petro-Pavlovsk et la foire de Nijni, leur est mieux connue par ouï-dire, et ils savent que les Inglis[1] sont les antagonistes des Ourouss[2] en Asie centrale. Mad-Mourrad a entendu parler de la France et sait, dit-il, que c'est un « royaume » puissant, voisin des Inglis, et qu'il « ne donne pas de soldats au tzar blanc ».

Un ouglane vient annoncer que le khân est prêt à nous recevoir. Précédés de Mad-Mourrad, nous traversons quelques corridors étroits et obscurs avant de déboucher dans une cour intérieure, au milieu de laquelle, sur une plate-forme, se dresse une tente blanche, à l'usage du khân. A gauche, une porte basse, fermée de tentures, donne accès à la salle de réception. Nous entrons. Le divan-begui s'avance, l'échine courbée, vers son maître; puis s'asseoit par terre à une distance respectueuse et nous fait signe d'en faire autant, après que le khân nous eut donné la main. Nous nous trouvons en face d'un homme voisin de la quarantaine, gros, replet, avec une figure ronde d'Ouzbeg bien nourri. La tête, engagée dans les épaules, est coiffée du bonnet national, et le khân est vêtu d'un khalat de velours bleu. Il est assis à genou sur les talons, devant l'âtre, à côté d'un coussin. Des livres et un revolver se trouvent par terre, à portée de sa main. Sur une estrade, comme celle d'un café-concert, des chaises sont alignées, et, dans des niches de stuc, des bouteilles ventrues de champagne et d'autres liqueurs, dont le khân, dit-on, est grand amateur en dépit du Kôran. Quelques fusils et des tapis par terre complètent cet ameublement sommaire. Le khân a l'air inquiet et le regard sournois, peut-être à cause de sa vue mauvaise. Il ne fixe point franchement son interlocuteur, ne fait point de mouvements et parle d'une voix rogue de basse gutturale. Rakhmed, qui nous accompagne comme drogman, est mal à son aise; il n'est pas encore complètement dans son rôle, et prend souvent pour lui les questions que nous adresse le khân.

Celui-ci essaye, sans succès, de comprendre ce qu'est une république, et finit par déclarer que « cela existe chez les Turco-

---

1. Anglais. — 2. Russes.

mans! » L'idée d'un pays qui n'est pas gouverné par un tzar ou un khân ne veut pas entrer dans la tête d'un asiatique. « Mais qui est-ce qui prélève l'argent? » demande le khân très étonné, légèrement incrédule.

Et n'est-elle pas caractéristique, cette première question de principe d'un ex-potentat oriental, qui considère son peuple comme une vache à lait? Mad-Mourrad risque une pensée philosophique : « Cela est bon pour un peuple civilisé, dit-il, mais ne conviendrait pas ici. » Remarque juste ; mais il faut considérer que ni lui, ni le khân ne font précisément rien pour civiliser leur peuple. Du jour où le Khivien, aujourd'hui démoralisé et abruti, aurait le courage de sa supériorité civique et la conscience de son droit au lieu d'avoir celle de l'immoralité de ses exploiteurs, le règne du khân, de son divan-begui et de son pahlvan-divan aurait pris fin. Mad-Mourrad, venu pauvre du Bokhara, ne serait pas devenu très riche de l'excédent habile du *seket* ou impôt sur la douane; le khân ne pourrait plus pressurer le riche par l'impôt masqué du *baï-pouli* et le *mittar*[1], le *kouch-begui*[2] ne voleraient pas autant sur le *solguit* ou impôt sur la terre.

De ces trois sortes d'impôt, le *seket* et le *solguit* sont officiels et se prélèvent par les agents du fisc. Le seket est un impôt de douane et de bazar. Les marchandises russes, d'après le traité de 1873, sont exemptes d'impôts. Or, il arrive en moyenne, par an, de Bokhara à Khiva, cinq mille chameaux[3], dont deux mille chargés de tabac, à raison de 20 pouds la charge, ce qui fait 620 000 kilogrammes de tabac. A peu près le même nombre de chameaux partent annuellement de Khiva pour Orenbourg avec des charges de coton ; plus deux mille chameaux chargés de peaux, d'étoffes de soie, etc. L'impôt, pour un chameau, varie de 4 à 9 tillas. Chaque échoppe du bazar paye de 1 à 2 tillas[4] par an. Les jours de marché, on prélève 1 franc d'un chameau, 50 centimes d'un cheval, 25 centimes d'un mouton et 12 centimes d'un

---

1. Ministre. — 2. Premier trésorier. — 3. Nous devons ces chiffres à l'obligeance de M. Poddolsky. — 4. Le tilla vaut 10 francs.

âne. Le seket est de 2 et demi pour 100 pour toutes les marchandises, sauf pour le tabac. C'est, en somme, un article du budget montant à plus de 70 000 tillas, mais dont, officiellement, la moitié seulement est versée au trésor du khân.

Le *solguit* atteint la propriété foncière, les récoltes et les troupeaux des nomades. Il monterait à plus de 200 000 tillas, tandis que le khân n'en accuserait que 130 000. Les Turcomans Yamoudes seuls en payeraient jusqu'à 20 000. Ces chiffres sont difficiles à contrôler, et le montant n'en peut être calculé que très approximativement. Toujours est-il que le revenu réel est bien supérieur à celui qu'accuse lui-même le khân, qui a tout intérêt à se faire passer pour très pauvre aux yeux des Russes, à qui il doit payer une indemnité de guerre de 2 millions de roubles (5 millions de francs). Comme il n'a pu le faire en une fois, il paye par annuités, à raison de 5 pour 100 d'intérêt, et au fur et à mesure que le capital décroît, ses lamentations d'homme pauvre augmentent, parce qu'il nourrit l'espoir que la générosité des Russes le dispensera de payer le reste d'une amende si justement infligée au pillard de caravanes d'autrefois.

Du reste, le pauvre homme a d'autres ressources personnelles. Le *baï-pouli*[1] lui permet de s'adresser à la patriotique générosité des riches et de faire fructifier avantageusement ses capitaux en les forçant d'être ses débiteurs. Lorsque le khân apprend que tel ou tel marchand a fait une bonne spéculation, une vente fructueuse, il commence par lui emprunter une somme convenable, pas trop élevée, 4 000 ou 5 000 tillas, par exemple, que le marchand ne peut refuser, le khân payant l'intérêt et rendant l'argent. Il le rend, en effet, quelque temps après ; mais, aux 5 000 tillas dus, il en ajoute 10 000 des siens, à titre de prêt au marchand, et prend 5 pour 100 d'intérêt pour 15 000 tillas ! Si le marchand, hanté par le *timeo Danaos et dona ferentes*, décline le prêt en alléguant qu'il n'a pas besoin d'argent, le khân coupe court à sa politesse en le menaçant de la pendaison. Encore ne peut-il s'expatrier ou quitter longtemps le pays, car

---

1. *Baï*, riche, *pouli*, argent ou monnaie divisionnaire.

son créancier puissant a soin de retenir un membre de sa famille ou toute sa famille, comme garantie de la dette. Un riche caravane-bachi, auquel nous rendons visite, doit 30 000 tillas de cette façon, et le khân n'a jamais permis à sa famille de quitter la ville de Khiva.

Après une demi-heure d'entretien assez animé avec le khân, nous prenons congé en lui promettant de venir lui faire une seconde visite d'adieu, selon l'étiquette, et de lui montrer quelques-uns des objets curieux du Faranguistâne que nous avons avec nous, notamment un microscope et des images.

En sortant du palais, nous voyons aux abords de la cour un grand nombre d'individus venus pour attendre le khân à sa sortie vers la mosquée et lui présenter des requêtes qu'il a l'habitude d'accueillir lui-même.

La température baisse rapidement. Aujourd'hui, 16 novembre, le ciel est couvert; une bise froide souffle du nord-ouest et les premiers flocons de neige tourbillonnent dans l'air.

Dans la matinée, une bande de Turcomans, de ceux qui sont venus de Merv faire acte de déférence au khân de Khiva et aux Russes, viennent nous rendre visite. Parmi eux, un aksakal, vénérable barbe blanche qui semble être le chef écouté; puis Chahr-i-khân, fils d'un soultane, et Caïd-Pan-Pelag-i-Agli, autre chef issu d'une famille influente et qui est venu avec ses frères.

L'aksakal, paraît-il, était le propriétaire de cet esclave russe, soldat capturé, il y a sept ans, auprès d'Outch-outchak et emmené à Merv, où on l'avait mis à la chaîne. C'est grâce au vieillard et à Chahr-i-khân, disent ses compagnons, que l'Ourouss n'a pas été tué par les Turcomans à son arrivée, et que, depuis, jusqu'à son relâchement moyennant une rançon de 1 000 roubles, il a été relativement bien traité. Ces Turcomans ont un air infiniment plus noble et plus intelligent que les Khiviens. On sent qu'ils possèdent les qualités naturelles et fondamentales de l'homme qui se sent de la valeur: la noble fierté de la parole et du maintien, la confiance en soi-même, la valeur guerrière, qui n'exclut pas une noblesse de sentiment d'autant plus frappante qu'elle semble en contradiction avec la pratique des *alamanes* ou expéditions de rapt et de brigandage.

« Nous sommes libres, disent-ils, et librement nous sommes venus nous offrir au khân de Khiva et non aux Russes. Nous sommes venus cent trente. Cent des nôtres sont restés à Khiva et trente sont allés au *hakim* russe présenter le salut. Mais le khân de Khiva est faible et il a peur. Il tremble devant les Russes et nous avons eu tort de nous adresser d'abord à lui. Nous ne sommes que cent, et si nous avions voulu, nous aurions pris Khiva, dont les habitants sont vils et méprisables. On dit que nous sommes des hommes méchants ; nous sommes méchants pour ceux qui le sont avec nous, et bons pour ceux qui sont bons. Nous avons vu les Russes et les Faranguis ; ils sont doux et paisibles et nous regrettons que nos Tekkés les aient pillés et ennuyés.

« Et si vous venez dans notre pays, vous serez nos hôtes, et les hôtes sont sacrés.

« Vous, Faranguis, vous pouvez y venir sans crainte. Faites-vous donner un papier et écrivez-moi un autre papier, dit Pelagi-Agli, et personne n'osera vous toucher, à moins que ce ne soient des brigands que vous pourriez rencontrer sur la route et qui ne sont pas des nôtres. »

Et, pour appuyer ses paroles, le Turcoman tire son cachet d'argent et me l'imprime dans mon cahier de notes, à côté de ses paroles que je viens d'écrire.

Pendant qu'ils avalent à petites gorgées une tasse de thé très chaud et que, vainement, ils essayent d'utiliser une cigarette russe, ils continuent à manifester leur mépris pour le khân de Khiva, qui les a mal reçus et ne leur a fait qu'un cadeau dérisoire. L'Asiatique admire la force et aime la munificence. Le Turcoman a, du reste, comme nous, éprouvé à Khiva le même sentiment pénible à la vue de la décrépitude morale et physique d'un peuple.

La ville et la population, en effet, produisent une triste impression. Une race d'hommes dégénérés a succédé aux anciens guerriers, aux savants, à ceux qui, au seizième siècle, secouèrent le joug persan et qui, par trois fois, au dix-huitième siècle, avaient repoussé victorieusement les expéditions aventurières des Cosaques. L'ancien Khorassan était devenu le Khiva, et ses habitants, brigands de grande route et détrousseurs de caravanes, s'enrichissaient du vol des esclaves; car, jusqu'à la campagne de 1873, Khiva était le grand emporium des esclaves de l'Asie centrale.

La plupart des Khiviens sont d'origine ouzbègue; les Sartes et les Tadjiks sont rares. Les Karakalpaks[1] nomadisent dans le nord; les Yamoudes, au nord-ouest. Le nombre des juifs est très restreint. Il y a quelques Persans échappés de l'esclavage ou restés dans le pays quand, après la conquête et l'abolition de l'esclavage, ils auraient pu le quitter[2].

Riches et pauvres sont habillés du même costume : bottes molles, khalat de cotonnade sombre, rayée, et bonnet conique en peau de mouton qu'ils ne quittent jamais. Ce bonnet est assez lourd et imprime à la tête un dandinement particulier, ce qui fait dire à notre Rakhmed, qui méprise souverainement ces frères dégénérés, qu'ils n'ont même pas la force de porter leur coiffure. Ils ont un faux air de champignons ambulants, et, sur la petite tête d'un gamin de dix ans, le volumineux *kalpak* lui met la figure au milieu du corps. Les riches affectent la pauvreté dans le costume pour ne pas s'attirer la sollicitude intéressée du khân, et le mensonge s'accuse jusque dans le costume. Ils ne mentent cependant pas, ces Khiviens, lorsque nous les entendons, en cachette ou à mots couverts, maudire le régime actuel et appeler de leurs vœux l'occupation du pays par les Russes. Le patriotisme n'existant pas, l'égoïsme du foyer, menacé par la rapacité du haut fonctionnaire khivien, préfère la domination, plus équitable et plus humaine, de l'étranger. Le khân domine par la crainte qu'il inspire autant que par la dégradation de ses sujets. Il est haï en même temps, et quand ils

1. « Bonnets noirs », tribu d'origine turco-mogole.
2. Les Persans sont désignés souvent, notamment par les Afghans, du surnom de *Kizil-baches*, c'est-à-dire « têtes rouges », à cause de leur mode fort laide de se teindre la barbe et les cheveux avec du *henna*.

le peuvent en sécurité, les Khiviens racontent sur lui des horreurs, des assassinats commis dans des moments de fureur, après des orgies, où la jalousie à la mode orientale du maître ne connaîtrait plus de bornes.

Le bazar est d'une architecture pittoresque, très sale, très malsain, peu intéressant quant aux produits qu'on y met en vente. Aucune industrie spéciale, en effet, n'est cultivée par ces marchands, qui sont avant tout des spéculateurs et des intermédiaires pour l'achat des produits du dehors. On n'y rencontre ni fines broderies, ni œuvres d'art, cuivres repoussés et ciselés ou bois ornés. La consigne étant de paraître pauvre, ces objets de luxe ne trouveraient pas d'acheteurs. Les Turcomans apportent des tapis ; ceux des Tekkés, très connus et estimés chez nous depuis que les acheteurs de nos grands magasins ont pu les obtenir en quantité par les Arméniens qui suivaient l'expédition de Skobeleff à Géok-tépé, se vendent plus chers à Khiva qu'à Paris. Ils sont du reste très beaux et du meilleur tissu que je connaisse. Les tapis des Turcomans-Tchaoudors ont des couleurs plus criardes, un tissu moins serré et un poil moins fin. Une partie du bazar est couverte d'un toit en briques, élevé en coupole qui laisse filtrer une faible lumière blafarde. Des rangées d'échoppes, fermées de devantures en guillotine, s'alignent sales et maussades. On se dirait dans un vaste méghil. Presque tous les objets manufacturés sont de provenance russe. En dehors de la monnaie du pays, *poulls*, *tengas* et *tillas* de Khiva, de Bokhara et de Kokâne, on voit circuler du papier-monnaie russe, dont les indigènes connaissaient l'existence bien avant l'arrivée de nos bank-notes. On sait que, du temps de Marco-Polo, le grand Kaâne et les Chinois s'en servaient, et la légende suivante sur Timour fait penser que le grand émir connaissait également et mettait en circulation du papier-monnaie.

Lorsque, disent les Sartes, Timour avait fait beaucoup de conquêtes et pris beaucoup de villes, il se trouva un jour complètement sans ressources, n'ayant même pas de quoi manger. Il alla demander un peu d'argent à une vieille femme qui lui dit : « Je n'ai pas plus d'argent que toi, mais je m'étonne qu'un aussi grand émir, qui possède tant de soldats et de villes, qui peut tout, ne puisse faire de l'argent d'un morceau de papier ! » Alors Timour prit un peu de coton, en fit du papier et écrivit dessus, de sa main : « un rouble » ; sur un autre morceau : « deux roubles » (*sic*), etc., et voilà comment fut fait le papier-monnaie.

Les monuments architecturaux de Khiva nous ont paru bien inférieurs à ceux de Samarkand, même à quelques-uns de ceux de Bokhara. Cependant certains minarets, notamment celui de Seïd-baï, sont d'une élégance et d'une sveltesse remarquables. Le grand minaret, élevé à la moitié de la hauteur qu'il devait atteindre, est le plus puissant que nous ayons vu en Asie. Il atteint, d'après Lansdell, jusqu'à 43 mètres de circonférence à la base et une quarantaine de mètres d'élévation. Les mecheds, pour qui a vu les splendeurs du Samarkand de Timour, restent ternes, parce qu'il leur manque cette noblesse de lignes qui s'est gravée dans la mémoire du spectateur émerveillé devant les ruines de Bibi-khanym ou de Chir-dar à Samarkand, et que les revêtements en briques émaillées, répandus avec moins de profusion, ont moins de perfection et moins d'éclat. La meched la plus remarquable, au point de vue architectural, est celle de Médéminekhân (Mohammed-Amine), à côté du palais du khân actuel. Celui-ci, fils de Médémine, a fait construire également une meched, ce qui est l'usage, chaque émir, ou khân, ou soultane, ou chah régnant, voulant survivre dans la piété ou le souvenir reconnaissant de la postérité par un acte de dévouement sous forme de construction d'un monument religieux ou d'une école d'enseignement religieux auxquels il attache son nom. C'est ce qui explique, dans la plupart des villes de la Perse, de l'Asie centrale, de l'Inde, la profusion des mosquées et des mecheds d'âge différent, la plupart, d'ailleurs, non terminées, par suite de la mort, souvent violente, de leur royal constructeur.

Khiva n'a de caractéristique qu'une saleté plus repoussante que les autres villes du Turkestan et une odeur pestilentielle, qui traîne comme un brouillard invisible dans les ruelles et les fossés. Des cimetières, ouverts à toutes les bêtes errantes, avec des tombes éventrées, longent les ruisseaux d'eau verdâtre dérivés des canaux et les chemins de communication d'un quartier à l'autre. Pourtant, les habitants reçoivent une eau relativement pure par le canal de Sirtchali, dérivé du Pahlvan-aryk, mais ils la conservent dans des réservoirs malpropres ou *khaouss*, où l'eau stagnante ne tarde pas à se corrompre.

A son entrée dans la ville, le Sirtchali a jusqu'à 7 pieds et demi de profondeur, 26 pieds de largeur aux grandes eaux, avec une vitesse de 14 pieds en vingt secondes. Il se ramifie en treize petits canaux issus de deux artères principales appelées *Chich-âb* et *Koumiss-âb*. A sa sortie de la ville, le Sirtchali n'a plus que 4 pieds et demi de profondeur, 21 pieds de largeur et une vitesse de 14 pieds en vingt-huit secondes. Les principaux des nombreux khaouss ou étangs sont : le Médémine, le Bakhtcha, l'Ata, le Kouch-begui, l'Inak, le Tach et le Pahlvan-khaouss ; près du bazar, au centre de la ville, se trouve le Balkh-khaouss, le plus employé et le plus sale. M. P..., qui veut bien nous donner des chiffres, estime la population de la ville à 30 000 habitants environ, dont quelques milliers de moullahs pour desservir soixante-quatre mecheds.

J'ajouterai, puisque nous en sommes aux chiffres statistiques, que le *batman* de blé coûte 90 kopecks ; de farine, 1 rouble ; de sorgho, 1^r,20 ; d'orge, 1^r,20 ; de graine de coton pour faire de l'huile, 40 kopecks, et d'huile, 4^r,80. Les 500 livres de luzerne, en bottes de 5 livres, valent 3^r,50. Le *batman* de Khiva n'est que de 37 livres, tandis que celui d'Ourgendj vaut 72 livres. Nous avons déjà vu, dans le Bokhara, combien la valeur des unités de mesure varie d'un endroit à l'autre.

En passant par une des rues qui débouchent au bazar, nous trouvons, couché contre un mur et un poteau, un individu misérable qui semble dormir, la tête enveloppée de ses bras. Cependant, à notre approche, il se découvre et nous laisse voir une chaîne qui l'attache par une cheville au poteau. Cet homme est au pilori et attend le bon plaisir du khân pour être pendu au gibet un jour de marché. Ordinairement, nous dit-on, le khân fait pendre en place publique tous les jours de grand bazar, et l'on attribue l'exception d'aujourd'hui à notre présence dans la ville.

Vambéry nous raconte les atrocités que commettait, il n'y a pas vingt ans, Seïd-Mohammed-Khân, l'oncle et le prédécesseur du khân actuel, sur les prisonniers de guerre ou de droit commun. Des vieillards éborgnés, des femmes adultères enterrées vivantes et lapidées, tels sont les tableaux qu'il nous trace de la justice terrible de ce despote asiatique, qui régnait moins par elle que par la terreur qu'il inspirait à son peuple. Les choses ont changé, mais son successeur pend volontiers, et le juge d'instruction, l'avocat et l'avocat général se trouvent réunis dans la personne du khân, qui prononce en première et en dernière instance. Son lit de justice est un simple morceau de feutre dans la cour de son palais de boue.

Avant de rentrer au logis, M. P... nous conduit à la porte d'une maison sans apparence où quelques individus, accroupis sur les talons, semblent monter la garde. Ils se lèvent à la vue de Mad-Mourrad et nous laissent entrer sous un long corridor percé de quelques portes qui donnent accès à des chambres basses. Une de ces portes, échancrée à cet effet, laisse passer une chaîne qui va s'attacher, d'un côté, au poteau de la chambre où se tiennent d'ordinaire les gardiens ; de l'autre, elle est terminée par le carcan qui enserre le cou d'un prisonnier. Nous entrons : le malheureux est couché à plat ventre, sans mouvement. En entendant des voix nouvelles et étranges, il se met sur les genoux et, s'adressant à nous, raconte qu'il n'a pas mangé depuis deux jours, qu'il aime mieux être pendu que de continuer à vivre ainsi ; que, du reste, il est innocent du crime dont on l'accuse. Et ce crime, nous dit-on, est d'avoir essayé de vendre au bazar un cheval volé. Or, le prisonnier soutient qu'il avait acheté le cheval, de bonne foi, d'un tiers, et qu'il ignorait absolument qu'il fût volé. Jamais, paraît-il, un prisonnier n'a osé se plaindre avec autant de véhémence ; aussi, le premier effet de sa défense fut un coup de pied, allongé par un des gardiens. Mad-Mourrad ne comprend pas qu'on soit humain avec un prisonnier, du reste non condamné ; il promet, cependant, de lui faire donner à manger. En sortant de son cachot, nous voyons l'homme enchaîné reprendre sa première position. Il expiera sans doute son audace par un redoublement de mauvais traitements.

Et M. P..., avec une pointe d'amère ironie, s'adresse au divan-begui en lui disant : « Les Français voudraient voir comment on pend chez vous ? » Mad-Mourrad répond : « Bien, bien ! » avec un regard oblique, comme s'il disait : « Comment donc ! pour vous faire plaisir, on pendra tant que vous voudrez. »

Les Khiviens fabriquent une sorte de vin de raisin sec, qu'ils appellent *moussalach*. En voici la recette très simple : on met du raisin sec et de l'eau à bouillir dans une marmite ; puis on verse la décoction dans une grande jarre que l'on ferme bien avec de la terre glaise ou du plâtre. On laisse reposer pendant dix à douze jours dans un endroit chaud, et l'on obtient du moussalach. On peut prendre également moitié cerises et moitié raisins secs. Ce vin est assez alcoolique, agréable au goût et de couleur rouge sang clair. Les juifs fabriquent encore en cachette une eau-de-vie appelée *tchigda*. Il nous a paru que l'ivrognerie, dont le khân donnerait, dit-on, l'exemple, est en train de gagner le bas peuple.

Dans la matinée, M. P... reçoit la visite d'un Osmanli d'Arzeroum, qui vient d'arriver, avec une caravane de fort Alexandrovsk, des bords de la Caspienne. Involontairement, je pense à M. Vambéry, en voyant ce hadji coiffé du fez turc, autour duquel il enroule un chiffon blanc en guise de turban. Comme lui, ce Roumi pénètre dans l'Asie centrale pour prier Dieu sur la tombe de ses saints illustres, et, comme lui, il a été reçu par le khân à titre de hadji, sans doute pour lui donner des nouvelles du sultan de Stamboul, « qui ne donne pas de soldats à l'ak-pacha ». Combien les temps ont changé depuis ! Des gens nous disent se rappeler l'arrivée de l'effendi ; mais à cette époque le khân était maître chez lui, et un « hadj » scientifique comme le nôtre, aurait coûté la liberté, sinon la vie, aux successeurs du docteur Blankennagel, de Conolly et du major Todd.

Notre Osmanli est venu par Tiflis, Bakou et Manguichlak. Ils ont mis vingt jours pour faire, en caravane, le trajet de la Caspienne à Khiva, qu'on pourrait faire en huit ou dix jours à cheval. Le hadji est très pauvre ; aussi les caravaniers, par zèle religieux, l'ont-ils transporté et nourri *pro Deo*. Mais il se plaint amèrement des gens de Khiva, et notamment du khân, qui ne lui a rien donné pour lui permettre de continuer son voyage de dévotion, pas plus que ses sujets, qui sont, dit-il, avares et mauvais. « Ils n'aiment pas les Osmanlis, ils n'aiment que les Ouzbegs, et ils ne savent pas que nous sommes les égaux des Russes et des Faranguis ! »

De Khiva, ce hadji veut aller à Bokhara ; mais, comme il prévoit qu'il ne fera pas plus fortune qu'un derviche nakchbendi, il songe à se créer d'autres ressources que la prière et la dévotion, qui rapportent si peu, et nous demande le moyen... de fabriquer des allumettes. Ces Orientaux sont marchands dans l'âme ; tout, pour eux, se vend et s'achète, jusqu'à leurs femmes qu'ils achètent au père, moyennant un prix convenu : le *khalim*. Mad-Mourrad, en ce moment, spécule sur la déviation possible des eaux de l'Oxus vers la Caspienne. Il sait que la question est très débattue et que l'expédition scientifique du général Gloukhovskoï la fera résoudre peut-être dans le sens qu'il voudrait. A cet effet, il fait creuser, par des centaines d'hommes — de corvée bien entendu — de nouveaux aryks vers des terrains incultes, dans l'espoir que, la question résolue dans le sens affirmatif, le gouvernement russe lui payera les terrains auxquels le manque d'eau, par suite du détournement, enlèverait une valeur qu'ils n'ont, du reste, jamais possédée. On n'est pas plus prévoyant à moins de frais.

Dans l'après-midi, nous faisons notre visite d'adieu au khân ; j'emporte mon microscope. Le khân nous reçoit comme la première fois, dans la même posture, toujours avec son revolver à portée de la main. Il est évident qu'il se défie de cet instrument jaune dont je fais tourner les vis et qui a un faux air d'arme à feu. Quand, après avoir étalé une gouttelette de sang sur la plaque de verre, j'eus disposé le microscope sous le jour d'une fenêtre basse, j'invite le khân à venir regarder par le bout du « canon ». Visiblement indécis, et jetant un regard sur son arme, il finit cependant par se lever et se rapproche de l'appareil. Bonvalot, qui se tient à côté, debout, lui inspire évidemment de l'inquiétude ; il lui jette, en se baissant, un regard oblique, colle vivement son œil à l'oculaire, se relève tout de suite et regagne sa place en déclarant ne rien avoir vu. Inutile d'insister et d'essayer de lui montrer une patte de mouche ou un cheveu. Il aime mieux voir ce qui se passe sur son dos : « La confiance règne. »

« C'est sans doute quelque joujou farangui, dit le khân, mais je n'ai rien vu ; peut-être pouvez-vous me donner des lunettes qui me permettront de corriger mes yeux ? »

Il demande à essayer mes lunettes de myope et s'étonne de voir encore moins bien. Nous l'adressons au bazar de Petro-Alexandrovsk, d'où M. P... lui promet des lunettes à sa vue.

Tout de même, il a manqué de confiance envers nous, le khân de Khiva, et la micrographie ne sera pas enseignée aux étudiants des mecheds khiviennes d'ici quelques années !

Au bord du désert.

Au bord du désert. — Adieux de la troupe. — Une race méprisable. Préparatifs pour la traversée de l'Oust-Ourt. — Turcomans sédentaires.

Nos arbas sont louées. Mad-Mourrad nous a échangé une de nos gazelles femelles contre un mâle. Il nous donne un vieux djiguite abruti qui nous accompagnera avec son batcha, plus inerte encore, jusqu'à Zmoukchir. Radjab-Ali, notre djiguite persan de Samarkand, retourne porter de nos nouvelles au général Korolkoff et à nos amis. Il a reçu un papier comme quoi il nous a bien servis. Rakhmed l'a chargé d'innombrables *salâm* pour ses nombreuses connaissances de Samarkand et, en outre, d'une lettre à sa façon, dans laquelle il annonce à sa mère que « Rakhmed est mort au delà de Khiva ». Sa mère, ne pensant pas à la métaphore, « va pleurer un peu, dit-il ; elle va donner du palao et des archines d'étoffe aux connaissances, vendre ma terre, en donner la moitié au kazi et garder l'autre. Puis, elle va être très contente de me voir revenant du Faranguistâne, au bout de deux ans. » Rakhmed est singulièrement bavard; Radjab-Ali, ému. On serre une dernière fois la main de l'excellent M. P...; ses Cosaques, rangés en ligne, nous adressent, d'une voix de basse, leur « zdravié jelaïem », et en selle !

Et nous nous apercevons que le bavardage de Rakhmed et l'émotion de Radjab-Ali ne sont pas dus uniquement à l'émotion du départ. Rakhmed, une fois en selle et en route, nous explique, en demandant pardon, que les Cosaques sont de bons garçons et qu'ils n'ont pas voulu se quitter avant d'avoir scellé leur amitié par quelques bouteilles de moussalach et de vodka, « d'autant plus, dit-il, qu'ils les avaient découvertes dans la cave de leur hôte khivien. Et le Korân défend de boire du vin ! » Et notre Rakhmed, qui est comme qui dirait un musulman libre-penseur, se réjouit du bon tour qu'ils ont joué à un de ces Khiviens qu'il déteste.

Le 18 novembre, nous sortons, par une porte du nord-ouest, dans la campagne parsemée de grandes fermes qui ressemblent à des forteresses et d'élévateurs d'eau qui rappellent la campagne aux environs de Paris, du côté de Bagneux. Par endroits, le terrain très fertile se couvre d'efflorescences salines. Le temps est beau, mais très froid et les étangs ne dégèlent pas de la journée. Parfois, des rangées de beaux saules, d'ormes, des touffes de mûriers et quelques peupliers aux feuilles d'érable, entrecoupent la ligne basse de l'horizon. La route est bonne. A mi-chemin de Ghazavat, nous coupons l'aryk du même nom, déjà fortement saigné depuis son origine. Nous croisons deux chasseurs armés chacun d'un fusil à mèche, d'un faucon et accompagnés de deux tazis; ils ont pris quelques lièvres du steppe.

A environ 15 verstes commencent les *takirs*, qui sont de grandes places argileuses et salines, absolument plates, glissantes et sans aucune végétation. Puis des étangs couverts de massettes et de roseaux, et peuplés de mouettes blanches et grises. De temps à autre, des bandes d'oies sauvages tirent vers le sud, d'un vol lourd. La contrée paraît très malsaine ; la salinité du sol retient l'eau à la surface ; des odeurs fétides se dégagent sous le pied glissant des chameaux et des chevaux ; on sent la fièvre, on la respire. De-ci, de-là, quelques parties de sable très fin. Au nord-ouest, le steppe uni laisse deviner, à la ligne droite de l'horizon jaune, la proximité du désert. De petits lacs, réservoirs du trop-plein des aryks, gisent sous une couche de glace.

A la tombée de la nuit, nous atteignons un important kichlak entourant les ruines d'une vieille forteresse ; puis, à sept heures, nous traversons un petit bazar et, par la porte d'une autre forteresse, nous entrons dans une des ruelles du grand kichlak de Ghazavat [1].

Le *baï* ou *bii*, chef de la localité, nous reçoit dans une sale petite maison, la sienne, et s'évertue de nous aider, en vue d'un cadeau. Il pousse l'amabilité jusqu'à nous offrir un faucon de chasse, malade sans doute, car il ne survécut pas au lendemain. Cependant, malgré son air vénérable de vieux barbu, il n'arrive à persuader les arbacèches d'aller jusqu'à Zmoukchir, qu'en les menaçant du fouet. Les canailles ont trouvé moyen de nous voler une couverture de cheval en route. Quelle race de coquins !

Après avoir acheté, à des prix plus élevés que ceux que payent les indigènes, bien entendu, des provisions de route pour la traversée de l'Oust-Ourt : deux batmans de farine, un batman de riz, de la graisse de mouton, des carottes, de l'oignon, du sel, etc., nous partons de bonne heure le lendemain pour Zmoukchir, qui est à 45 verstes au nord-ouest de Ghazavat, à la lisière du désert. Le ciel, qui s'annonçait beau, est bientôt entièrement couvert. Nous longeons d'abord le talus élevé du canal endigué ; là finit le territoire des Ouzbegs et commence celui des Turcomans Yomoudes. Cette tribu turcomane est depuis longtemps soumise au khân de Khiva, imparfaitement, parce que de temps à autre, quand l'impôt irrégulier devient

---

[1]. Nous transcrivons par *gh* l'aspiration gutturale pareille au ghaïn arabe, intermédiaire entre *g* et *r* comme dans *bougdaï* ou *bourdaï* (blé).

trop lourd, ils en refusent le payement. Ceci s'est passé même après la conquête du pays par les Russes, et le gouvernement de Petro-Alexandrovsk a dû dépêcher quelques sotnias de Cosaques pour mettre à la raison les fauteurs de troubles plutôt que les contribuables récalcitrants. Ils cultivent la terre et élèvent du bétail. Ils habitent dans des *saklis* en terre, petites, peu confortables, auxquelles s'adossent d'ordinaire une ou deux *oïs* ou tentes en feutre qu'ils préfèrent, en vrais nomades, à la demeure fixe. La sakli est une simple pièce carrée, dont le plafond est fait de poutrelles recouvertes de paille de sorgho, puis de terre glaise, avec un trou pour la fumée. Au milieu de la pièce, l'âtre où l'on brûle des brindilles de saxaoul ou de mûrier, ou bien du roseau et des herbes sèches du steppe. Toutes ces plantes du sol salin répandent une fumée âcre, ammoniacale, au point qu'il n'y a généralement qu'une mince couche d'air respirable au contact du plancher, et que, pour ne pas être asphyxié, on se couche sur le dos ou sur le ventre.

A cette époque de l'année, les Yomoudes ont ouvert la digue du grand canal en différents endroits, et l'eau s'est répandue sur les champs, envahissant les chemins et les bas-fonds, où elle croupit en formant de nombreux petits étangs, qui n'existaient point auparavant. Les gelées aidant à l'ameublissement du terrain, l'eau pénètre profondément et le prépare pour les cultures du printemps. Le blé d'hiver a atteint quelques centimètres de hauteur, et les troupeaux de moutons sont amenés sur les champs pour brouter les premières pousses et les faire thaller. La luzerne, semée tous les six à sept ans, dans un terrain moyen, et tous les huit ans seulement dans une bonne terre, est coupée quatre à cinq fois par an[1].

Nous traversons Bouzgoumane, kichlak yomoude avec des habitations éparpillées dans une campagne inondée de flaques d'eau. Des arbas, en détresse sur le chemin détrempé, cherchent inutilement les traces de l'ancienne route. Aux alentours de quelques fermes, des chevaux battent, en le piétinant, du riz

---

[1]. L'agriculture si intéressante du pays de Khiva a été étudiée par M. Ivanine dans une brochure parue en 1873 à Saint-Pétersbourg.

et du sorgho. Des chiens furieux, comme ceux des Kirghiz, s'élancent de toutes les maisons pour assaillir le passant. Je reconnais quelques fourrés de *Populus diversifolia*. Plus loin, les lacs temporaires, les *takirs*[1], alternent avec des champs de cultures, en partie des rizières recevant l'eau sans élévateurs. Laissant à gauche les kichlaks sans cohésion de Baderkent, Badarak et de Kara-oulak, nous traversons celui de Poulla-soultane, pour arriver à Takhta, où nous donnons quelque repos à nos chevaux. Les canaux de Poulla-soultane et de Kara-oulak sont les dernières ramifications du grand aryk Ghazavat; plus loin, les campagnes sont desservies par des canaux dérivés du Daoudane. Les habitants sont des Turcomans Yomoudes. Ils ont l'air plus décidés, plus libres, plus hommes que les Khiviens. Il n'est pas rare de les voir occupés dans les champs, portant un fusil en bandoulière, et l'on nous dit que l'homme ainsi armé pour un travail tout pacifique est sous le coup d'une vendetta de famille; qu'ayant tué, il est menacé constamment de l'être par un parent de sa victime. Nous rencontrons des chasseurs qui vont, avec leur fusil primitif à fourche, à l'affût au canard. C'est l'époque de la migration de ces palmipèdes, et nous voyons des bandes nombreuses d'oies sauvages, de canards, de baclanes, etc., tirer vers le sud, dans la direction du cours de l'Amou.

Le kichlak de Takhta possède un petit bazar, où les marchands se tiennent sous des abris en pisé ayant la forme d'un tombeau ouvert ou d'un demi-cylindre couché, avec une petite écurie à côté de chaque échoppe. Nous avons fait environ 3 tachs et demi depuis Ghazavat; il nous en reste environ 2 et demi à faire jusqu'à Zmoukchir. Cependant la route devient de plus en plus incertaine, cachée par des mares gelées, coupée d'aryks et de takirs, où les chevaux ont beaucoup de peine à avancer. La nuit arrive et notre guide, le vieux djiguite de Mad-Mourrad, a fini par perdre

---

1. On appelle *takir* une large surface du désert, plane, argileuse, sans végétation aucune. Glissante à l'humidité, elle se fendille par retrait à la chaleur en une infinité de petites crevasses. Elle n'est pas toujours saline. C'est d'ordinaire le plancher argileux et imperméable de quelque bas-fonds étendu.

le chemin. Nos chevaux sont éreintés ; ils flageolent sur les jambes et veulent à tout moment se coucher ; ils sont évidemment malades. On nous dit que la luzerne qu'ils ont mangée à Ghazavat contient une mauvaise herbe toxique ; mais nous croyons plutôt qu'ils souffrent du changement de régime, parce que, à la mode du pays, on leur a remplacé l'orge par du sorgho, auquel ils ne sont pas habitués.

Zmoukchir.

Arrivée à Zmoukchir. — Le sar-i-sirdar. — Guides difficiles. — Retards. Hospitalité du nomade et défauts du sédentaire. — Cultures turcomanes.

Nous ne sommes plus qu'à 1 verste de Zmoukchir, lorsque, près d'une petite mosquée où nos gens se sont arrêtés pour fumer le tchilim, deux chevaux s'abattent ; les autres refusent de marcher. Les Yomoudes de l'endroit nous prêtent des chevaux de rechange, et c'est en tâtonnant pour garder la direction que nous arrivons, dans l'obscurité complète, à la demeure du sar-i-sirdar-salak, chef de Zmoukchir, auquel le caravane-bachi Khoudaï-Bergen de Khiva, le plus puissant du pays, nous avait adressés.

Nous passons sous les murs d'une ancienne forteresse en ruines ; puis, dans une chambre basse, enfumée, nous trouvons réunis une trentaine d'individus accourus au mariage d'un de leurs amis.

« Un Turcoman de l'endroit, nous dit Rakhmed, a acheté une femme et il y aura demain grande *baïga* ou course. » Et il nous explique que les Yomoudes font des courses plates sur une distance de 25 à 30 verstes ; qu'il est permis de saisir la bride du cheval d'un devancier et de le rejeter en arrière ; que les enjeux sont de 30 à 40 roubles ; que les fraudes sont sévèrement punies, etc.

Le sar-i-sirdar étant absent, son fils nous reçoit et nous tient compagnie fort longtemps. Yomoude et fils de chef, il ne craint point de dire le fond de sa pensée, en traitant les Khiviens de canailles et Mad-Mourrad de coquin. Le khân est pauvre, dit-il, car, autrefois, il donnait de l'argent aux Yomoudes et aux Tekkés, tandis que maintenant, depuis l'imposition de guerre, il ne leur en donne plus. Évidemment, le fils du sultan yomoude regrette les petits cadeaux qui cessent d'entretenir l'amitié. En Orient, plus encore qu'ailleurs, la puissance est complémentaire de la libéralité.

Aujourd'hui, 20 novembre, nos chevaux, que nous avons dû abandonner hier soir dans l'aoul voisin, sont arrivés dans un état pitoyable. Nous ne pouvons songer à partir le même jour ; il est, du reste, probable que nous aurons du mal à nous procurer des chameaux pour nos bagages. Les ordres qu'à cet effet Mad-Mourrad a donnés à son djiguite nous paraissent assez mous, à en juger par les lenteurs auxquelles nous allons être exposés.

Le sar-i-sirdar est rentré dans la matinée. Il veut bien, dit-il, s'occuper à nous avoir des chameaux ; mais les caravaniers qui voudraient traverser le désert à cette époque sont rares, comme les chameaux, à Zmoukchir, et il faudra chercher au loin. Il y aurait bien, à Takhta, un caravane-bachi du nom d'Ammane-Dourdane ; mais il est, paraît-il, introuvable. Puis, on débat les conditions du marché à conclure, ce qui n'est point chose facile. Tous parlent à la fois ; Rakhmed, ne sachant à qui entendre, finit par perdre la tête dans cette collision d'intérêts multiples et traduit les choses les plus embrouillées. On menace le djiguite de Mad-Mourrad d'écrire au khân pour lui dire de quelle façon on exécute les ordres, et, sur cette perspective sérieuse, il devient plus conciliant et promet tout pour demain matin. On convient du prix de 170 roubles pour six chameaux et deux hommes, qui iront jusqu'à Chak-adam (nom tourkmène de Krasnovodsk). Le sar-i-sirdar reçoit 100 roubles d'avance, et la discussion prend fin sur la promesse qu'ils font de nous avoir des chameaux pour le lendemain matin.

Deux djiguites, connaissant, disent-ils, la route directe de Chak-adam, se présentent pour nous accompagner. Ils demandent chacun 50 roubles.

— En combien de temps peut-on faire la route ?

— En dix jours, répond l'un d'eux, si l'on marche jour et nuit.

— Imbécile, lui souffle son compagnon, dis vingt ou vingt-cinq, tu n'auras pas besoin de te fatiguer !

En attendant que les chameaux arrivent, que nos chevaux acquièrent de nouvelles forces, nous essayons d'obtenir des renseignements sur la route que nous devons suivre. L'Oust-Ourt jouit, en été et en hiver, d'une fort mauvaise réputation. La traversée, cependant, serait possible en dix à douze jours, en doublant les étapes, avec des chameaux légèrement chargés et un guide connaissant parfaitement la route. Trois directions s'offrent à notre choix : celle de Kizil-arvat, de Krasnovodsk et de Manguichlak ou de Mertviy-Koultouk.

La distance la plus courte à la Caspienne est celle de Krasnovodsk ; à Kizil-arvat, nous atteindrions le chemin de fer de Mikhaïlovsk ; mais nous perdrions ainsi du temps, sans compter que la route est mieux connue, comme ayant été parcourue par des officiers russes revenus vers Khiva de l'expédition récente de Skobeleff contre les Tekkés. Quant à la route du Mertviy-Koultouk, elle va être explorée par la mission du colonel Alexandroff, dans quelques jours d'ici.

La distance à vol d'oiseau de Zmoukchir à Krasnovodsk est de 700 verstes. En supposant, ce qui n'est pas exagéré, que nous fassions 60 verstes dans les vingt-quatre heures, nous mettrons de onze à douze jours pour la traversée ; car la route va, pour ainsi dire, en ligne droite. A Tcherechli, nous rencontrerons probablement l'expédition du général Gloukhovskoï, et, au besoin, nos chevaux pourront y prendre un ou deux jours de repos.

Voulant le plus possible diminuer la charge de nos bêtes, nous avions abandonné à Khiva notre petite ioulameïka[1], ainsi qu'un petit poêle portatif, dont on nous avait beaucoup vanté les avantages. Nous pensions que si les Tourkmènes peuvent traverser le désert en hiver, sans tente ni poêle, nous pourrions

---

1. Tente tourkmène.

bien le faire aussi, et l'absence de ces deux ustensiles de confort ne s'est point fait regretter dans la suite. Nous achetâmes, par contre, quelques mètres carrés de feutre supplémentaire, dont nous saurions bien nous accommoder pour une couchette ou une couverture.

Notre ménagerie continuait à bien se porter. Les deux gazelles, sorties de leur cage et attachées à une longe, folâtraient au soleil qui se montrait par intermittences ; notre perdrix royale gloussait allègrement dans son panier, et nos deux lévriers se jouaient avec entrain dans la cour. Mais si les journées sont encore ensoleillées, les nuitées sont froides et les gelées fortes. Le thermomètre descend déjà jusqu'à 8 degrés au-dessous de zéro.

Le lendemain, rien n'est prêt. Les chameaux annoncés n'ont même pas été loués. Le mirza-djiguite de Mad-Mourrad vient protester de son bon vouloir, disant ne pas avoir dormi toute la nuit. Le sar-i-sirdar prétend être forcé d'acheter des chameaux, ne pouvant en louer. Mais toutes ces histoires semblent tendre au même but : nous forcer à payer tout le prix à l'avance et à joindre 70 roubles aux 100 déjà donnés. Sur la menace de l'envoi immédiat de Rakhmed avec une lettre à Khiva, le sirdar se met en route en promettant des chameaux d'Illiali pour la journée. Le mirza, pour désarmer notre colère, aide Rakhmed ostensiblement, et son batcha accourt chaque fois qu'il sent la marmite. Pourquoi sommes-nous si mal secondés par les autorités du Khiva, et l'étions-nous si bien dans le Bokhara, après avoir été admirablement reçus dans le Turkestan ?

Il est vrai que les Khiviens sont d'une race plus abjecte et certainement plus barbares que les Bokhariens. Ils ont perdu leurs anciennes qualités et les Turcomans leur sont supérieurs. Pourtant ils sont d'origine mogole, Ouzbegs pour la plupart, et les Turco-Mogols sont partout supérieurs aux Iraniens. Mais il semble que la culture de la terre ne leur a pas profité au point de vue des qualités morales, et que partout, en Asie centrale, l'élément turco-mogol nomade est supérieur à l'élément sédentaire. La remarque s'applique aux Kirghiz, aux Ouzbegs et aux Turcomans. L'hospitalité, par exemple, cette vertu que pratique essentiellement le nomade, pour qui l'hôte, c'est-à-dire celui qui accepte, devient l'hôte, celui qui donne — les deux mots étant les mêmes dans notre langue et les deux dignités les mêmes chez le nomade — l'hospitalité décline chez le sédentaire, où le soin du lopin de terrain, rival de celui du voisin, où le gain individuel, l'esclavage de la terre et les différences de fortune plus sensibles font naître l'égoïsme du foyer, le besoin de la compensation directe et immédiate d'un bienfait, le marchandage de l'aliénation de la chose possédée et de l'hospitalité à donner.

Les Yomoudes du Khiva sont en partie sédentaires, la plupart nomades; d'autres, du même nom, nomadisent au nord de l'Atrek, sur les bords de la Caspienne. Les Tchaoudors nomadisent à la frontière du Khanat et sur l'Oust-Ourt. On évalue l'ensemble des Turcomans de Khiva à environ 600 000 individus. Cette population turcomane supporte mal le joug khivien, et, plus d'une fois, le khân s'est vu forcé de demander secours au chef russe de Petro-Alexandrovsk pour étouffer une révolte, dont l'origine est presque toujours le refus de payer l'impôt que le khân ne peut s'empêcher de faire rentrer pour solder son indemnité de guerre.

Les Yomoudes de Zmoukchir sont agriculteurs. Ils cultivent du blé, du sorgho, du sésame, un peu de millet, de sétaire, de lin, de chanvre et d'*eruca*. Le melon est peu cultivé, ainsi que l'orge. Depuis six à sept ans, disent-ils, l'eau, plus abondante, leur a permis de cultiver du riz. J'ai vu des pieds de chanvre de $4^m,10$ de haut; ils en emploient la fibre pour faire des cordes. Le terrain est salin, argilo-sablonneux (loess) et l'eau le fertilise admirablement. Ils transportent souvent, sur des arbas, de la bonne terre sur leurs champs de culture. Ils sèment la luzerne tous les dix ans et la coupent jusqu'à cinq fois par an. Ils connaissent la rotation des cultures et font deux récoltes annuelles différentes sur le même champ. Leurs noms de plantes cultivées diffèrent en partie de ceux des Ouzbegs, et leur langue, en général, a certaines particularités qui la distingue du turc oriental parlé par les Ouzbegs et les Kirghiz. Outre un zézaiement qui leur est particulier, ils adoucissent les *p* en *b*, les *t* en *d*, les *k* en *g*, disant *dach* et *dagh* (pierre et montagne) pour *tach* et *tagh*, *dari* (millet) pour *tarik*[1], etc.).

Leur type physique diffère moins de celui des Ouzbegs du Khiva que n'en diffère le type kirghiz, c'est-à-dire qu'il est relativement moins mongoloïde. L'habitude de porter un volumineux bonnet en peau de mouton, enserrant le crâne dès la jeunesse, provoque souvent une déformation bien nette et curieuse du crâne, qui semble comme étiré vers l'occiput avec un ensellement au-dessus du frontal et aux temporaux produit par le bord bridant de leur pesant couvre-chef.

Comme on pouvait s'y attendre, la soirée arrive sans les chameaux du sirdar; mais nos chevaux n'étant pas encore remis, nous ne regrettons pas trop cette seconde journée d'attente.

Vers le soir, le ciel se couvre et la pluie tombe. Un vent violent s'élève et se change bientôt en tempête (*bourrane*). Nous préférons presque ce temps-là à la neige.

Un autre djiguite se présente pour nous servir de guide. Il demande également 50 roubles et une singulière faveur spéciale.

« Quand il fait nuit et de la tempête, dit-il, et que je ne retrouve pas vite le chemin, le toura, au moins, ne me tue pas? Me donne-t-il du thé et du pain en route? »

Nous rassurons, en ne pas acceptant ses offres, le précautionneux djiguite. Enfin, vers midi, apparaissent les chameaux tant désirés, auxquels nous confions nos maigres bagages. Ils sont au nombre de cinq, mal fichus, arrivant lentement sous la

---

[1]. Beaucoup de leurs appellations et mots diffèrent de ceux des Ouzbegs, par exemple :

	En ouzbeg.	En yomoude.
Orme	*karagatch.*	*gouchm, goudjoum.*
Abricot sec	*ourouk.*	*irik.*
Oignon	*pioss.*	*saghane.*
Sorgho	*djougarra.*	*djouène.*
Millet	*tarik.*	*dari.*
Luzerne	*bidà.*	*koultá* ou *iarountcha.*
Saxaoul	*saxaoul.*	*sazák.*
Hachisch	*nacha.*	*tcharss.*
Riz	*brintch.*	*toueu*, etc.

conduite de deux Yomoudes sournois, qui n'ont pas l'air enthousiaste de l'expédition qu'ils vont entreprendre avec nous. Quand, tout étant prêt, le sar-i-sirdar s'est fait régler une bonne note de nos dépenses, il appelle le caravane-bachi, et, s'adressant à nous, prononce sur lui un *ammane* solennel, en nous montrant par là que l'homme auquel nous confions nos existences, est un homme de paix, et que lui, sar-i-sirdar, se porte garant de son honorabilité et de ses bonnes intentions.

Le djiguite de Mad-Mourrad, qui nous a si peu servi, est congédié avec des reproches amers pour son maître, auquel il fera sans doute des compliments, et nous partons enfin de Zmoukchir vers trois heures de l'après-midi, comptant bien atteindre le premier puits de Tchagli avant la nuit. Le ciel, couvert dans la matinée, s'est rasséréné, et les pans ébréchés de l'ancienne forteresse, dont il ne reste que les quatre murs en terre à demi écroulés, jaunissent sous le soleil sans chaleur.

Au bord de l'Oust-Ourt.

Au bord de l'Oust-Ourt. — Le premier campement dans la neige. — Caravanier récalcitrant. — Ata-Rakhmed et ses chameaux. — *Takirs*. — Puits de Tchagli. — Campement de Daouda-kala. — La marche dans le désert. — Les ruines de Chakh-sinem. — Le Sang-i-baba. — Au puits de Tcherechli.

Tout de suite le steppe commence, aride, sablonneux, sans un brin de saxaoul. Nous allons droit sur l'ouest. La route est marquée de l'ornière des arbas, qui s'en vont rapporter du combustible de l'intérieur du désert, et que nous rencontrons, chargées de bois de saxaoul, de tamarix et de broussailles. Quelques ruines de saklis tourkmènes, éparpillées çà et là, indiquent que naguère les cultures s'étendaient plus à l'ouest, alimentées par l'eau des aryks, dont il ne reste que des traces. Nous avons vite rattrapé les chameaux. Ils vont avec une lenteur désespérante, dans un désordre incessant, mal chargés, à l'aventure. Laissant Rakhmed avec les bêtes de somme, nous prenons, avec le caravane-bachi, les devants pour chercher le puits. Mais la nuit est venue et le guide a perdu le chemin. Il a pris trop au sud, et nous voilà, avec des chevaux malades, dans l'obscurité, tâtonnant sans point de repère, au milieu des broussailles qui font butter les chevaux à chaque instant. Il faut enfin se résigner à camper. Nos pauvres bêtes n'auront pas d'eau, car le froid, qui ferait geler l'eau dans les *toursouks*[1], nous défend de transporter de la sorte une certaine provision d'eau, comme on le ferait en été.

Nous avons déjà fait notre deuil d'une gorgée de liquide, lorsque, inopinément, Rakhmed découvre au fond d'un sac, conservée miraculeusement, une bouteille pleine de moussalach. Jamais piquette ne parut aussi divinement bonne. On allume un bon feu de tamarix; puis, le vent emportant la braise comme des vers luisants, on s'endort sous un morceau de feutre en faisant de beaux rêves.

Au jour, on s'oriente. Nous avons campé à 1 verste des puits de Tchagli-ak-koum. Le ciel est couvert au sud et à l'est; le thermomètre, à huit heures du matin, marque 2°,4 centigrades au-dessous de zéro. Nous trouvons deux puits donnant, l'un une bonne eau abondante, l'autre une eau salée. Un troisième est comblé, et le creusement d'un quatrième avait été commencé, puis abandonné par un détachement russe. Des troupeaux et des pâtres vaguent aux alentours, et des arbacèches sont venus tailler des broussailles de chauffage destinées à l'oasis de Khiva. D'autres en font du charbon sur place. Le steppe est déjà dépeuplé de saxaoul; le tamarix prédomine. Le puits se trouve dans une vasque dénudée d'un terrain qui ne paraît pas excessivement salin.

Après avoir pris de l'eau, nous allons camper à 4 ou 5 verstes à l'ouest de Tchagli, dans un renfoncement de terrain où nous serons relativement à l'abri du vent. Notre caravane-bachi, en effet, déclare que le sar-i-sirdar a ramassé à la hâte les cinq chameaux qui nous accompagnent, afin de contenter notre désir de partir tout de suite; mais que ces chameaux doivent être remplacés par d'autres, qui nous rejoindront au puits de Tchagli

1. Outres de chèvre.

et que doit nous amener un caravanier d'Illiali. Mais comme ceux-ci ne sont pas encore arrivés, le bonhomme s'offre d'aller les chercher, promettant sur Allah qu'il sera de retour au plus tard demain. Nous gardons comme otages ses chameaux et son compagnon. Nous apprenons aussi qu'il est intéressé personnellement à tenir sa parole, car, paraît-il, ayant commis quelque meurtre sur l'Oust-Ourt, il est sous le coup d'une vendetta et ne tient point à faire le voyage auquel nous pourrions dès maintenant le forcer.

Entre temps, le ciel s'est couvert entièrement, le vent a tourné au nord-est et nous aurons bientôt une eau meilleure que celle du puits, qui est recouverte d'une pellicule grasse, irisante. La grêle, en effet, puis la neige se mettent à tomber, et comme la broussaille est abondante, nous savourons une bonne tasse de thé à l'eau de neige, qui nous redonne de la chaleur. De nos caisses et des ballots, nous nous construisons un rempart contre le vent ; un morceau de feutre formant toit nous protège de la neige. Serrés les uns contre les autres, accroupis et à demi enroulés sur nous-mêmes, nous assistons, au milieu de la plus navrante désolation du paysage, au jeu follet des flocons blancs qui tourbillonnent sous la poussée en rafale du vent. Les doigts gourds ont à peine la force nécessaire pour dresser le crayon sur le calepin de notes ; tous nos effets sont gelés. Le bois vert charbonne sans flamme ; la fumée se tord sous le vent qui rase le sol avec un bruit de grésil. La situation est originale, la sensation poignante.

Pourtant la journée finit dans le crépuscule grisâtre et hâtif d'une atmosphère comme de verre dépoli, et la neige ensevelit notre campement en nous formant une chaude couverture.

Au matin, la bourrane se calme, l'air devient plus transparent, la neige va cesser. Les heures s'écoulent lentement dans l'attente du caravanier. De temps à autre, nous sortons à tour de rôle de dessous le feutre de notre abri, pour inspecter l'horizon au nord, du haut d'un petit tertre. Vers midi, lorsque Rakhmed eut préparé le palao arrosé d'une chaude tasse de thé, des points noirs en mouvement apparaissent au loin, et bientôt se font reconnaître comme les chameaux tant désirés. Chose curieuse, le caravanier avait tenu parole, et voilà huit dromadaires, bien portants, la bosse droite et pleine, conduits par deux Turcomans qui consentent à nous conduire à Chakh-adam. L'un d'eux, le patron, a nom Ata-Rakhmed-Baï; c'est un caravanier d'Illiali, qui a fait la traversée de l'Oust-Ourt un grand nombre de fois. Il est petit, solide, nerveux, une figure de fouine, de petits yeux clignotants et une barbe rare, au poil laineux, qui semble appartenir à son bonnet noir, dont les mèches longues lui ruissellent sur le front et les joues. L'autre, son aide, est plus jeune, imberbe, des yeux gris, une figure carrée avec de gros os, un bonnet en paquet de laine : le parfait sauvage sans langage. Ata-Rakhmed mesure et soupèse du regard nos coffres et nos effets, et se déclare prêt à nous conduire à Krasnovodsk en dix jours, dit-il, pourvu toutefois qu'à ses huit chameaux nous en joignions un neuvième, pour faire les charges petites. En ajoutant 20 roubles au prix convenu, nous faisons droit à son désir. Le caravanier de Zmoukchir est congédié, après que, pour recevoir un *silaou*[1] plus gros, il eût dit du mal de son maître, le sar-i-sirdar. Ata-Rakhmed distribue incontinent les charges, les égalise et les dispose symétriquement par terre. Puis, ayant choisi ses chameaux, d'un bruit rauque de la gorge, accompagné de quelques *tchok! tchok!* les fait plier entre les deux moitiés de charge, attache les cordes au-dessus du bât et les fait lever avec la charge en palan sur le dos. Tout cela est fait avec une rapidité et une dextérité grandes, par un homme qui connaît son métier. Ata-Rakhmed sera notre *ioul-bachi*[2]; il est maître de notre sort — et du sien; de sa connaissance du désert de l'Oust-Ourt dépend notre salut et le sien. Ata-Rakhmed nous a bien servis, et, plus d'une fois, nous avons admiré ses talents.

Les Turcomans de Zmoukchir ont rassemblé leurs chameaux; tous portent la main à la barbe en disant : *Allah akbar!* et *Omin!* Puis ils disparaissent vers l'est, tandis que, à la file, notre ioul-bachi en tête, nous cheminons sur l'ouest.

1. Cadeau. — 2. Chef de route, guide.

Il est une heure de l'après-midi, la neige a cessé de tomber après avoir couvert le sol d'une couche de quelques centimètres d'épaisseur. Nous éprouvons une âpre jouissance à nous sentir en mouvement, partis définitivement, cette fois-ci, pour les bords de la Caspienne. Et, par un effet de perspective mentale, l'esprit ayant perdu les notions de distance qu'il ne juge que par les obstacles qu'il rencontre dans sa marche, on se croit déjà près de l'Europe, près de la France, dont 3 500 kilomètres nous séparent à vol d'oiseau. Aïda, Ata-Rakhmed, en avant !

Ata-Rakhmed n'attend pas nos incitations pour marcher. D'un pas mesuré, toujours le même, comme celui de ses chameaux, il chemine en tête, de temps à autre sifflant une mélodie étrange ; nous faisons 4 kilomètres à l'heure.

Le steppe est nu ; c'est le désert sans végétation. Nous sommes sur un vaste *takir* ; le terrain argilo-sablonneux a fait place à une couche lisse d'argile jaune rougeâtre — on dirait le fond d'une mare ancienne. Au bout de ce grand takir, dans le bas de cet enfoncement de plaine à peine sensible, se trouvent les ruines de Daouda-kala. De l'ancienne forteresse, semblable à celle de Zmoukchir, il ne reste que les murs ébréchés, flanqués de tours frustes. Tout autour, la plaine est jonchée de briques cuites, restes d'anciennes habitations, qui témoignent de la prospérité antérieure de la contrée lorsque l'eau, dérivée sans doute du Daoudane, apportait encore la richesse aux champs de culture. Les sables ont probablement comblé les aryks et les vents égalisé la surface, car nous n'en avons trouvé aucune trace.

Nous campons, à quatre heures du soir, à quelques verstes de là, sans avoir besoin de chercher le puits ; la neige fondue dans la marmite nous procure un meilleur liquide. « Ne buvez jamais de l'eau de neige, elle rend le cœur malade, » dit le dicton yomoude ; mais Ata-Rakhmed boit du thé, et il ne rend la tasse qu'après avoir soigneusement humé jusqu'à la dernière gouttelette, en voyageur du désert qui connaît, avec les douleurs de la maladie appelée *soï*, la valeur du médicament spécifique, l'eau, dont la dose, parcimonieusement distribuée comme d'un compte-gouttes, peut sauver la vie.

Au soir, nos chiens, devenus fidèles gardiens, nous signalent furieusement l'approche de trois rôdeurs turcomans que notre feu de campement a sans doute attirés. Les trois cavaliers, armés de fusils à mèche, s'arrêtent quelques instants et demandent des nouvelles d'un chameau égaré, disent-ils, qu'ils ont perdu dans la journée, après l'avoir acheté à des Tekkés, près du puits de Kizil-djagala.

Ata-Rakhmed, après qu'ils sont partis silencieusement comme ils étaient venus, opine qu'ils ne l'ont pas encore acheté et qu'ils achètent d'ordinaire leurs chameaux « sans argent ».

Nous sommes partis à minuit. Le ciel est libre et pâlement constellé. Vers trois heures du matin, il se couvre, le vent du sud ayant passé au sud-ouest, et bientôt une pluie fine et pénétrante nous mouille et fait fondre la neige du sol. La marche devient, par cela, de plus en plus difficile, car la neige et la pluie, imprégnant la surface des takirs, les rendent glissants; la couche supérieure, molle et fangeuse, se détache sur quelques centimètres d'épaisseur seulement, et la couche immédiatement en dessous reste sèche et résistante. La neige empêche le coussinet charnu du pied des chameaux de glisser, mais se pelotonne en boule dans le creux du sabot des chevaux, qui n'avancent que péniblement comme s'ils marchaient sur des boules. Nous rencontrons, dans la nuit, des arbas chargées de combustible et se dirigeant sur l'oasis; au loin brillent, de temps à autre, des feux qu'entretiennent des bûcherons faisant du charbon. Cet endroit s'appelle *Kournoï*.

A l'aube du 25 novembre, nous laissons à droite les ruines de l'ancienne forteresse d'Aïkhta et nous campons, après une étape de huit heures, à quelque distance du puits de Kizil-djagala, en vue de la forteresse délabrée du même nom.

Au nord se devine le plateau de Touss-guir, où des gisements de sel sont exploités.

A huit heures quarante-cinq minutes, le thermomètre marque 4 degrés centigrades au-dessus de zéro; le vent faiblit et les nuages sont chassés vers le nord-est. On prend deux heures de repos après l'absorption de la tasse de thé matinale, et, à dix heures, la caravane se remet en marche, car nous doublerons les étapes si nous voulons atteindre Krasnovodsk en dix jours, comme nous l'a promis Ata-Rakhmed.

Dès lors le steppe est parsemé de nombreux takirs, formés du fond, nous semble-t-il, de quelques bas-fonds argileux alternant avec de petites dunes de sable, qu'arrête le système radiculaire très développé des plantes arénicoles. Le paysage est d'une désolation terrible ; le gris du ciel menaçant, le vide de l'air, le silence de la solitude et l'absence de tout être vivant frappent l'imagination et pèsent sur l'esprit du poids mort d'un néant impondérable, lourdement.

Vers le coucher du soleil, pendant que l'astre incandescent éclaire d'un feu écarlate par une déchirure du rideau de nuages à l'horizon, le steppe et les lambeaux stratifiés dans le ciel, nous voyons poindre au loin, se détachant en noir, les silhouettes dentelées des ruines de Chakh-sinem. Ces ruines sont étendues et témoignent d'une prospérité antérieure. Des pans de murs d'habitation, des restes de tourelles, le sol jonché partout de débris de briques cuites, des restes d'anciens canaux, tout cela disparaissant de jour en jour davantage, donnent raison à la légende, informe dans l'esprit des Turcomans, qui n'ont gardé que le souvenir des beaux jardins et des cultures étendues. Chakh-sinem, avec sa forteresse, aurait été le séjour de Chabass-Khân après qu'il aurait quitté Chakh-adam.

Nous campons à quelque distance des ruines, au bord d'un takir, dont le fond imperméable d'argile a conservé une flaque d'eau de neige fondue. Le désert est toujours plat, garni irrégulièrement de touffes de tamarix, d'armoise desséchée, de rares *calligonum*, *anabasis* et de quelques plantes salines. A quelque distance à l'est de Chakh-sinem, des couches de grès calcarifère, inclinées au sud-ouest, forment une légère arête montante. On repart à minuit.

Nous allons sur le sud-ouest. Les marches de nuit ne sont point encore très fatigantes, parce que nous avons la chance d'échapper à la tempête ; le ciel est peu ou point couvert et le vent jusqu'alors supportable. La route est facile, carrossable, tracée par les ornières bien visibles des arbas. Ce matin, nous avons vu le soleil se lever superbement au-dessus de la ligne à peine ondulée de l'horizon. Peu à peu, un vent de l'ouest-sud-ouest, grossissant, balaye le ciel et permet aux rayons du soleil, plus intenses par la réverbération, de nous réchauffer. Au jour, nous atteignons les environs de Giaour-kala ; puis, après deux heures de repos, nous trouvons, à quelques verstes plus loin, le puits du même nom. Une demi-douzaine de soldats russes y gardent un dépôt de vivres de l'expédition Gloukhovskoï. Le steppe est découvert et composé de petits takirs alternant avec des sables. Vers l'ouest se profile en falaise une montagne peu élevée. Un monticule isolé se détache, plus rapproché, couronné, dit-on, d'un méghil en ruines, près duquel on a trouvé — chose assez bizarre — une meule ronde de moulin indigène. La falaise, excellent point de repère topographique, porte le nom de *Sang-i-baba;* elle se trouve à la bifurcation de la route qui mène vers l'ouest au puits de Tcherechli et au sud-ouest vers les puits de Bala-ichem et d'Igdi, tous appartenant à la dépression de l'Ouzboï (ancien lit de l'Oxus).

Nous demandons à un djiguite turcoman, que nous croisons en route, s'il y a de la neige au pied du Sang-i-baba; sur sa réponse affirmative, nous jugeons inutile de remplir nos outres de l'eau mauvaise du puits.

Dès lors le steppe acquiert un peu plus de caractère; il devient plus ondulé, houleux, et le saxaoul, quoique de petite taille, se montre plus fréquemment. Trois Yomoudes d'Illiali, allant aux Russes de Tcherechli recevoir l'argent de leurs chameaux, loués à raison de 15 roubles par mois, nous rejoignent et nous accompagnent.

Cependant le vent a encore tourné; il passe à l'ouest; puis ressaute au nord-ouest en augmentant de force vers le coucher du soleil. Nous sommes maintenant au pied du Sang-i-baba ; mais il n'y a pas de puits, et nulle part la neige n'a résisté au soleil de la journée ; pas une flaque d'eau où nos bêtes et nous-mêmes puissions nous abreuver. Nous campons sans eau, oubliant la soif dans un sommeil de quelques heures. Nous reprenons la marche à onze heures et demie du soir, afin d'atteindre, le lendemain matin, quelque mare d'eau ou un puits avant que le manque d'eau ne soit devenu une cause d'affaiblissement.

Tandis que les dromadaires vont toujours de l'allure rythmée et égale de leur pas de 1 mètre, nos chevaux, mal nourris et peu reposés, se font tirer par la bride. Le vent persistant du nord-ouest finit par nous pénétrer en nous glaçant dans nos pelisses. Ata-Rakhmed, malgré sa connaissance étonnante du désert, a perdu le chemin dans la nuit noire, et nous marchons quelque peu à l'aventure dans la bonne direction.

Le soleil enfin est venu vers huit heures du matin réchauffer les membres engourdis et les esprits animaux. A dix heures et demie, après une étape de onze heures, Ata-Rakhmed s'arrête, se retourne, débride le premier chameau, et dit : *Tchok! tchok!* pour lui faire plier les jarrets et le décharger. Il a découvert, de son œil de fauve, une mare d'eau dans une petite dépression au loin ; il y a du bois à foison ; le campement sera bon. Nous sommes près de *Djitti-khaouss* (les six réservoirs) ; demain, nous atteindrons Tcherechli.

Le désert est redevenu steppe, couvert de broussailles, où se faufilent de nombreuses compagnies de perdrix à poitrine blanche. Autour des petites flaques d'eau, de fréquentes empreintes fourchues accusent la présence de l'antilope saïga (*Antilopa subgutturosa*); des alouettes huppées courent allègrement sur le chemin, et des carapaces de tortues blanchissent sur le sol, troué de halots nombreux des rats de steppe, des gerboises et des sousliks. Par endroits, notamment près de Sang-i-baba, le terrain argilo-sablonneux est jonché d'abondants coquillages des genres *Gryphæa* et *Helix* (?), comme si l'eau saumâtre venait de s'en retirer depuis peu. Ce terrain formait naguère le fond d'un lac qui n'était autre que le Sari-kamounich actuel, alors que son étendue égalait presque celle de la mer d'Aral, dont, d'ailleurs, il faisait antérieurement partie.

Au puits de Tcherechli.

Rencontre de l'expédition Gloukhovskoï. — La question du détournement de l'Oxus et l'Ouzboï. — Réception cordiale. — Scènes et paysages du désert.

Le lendemain de bonne heure, nous vîmes, non sans une certaine émotion joyeuse, des tentes en feutre groupées dans une dépression longue : c'était le campement des membres de l'expédition scientifique du général Gloukhovskoï pour l'étude de l'ancien lit de l'Amou. Nous avions atteint l'Ouzboï et traversé le premier tiers de l'Oust-Ourt.

Des soldats, nous voyant arriver avec des chameaux chargés et dans le costume indigène, vinrent d'abord s'enquérir de la nature de nos marchandises et savoir ce que nous leur vendions ; mais quand ils apprirent que nous n'étions point des marchands turcomans, mais des Frantzousi, ils nous conduisirent à la tente des officiers, où nous fûmes reçus avec cette cordialité de bon aloi à laquelle les Russes nous avaient déjà habitués, et qui, autant que jamais, nous parut exquise. Qu'ils reçoivent ici nos bien sincères remerciements. Nous allâmes incontinent à la tente du général pour lui présenter nos respects et les lettres d'introduction qu'on nous avait remises. Le général Gloukhovskoï, un des meilleurs et des plus savants connaisseurs du pays, dirigeait alors l'importante expédition scientifique qui devait, une bonne fois, résoudre la question si, oui ou non, le détournement de l'Oxus vers la Caspienne était possible, et, si oui, de quelle façon on pourrait le mieux réaliser ce détournement. Il s'était, pour cela, entouré d'un certain nombre d'ingénieurs [1], parmi lesquels l'ingénieur en chef, M. Golmstrem, que nous avions déjà eu le plaisir de rencontrer à Tachkent. Il y avait, en outre, comme

---

1. L'expédition comprenait S. Exc. le général d'état-major Gloukhovskoï, chef de l'expédition ; S. Exc. M. Golmstrem, ingénieur en chef ; MM. Bolé, Svintzoff, Maximovitch, Balinsky, Ezersky, Hellmann, Polivanoff, Gozdikovsky, Prianny, ingénieurs ; MM. Ivanoff, Kochakoff, Kezarisky, Kassantchich, Mellau, Porisky, topographes ; le prince Gédroïtz, géologue ; M. Podolsky, statisticien ; le capitaine Tokareff, commandant des troupes.

membres de l'expédition, des technologues, des topographes, un géologue en titre, un statisticien, et le commandant militaire du convoi. L'expédition, commencée en 1880, travaillait depuis le mois de février 1881 ; le nivellement comprend aujourd'hui déjà 1350 verstes ; il ne reste plus que 400 verstes vers le puits d'Igdi, où une fraction de la mission est établie, pour joindre ensuite, à Tcherechli, les résultats de ses observations à ceux de la section du Sari-kamouich.

La question du détournement de l'Oxus vers la Caspienne par l'Ouzboï, son ancien lit présumé, est beaucoup plus compliquée qu'on ne l'avait cru sur la foi des premiers renseignements, incomplets. L'étude topographique détaillée de la contrée a démontré que le lac Sari-kamouich avait autrefois une largeur d'environ 80 verstes sur une longueur de 150 verstes. Les bords de cette nappe d'eau considérable atteignaient, au sud, le Sang-i-baba et se continuaient probablement au nord-est avec ceux du lac d'Aral par le golfe d'Aïbouguir. Le fond de ce Sari-kamouich antérieur est reconnaissable au grand nombre de coquillages abandonnés par les eaux, aux différences de niveau et à la constitution géologique du terrain. Ce terrain était fort irrégulier, présentant un grand nombre de bas-fonds, des criques, des bras et des ramifications, qui en rendent l'étude longue et difficile. L'Ouzboï, du Sari-kamouich actuel à 30 verstes environ au sud de Tcherechli, est multiple, avec de nombreuses ramifications, tandis que plus loin, et surtout au delà du puits d'Igdi, vers Krasnovodsk, il se montre réellement encore un lit de rivière nettement accusé par des berges.

Si l'on considère que le niveau du Sari-kamouich actuel est à 50 sagènes ($106^m,50$) au-dessous de celui de la mer d'Aral, on comprendra quelle masse énorme d'eau il serait nécessaire d'amener pour remplir l'ancien bassin avant qu'il n'arrive à défluer, par l'Ouzboï, d'Igdi vers la Caspienne. Il faudrait, pour cela, quelque chose comme quarante années de déversement intégral de l'Amou, ce qui, évidemment, est en dehors de toute intention de mise en pratique. Il faudra plutôt, si tant est que le projet de détournement du fleuve vers la Caspienne n'est pas abandonné, creuser un canal contournant par un circuit ou une corde d'arc la courbe du bassin de l'ancien Sari-kamouich, ce qui entraînerait à des dépenses tellement formidables, qu'elles ne seraient plus en rapport avec les avantages qu'on pourrait espérer de la réussite d'une œuvre aussi considérable. Le général est persuadé désormais que l'Amou pourrait éventuellement regagner la Caspienne, que la possibilité du fait est démontrée ; en mettant de côté la réalisation du projet de détournement, la solution de ce problème longtemps débattu et l'étude approfondie de cette contrée si intéressante constitueront les importants résultats de la mission.

Pourtant l'Oxus se rendait autrefois à la Caspienne. Quelles sont les causes qui l'ont fait dévier vers l'Aral, ou tout au moins intercepté le bras de l'Ouzboï? Ces causes sont probablement différentes, et dans l'opinion du général Gloukhovskoï, fort difficiles à préciser et à subordonner. Lorsque l'ancien lac du Sari-kamouich ne fut plus alimenté par le fleuve, l'évaporation, si intense dans ces contrées, en diminua sans doute rapidement la surface, et si le lac actuel ne recevait pas d'eau, il serait évaporé en dix ans. Les sables ont probablement joué un grand rôle, ainsi que les déviations incessantes du fleuve, par suite de l'action érosive de ses eaux sur des berges molles. Pas n'est besoin, nous semble-t-il, de recourir à l'hypothèse d'un soulèvement géologique de l'Oust-Ourt ni à celle de l'établissement de digues artificielles, qui auraient, tout au plus, pu profiter d'un état de choses déjà établi. Les Khiviens, en effet, ont gardé dans le souvenir une légende très vague, d'après laquelle certains de leurs khâns, voulant attirer dans l'oasis les Turcomans du steppe, afin de bénéficier d'un accroissement de revenu sur l'impôt, leur aurait peu à peu retiré l'eau des aryks, ce qui aurait progressivement fait dériver le fleuve.

Nous pensons que la cause première est plus lointaine et doit être cherchée autant sur le Pamir, c'est-à-dire aux sources du fleuve, qu'à son embouchure dans la mer d'Aral.

Le débit du fleuve, par celui moindre de ses affluents et de ses branches d'origine, a diminué dans les temps historiques.

Nous l'avons constaté dans la vallée du Sourkhâne. Des affluents, autrefois abouchés, sont devenus intentionnels ; les berges même de l'Amou, en terrasses de retrait, marquent cette diminution. Il reste à savoir à quelle époque historique ou protohistorique ou même préhistorique ces changements climatériques, inaugurant la baisse considérable des eaux du fleuve, ont eu lieu. Et puisque l'ancien Sari-kamouich touchait à la mer d'Aral, on peut considérer l'Ouzboï comme un déversoir de cette mer intérieure vers la Caspienne, déversoir qui s'est asséché, ainsi que l'ancien Sari-kamouich, lorsque les eaux furent moins abondantes. Ce dessèchement continue, l'apport ne balançant plus l'évaporation, et les bords de l'Aïbouguir se resserrent de jour en jour davantage, après que cet ancien golfe de l'Aral s'est déjà transformé en marécage.

L'Ouzboï, de Tcherechli à Igdi, n'est pas le seul ancien lit de l'Oxus, d'après ce que rapportent les derniers explorateurs du désert de Kara-koum. On croit avoir découvert un ancien lit du côté de Tchardjoui, et cet Ouzboï nouveau, après s'être bifurqué au sud du Sang-i-baba, serait venu déboucher, d'un côté près de Tcherechli, de l'autre plus au sud, aux environs de Bala-ichem. M. Zistienko, officier de Cosaques, vient de partir pour faire la reconnaissance de cette contrée (1881).

Il ne faudrait cependant pas croire que, malgré l'abandon probable du projet de détournement de l'Oxus, l'Oust-Ourt soit une contrée absolument sans profit. Les voies d'accès à l'Asie centrale sont rares encore, et longues celles que le commerce utilise aujourd'hui. En attendant que le chemin de fer vienne activer les échanges commerciaux, on a pensé à transformer en route de caravanes régulières la ligne de puits qui sépare Khiva de Krasnovodsk et de la presqu'île de Manguichlak. Après la guerre de Khiva, le général Gloukhovskoï a organisé la première caravane sur Krasnovodsk, sous la conduite du caravane-bachi Khal-Mohammed. Le bachi reçut 2 000 roubles. Il risquait sa tête et sa fortune, mais les Tekkés le laissèrent arriver sain et sauf à destination. Depuis, son exemple a été suivi ; d'autres caravanes se mirent en route, dont deux seulement furent pillées par les Turcomans, l'une en 1875, l'autre en 1876. Aujourd'hui le général considère ses efforts comme couronnés de succès ; car, tout récemment, la compagnie « Kavkaz et Mercure », qui fait le service maritime de la Caspienne, lui a fait savoir qu'elle se charge du transport des marchandises de Krasnovodsk à Nijni à raison de 40 kopecks par poud. De Khiva à Krasnovodsk, le transport revient à 1 rouble, de Bokhara à 2 roubles, et de Tackhent à 3 roubles par poud.

Le courant commercial ainsi établi s'alimentera sans doute principalement du Khiva, oasis très productive, où la déciatine de terre vaut jusqu'à 300 roubles. Le Khiva produit surtout beaucoup de coton, qui peut rivaliser de qualité avec celui de Tchardjoui. Or, la Russie d'Europe, qui reçoit de l'étranger 3 millions de pouds de coton par an, n'en reçoit de l'Asie centrale que 1 million, lorsque, seul, le Khiva pourrait lui en donner 800 000 pouds, si l'accès au pays était plus facile et la route plus courte.

Nous restâmes une journée entière en compagnie des officiers russes, bien au chaud sous la tente, oubliant presque, dans le reflet de la civilisation et de ses accessoires, au milieu des joyeuses conversations, entourés de sympathiques prévenances, l'affreux désert que nous venions de traverser et dans lequel nous allions rentrer au sortir de cette tente hospitalière. Nos chevaux peuvent, pendant une journée, manger à leur faim. Le capitaine Tokareff, chef du convoi, nous fit un cadeau d'une valeur que connaissent ceux qui ont étanché leur soif avec de l'eau puante d'un puits du désert : il nous donna quelques litres de cette eau excellente de l'Amou qu'on estime supérieure au meilleur vin.

Nos Turcomans étaient allés saluer des connaissances à eux parmi les Yomoudes de l'expédition. Il y avait aussi des Tekkés de l'Akhal, servant les Russes comme djiguites, très contents, très fidèles et disciplinés. Parmi eux, nous voyons le fameux Klitch, naguère le plus terrible écumeur du désert aux environs de Chakh-sinem. Le bonhomme a sur la conscience un grand nombre de meurtres et de pillages de caravanes ; mais ces

« exploits », qu'ailleurs on qualifierait de crimes, ne semblent guère lui peser, car il rit volontiers en rapetissant ses yeux malins et traite de camarades les Yomoudes, ses anciens ennemis. Avec sa connaissance parfaite du désert, il est le meilleur guide et le moins à craindre.

Pourtant les Tekkés n'ont point complètement abandonné leurs alamanes et le bruit court qu'ils viennent de piller une caravane sur la route de l'Akhal à Meched dans le Koraçane. A présent, leurs incursions ne s'étendent plus autant vers le nord, et, grâce au voisinage des Russes, les frontières du Khiva sont à l'abri des grandes alamanes.

Les incursions des Turcomans sont une des causes du dépeuplement et de l'abandon de la contrée entre Zmoukchir et Tcherechli, dont les ruines de Daouda-kala, d'Aïkhta, de Chakhsinem, de Sang-i-baba, etc., attestent l'ancienne prospérité. Il y a dix ans, il y avait plusieurs milliers de tentes d'Ata-Turcomans aux environs de Tcherechli ; lorsque les Tekkés commencèrent leurs brigandages, tous se sont retirés vers l'est. Il en est de même des Yomoudes, auxquels, jusque dans les derniers temps, les Tekkés faisaient la guerre de brigandage.

Au milieu de l'Oust-Ourt.

Campement de Kli. — Au puits de Dakhli. — Mirages et hallucinations. — Poêle mobile et chiens malheureux. — Comment on se nourrit. — Le *timour-kazyk* ou étoile polaire. — Sens local des Turcomans. — Les puits du désert. — Flore, faune, géologie. — Où est la mer ? — Arrivée à Krasnovodsk. — Attente forcée. — Traversée de la Caspienne, du Caucase et de la Russie d'Europe. — Une fleur sur la tombe de Joseph Decaisne.

Le 30 novembre, à trois heures du matin, Ata-Rakhmed, sifflant son petit air turcoman, reprit la marche en tête de la file de ses chameaux. Il nous reste 16 *manzils*[1] à faire jusqu'à Krasnovodsk ; dans huit jours, « si Dieu le donne », Rakhmed, notre fidèle Ouzbeg, pourra contenter l'immense envie qu'il a

---

1. Les Turcomans ne comptent ni par *sang* ou *tach*, ni par journées, mais bien par étapes ou campements (*manzils*) réglés sur la marche des chameaux et ne correspondant pas toujours aux distances entre les puits.

de voir le *Chour-Daria*, le fleuve salé, c'est-à-dire la mer, et nous pourrons de nouveau faire parvenir de nos nouvelles en Europe.

La nuit est belle, le firmament étoilé et de nombreuses étoiles filantes rayent d'une éraflure d'or la coupole céleste. Nous suivons d'abord vers le nord la dépression sablonneuse de l'Ouzboï; puis, après avoir escaladé la berge, la route traverse quelques monticules de sable pour atteindre bientôt, toujours vers l'ouest-nord-ouest, la plaine.

Vers neuf heures du matin, après avoir fait environ 25 verstes, nous campons à l'endroit appelé *Youlassan-beg,* au pied de monticules de sable jaune quartzitique. Pendant deux heures, nous avons marché entre ces petites barkhanes, fixées par des herbes et des arbustes parmi lesquels on voit de magnifiques pieds de saxaoul. Le terrain est gelé et le givre couvre abondamment les plantes qu'il enferme dans une gaine cristalline blanche. La température, à neuf heures du matin, n'est que de 0°,8 centigrade au-dessous de zéro à l'ombre, tandis qu'au soleil le thermomètre monte à + 27 degrés centigrades. C'est là un des caractères saillants de ce climat continental, qui accuse de fortes amplitudes de l'ombre au soleil, du jour à la nuit et de l'été à l'hiver. La différence à l'ombre est tellement sensible qu'on gèle d'un côté pendant qu'on « rôtit » de l'autre; qu'on a un bras dans la pelisse et l'autre dehors, et que, de temps à autre, on se retourne pour chauffer le côté à l'ombre en le mettant au soleil.

Nous reprenons la marche à dix heures et demie. Le steppe est excessivement pauvre et triste. Au loin se profilent quelques courbes de monticules, qui continuent les hauteurs du Kaplan-kir. Le terrain est composé de calcaire argileux ou gréseux en couches alternant avec des marnes. Le calcaire contient des empreintes nombreuses de fossiles bivalves formant parfois des bancs épais. La marne calcaire se détache souvent en grandes plaques que les rares passants dévots dressent debout ou érigent en petit « mazar ». Çà et là blanchissent sur le sol les ossements d'un cheval ou d'un chameau morts à la peine. Depuis

Youlassan, le saxaoul est devenu petit, rare; puis il cesse entièrement, pour reparaître à notre campement du soir.

Au coucher du soleil, assombri par un ciel couvert, nous atteignons une sorte de vasque entourée de monticules peu élevés, dans laquelle on reconnaît le fond d'un ancien lac, aujourd'hui complètement à sec. Cet endroit, du reste, s'appelle *Touini-koul* ou *kli*, nom qui veut dire « lac desséché ». Des amas de neige, conservés dans les replis du terrain depuis la dernière tombée, il y a quatre jours, ainsi que de vieux troncs de saxaoul en abondance nous donnent de l'eau fraîche et du combustible à foison. Un lièvre du steppe, petit et gris, est découvert dans son gîte par l'œil exercé d'Ata-Rakhmed, et lorsque, au deuxième coup de fusil, le *kargousch*[1], inquiété par le bruit des détonations insolites, débusque, nos chiens, attentifs, malgré leur fatigue, se précipitent, dépassent le lièvre, le ratent aux crochets, le bousculent entre leurs pattes, mais finissent par l'étrangler rageusement et nous prolongent d'un jour notre petite provision de viande. Heureux chasseurs !

Nous repartons à une heure et demie du matin. La rosée abondante s'est transformée en gelée blanche. La lune, au dernier quart, se couvre de vapeurs, et bientôt nous marchons dans un brouillard intense et froid qu'un vent faible du sud-ouest parvient à peine à chasser vers le coucher du soleil. Le sol est toujours formé de calcaire et de marnes fossilifères ; le steppe, pauvre en saxaoul, mais couvert d'armoises et de petites plantes halophytes.

Des ravinements peu étendus du terrain, par l'eau printanière surtout, dégagent de petits monticules.

Vers quatre heures du soir, nous arrivons à un de ces ravins un peu plus profond, où le fond d'une poche naturelle nous permet de recueillir un seau environ d'eau pure de neige fondue. Cet endroit porte le nom significatif et pittoresque de *Dach-bougas*, c'est-à-dire « gorge de pierre », comparable à la poche de réserve d'un chameau. Il reste un peu d'eau argi-

---

1. Animal aux oreilles d'âne.

leuse pour nos bêtes, et on les voit, chevaux, chameaux et chiens, tendre la tête vers la petite flaque de liquide rougeâtre qui leur fournira à chacun quelques lampées insuffisantes au degré de leur soif.

Il ne nous a pas paru que le chameau (dromadaire) fît preuve, dans nos voyages, de cette sobriété tant vantée et proverbiale ; toujours le plus avide à se désaltérer, il montrait plus de passion impatiente que nos chevaux.

Nous campons à deux verstes plus loin sur un petit plateau, où des arbustes nous donnent du combustible. La température ne tarde pas à baisser rapidement et nous nous réveillons sous une épaisse couche de givre.

Dès lors nous sommes en plein désert. Pas âme qui vive, aucun être animé, pas un oiseau, pas un insecte ne se présentent à notre vue durant une longue semaine ; c'est la sensation de l'abandon complet, du vide, de l'inertie du mouvement, et n'était le vent qui fait osciller les herbes et les nuages qui cheminent pesamment dans le ciel, on se croirait subir l'arrêt du mouvement vital.

Pourtant le désert n'est jamais complet dans le sens absolu du mot, et je ne crois pas qu'il existe sur le globe une grande surface du sol où il ne croisse absolument aucune plante, si petite herbe qu'elle soit, si salin que soit le terrain et si torride le sable. Il en est ainsi de l'Oust-Ourt, du Kizil-koum, du Karakoum et du steppe de la Faim. Partout les plantes halophytes, les armoises, les liliacées et les bulbeuses au printemps, les arbustes xérophiles, de grandes ombellifères même et les tamarix revêtent le sol d'une végétation plus ou moins serrée d'espèces particulières qui se sont adaptées de diverses façons au milieu particulier qu'elles affectionnent depuis.

La plante trouve de l'eau dans les déserts que l'homme considère comme les plus torrides ; il n'est pas de désert plus désert et plus peuplé à la fois que la plaine liquide de l'Océan.

Ce paysage de l'Oust-Ourt, en hiver, est d'une indicible tristesse sous le jour pâlot d'un soleil sans feu, sinon sans chaleur, ou bien dans la brume froide d'une atmosphère chargée de cristaux ou sous le linceul blanc d'une couche de neige fuyant sous le vent. Mais quelque triste qu'il soit, c'est le jour ; il nous fait oublier les fatigues et les accablements de la marche de nuit et chasser les hallucinations qui commencent à hanter notre esprit lorsque, silencieusement, à la file indienne, chacun tirant son cheval par la bride, on emboîte lourdement le pas derrière les chameaux que précède Ata-Rakhmed, le ioul-bachi. La nuit est épaisse, le ciel couvert ; des tombées de neige succèdent à des éclaircies remplies du souffle glacial d'un vent inconstant. Personne ne parle, c'est la caravane aphone. Les chameaux acquièrent des dimensions grotesques, les hommes s'étirent et deviennent des géants, longs et minces ; les chevaux, tête baissée, dorment en marchant et semblent rouler ; ils roulent effectivement sur les boules de neige agglomérées dans le creux du fer de leur sabot et réveillent l'automate humain qui les tient par la bride lorsque, en buttant, leur tête vient cogner dans son dos. Et pendant que le corps, mû par l'inconscient entraînement de l'exemple, quand il emboîte le pas derrière un autre corps en marche, traverse cette désolation en ne souffrant que du froid, de la fatigue, peut-être de la faim parfois, l'esprit vagabonde et le console ou l'irrite par l'évocation de visions troublantes : un bon feu, une couchette molle, une table bien garnie, le repos et le festin, mirages du cerveau et de l'estomac, rêves des muscles et des nerfs qui dorment et ne peuvent dormir.

Ainsi, nous marchons la nuit, toutes les nuits, faisant des étapes de huit à neuf heures, en partant vers minuit ou une heure du matin pour nous arrêter pendant quelques heures dans la matinée, puis reprendre la marche du jour.

Malheur à celui qui, écarté de la file des chameaux, les perdrait de vue, ou, s'attardant en chemin, n'en verrait plus les traces sur le sol. Ata-Rakhmed continuerait la route sans savoir ; le vent, la neige, le sable auraient bientôt fait d'effacer l'empreinte des pas de la caravane, et l'imprudent serait perdu dans le vide du désert.

Une nuit, à l'aube, lorsque, tout transis et abrutis, nous attei-

Fig. 64. — Marche dans le désert.

gnîmes le puits de Dakhli, que la file rompue permit aux premiers de voir les suivants, on constata avec terreur l'absence de Rakhmed, notre Ouzbeg. Rakhmed, perdant la route, était perdu lui-même.

On espérait qu'après s'être aperçu de la disparition de la caravane, il se serait arrêté sur place pour être retrouvé, ne trouvant pas lui-même. Nos appels réitérés restant sans écho, on allait, au jour naissant, rebrousser chemin, lorsque sa grande figure émaciée, traînant son cheval, apparut, indécise, sur le chemin où heureusement son œil exercé avait pu reconnaître nos traces. Rakhmed, cédant au sommeil et se fiant à son habileté, s'était étendu sur le sentier, la bride de son cheval, endormi comme lui, dans le bras. Un assoupissement trop prolongé avait failli lui devenir fatal.

Cependant, nous faisons plus d'une fois la même chose, le jour, en avant de la caravane et après qu'Ata-Rakhmed nous eût indiqué la direction qu'il prenait ou quand le sentier fut assez indiqué pour pouvoir le suivre sans crainte de se tromper. Alors, prenant les devants, nous nous étalâmes dans le chemin pour dormir une demi-heure, le temps qu'il fallait aux chameaux pour nous rattraper et nous réveiller par leur passage.

Nos pauvres chiens firent comme nous. Ils commencèrent à souffrir pitoyablement des pattes, enflées et crevassées par le froid, saignant de la fatigue d'une route qu'ils faisaient en courant à côté de la caravane. On leur avait fait, de feutre, des sortes de souliers volumineux ; on leur frottait de graisse les pelottes endolories ; mais, au bout d'une heure, leurs gants de feutre, usés, devenaient inutiles en gênant leur course. Nous les vîmes, tout le long des marches, prendre, avec un instinct remarquable de la direction suivie, une avance de quelques kilomètres, se coucher en hurlant au milieu d'un gros buisson parfois épineux et se reposer jusqu'à ce que la caravane les eût rejoints. Alors, levant la tête à l'appel, ils se faisaient dépasser, et, voyant les chameaux à une avance suffisante, sortaient en hurlant piteusement, prenaient leur course droite, souvent chancelante, dépassaient la caravane pour recommencer le même manège, accompagné des mêmes plaintes. Le soir, au campement, ils n'attendaient pas qu'on les appelât pour venir se blottir, entre deux couches de feutre, dans nos jambes, à nos côtés; c'était notre poêle[1].

Nos campements furent des plus primitifs, les haltes que nous fîmes ne se prolongeant jamais au delà de quelques heures. Le matin, après avoir bu quelques tasses de thé, rongé un os de mouton, on s'étalait pour trois ou quatre heures sur un morceau de feutre, autour du feu. A onze heures ou midi, on repartait pour ne s'arrêter qu'au soleil couchant, après qu'Ata-Rakhmed eût trouvé une place où nous puissions faire du feu, et ses chameaux trouver quelques épineux en rôdant aux environs.

Invariablement, Ata-Rakhmed commença par fixer son bâton en terre, enleva son bonnet turcoman et le posa sur le bâton. Puis, se coiffant d'un bonnet plus petit, « robe de chambre » de sa tête anguleuse, il se mit à la besogne, vivement, silencieusement. Les chameaux, débridés, s'agenouillèrent en grommelant; leurs charges se posèrent, de-ci de-là, par terre, sans secousse, et le dromadaire se releva pour aller cueillir aux environs une partie de sa pitance sèche. Entre temps, Rakhmed creusait le trou pour faire le feu et poser la marmite, étendait le kachma, sortait la « batterie de cuisine » du kourdjine où elle reposait à côté du tchilim. Cette batterie de cuisine se composait simplement d'une marmite en fonte, d'un trépied et d'une grande cuiller en bois. Pendant que Rakhmed préparait le thé, une pincée de feuilles dans l'eau de neige bouillante d'un koumgane[2]; que le deuxième Turcoman s'occupait des chevaux qu'il couvrait d'un morceau de feutre, après avoir dessanglé la selle et enlevé la barre, Ata-Rakhmed rapportait déjà du combustible. D'un coup de pied oblique, il cassait les fortes

---

1. Ces chiens sont arrivés en bonne santé à Paris, où ils ont donné d'excellents produits. Avec le milieu, ils ont changé de caractère et perdu une partie des défauts de leur race de lévrier. Le mâle est devenu vigilant et très attaché. La femelle, toute blanche et d'une finesse remarquable, m'a été volée.

2. Théière en cuivre étamé.

branches de saxaoul et, chose curieuse, ce bois si dense que la hache et le couteau ne l'entament que difficilement, se brise comme du verre sous le choc sec.

Bientôt le palao grésille dans la marmite, les chevaux, éparpillés à la recherche de quelques brins d'herbe, mangeant jusqu'au bois jeune des branches de tamarix, viennent demander la musette. Les dromadaires sont ramenés en rond et agenouil-

Fig. 65. — Un campement sous la neige.

lés pour la nuit. A chacun le Turcoman administre un morceau de tourteau verdâtre d'huile de sésame qu'ils acceptent avec plus ou moins de plaisir, selon l'habitude qu'ils en ont. L'un d'eux, récalcitrant, refuse la nourriture, bavant et crachant une salive verdâtre; mais le chamelier le fait bâiller et, au moment propice, lui lance le morceau de tourteau dans le gosier, lui serre les mâchoires jusqu'à ce que, avec un bruit de gargouillement, de râle et de rugissement étouffé, la boulette ait trouvé son chemin. Le repas fini autour du feu, la marmite léchée proprement et la dernière goutte de thé bue, le tchilim ayant fonctionné joyeusement, on se couche jusqu'à minuit. On se couche sur un grand morceau de feutre étalé sur le sol, préalablement débarrassé de la neige ; on se couvre en « sandwich » de la moitié du morceau replié entièrement par-dessus la tête, et l'on respire par l'entre-bâillement latéral des bords. Vêtu du touloup, avec les chiens au milieu, on a chaud ; la neige peut tomber, elle ne traversera point le feutre ; le vent passera sans nous atteindre ; on dort d'un sommeil de plomb. Plus d'une fois, nous nous sommes réveillés sous une couche de neige de 10 centimètres de hauteur, amassée sur le feutre en nous recouvrant d'un drap de lit d'une blancheur immaculée, qui tenait aussi chaud qu'une couche de ouate. Certes, un cavalier, un koulâne, un fauve quelconque, auraient passé sur ce léger tumulus sans y soupçonner autrement que par le flair le sommeil de deux voyageurs d'Europe, chauffés par deux chiens.

A minuit ou une heure, selon l'heure fixée, Ata-Rakhmed est réveillé. Bonvalot n'a qu'à faire entendre un petit sifflement pour qu'immédiatement le ioul-bachi soit debout et se mette incontinent à charger ses bêtes. Lorsque le ciel est dégagé, Ata-Rakhmed reconnaît lui-même l'heure à la position de certaines étoiles. Il serait étonnant que ces navigateurs du désert ne connussent point la marche de certains astres, et notre Turcoman règle souvent ses occupations sur la montre céleste. Il connaît bien le point brillant immuablement au nord, cette étoile polaire à laquelle ils ont donné le joli nom de *Timour kazik*, de « clou de fer ».

Le camp est levé silencieusement ; Rakhmed allume un dernier tchilim à la braise mourante. Chacun se charge d'un morceau de pain, lourd quoique petit, épais de trois doigts, non fermenté, à la croûte comme de cuir tacheté de brûlures noires. Car, chaque matin, notre chef de caravane prépare, de farine et d'eau salée, une grande galette qu'il fait cuire dans la braise et la cendre chaude. De son petit bonnet à poil, de couleur indéfinissable, il commence par torcher soigneusement la marmite pour y pétrir la pâte à point ; étalant ensuite sa galette sur un petit torchon, il la laisse tomber de très haut dans la braise en nous éclaboussant régulièrement d'étincelles et de cendres. Au bout d'un quart d'heure, la galette, retournée, craquant sous la pression du doigt, est retirée et distribuée, fumante aux cassures, pour les besoins de la journée.

Cependant, si nos deux chiens luttent courageusement contre la fatigue et le dépérissement, nos gazelles, que nous ne pouvons plus qu'à de rares intervalles sortir de leur cage, s'épuisent à vue d'œil. La femelle ne se lève plus, et un matin, quand on l'eut sortie au soleil, elle expira doucement, sans forces ; le froid et une plaie contuse à la cuisse, dans un cahot malheureux de la cage, l'avaient tuée. Dépecée, elle fut dévorée avidement par nos lévriers, qui en eurent pendant quelques jours un supplément de ration [1].

Et l'on va toujours sur l'ouest, inclinant bientôt au sud-ouest, ne touchant aux puits que pour abreuver les animaux, car la neige, dès lors persistante, nous dispense de régler nos étapes sur les abreuvoirs. Et c'est chose admirable de voir la sûreté avec laquelle Ata-Rakhmed nous conduit sur cette immense table ronde, nuit comme jour, où parfois nul point de repère ne lui indique le vrai chemin, dans une obscurité à peine grisâtre par le reflet de la neige. Ces nomades ont quelque chose de l'instinct des oiseaux migrateurs et un sens local porté à la perfection. Un rien, une bosse de terrain, des arbustes nains, une déclivité ou une ligne d'horizon les guident dans le choix sûr d'une route dont ils semblent connaître jusqu'aux cailloux.

Quelle connaissance du désert ne faut-il pas avoir, en effet, pour aller droit au puits qu'aucun signe ne révèle à celui qui n'en connaît pas la très exacte position ! Tous ces puits ne sont que des trous ronds ou carrés, de moins de 1 mètre d'ouverture, à ras du sol ou dans une légère dépression. Quelquefois, un revêtement de morceaux de bois au goulot de cette bouteille creusée dans le sol retient la paroi argileuse ou sablonneuse,

---

[1]. La *saïga* mâle a succombé au voyage en voiture de Bakou à Tiflis ; le *megaloperdix* est arrivé jusqu'à Marseille.

en empêchant le puits d'être comblé trop rapidement. Leur profondeur varie de 2 à 10 mètres. L'eau n'y est jamais bonne ; le plus souvent, elle est légèrement salée ; d'autres fois, elle l'est davantage ou bien amère, ou les deux à la fois. D'aucunes dégagent de l'hydrogène sulfuré ; quelques-unes accusent une certaine teneur en ammoniaque. Il est préférable de ne pas pousser la curiosité jusqu'à vouloir explorer le fond de ces puits. Presque toujours une pellicule mince, irisante, nage à la surface, et nous y avons vu, une fois, le cadavre ballonné d'un animal, sans doute du steppe, qu'un saut imprudent aura précipité dans le puits. Généralement ces puits, accusés sur la carte, sont multiples, et il se peut que telle ouverture donne de l'eau salée, tandis que celle d'à côté fournisse de l'eau un peu meilleure ; d'autres, à proximité, sont comblés.

Il est donc indispensable de faire bouillir l'eau de ces puits avant de la boire ; du reste, avec du thé et de la soif, on n'est pas très regardant. Et si la traversée de l'Oust-Ourt est dure en hiver, elle offre au moins cet avantage de permettre au voyageur d'avoir de l'eau pure en faisant fondre de la neige.

Plus rares que les puits sont les mares ou *iamas* d'eau de pluie ou de neige fondue que conserve le sol argileux et imperméable d'une dépression qui se dessèchent peu à peu sous l'action du soleil continu. Aussi, ne peut-on espérer en profiter que dans les saisons autres que l'été et la majeure partie de l'automne.

Le 2 décembre, nous atteignons le puits de Dakhli, entouré de broussailles et marqué de perches au bout desquelles flotte un chiffon. Ce *toug* orne le tombeau de quelque musulman de distinction, enterré à cet endroit. Comme il fait très froid et que le bois, dans l'obscurité, est difficile à trouver, Rakhmed, l'impie, en un tour de main, a cassé la hampe du toug pour en chauffer la théière. Ata Rakhmed, interdit par tant d'audace et très superstitieux, ronchonne en prédisant malheur à ce mauvais musulman, qui pense sans doute que, pour faire vivre les morts, il ne faut pas faire mourir les vivants. Ni l'un ni l'autre, cependant, ne sont dévots ; jamais ils ne font la prière, le soir, en se tournant vers la Mecque ; jamais ils n'ont pratiqué le *teïemmoum,* c'est-à-dire les ablutions au sable que le Korân prescrit en voyage, à défaut d'eau. Mais le Turcoman, primitif et naïf, n'a jamais bien su les préceptes de sa religion, qu'il a remplacés par la superstition, tandis que l'Ouzbeg les a oubliés dans l'indifférence de l'esprit fort et insouciant de tout ce qui n'est pas actualité.

Fig. 66. — Tombeau turcoman, près de Doungra.

La nuit suivante, nous abreuvons notre caravane au puits de Doungra. Le pays est devenu plus accidenté ; des collines arrondies, comme les vagues d'une mer houleuse, succèdent à des sables fins ; les takirs sont devenus plus rares, car le sous-sol est formé principalement de couches de grès, ou de grès calcarifère renfermant souvent de nombreux fossiles, espèces du genre *Cardium, Terebratula* et *Gryphæa*. Nous avons rencontré des tumulus, dont quelques-uns ornés d'une pierre avec une inscription grossièrement gravée à la pointe d'un couteau. D'après Ata-Rakhmed, ces tombeaux seraient ceux de Turcomans Tekkés, qui, dans le temps, auraient habité la contrée.

Nous allons droit sur l'ouest; la mer ne doit plus être loin. Nous touchons successivement aux puits de Doungra, Tchaguil, Touar. La plaine est soulevée de traînées longues de monticules, coupés parfois en falaises, qui en montrent les couches régulièrement stratifiées de grès, de calcaire et de marnes. Au fur et à mesure que nous approchons de la Caspienne, ces traînées apparaissent, coupées, trouées, laissant de petits plateaux ou des cônes isolés, qui rappellent les *djebels* si fréquents et si caractéristiques de l'Arabie et de l'Afrique. Peu à peu le sable jaune, argilo-quartzitique, a fait place, dans les bas-fonds, à un sable quartzitique gris, comme si la mer venait à peine de s'en retirer. Cependant nous ne l'apercevons point encore, que nous avons déjà la sensation d'être au bord du continent, et qu'à chaque monticule gravi nous croyons voir à l'horizon s'épandre la plaine bleue.

Enfin, le 4 décembre, près du puits de Touar, alors que, dans l'attente fiévreuse d'un grand événement, les yeux cherchaient obstinément au nord-ouest et qu'on gravissait avec plus de hâte que de coutume les hauteurs d'où le regard pouvait explorer le lointain, elle apparut, presque noire, vers trois heures de l'après-midi, quand le soleil y mettait une large tache flamboyante. Tandis que les Turcomans, pour qui ce spectacle était chose bien connue, continuaient leur chemin. Rakhmed, en face de ce Chour-Daria qui l'avait fait rêver, s'arrêta, n'en pouvant croire ses yeux et s'écriant : *Allah akbar! la illa-ha, illallah!* Nous-mêmes, presque au terme de nos pérégrinations et des misères de l'Oust-Ourt, ne l'avions jamais trouvée si belle, si radieuse, avec, au milieu de la désolation du paysage, quelque chose d'immuable, de fatal et d'éternel.

Ce n'était cependant pas encore la Caspienne, mais bien l'immense golfe de Karabougas, qui ne communique avec la mer que par un étroit pertuis creusé dans une mince languette de terre. Nous sommes encore à huit manzils de Krasnovodsk, mais nous avons le sentiment de la partie gagnée ; dans quatre jours nous aurons mis tout l'Oust-Ourt entre le Khiva et nous. Il est temps, du reste, que notre traversée prenne fin ; les chevaux n'avancent plus que par habitude et nos vivres diminuent. Il n'y a déjà plus de viande ; il reste de la farine, du riz et un peu de graisse de mouton.

Nous marchons dès lors vers le sud-ouest. Le 5 décembre, au matin, nous campons à l'endroit appelé Chakh-zengir ; le soir, à Yéri-balane, après avoir laissé à gauche la dépression de Portokoup. Le lendemain, campement près du puits de Timourdjane, et bivouac du soir au delà du puits de Siouli. Le pays est une succession de collinements mous formant plateau, séparés par des dépressions larges, peu profondes. Le saxaoul est très irrégulièrement réparti ; tantôt complètement absent, tantôt, comme auprès du Siouli, abondant. En certains endroits, l'herbe sèche et haute tapisse de larges surfaces où nos chevaux s'arrêtent volontiers.

Le soleil intermittent vient nous réchauffer dans la journée, et le vent persistant du nord-est s'apaise vers le milieu du jour. Nous pouvons même, grâce à une de ces heures ensoleillées, changer de flanelle et nous débarrasser, en la jetant au loin, de sa population dense, d'origine entomologique, qui constitue un des légers inconvénients du voyage, et que le contact incessant avec les indigènes et avec leurs habitations rend inévitable par la facilité de l'ensemencement et de la culture.

Puis au soleil, qui fait monter le thermomètre à une vingtaine de degrés, succède de nouveau le ciel couvert et la neige, fouettée par le même vent, et qui rend les étapes de nuit si pénibles.

Le 7 décembre nous atteignons, au soir, le puits de Yaltchi. La journée a été mauvaise, mais la proximité du but l'a rendue plus supportable, malgré la fatigue. Nous avons rencontré des tombeaux épars, qu'Ata-Rakhmed nous dit être des tombeaux de Yomoudes, naguère habitants de la contrée.

Le lendemain, dans la matinée, nous sommes sur un plateau couvert d'herbe sèche et fermé, autour de l'ouest, par un rempart de collines qui semblent des montagnes, et au delà desquelles on pressent la plaine unie, sans doute la mer. Le saxaoul a disparu ; des poignées d'herbe alimentent le feu qui chauffe la théière. De temps à autre, on entend le bruit sourd et étouffé d'une lointaine détonation. Serions-nous si près de Krasnovodsk, pour entendre le tir des soldats ?... Ata-Rakhmed nous a promis Chakh-adam pour aujourd'hui.

Au bout de ce plateau, dans l'entaille sanguinolente des grès rouges de la montagne ravinée, nous revoyons la mer ; voici une carrière exploitée, puis un sentier, enfin une route. Mais, après être descendus de la hauteur, marchant au pas sur une route masquée d'ornières, un dos de colline s'obstine à nous cacher la vue tant désirée de ce Krasnovodsk, qui doit être la plus belle ville du monde. Tout à coup, j'entends le lointain tintement d'une cloche d'église et, mettant mon cheval au galop, après être resté en arrière pour examiner une coupe géologique, j'arrive au sommet de la crête, d'où nous découvrons enfin des maisons, un clocher d'église, des rues, des hommes, des wagons de chemin de fer même, et, plus loin, la nappe verte de la mer, roulant des vagues écumantes sur une plage encombrée de galets et de rochers sombres. Notre voyage en Asie centrale avait pris fin ; il ne restait plus qu'à s'embarquer pour le Caucase, le traverser et gagner la France par la route la plus courte.

Le câble qui relie les deux rivages de la Caspienne, de Krasnovodsk au Caucase, est rompu ; deux jours après notre arrivée à Krasnovodsk, la tempête éclate, furieuse, sur la mer et dans le désert. Pendant vingt jours, de longues heures d'attente durant, nous épions à l'horizon l'arrivée du steamer de la Compagnie « Kavkaz et Mercure », qui doit nous embarquer pour Bakou.

Ata-Rakhmed et son compagnon ont repris le chemin du désert avec leurs chameaux chargés pour le retour. Rakhmed nous accompagnera jusqu'à Tiflis. Enfin, après une traversée mouvementée de vingt-quatre heures, par une mer démontée, nous touchons à la ville du pétrole, la veille du jour de l'an. A cette époque, le chemin de fer s'arrêtait encore à Tiflis, et nous dûmes faire en *pericladneïa*[1] le chemin qui sépare Bakou de la capitale du Caucase. Si la route a été mauvaise, les chevaux rares, nous avons pu au moins admirer les merveilleux paysages qui se déroulaient devant nous, et dont le voyageur qui traverse aujourd'hui en chemin de fer le fastidieux steppe de Mougâne ne peut avoir une idée. Après avoir touché à Chemakha, nous laissâmes Elisabetpol à gauche pour entrer à Noukha, dans le Daghestan et le pays des Lesghiens, un des plus beaux, des plus pittoresques que je connaisse. Et n'aurait été la beauté étrange et sauvage du paysage, que nous aurions amplement été récompensés du détour par la connaissance que nous fîmes, à Noukha, d'un de nos compatriotes, M. Le Hérissé, et de sa famille, dont nous avons gardé un affectueux souvenir. De Noukha, nous arrivâmes, vers la mi-janvier, par Signakh, à Tiflis.

Une tentative infructueuse pour rentrer par Poti à Marseille, l'état de la mer Noire refusant l'entrée du port de Poti aux navires, nous fit choisir la route de terre. Après avoir expédié le restant de nos collections et les survivants de notre ménagerie par voie de Marseille, nous prîmes congé de nos excellents amis de Tiflis pour gagner, par la fameuse route du Dariel, la tête de ligne du chemin de fer, à Vladikavkaz. Nous avions eu la bonne fortune de rencontrer, à Tiflis, M. de Balloy, notre ministre plénipotentiaire à Téhéran, qui voulut bien se promettre notre visite en Perse. Quatre ans plus tard, dans le même salon du même hôtel, nous nous rencontrâmes de nouveau, par une heureuse faveur du hasard, lorsque, nous dirigeant sur Téhéran, nous nous acheminions une seconde fois vers les rives de l'Oxus.

En sept jours et huit nuits, nous franchîmes la distance qui sépare Vladikavkaz de Paris, nous arrêtant, à Moscou et à Berlin, les quelques heures qui séparent deux trains. Le 7 février 1882, à huit heures du soir, nous débarquâmes sur le quai de la gare du Nord, après dix-huit mois d'absence, durant lesquels il nous a été donné de parcourir la Sibérie occidentale, le Tur-

---

1. Chariot de poste.

kestan avec le Kohistan et la province de Ferghanah, la Bokharie, de visiter sur une grande étendue les rives de l'Amou-Daria, de traverser le Khiva et l'Oust-Ourt. Nous avions acquis une vue d'ensemble sur une immense étendue de pays, en partie inexploré, et rapporté, avec des collections intéressantes et des documents de toute sorte, le désir d'y retourner. Sur la base des connaissances déjà acquises, l'étude plus approfondie de nombreux problèmes intéressants, qu'une course aussi rapide ne nous avait guère permis que d'effleurer, nous tentait.

Le lendemain de notre retour à Paris, je me hâtais, dès le matin, d'aller remplir un devoir bien doux, bien réconfortant ; je me hâtais d'aller embrasser au Muséum, dans la petite maisonnette cachée par les arbres, mon cher et vénéré maître Decaisne. Il avait guidé mes premiers pas dans le sentier ardu d'une science qu'il avait fait briller d'un éclat sans tache ; il avait bien voulu me suivre de loin, avec un intérêt affectueux, sur les sentiers parfois pénibles du Turkestan, par la tempête et le soleil, dans les bons et les mauvais jours. J'étais heureux de lui rapporter le fruit de mes efforts et le témoignage de ma gratitude, et je me hâtais. Hélas ! j'arrivai trop tard de quelques heures : Decaisne venait de mourir dans la même nuit. Je l'ai trouvé sur son lit de mort. Mais s'il ne m'a plus été donné de lui offrir le bouquet que j'avais cueilli pour lui dans les montagnes et les steppes de l'Asie centrale — et les bouquets se fanent — je cultive depuis, dans le coin le plus ensoleillé du jardinet de mes pensées, une fleur qui ne se fanera pas : elle s'appelle *reconnaissance*.

INDEX ALPHABÉTIQUE

DES PRINCIPAUX ENDROITS, RIVIÈRES, PASSES, ETC.

DONT IL EST PARLÉ DANS CE VOLUME [1]

A

Abdoul-Hakim-Termezi, 172.
Abdoullah-Khân, 109, 191, 193, 202.
Ablatoune, 297.
Adam-Krylgan, 245, 353.
Agalyk, 240.
Aïagouz (rivière), 38.
Aïbouguir, 410.
Aïkhta, 403, 412.
Ak-Daria, 226, 233.
Akhal, 411.
Ak-kamouich, 356.
Ak-koupriouk, 183.
Ak-Kourgane, 129, 140.
Akmolinsk, 53.
Ak-ravat, 196.
Ak-saï (rivière), 306.
Ak-sou (rivière), 41.
Ak-sou (fortin), 60.
Aksouisk, 41.
Ak-tépé, 147.
Akyr-tépé, 63.
Alaï, 253.
Ala-koul (lac), 39.
Ala-taou dzoungarien (monts), 40, 41, 45, 47, 49, 55, 57, 58, 309.
Alexandre (monts), 58, 59, 61, 309.
Alexandria Eschata, 305.
Alexandrovsk, 385.
Altaï, 10, 31.
Altyn-ymel, 46, 47.
Ammane-koutane, 238, 240.
Amou-Daria (province), 354-367.

Amou-Daria (fleuve), 91, 97, 107, 111-147, 284, 319, 327-368, 407, 409.
Anderkan, 299.
Andidjâne, 309.
Angara, 177, 178.
Angrène, 76, 303.
Anzôb, 257, 259, 263, 265-268, 270.
Aouliane (rivière), 269.
Aoulié-ata, 63, 64, 65.
Aphrosiâb, 83.
Arab-khana, 93.
Aral (mer d'), 328, 409.
Arasansk, 42, 44.
Arganatinsk, 39, 40.
Arkalyk (monts), 34.
Artchamaïdane, 287.
Aryss (rivière), 68.
Asiatskaïa, 10.
Assaké, 299.
Astrakan, 8.
Atrek, 396.
Azane, 129.

B

Bactriane (Bactres, Balkh), 121, 125, 129, 162, 165, 166, 216, 237.
Badakchane, 328.
Badarak, 391.
Baderkent, 391.
Badraou (passe), 265.
Baguat, 370.
Bagrine, 240.
Baïssoune, 132, 146.

---

1. Ces noms sont écrits phonétiquement, comme l'auteur les a entendus prononcer par les indigènes.

INDEX ALPHABÉTIQUE.

Baïssoune (monts), 181, 189, 192, 193, 200, 216.
Bakou, 426.
Bala-ichem, 405, 410.
Balkach (lac), 36-38, 39, 40, 45, 48.
Barnaoul, 36.
Barsangi (monts), 278.
Baskane (rivière), 41.
Beklar-beg, 69.
Beklemich, 93.
Bekpak-dala, 53.
Bidif, 259.
Biélokamensk, 30.
Bokhara (émirat de), 72, 92, 99, 101, 115, 135, 145, 162, 190, 310-347, 370.
Bokhara (ville), 93, 99, 125, 172, 189, 309, 310, 311-319, 342, 382.
Borokhoudzir (passe), 46.
Bouam (passe), 55.
Bouzgoumane, 390.
Bouz-Rabat, 123.

C

Caspienne (mer), 408, 409, 411, 424.
Chahr (ville), 227, 228-233.
Chahr-i-çâbz, 88, 100, 105, 189, 193, 207, 217, 222, 227-236, 237, 295, 309.
Chahr-i-goulgoula, 135, 141, 144, 162, 165, 166.
Chahr-i-Khaïbert, 125, 130.
Chahr-i-Samâne, 151, 156-161, 165, 167, 171.
Chak-adam (Krasnovodsk), 393, 404, 426.
Chakh-sinem, 404, 412.
Chakh-zenguir, 425.
Chakh-zindéh, 155.
Chamatane, 226.
Charap-Khana, 69.
Cheirambed, 264.
Chemakha, 427.
Chink, 292, 294.
Chink (rivière), 291.
Chirabad, 99, 115, 124-137, 170, 179, 180.
Chirabad-Daria, 123, 128, 131, 138, 181, 182, 184, 191.
Chissuakidar, 259, 271.
Chivata, 259.
Chour-âb, 122, 193.
Chourakhane, 341, 343, 357, 365, 366.
Chouristane, 325.
Chour-koudouk, 92.

Chour-sou, 106.
Comèdes (pays des), 165.
Constantinovsk, 59.

D

Dach-bougas, 414.
Dacht-i-goumbaz, 277.
Dacht-i-kazi, 247, 248.
Dakhli, 422.
Daouda-kala, 402, 412.
Dardar, 251.
Darkh (passe), 269.
Deh-i-saratag, 283.
Deh-i-balane, 259.
Deïkalane, 259, 271, 272, 274.
Denguiz-koul (lac), 321.
Derbent, 193.
Dinaou (Deh-i-naou), 132.
Djam, 87, 91, 92, 189, 258.
Djambaï, 83.
Djar-bag, 143.
Djar-Kourgane, 143.
Djidjik, 259, 263, 264, 265, 279.
Djilimbâf, 129, 138.
Djim-boulak, 304.
Djitti-khaouss, 406.
Djizak, 79, 80, 224, 242-245, 305, 309.
Djenguiz-taou (monts), 37.
Djourek-tépé, 109.
Djouss-agatch, 38, 39.
Dolonskaja, 30.
Douikdaue (passe), 284, 286, 288, 289, 292.
Doumsaï, 259.
Doungra, 423.

E

Europaïskaia, 10.

F

Fane, 252-260.
Fân-Daria, 255, 257, 259, 260, 279, 281, 289.
Fân-taou (monts), 305.
Farâb, 246, 253, 294.
Ferghanah, 2, 59, 64, 123, 204, 298, 299, 304, 305, 322.

G

Galodjana-step (steppe de la Faim), 79, 80, 304, 415.

INDEX ALPHABÉTIQUE.

Garamaïne, 259.
Ghazavat, 389.
Ghouzar, 193, 203, 204, 206-210.
Ghouzar-Daria, 204, 206.
Giaour-kala, 405.
Gobi, 40.
Gouchorr (lac), 291.
Goudcha, 370.
Goumbaz (monts), 258.
Gouzoune (passe), 260.

H

Hazar-Asp, 356, 370.
Hazret-i-soultane, 188, 189, 216, 222, 227, 284, 295.
Hindou-kouch, 106, 129, 216, 309.
Hissar, 123, 125, 166, 193, 200, 216, 258, 270, 273, 283, 307, 309.
Hissar (monts), 188, 257, 258, 264.

I

Iakka-Toutt, 321.
Ialoutorovsk, 21, 23.
Ibrahim-ata, 89.
Iekaterinbourg, 9, 11, 16, 63.
Igdi, 405, 408.
Ilatane, 352.
Ildjik, 341, 342.
Ili (rivière), 46, 47, 48, 58, 64.
Ilinskoïé, 48.
Illiali, 400, 401.
Intirr, 264.
Iori, 247.
Iourti-khana, 285.
Irrdara, 129, 138, 292.
Irtych, 10, 21, 27, 32, 33, 34-36.
Iskadar, 251.
Iskander-Daria, 258, 279.
Iskander-koul (lac), 248, 261, 280, 281, 283.
Ispan-touda, 108.
Issyk-koul (lac), 55, 58, 204.

J

Jagnaou-Daria, 258, 259-281.
Jagnaous (vallée des), 248, 257, 258-279.

K

Kabadiane, 129, 165.
Kabakli, 341, 345-347.
Kaboutak (lac), 291.
Kachga-Daria, 96, 97, 100, 105, 218, 233, 235.

Kachgar, 52, 64.
Kachtigermâne, 129.
Kafirnahan, 167.
Kaïnor, 237.
Kakaïti, 165.
Kama, 3, 8.
Kameni-most, 82.
Kan-tag (mont), 257, 261, 262, 263.
Kantach, 283.
Kanti, 256, 257, 263.
Kaplan-kir, 413.
Kara-bougas, 424.
Kara-boulak, 45.
Kara-boura (monts), 64, 65, 297, 298.
Kara-kamar, 118.
Kara-kaval, 203.
Kara-kir, 105.
Karakol, 55, 58, 310, 319, 321, 322, 342.
Karakoroum, 297.
Kara-koum, 139, 415.
Kara-kyz, 296.
Kara-oulak, 391.
Kara-sou, 205, 303.
Kara-taou (monts), 52, 63, 65.
Karatchekansk, 54.
Karatéghine, 166, 258.
Kara-tépé, 109, 240.
Kara-tépé (rivière), 238.
Karchi, 72, 96-105, 125, 126, 135, 167, 167, 193, 205, 207, 212-217, 218, 309.
Kastek, 58.
Katti-kourgâne, 93, 100, 309, 310.
Katourkaï (monts), 46.
Kazalinsk, 302, 305, 361, 365.
Kazan, 3, 8.
Kchirr, 265, 266.
Kchtout, 248, 256, 290.
Kchtout-Daria, 248.
Kech, 237.
Kerki, 119, 122.
Kerk-kiss, 159, 171, 172, 174.
Kermineh, 311.
Ketmentchi, 348.
Khaïrambed, 279.
Khal-ata, 245.
Khanki, 367, 368-370.
Khazavat (Ghazavat), 370, 388, 391.
Kheradj, 339.
Khichartâb, 259, 269, 270.
Khiva, 189, 309, 342, 351, 370-387.
Khiva (khanat de), 367-401, 411.
Khodja-Abdoul-Hakim-Termezi, 141.
Khodja-Afou, 178.

BIBL. DE L'EXPLOR. II. 28

INDEX ALPHABÉTIQUE.

Khodja-Daoulad, 322, 323.
Khodja-gourk-souhar, 165.
Khodja-kanapsi, 322.
Khodjakent, 296.
Khodja-pechvar (passe), 284.
Khodja-Saleh, 329.
Khodjent, 244, 299, 304, 305.
Khotamitaï, 183.
Khourdak (lac), 291.
Kiachi, 259.
Kiansi, 259.
Kich-koupriouk, 69.
Kilif, 99, 111-117, 120, 129, 151.
Kilif-li, 112, 116.
King-saï, 297.
Kirionti, 259.
Kir-kintchak, 105.
Kiss-kala, 348.
Kitâb, 226, 233-236, 237.
Kitchi-sou (rivière), 201, 203.
Kitoïs, 134.
Kizil-arvat, 394.
Kizil-dar (monts), 34.
Kizil-djagala, 403.
Kizil-kijiski, 38.
Kizil-koum, 139, 245, 415.
Kizil-sou (rivière), 226.
Kkoul, 259.
Klioutchevoe, 242, 243.
Kly, 243.
Kohistan, 245-295, 307.
Kokâne, 73, 299, 305.
Kok-sou-bachi, 297.
Kopal, 37, 42, 44, 45, 54.
Kopet-dagh (monts), 309.
Kouch-koutane (passe), 265.
Koud-koudouk, 106.
Kouh-i-kabrah (passe), 265.
Kouiankousk, 47.
Kouiouk, 68.
Kouiouk-mazar, 311.
Koulan-Acha, 117.
Kouldja, 32, 41, 45, 46, 52, 53, 57.
Koul-i-kalane, 256.
Koum-aryk, 63.
Koumbil-goumbaz, 277, 278.
Koundouz, 178.
Koungour (monts), 96, 99, 106, 191, 205.
Koungrad, 364, 365.
Konnkeï-taou (monts), 46.
Kourama, 244, 303.
Kourdaïsk, 58.
Kournoï, 403.

Koutentaï, 49.
Krasnoïarskaja, 24.
Krasnovodsk (Chak-adam), 393, 394, 401, 426.
Kroum-i-safed (mont), 265.
Kynatch, 297.

L

Laïlakane, 184.
Lepsa (rivière), 41.
Lindensitta, 25.
Loumouch, 162.

M

Magitchenar, 259.
Magiâne, 246, 253, 294.
Makhram, 305.
Malek, 80.
Malla-Ghouzar, 129.
Manguichlak, 394, 410.
Mankent, 68.
Margelan, 64, 299.
Margouzar (lac), 291.
Marguip, 259, 268, 270.
Martoumaïne, 259.
Marzitch, 259, 265.
Matcha (pays des), 252.
Mazar-i-cheriff, 75, 118, 126, 168, 184.
Mazarif, 292.
Mechekli, 354.
Merké, 60, 61.
Mertviy-koultouk, 394.
Merv (Maour), 165, 170, 189, 222, 363, 364, 378.
Miankal, 310, 311, 321.
Minor (passe), 269.
Moïoun-Koum, 64.
Mougane (steppe), 427.
Mourgâb (rivière), 165.
Mourra (passe), 283, 284.
Mourza-rabat, 80, 304.

N

Nafine (lac), 291.
Nagaï-kourgâne, 75.
Namangâne, 298, 309.
Namazgâ, 143.
Naou, 305, 306.
Naoubag, 129.
Naryn, 52.
Néchikon (lac), 291.
Niaz-bach, 76.
Nijni-Novgorod, 1, 3, 375.

INDEX ALPHABÉTIQUE. 433

Noukha, 147.
Nourata-taou (monts), 224, 242, 243, 245.
Novobote, 259, 260, 274, 275.

O

Obi, 10, 25.
Obbourdane, 252.
Obbourdane (passe), 307.
Och, 64.
Omsk, 19, 24, 26, 27, 30, 31, 32, 37.
Ona-Oulgane, 290, 296.
Orenbourg, 2, 68, 245, 376.
Oural (monts), 9, 10, 12.
Ouralskaia, 10, 304.
Oura-tépé, 263, 305, 306, 307, 309.
Ourgout, 130, 295.
Ouroumitane, 246, 248, 249, 250, 252.
Ourtchak-taou (monts), 64.
Ousti, 338, 339, 340, 341.
Oust-ourt, 389, 399-426.
Outch-outchak, 352, 354.
Outch-tépé, 243.
Ouzboï, 405, 407-411, 413.
Ouzoun-boulak, 35.

P

Pahlvan-ata, 370.
Pamir, 56, 129, 253, 409.
Patar, 299.
Patta-kissar, 117, 141, 169, 170, 174.
Pavlodar, 28.
Pichpek, 59.
Pinione, 263.
Pitip, 259.
Pitnak, 355.
Pitti, 256, 260, 263.
Pendjakent, 80, 245, 246, 263, 307.
Perm, 3, 9, 19.
Petro-Alexandrovsk, 342, 356-365, 390.
Pétropavlovsk, 52, 375.
Portes de fer (Tchatchag), 194.
Porte de Tamerlan, 82, 182.
Portokoup, 425.
Poti, 427.
Poulla-soultane, 391.
Poul-i-mirkate, 260.
Pskâne, 259.
Pskème, 296, 297.
Pskent, 303.

R

Rabate, 259, 261, 263, 309.
Reboute (passe), 275.

Repetek, 323.
Roufigar, 274.
Roum, 374.

S

Sadagân, 88.
Sadagich, 118.
Sagatinsk, 58.
Saïagird, 165.
Saïrôb, 184, 187, 189.
Saïssan-nor (lac), 32.
Sakine, 259.
Salavat, 147, 149, 168.
Samara, 16.
Samarkand, 32, 72, 75, 80, 82, 83-87, 99, 101, 204, 217, 228, 239, 241, 244, 285, 295, 296, 309, 324, 366, 382.
Samarkand-taou (monts), 217.
Samarovskoïé, 26.
Sang-i-baba, 405, 406, 410, 412.
Sangidjamane (passe), 295.
Sang-i-maïlek, 275, 276.
Sanzar-taou (monts), 247, 305, 307.
Saraïlik, 82.
Saratag (rivière), 282-283, 284.
Saratov, 7.
Sardava-koul, 354.
Sari-kamouich (lac), 406, 408, 410.
Sarterach-kourgane, 352.
Sarvadâne, 246, 256, 258.
Sasy-koul (lac), 39.
Savat, 309.
Semiarsk, 30.
Semipalatinsk, 19, 28, 31, 32, 45.
Sémirétchié (province), 36, 47, 52, 53, 62.
Semi-taou (monts), 34.
Serguiopol, 37, 38, 45.
Sibérie occidentale, 10-32.
Signakh, 427.
Sing-ata, 76.
Siouli, 425.
Sirtchali, 383.
Soïa (lac), 291.
Souchta, 129.
Sourkhâne (rivière et vallée du), 129, 135, 138-174, 284, 410.
Soussamir, 64.
Stari-Semipalatinsk, 30.
Stari-Tachkent, 76.
Stari-Tchinaz, 77.
Steppe de la Faim (v. Galodnaja-step).
Syr-Daria (province), 62.

# INDEX ALPHABÉTIQUE.

Syr-Daria (fleuve), 63, 67, 79, 123, 303, 304, 305, 306, 352.

T

Tabastûne (passe), 275.
Tachkent, 2, 32, 36, 45, 46, 52, 54, 62, 63, 70, 75, 76, 151, 181, 204, 239, 244, 246, 309.
Tach-kourgane (monts de), 177.
Tachlik, 96.
Takhta, 391.
Takhta-karatcha, 237, 238.
Takhtapoul, 211.
Takka-khana (monts), 278.
Talachkane 124.
Talass (rivière), 64, 297.
Tarbagataï (monts), 31.
Tarti, 63.
Tchachma-hafizân, 196, 197.
Tchagli-ak-koum, 399.
Tchaguil, 424.
Tchaldovar, 60.
Tchapdara, 257.
Tchardjoui, 309, 328, 332-338, 342, 360, 410.
Tchatchag, 194, 200, 289.
Tcherechli, 405, 407-412.
Tchimbaï, 360, 365.
Tchimkent, 63, 68, 69.
Tchinaz, 79, 305.
Tchiraktchi, 219, 222.
Tchirtchik (rivière), 70, 76, 77, 79, 296, 303.
Tchotkal, 63, 297, 300.
Tchou, 56, 58.
Tchouchka-ghouzar, 119, 120, 121, 122.
Tchougoulnitzka, 19.
Tchougoutchak, 32, 37.
Tchoulak (monts), 46.
Tchoumechta, 129.
Tchoupan-ata, 83.
Tekinskiyperipraf, 348.
Temirtchi (monts), 31.
Tengui-kharam, 201, 202, 203.
Terek-dabau, 64.
Termez, 136, 152, 161, 162, 165, 171, 172, 174.
Tezâb-Kenti, 226.
Thiân-chân (Monts célestes), 10, 44, 46, 49, 52, 56, 59, 63, 253, 263.

Tiflis, 426.
Tioumen, 16, 19, 32.
Tobol, 19.
Tok-fan, 259, 261, 263, 265.
Tokmak, 58.
Tomsk, 19, 25.
Touar, 424.
Touia-mouioune, 355.
Touini-koul, 414.
Toulougtcha, 129.
Toupalang (rivière), 284.
Toura, 19.
Touss-guir, 403.
Touss-kané, 243.
Tzaritzinsk, 46.

V

Vagensaï, 259.
Varsaminor, 246, 247, 250, 251, 252, 255, 257, 281.
Varsaoute, 259, 260, 270, 271.
Vichkant, 251.
Viernoié, 36, 48, 49, 54, 204.
Vladikavkaz, 427.
Volga, 3, 4, 7, 309.
Vorou (passe et village de), 290, 291.
Vorou (rivière), 287, 288, 289.

Y

Yakab-ata, 111.
Yaltchi, 425.
Yangui-davan, 80.
Yani-kourgâne, 82.
Yelabouga, 9.
Yéri-balane, 425.
Youlassan-beg, 413.
Youssouff-sardava, 105.

Z

Zaamine, 305, 309.
Zenke-kourgâne, 354.
Zérafchâne (province), 52, 63, 80, 82.
Zérafchâne (monts), 258.
Zérafchâne (rivière), 80, 82, 83, 88, 167, 241, 247, 250, 258, 261, 281, 269, 275, 284, 280, 202, 205, 307, 309, 310, 321.
Ziaoueddine, 311.
Zigdi, 264, 274.
Zmoukchir, 370, 389, 391, 392-398.

ASIE CENTRALE.

BIBLIOTHÈQUE DE L'EXPLORATEUR

CINQ ANNÉES DE SÉJOUR
AUX ILES CANARIES
Par le docteur R. VERNEAU
Chargé de missions scientifiques.

Ouvrage couronné par l'Académie des sciences.

Un fort volume in-8° cavalier, avec 42 gravures, dont 8 hors texte, 4 planches et 1 carte. Prix : broché, 12 francs ; relié demi-chagrin, tête dorée, 15 fr.

BIBLIOTHÈQUE ETHNOLOGIQUE
PUBLIÉE SOUS LA DIRECTION DE MM.

A. DE QUATREFAGES	E.-T. HAMY
Membre de l'Institut	Conservateur du Musée d'ethnographie
Professeur au Muséum d'histoire naturelle.	du Trocadéro.

HISTOIRE GÉNÉRALE DES RACES HUMAINES
INTRODUCTION A L'ÉTUDE DES RACES HUMAINES
(QUESTIONS GÉNÉRALES. — CLASSIFICATION DES RACES HUMAINES)

Par A. DE QUATREFAGES
Membre de l'Institut,
Professeur au Muséum d'histoire naturelle.

Un volume grand in-8° raisin de xxxiv-618 pages avec 441 gravures dans le texte, 6 planches et 7 cartes. Prix : broché, 27 fr.

EN PRÉPARATION :
Les Races rouges, par M. E.-T. HAMY ;
Les Races jaunes, par M. J. MONTANO ;
Les Races noires, par M. Lucien BIART ;
Les Races blanches.

MONOGRAPHIES

LES AZTÈQUES
HISTOIRE, MŒURS, COUTUMES
Par M. LUCIEN BIART
Ancien membre de la Commission scientifique du Mexique.

Un volume in-8° raisin avec gravures, plan et cartes. Prix : 9 fr.

PARIS. — TYPOGRAPHIE A. HENNUYER, RUE DARCET, 7.

www.ingramcontent.com/pod-product-compliance
Lightning Source LLC
Chambersburg PA
CBHW070214240426
43671CB00007B/652